复旦博学·大学管理类教材丛书

COLLEGE MANAGEMENT SERIES

AI时代的领导力

理念与实操

包季鸣　徐晓亮
刘子馨　吴　静　编著

复旦大学出版社

影响有影响力的人！

相信进步的力量！
相信AI领导力的力量！

数十年如一日，坚持再坚持！

提升AI领导力，成为更好的自己，成就更美好的组织！

目 录

总　论

　　领导力极为重要。一切组织和个人的荣耀与衰落，皆源于领导力！

　　领导力有很多特征，其中最关键的是时代特征。时势造英雄，成功的领导者往往是时代的宠儿；同样，成功的组织也往往是踩准了时代的节拍。

　　当前，人工智能（AI）呼啸而来，AI技术正在重塑我们的工作、生活和思考方式。本书旨在探索和研究AI时代的领导力，揭示以"共生"为核心的新领导力修炼理念与实操。

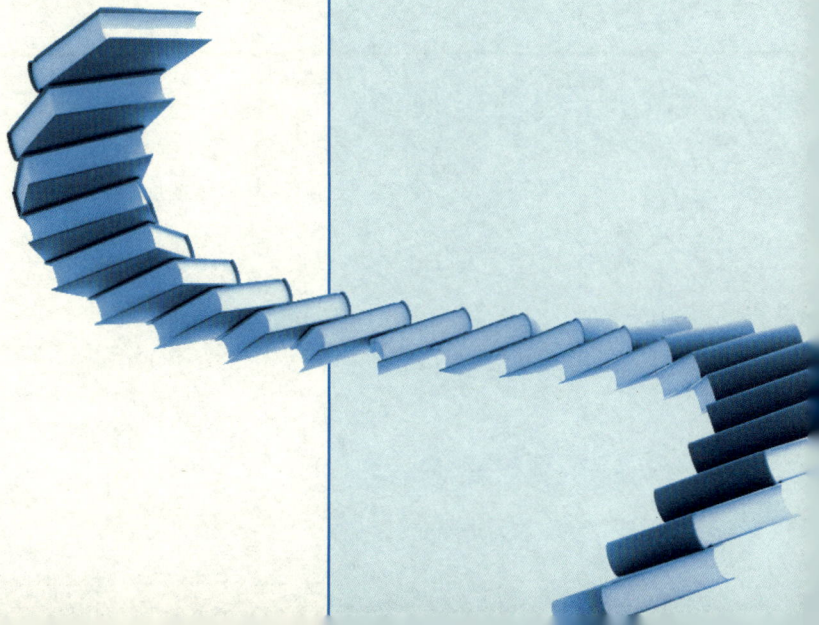

AI 是人类有史以来最伟大的科技革命，AI 时代的领导力，是传统领导力发展到 AI 时代的重大突破和升级。ChatGPT 的问世，是 AI 发展的重要拐点；DeepSeek 的横空出世，为 AI 时代领导力的突破提供了有利的契机。AI 时代的领导力，需要领导者重新用博雅精神再造意义，用人文主义再造价值理性，用极简理论更好指导实践，用负反馈机制加速 AI 时代领导力理论的快速进化。

如果说 2019 年出版的《新五星领导力修炼》(包季鸣著)，是我们对传统领导力理论研究的终结篇；那么，我们期待《AI 时代的领导力》，能够成为 AI 时代领导力研究的启蒙篇。

> 未来，不是 AI 取代人！
> 而是使用 AI 的人取代不使用 AI 的人；AI 用得好的人取代 AI 用得不好的人。

一、AI 时代的领导力内涵——一个全新的认知

如何定义 AI 时代的领导力，众说纷纭。本书试图通过深入的理论研究和丰富的实践探索，提出一个全新的观点：在 2025—2050 年这一历史区间，或者说在全球 AI 时代刚刚来临之际，此时的"AI 时代的领导力"是共生领导力。在人工智能以强大而迅捷的学习能力融合人类智能的新时代背景下，领导者必须凭借与时俱进的领导力，与 AI、团队成员、组织内外部，乃至整个社会生态系统融合共生。

（一）领导力源远流长

自有人类社会，就有领导和领导力。在选优和纠错的张力驱使下，人类需要从生存走向更适宜的生存，从胜利走向更宏大的胜利，从成功走向更辉煌的成功。其中的"更"字，便是领导力的生动写照。哪怕是在原始社会，茹毛饮血，刀耕火种，也需要领导力的引领和协调。

1. 领导力的发展轨迹

（1）中西方领导力溯源。

在人类历史的长河中，关于领导力的论述源远流长。

司马迁的《史记》、吴兢的《贞观政要》、司马光的《资治通鉴》，不仅是经典的历史著作，更因其共同蕴含了丰富的治国理政智慧和领导艺术，可被看作中国历史上最有影响力的对领导力的探索之作。同样，在西方历史上，柏拉图的《理想国》、马基雅弗利的《君主论》等，充满了对领导力的深刻洞察，也是西方领导力思想的重要源头。

这些中西方的经典著作，虽然产生于不同的历史背景和文化语境，但都为人们理解和发展现代领导力理论提供了宝贵的思想资源。

（2）20 世纪的领导力主流理论。

领导力的科学研究始于 20 世纪初的西方。在工业革命的浪潮中，领导力理论的发展呈现明显的阶段性特征。特质理论、行为理论、情境理论构成 20 世纪的三大主流理论。

工业 1.0 时期的领导特质理论。

在工业 1.0 时期，随着手工作坊迈入机械化生产，企业规模小，产品线单一，组织间竞争崇尚"丛林法则"。这一时期，英雄主义成为领导力的核心，强调领导者必须具备某些与生俱来的特质和超凡的能力，如高支配欲、高活力、高自信心、高稳定性、高智商和高情商、高灵活性、高敏感性等，领导者以此赢得团队的服从和尊重。这一观点的代表人物有泰勒、法约尔、韦伯。

工业 2.0 时期的领导行为理论。

进入工业 2.0 时期，电气化推动了生产规模化。这一时期，职业经理人角色日益凸显。领导力的研究开始转向行为风格。研究者试图探索有效领导者在行为上的独到之处，分析他们如何通过发展有效行为来提升领导效能。代表组织和人物有艾奥瓦大学、俄亥俄州立大学以及布莱克、莫顿等。

工业 3.0 时期的领导情境理论。

在工业 3.0 时期，信息化和数字化推动了企业国际化，大型综合企业集团的出现使得业务全球化、多样化且拥有协同效应。企业需要通过去中心化与权力下放以应对管理的复杂性。这一时期，对领导力的定义和理解进一步深入，领导情境理论应运而生。情境理论认为：领导的有效性是领导者、追随者、情境相互作用的结果，即领导的有效性 $= f$（领导者，追随者，情境）。代表人物有保罗·赫塞、肯·布兰佳等。

从 20 世纪三大主流理论的发展可以看到，领导力理论的演变深刻反映了不同时代背景下组织所面临的管理需求与挑战。领导力的不断演进，正是对时代节拍的精准把握与回应。

（3）21 世纪的新兴理论。

进入 21 世纪以来，工业革命进入成熟阶段，领导力理论随之也迎来繁荣发展的新时期。在 21 世纪的前 20 年里，研究人员和企业高管将关注点转向了道德领导力。这种领导力强调领导者基于道德的"以身作则"和"向下管理"，更加重视领导者的个人品质，如诚信、责任感、正直、谦逊。此外，真诚领导力、精神领导力、仆从领导力、话语型领导力、谦逊领导力和包容性领导力等理论也在这个期间得到广泛的发展和重视（见表 1）。

表 1 21 世纪的部分新兴理论

理论	提出者	核心内容
道德领导力	托马斯·萨乔万尼	领导者通过个人行为和人际交往，展示出规范性的、适当的示范行为，并极力通过组织决策行为和不断强化的双向沟通，将道德领导在下属中推广
真诚领导力	比尔·乔治	真诚领导者时刻保持积极、乐观、自信和高水平的道德素养，并通过真诚行为获得追随者的信任和支持，进而完成自己和组织的共同愿景目标
精神领导力	弗雷德·菲德勒	精神领导者是组织中的精神领袖。领导者以博爱的价值观为基础建立起鼓舞人心的愿景和组织文化，激励组织成员在工作中寻找意义和乐趣，从而展现对组织的忠诚和高效
仆从领导力	罗伯特·K.格林利夫	仆从领导力强调领导者超越个人私利为追随者服务，关心和重视他们的需求，乐意成为仆从，以服务来领导
话语型领导力	米歇尔·福柯	话语型领导力认为领导力并不是通过领导者的特质、技能和行为来创造的，是通过领导者和下属之间协商的沟通实践。这样的组织往往拥有共同且独有的语言系统
谦逊领导力	埃德加·沙因	谦逊领导力要求"此时此刻"的谦逊。领导者与追随者之间形成个人化、合作性、信任的关系，就像朋友之间和高效团队中的同事关系
包容性领导力	夏洛特·斯威尼 弗洛·波斯维克	包容性领导力是一种关系型领导的具体形式。在组织情景中，坚持以人为本，包容下属的个性化特征，关注下属的差异化需求，善于听取下属的观点，认可下属的贡献，将所有成员包容到组织发展进程中

2. 领导力的定义归纳

据文献的不完全统计，至今为止有影响的经典领导力定义就有 350 多个。其中，比较有代表性的领导力定义如下：

（1）领导力是表达领导者在领导和获得服从、尊重、忠诚和合作的意愿的能力（Moore，1927）。

（2）领导力是一种影响力，领导是一种影响过程，是影响人们心甘情愿和满怀热情为实现组织目标而努力的艺术或过程（Harold Koontz，1955）。

（3）领导力作为管理学领域广泛研究的架构之一，可以被定义为除机械遵从组织常规指令之外的有影响力的增量（Katz and Kahn，1966）。

（4）领导力就是影响力。领导力不是某种操纵，更多的是对个人行为的影响，从而使得领导机构和整个组织取得利益。这是一个双赢的状况（Hersey，1969）。

（5）领导力是领导者及其拥护者之间的一种影响关系，其中拥护者旨在获得的真实变革反映了他们对共同目标的追求（Rost，1991）。

（6）领导力是为实现一个特殊化目标或实现一些目标，通过过程间的交流和沟通而在多种情形下接受训练或指导产生的人际的影响力（Woffor，1998）。

（7）领导力通常是敏锐性、看不见的情感、想法和直觉的产物。行动、看得见的行为只是组织中有效领导力的微小的一部分（Badaracco，2002；Kriger and Malan，1998）

（8）领导（力）与其定义为领导所为不如定义为过程，这个过程既引出了某些关系，又是这些关系的结果。这些关系的焦点是领导者及其合作者的互动，而不仅仅是领导者的胜任力（Hernez，2004）。

（9）领导力是在动态的人际和团队互动中，通过学习、分享以及指导，共同创造新的、更好的事情的过程，真正成功的领导力需要在高度开放、信任的团队环境中发展出来（Edgar H. Schen，2020）。

纵观已有的这些定义，我们可以发现它们包含三个共同的核心要素：

（1）领导力本质上是一种因人际关系而影响他人的社会过程；

（2）领导力具有强烈的时代特征；

（3）领导者的价值观、行为方式和情境影响领导力的发挥。

这些核心要素共同构成了领导力的复杂性和多样性，强调了领导力在不同情境下的动态变化和适应性。AI 时代的到来，进一步强化了这种复杂性和多样性。

（二）领导力的三大最新挑战

AI 时代的领导力面临三大最新挑战。

1. 领导环境的挑战

领导力的第一大挑战来自领导环境的变化。

环境的变化需要领导者丰富自身的 AI 知识，理解 AI 技术的潜力和限制。根据美国科技巨头谷歌推出的智能办公解决方案"Workplace"在 2024 年 11 月 25 日公布的一项调查，在担任领导职务的青年群体中，约 82% 的受访者表示会在工作中使用人工智能。其中，93% 的 Z 时代受访者每周会使用两种或以上的人工智能工具。高达 98% 的受访者预期，在未来 5 年内，人工智能将对其所在行业乃至整个工作环境产生显著影响。调查显示，年轻领导者们最常借助人工智能来回复电子邮件、润色文案，以此提升工作效率。他们相信，这不仅节省了时间，还能让他们腾出更多精力专注于更具挑战性和战略性的任务。

2. 领导职能的挑战

领导力的第二大挑战来自领导职能转变。

AI 让领导者重新反省与思考领导的角色范畴：

（1）哪些任务可交由 AI 技术自动化处理；

（2）哪些任务需要人类与机器共同协作；

（3）哪些任务仍然离不开人类的全程监督与参与。

只有当领导者厘清自己的角色范畴，才能充分利用 AI 技术的优势，释放机械耗时的任务，腾出更多的时间履行关键的领导职能，真正发挥"人–技术"的互补优势。

3. 领导基础的挑战

第三大挑战来自领导基础的改变。

随着 AI 技术在工作中的使用，其相对理性、客观、严谨、科学的功能会让员工更多地依赖与信任人工智能，转而质疑领导者在决策中的合理性和科学性，以及处理问题的能力，由此引发的领导信任危机对于领导力发挥是极大的挑战。在甲骨文公司和未来职场公司的调研中显示，近 25% 的人表示他们"总是"或"经常"向人工智能提问，而不是询问领导。DeepSeek 问世后，这一趋势越发明显。

基于此，领导者如何发挥"人脑 + 机脑"的协同优势，在时代潮流中持续进阶与更新领导力，灵活有效地应对时代要求，是 AI 时代领导力的一道必答题。

（三）AI 时代的领导力内涵

AI 时代的领导力是共生领导力。共生领导力是指领导者因信任和谦逊，通过打造科学的"智能体操作系统"，引领利益相关者融合共生，从而高效、心甘情愿地共同实现创新的组织目标的能力。

该定义根据 AI 时代的要求，整合了当代领导力研究的最新成果，共生领导力的主要特征是做到了三个融合、两个创新。

- 融合了当代领导力最重要的基石：信任和谦逊。
- 融合了当代领导力最关注的重点：利益相关者。
- 融合了当代领导力得以实现的特征：共同实现创新的组织目标。
- 创新性地提出了：企业领导力操作系统。
- 创新性地推出了：多智能体协作的教学支持系统——"AI 包老师"。

1. 融合了当代领导力最重要的基石：信任和谦逊

信任，是人际互动的核心，也是领导力最重要的基石之一。只有保持最优秀的品质，领导者才能赢得他人的信任，从而吸引更多的资源。让他人相信的过程，就是领导者展示魅力的过程。

谦逊是领导力的底色。谦逊领导力的提出者沙因认为：谦逊不是故作姿态的低调，也不是策略性地示弱，是对组织和成员的尊重，是对知识与判断力在组织

> 领导力第一法则：如果你不信任提供信息的人，你也不会相信他提供的信息。
> 领导力第二法则：谦逊是应对复杂性和不确定未来的一种关键生存技能。

中的分布式理解，更是对于传统意义上所谓居高临下的领导者角色的一种特别深刻的提醒和反思。

在 AI 时代，领导者需要相信技术能够带来积极的变革，以谦逊的学习态度更好地拥抱 AI、学习 AI、应用 AI，并享受 AI 带来的成果。

2. 融合了当代领导力最关注的重点：利益相关者

强调利益相关者的重要性，体现了领导科学研究范式的重大转换，即由领导者为中心，转到利益相关者为中心。这一转变类似于天文学研究中由"地心说"到"日心说"的巨大飞跃。作为领导者，领导力不是自我标榜的，不是上级任命的，也不是继承就可得到的。人们越来越深刻地认识到，领导力是由领导者和利益相关者共同决定的。领导者绝不可能不顾利益相关者，而单独决定自己领导力的方向和大小。

3. 融合了当代领导力得以实现的特征：共同实现创新的组织目标

共同实现创新的组织目标，体现了对共生领导理论研究的最新思考。

竞争是企业在市场中的基本生存状态。而通过共创实现共生则是组织在 AI 时代的生存方式和进化路径。

4. 创新性地提出了：企业领导力的操作系统

关于领导力如何实现的文献研究可谓汗牛充栋，但领导力的研究最终必须在"可操作"这一点上落实。从"操作系统"角度提出领导力的实现路径，是一个创新的视角。

5. 创新性地推出了：多智能体协作的教学支持系统

我们在复旦大学管理学院 EMBA 的课程中，创造性地推出了多智能体协作的数字支持系统——AI 包老师（见图 1）。

"AI 包老师"的主要功能是领导力课程的教学支持系统，服务于这门课程的教与学。但基于对领导力理论的实践性认识，"AI 包老师"将逐步向企业组织的"领导力咨询系统"迭代，真正实现知行合一。

图 1
AI 包老师

二、共生性的领导力研究——一个全新的视角

从经济背景、组织行为和实践路径三个维度展开，共生领导力有三个具体体现：

（1）传统经济与数字经济的融合共生；

（2）企业个体组织与生态圈的融合共生；

（3）人脑与机脑的融合共生。

（一）传统经济与数字经济的融合共生

传统经济与数字经济的融合共生，是共生领导力在 AI 时代刚刚到来时的经济背景。

1. 传统经济面临巨大挑战

当前，企业组织正面临百年未有之大变局，传统经济遭遇了前所未有的挑战。2024 年全球上市公司市值百强排行榜数据显示（见表 2），数据公司在全球经济中占据了极其重要的地位。

表 2　全球上市公司市值百强排行榜（2024 年）

排名	公司名称	所在国家	股票市值 / 上年市值
1	微软	美国	31 260 亿美元 /21 460 亿美元
2	苹果	美国	26 480 亿美元 /26 090 亿美元
3	英伟达	美国	22 240 亿美元 /6 850 亿美元
4	沙特阿美	沙特阿拉伯	19 910 亿美元 /18 920 亿美元
5	Alphabet（谷歌母公司）	美国	18 840 亿美元 /13 300 亿美元
6	亚马逊（AMAZON.COM INC）	美国	18 740 亿美元 /10 580 亿美元
7	Meta（脸书母公司）	美国	12 380 亿美元 /5 490 亿美元
8	伯克希尔·哈撒韦	美国	9 090 亿美元 /6 760 亿美元
9	礼来	美国	7 010 亿美元 /3 100 亿美元
10	台积电	中国	6 320 亿美元 /4 530 亿美元

数据来源：普华永道根据全球上市公司 2024 年 3 月 31 日的股票市值排出"2024 全球市值 100 强上市公司"排行榜。

表 2 显示，市值上万亿美元的公司中，除了沙特阿美，其他六家（微软、苹果、英伟达、Alphabet、亚马逊、Meta）均为数据公司。随着数据成为新的生产要素，如何有效管理和利用数据成为企业乃至国家竞争力的关键。

2. 追求传统经济与数字经济的融合共生

当前的经济背景，既不是完全的传统经济，也不是完全的数字经济，而是处于传统经济向数字经济的转型过程之中，体现了传统经济和数字经济的融合共生。因此，领导力既不是传统经济的领导力，也不是完全 AI 的领导力，而是适应传统经济与数字经济融合共生的领导力。

企业在传统经济与数字经济融合共生以及加快转型的过程中，将经历一系列涉及组织构架、规章制度、业务流程、信息系统、人员配备等诸多方面的非线性变化，这对于企业的领导者提出了全新的挑战。因此，适应传统经济与数字经济融合共生的领导力，需要体现三个重塑。

（1）业务的数据化重塑。各部门的业务围绕数据化进行重塑。

（2）关系的生态化重塑。各部门相互关系的构建要按生态化要求逐步转变。

（3）能力的适应性重塑。融合的过程将对个体、团队及组织能力的适应性提出更高的要求。

（二）企业个体组织与生态圈的融合共生

企业个体组织与生态圈的融合共生，是共生领导力在 AI 时代刚刚到来时的组织行为。

1. 当前组织的普遍现状：单打独斗

由于受传统经济模式的影响，许多企业仍然处于单打独斗的状态。这种孤立的经营方式带来了显而易见的负面影响：市场竞争过度，缺乏合作；资源配置分散，利用不足；创新能力受限，投入短缺；风险规避薄弱，国际竞争阻力重重。

2. 组织发展的最新经验：生态圈发展

在 20 世纪，最伟大的企业往往是那些拥有标准和专利话语权的公司；进入 21 世纪，这个时代最伟大的企业往往是生态型企业。我们的研究发现：最近 20 年，凡是做得最好的企业，通常都做对了一件事——用平台方式整合资源，用生态方式发展企业。

3. 追求个体组织与生态圈的融合共生

未来的发展趋势，不是生态化，就是被生态化。然而，生态化是一个过程，个体组织与生态圈的融合共生，正是两者之间的桥梁。在领导力的要求上，这种融合共生强调五方面的动态能力：

（1）洞察市场机会的能力；

（2）筛选生态伙伴的能力；

（3）达成价值共识的能力；

（4）提升生态协作的能力；

（5）重塑资源和组织的能力。

这五种动态能力能够有效构筑生态系统，提升企业持续创新的能力。

（三）人脑与机脑的融合共生

人脑与机脑的融合共生，是共生领导力的具体实施路径。

1. 传统领导依赖人脑

传统领导的决策多依赖个人或团队的经验和直觉。基于传统领导的一般方法，主要依靠人与人之间的直接交往，完全靠人脑进行领导。

2. 现代领导呼唤机脑

机脑，指的是 AI 系统和计算设备的信息交互。机脑在现代社会中扮演着越来越重要的角色，在处理大规模数据、运行效率和速度、识别复杂模式和趋势、自我强化学习等方面，能够与人脑形成互补，从而增强人类在各种重要任务中的表现。大语言模型的迅猛发展，DeepSeek 的横空出世，智能体（AI Agent）的大量涌现，使得人脑与机脑的结合成为可能，这必将为领导科学研究带来极为重大的突破。

3. 人脑与机脑的融合共生

人脑与机脑的结合是一个互补和协同的过程。人脑与机脑的融合共生，是指人类智慧与人工智能技术的结合。在这个过程中，人脑提供创新、情感和道德指导；机脑提供数据处理、计算和模式识别。通过脑机接口技术和协同决策机制，两者可以实现有效融合共生。

我们已经将这一认知付诸实践，应用于 AI 时代的领导力实现路径中，创新性地推出了"智能体领导力操作系统"。

三、可操作的领导力系统——一套全新的逻辑

自 1987 年起，本书的第一作者包季鸣教授，就在复旦大学讲授"企业领导力"课程，并于 1989 年在复旦大学出版社出版了专著《企业领导学》。将近 40 年的学校教学和企业领导实践，带给包教授一个强烈启示：只有实现的领导力，才是真实的领导力。这促使我们不断去探索：真实的领导力究竟如何实现，其底层逻辑又是什么？

（一）真实的领导力是可操作的

在领导力这门学问中，真正重要的不是 Knowing（知识）、Doing（技能）、Being（品格），而是 Becoming（如何成为）。如果说工具的发明促进了人类的进化；科学的发现实现了生产力的革命；管理的提升加快了企业的发展；领导力的升华促进了社会的可持续发展。那么，领导力的实现，靠的又是什么？

> 领导力就像美，只要你看到，你就会感到那是美。
> ——本尼斯

安卓、苹果、鸿蒙等操作系统激发了我们的灵感。2021 年，包教授就开始率先思考和探索领导力操作系统。因研究问题过于前沿，探索之路几度面临停滞。

2022 年 11 月 30 日"横空出世"的 ChatGPT 为我们找到了突破口。2023 年 2 月 4 日，包教授通过与 ChatGPT 的对话（见二维码），确认了领导力操作系统在全球范围的研究尚属空白。2023 年 3 月，包教授正式将复旦大学 EMBA 的领导力课程更名为"企业领导力操作系统的打造"；2025 年 2 月，又将课程更名为"企业领导力——AI 背景下领导力操作系统的打造"。

包教授与
ChatGPT 的对话

（二）领导力操作系统的设计思路

领导力操作系统的设计思路体现为：以"五星领导力模型"为基础、以"十六字方针"为指导、实现三个层面的合一。

1. 以"五星领导力模型"为基础

"五星领导力模型"（见图 2，第三章会展开介绍）根植于中国企业组织的土壤，旨在应对当今企业所面临的各种痛点和难点，同时紧扣企业家们关注的热点和兴奋点。这个模型不仅是理论的总结，更是实践的结晶，并回到实践中帮助企业领导者在复杂多变的环境中修炼领导力。

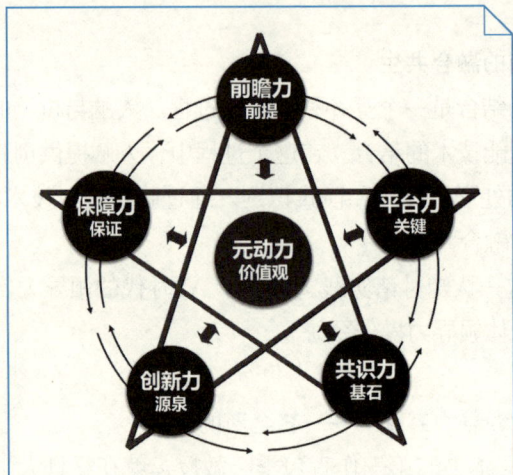

图 2 "五星领导力模型"

2. 以"十六字方针"为指导

领导力操作系统设计的"十六字方针"是：以我为主、博采众长、三个融合、自成一家。

（1）以我为主，强调继承中国传统优秀文化，这不是简单地复古，而是要结合新情境、新现实去挖掘其中的精华，实现更高层次上的创新转化，包括：

用兵家思想提升战略意识和前瞻能力；

用儒家思想提升人格魅力和沟通能力；

用道家思想提升平台力，打造共赢生态圈；

用法家思想提升变革和创新精神；

用墨家思想打造高效机制和提升执行能力；

用王阳明的"心学"精华提升心智系统，增强元动力。

（2）博采众长，强调借鉴管理学领域的最新研究成果，包括：

借鉴"量子领导力"理论，提升前瞻力；

借鉴"利益相关者"理论，提升共识力；

借鉴"生态领导力"理论，提升平台力；

借鉴"开放式创新"理论，提升创新力；

借鉴"人单合一"理论，提升保障力；

借鉴"正念领导力"理论，增强元动力。

这些成果不仅体现了 AI 时代背景下对领导力的新要求，也拓宽了新环境下可操作的领导力解决方案的思路。

（3）三个融合，即共生领导力的三个主要特征见 AI 时代的领导力内涵。三个融合，要求领导者从树立坚定的 AI 信仰开始做起。如何判断是否具有坚定的

AI 信仰，可自问以下四个问题。

第一，你相不相信这次大模型应用真的是人工智能的拐点？

第二，你相不相信它现在的发展速度会以指数级增长；你相不相信它未来智力的发展速度会迅速超过我们人类；你相不相信它会是一场新的工业革命，在 3~5 年里，它会重塑所有行业，会重构所有产品、业务链条和内部管理流程？

第三，除了重塑所有的产品和业务后，你相不相信你不会被大模型淘汰，但你会被那些用大模型的公司淘汰？

第四，你相不相信大模型重塑所有业务的同时，适应重塑业务的领导力也必将被重塑？这一重塑同样与 AI 紧密相连。

（4）自成一家，强调形成接地气的可操作的领导力操作系统的新框架（见表 3）。

领导力操作系统将"五星领导力模型"的"5 + 1"项能力，展开为 5 个行为技能 + 1 个心智技能，找到每个技能背后的底层逻辑，在人机协同下展开操作流程，最终实现组织机制的内化。

表3 领导力操作系统的新框架

五星领导力模型维度	领导力操作系统的新框架		
	维度	底层逻辑	组织内化机制
前瞻力	决策行为	"定海神针"	自我适应
共识力	沟通行为	"沟通神器"	自我学习
平台力	生态行为	"生态地图"	自我组织
创新力	创新行为	"创新格局"	自我创新
保障力	保障行为	"高效机制"	自我优化
元动力	心智跃迁	"超我境界"	自我进化

3. 实现三个层面的合一

领导力操作系统实现了三个层面的合一。

（1）认知层面：底层逻辑打通认知。

底层逻辑代表了卓越的领导行为背后的认知，是行为背后关键的正确的事。

决策行为的"定海神针"= 坚定的组织信仰 + 成长融合型思维模式 + 动态的战略调整

沟通行为的"沟通神器"= 同理共情 + 共赢利他 + "不为清单"

生态行为的"生态地图"= 价值创造 + 网络联接 + 赋能协同 + 共赢共享

创新行为的"创新格局"= 系统思考 + 企业文化 + 容错机制

保障行为的"高效机制"= 构筑核心价值观的组织文化 + 形成自我批判的纠偏机制 + 打造价值创造的管理循环

心智跃迁的"超我境界"= 自我觉醒 + 知行合一

（2）行为层面：操作流程引领行动。

操作流程展示了卓越领导行为背后的关键，基于底层逻辑，用方法一步步引领正确的行为。

（3）运行层面：与 AI 结合的运行机制不断优化。

领导力操作系统与 AI 结合，通过信息系统获取信息，模型系统进行推理规划，行动系统与环境交互的方式，实现不断优化。

（三）智能体操作系统的实现

领导力操作系统的落地需要与时俱进的载体，智能体正是这一重要载体。通过智能体操作系统实现的"领导力数字人"，即"AI 包老师"，为领导力的实现提供了全新的路径。

目前，"AI 包老师"还在不断迭代更新中。现有的使用者表示：效果超出预期。这主要归功于两个重要原因。

第一，"AI 包老师"是在复旦大学管理学院领导力课程中孕育而生的。至今，我们教授的 EMBA 学生超过 7 000 人，教授的 MBA 和企业家培训班的学员超过 3 000 人。在这逾一万人的教学过程中，我们从学员身上学到了很多，了解到了真实领导者的痛点和兴奋点，了解到了他们的期盼和困惑，从中汲取了大量"养料"。"AI 包老师"引用的很多案例，有相当部分是各级学员领导力实践的深切感悟。

第二，"AI 包老师"以已形成的"五星领导力"课程体系为基础，借助大模型的赋能，在与使用者的互动中不断与时俱进地深化和迭代。

"AI 包老师"不断深化与迭代，试图更好地理解和解决领导者面临的实际问题，期望在实践中不断优化和提升领导力的实现方式，反哺领导力理论的研究发展。未来，随着 AI 的进一步发展和应用的不断深入，我们有理由相信，领导力智能体操作系统将成为每一位领导者不可或缺的得力助手，助力他们在 AI 时代取得更大的成功。

第一篇
转型与 AI 时代
的领导力

领导力具有强烈的时代特征！AI 浪潮下，企业亟须全新的领导力实现路径。

本篇以微软的"涅槃重生"为切入点，深度剖析纳德拉的领导力实践，揭示新时代领导力修炼的重要性、紧迫性与科学性。聚焦 AI 时代领导力的实现途径，重点探索从"五星领导力模型"到"领导力智能体操作系统"的创新路径及其修炼方法。通过案例驱动，本篇旨在帮助读者构建坚实的领导力理论基础，以更好地指导实践。

第一章 微软转型的启示

第一节 微软的转型故事
- 一、微软的创立与崛起
- 二、微软的危机与挑战
- 三、微软重生

第二节 转型期的领导力
- 一、新上任领导的五个关键行动
  - (一) 上任后第一封公开信
  - (二) 推荐的第一本书籍:《终身成长》
  - (三) 内部第一项决议:取消评级考核制度
  - (四) 高层的第一项实验:寻找微软的新灵魂
  - (五) 对外第一次演讲,打破围墙,开放、开放!
- 二、转型期领导力的归纳
  - (一) 前瞻决策:找到对的方向
  - (二) 深度共识:传播强大正能量
  - (三) 建立生态:开放合作互利共赢
  - (四) 激活创新:不惧风险、快速失败、快速前进
  - (五) 机制变革:重塑文化、组织与激励
  - (六) 心智成长:个人与组织的持续进化

第三节 转型的逻辑与启示
- 一、转型的基本逻辑
- 二、转型的实施路径
- 三、对AI时代领导力修炼的启示

第二章 领导力修炼的紧迫性与科学性

第一节 领导力修炼的紧迫性
- 一、三个层面的揭示
  - (一) 领导力决定员工能力发挥的大小
  - (二) 领导力决定组织效能发挥的高低
  - (三) 领导力决定组织未来的生死存亡
- 二、百年未有之大变局的视角
  - (一) 大变局背景的"五个新"
  - (二) AI时代的三大挑战
  - (三) 对领导力核心要求:从技术性到调适性
  - (四) 领导力研究重点:从行为研究到融合发展

第二节 领导力修炼的科学性
- 一、以专业知识的积累提升为基础
- 二、以刻意练习的方法论为指导
  - (一) 明确目标
  - (二) 找到教练
  - (三) 研究策略
  - (四) 投入精力
- 三、以心智技能的提升为升华
- 四、以与时俱进的新技术采用为动能

第三节 西点军校挑战性历练的实践
- 一、西点军校的领导力培养模型
  - (一) 西点军校的人才培养业绩
  - (二) 西点军校的领导力培养模型
- 二、西点军校挑战性历练的实践路径
  - (一) 西点军校挑战性历练实施路径图
  - (二) 西点军校挑战性历练实施要点

第一篇 转型与AI时代的领导力

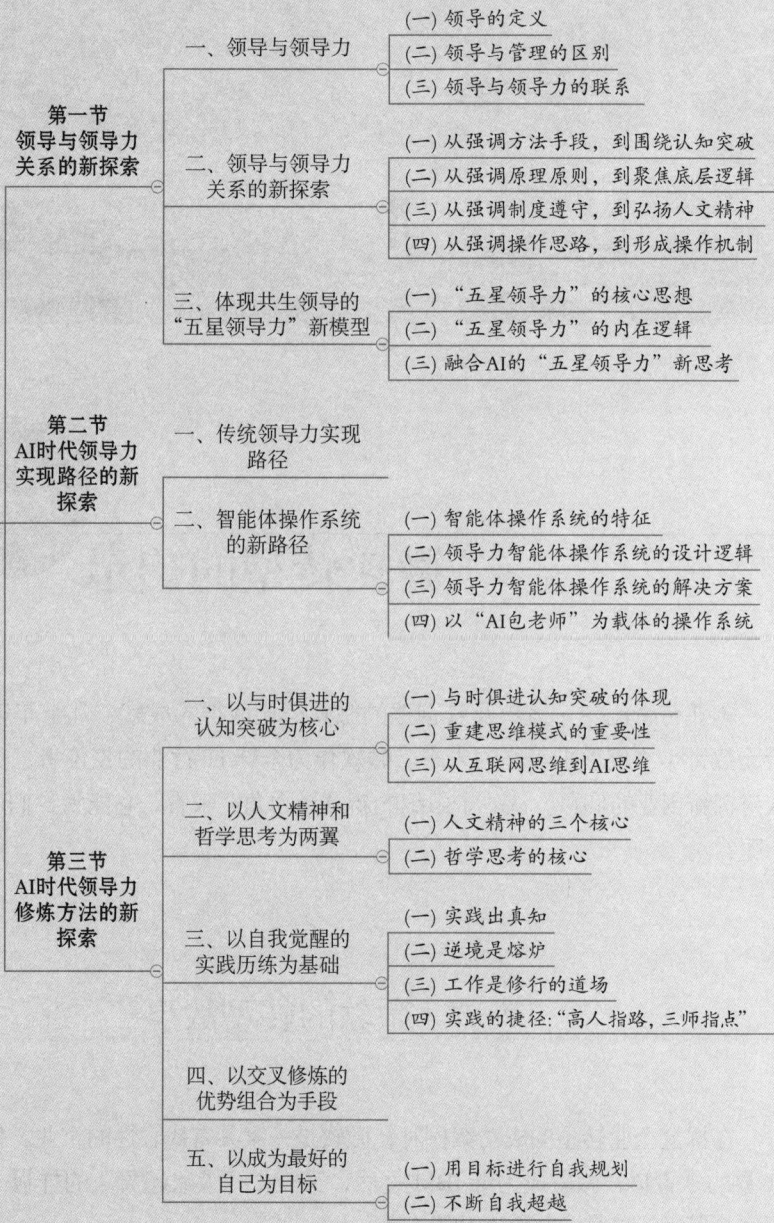

第三章 领导力的实现路径

第一节 领导与领导力关系的新探索
- 一、领导与领导力
  - (一) 领导的定义
  - (二) 领导与管理的区别
  - (三) 领导与领导力的联系
- 二、领导与领导力关系的新探索
  - (一) 从强调方法手段，到围绕认知突破
  - (二) 从强调原理原则，到聚焦底层逻辑
  - (三) 从强调制度遵守，到弘扬人文精神
  - (四) 从强调操作思路，到形成操作机制
- 三、体现共生领导的"五星领导力"新模型
  - (一) "五星领导力"的核心思想
  - (二) "五星领导力"的内在逻辑
  - (三) 融合AI的"五星领导力"新思考

第二节 AI时代领导力实现路径的新探索
- 一、传统领导力实现路径
- 二、智能体操作系统的新路径
  - (一) 智能体操作系统的特征
  - (二) 领导力智能体操作系统的设计逻辑
  - (三) 领导力智能体操作系统的解决方案
  - (四) 以"AI包老师"为载体的操作系统

第三节 AI时代领导力修炼方法的新探索
- 一、以与时俱进的认知突破为核心
  - (一) 与时俱进认知突破的体现
  - (二) 重建思维模式的重要性
  - (三) 从互联网思维到AI思维
- 二、以人文精神和哲学思考为两翼
  - (一) 人文精神的三个核心
  - (二) 哲学思考的核心
- 三、以自我觉醒的实践历练为基础
  - (一) 实践出真知
  - (二) 逆境是熔炉
  - (三) 工作是修行的道场
  - (四) 实践的捷径："高人指路，三师指点"
- 四、以交叉修炼的优势组合为手段
- 五、以成为最好的自己为目标
  - (一) 用目标进行自我规划
  - (二) 不断自我超越

第一章

微软转型的启示

创业传奇比尔·盖茨及其创建的微软公司取得的成就，几十年来一直激励着无数青年才俊追求美好的未来。微软作为全球 IT 行业的佼佼者，受到无数新人对创新创业的仰慕。从一个组织的新领导力角度来看，它能为我们带来哪些启示呢?

第一节 │ 微软的转型故事

> 一切组织的兴衰成败，皆源于领导力。

在探究企业转型的成功案例时，微软是一家具有代表性的企业。作为世界级 IT 界的常青树，微软成为继 IBM 之后，又一个"大象起舞"的样板——也许会迟缓，但仍能转身，并再次冲锋在前。

如今的微软已是 50 岁的"大象级"企业。2014 年 2 月，纳德拉[1]接任鲍尔

---

[1] 萨提亚·纳德拉（Satya Nadella）生于 1967 年的印度海德拉巴市，并在印度的芒格洛尔大学（Mangalore University）获得了电子和通信的工程学士学位，随后前往美国留学，在威斯康星大学密尔沃基分校（University of Wisconsin-Milwaukee）攻读计算机硕士学位。1992 年毕业后进入微软工作，后来又在芝加哥大学攻读 MBA。

默成为微软第三任 CEO，开始了艰难的数字化转型。直到现在，转型仍在路上，但是我们已经看到了转型的可喜成果。十年中，微软股价涨了超 10 倍。这一切是怎么取得的？

通过微软转型的案例，我们将探讨三个重要问题：

（1）新时期需要怎样的新领导力？

（2）新领导力是如何实现的？

（3）微软转型的历程对探索 AI 时代的新领导力体系有哪些启示？

一、微软的创立与崛起

20 世纪 70 年代，一场以信息技术为主流的工业革命正在孕育中。

1975 年，一本杂志上关于小型计算机诞生的报道深深触发了微软创始人比尔·盖茨的商业灵感。他敏锐地意识到：个人电脑的时代来临了！同年，比尔·盖茨和保罗·艾伦，这两位从小就对计算机有着浓厚兴趣的好友携手，正式创立了微软公司。

1980 年，微软与 IBM 达成了一项具有里程碑意义的合作协议——为 IBM 的个人电脑开发操作系统。这一合作奠定了微软作为全球软件公司的领先地位，也成就了其在未来 26 年里稳居 PC 时代的软件行业霸主地位。

从公司创立到 1999 年 12 月，微软一路顺风顺水，1999 年 12 月 22 日市值达到了 6 147 亿美元，成为当时有史以来全球上市公司中市值最高的公司。

二、微软的危机与挑战

然而，福兮祸伏，微软于 2007 年出现危机。

随着苹果公司推出第一代 iPhone，谷歌的 Android 相继问世，移动互联网的浪潮开始席卷全球。当时的微软并未及时把握这一机遇。创始人比尔·盖茨一心扑在慈善事业上，CEO 鲍尔默仍然陶醉在 PC 时代的营销美梦里，对兴起的移动互联网不屑一顾。

在内部，微软也面临"大公司病"的挑战。如，评级制度让员工把注意力从产品创新转移到个人在团队中的排名，以及团队在组织中的排名，导致部门内部及各个部门之间明争暗斗，内耗严重。

尽管鲍尔默领导下的微软财报表现"靓丽"，十余年来，营收增长 4 倍，利润增长 10 倍，桌面操作系统拥有 90% 以上的市场占有率；同时也做了一系列改革，但市场并不看好。2000—2013 年，微软的市值从 6 000 多亿美元一路下滑，长期徘徊在 2 500 亿～3 000 亿美元。

微软因为忽视了移动互联网的崛起，"赢得了今天，输掉了明天"，被外界戏称为"专门给电脑打补丁的夕阳企业"。

与此同时，新兴科技巨头的股价飙升。在股东的压力下，鲍尔默于 2013 年 8 月 23 日在致股东的信中宣布将卸任 CEO 岗位。此消息一出，微软股价开盘上涨 8%。这其实是一个非常重要的信号，提醒了微软公司的高层必须注意领导者和领导力的问题。

三、微软重生

2014 年 2 月，萨提亚·纳德拉接任鲍尔默成为微软第三任 CEO。纳德拉上任仅 4 年时间，就让微软迅速扭转颓势。2018 年，微软再次成为全球市值最高的科技公司。

纳德拉领导微软的这十年，微软已成功地从一家软件公司蜕变为以云计算、大数据、人工智能、机器学习等智能技术支撑的全球性数字技术平台。微软的股价在过去十年中增长超过 10 倍，市值达到了 2.92 万亿美元[1]。

2022 年 2 月，美国《财富》杂志公布了一项关于"全球最受赞赏的公司"的调查结果，纳德拉连续 6 年被评为"最被低估"的 CEO，这表示绝大多数被调查者都认为目前获得的赞誉不足以代表他的成绩。原因就在于，纳德拉展现出与众不同的、卓越的领导力。

第二节 | 转型期的领导力

在推动一系列改革，引领微软适应新时期发展并成功转型的过程中，纳德拉的领导力起到了关键作用。

一、新上任领导的五个关键行动

作为微软第三任 CEO，纳德拉上任伊始展开了五个针对性极强的关键行动，迅速赢得了组织内外利益相关者的信任，成功塑造了微软的新形象，为推动转型奠定了基础。

（一）上任后第一封公开信

2014 年 2 月 4 日，纳德拉向全体员工发了一封公开信。提出了关键问题："我是谁？我为什么来到这里？我们为何而生？下一步我们该做些什么？"

这封信强调了微软拥有可以改变世界的必要元素，呼吁全体员工共同努力，

---

[1] 数据来自 2025 年 3 月 7 日的市值。

继续发展公司。以下是纳德拉公开信的部分摘录：

发件人：萨蒂亚·纳德拉

收件人：全体员工

日期：2014 年 2 月 4 日

主题：萨蒂亚·纳德拉——微软的新首席执行官

我是谁？

我为什么来到这里？

我们为何而生？

下一步我们该做些什么？

许多公司都很渴望能改变整个世界，但极少有公司拥有所有的必要元素：人才、资源和毅力。微软已经证明，它拥有所有这三种元素，而且还都很充足。作为新任首席执行官，我已经拥有了一个不能再好的基础。让我们携手并肩，一起在这个基础上继续建设发展这家公司吧。

领导者要产生正能量，无论身处顺境还是逆境，都要激励乐观主义、创造性、共同承诺和成长。纳德拉通过公开信，指出发展最为关键的三个元素：人才、资源和毅力，从而将员工的关注点从消极的当下成功转移到了乐观的未来上。

（二）推荐的第一本书籍：《终身成长》[1]

纳德拉向员工推荐了《终身成长》一书，他倡导微软员工拥抱成长型思维，以积极态度面对挑战和失败，从而在技术快速变化的环境中适应和创新。微软首席 CHO 凯瑟琳·霍根（Kathleen Hogan）认为，推行成长型思维模式是微软文化变革最重要的一步。

《终身成长》是美国心理学家卡罗尔·德韦克根据自己数十年对成功的研究写成的一本书。全书的核心观点是：人们获得的成功并不是能力和天赋决定的，更受到人们在追求目标的过程中展现的思维模式的影响。

书中介绍了两种思维模式：固定型与成长型，它们体现了应对成功与失败、机遇与挑战时的两种基本心态。你认为才智和努力哪个重要？能力能否通过努力改变？这决定了一个人是满足于既有成果还是积极探索新知。只有用正确的思维模式看待问题，才能更好地达成人生和职业目标。德韦克揭示的成功法则已被很多具有发展眼光的父母、老师、运动员和管理者应用，其有效性在实践中得到了验证。

作为领导者，纳德拉敏锐地意识到，当时的微软充斥了固定型思维，需要通过推行成长型思维来打破组织边界，实现上下一心，共同进退。

> 每一个人、每一个组织乃至每一个社会，在到达某一个点时，都应点击刷新——重新注入活力、重新激发生命力、重新组织并重新思考自己存在的意义。
>
> ——纳德拉

---

[1]［美］卡罗尔·德韦克：《终身成长》，楚祎楠译，江西人民出版社 2017 年版。

（三）内部第一项决议：取消评级考核制度

鲍尔默时代，微软实行的是残酷的末位淘汰制。即使是最优秀的团队，每年也要根据排名淘汰最后一位。末位淘汰制一直是有效的管理方法，关键是应用于什么样的管理场景。而对当时的微软而言，它对创新起了"促退"作用。那时的科技圈私下里将评级考核制度下的微软内部文化描述为"拿枪指向彼此"。

领导意味着做出正确的选择，然后将团队团结在这些选择周围。纳德拉上任后做的第一项决议，就是取消末位淘汰制。

这一决策象征着放下内部指向彼此的枪，鼓励员工合作，促进团队和谐；同时，他推荐员工阅读《非暴力沟通》[1]，以提升沟通技巧和团队协作，进一步促进了组织的和谐，成功者被重新定义，失败者也得到必要的尊重，创新的基因在此基础上被重新激活。

（四）高层的第一项实验：寻找微软的新灵魂

纳德拉在高级管理团队会议上，引入了同理心沟通实验。他邀请专业的心理顾问，选择轻松的房间，让所有人收起手机，分享个人爱好和人生哲学。每个人都被要求思考：

我们在工作和家庭中是谁？

我们如何把工作角色和生活角色连在一起？

大家谈到了自己的宗教信仰、教育经历，还分享了各自作为父母的种种艰辛，以及为打造人们喜欢的工作和娱乐产品所付出的不懈努力。这是微软高级管理团队在会上第一次谈论他们自己，有些人讲得满眼泪水。

微软的高级管理者们在这种心与心的交流中增强了对彼此的理解，并对微软新的使命与愿景有了新认知（见图 1.1）。正是纳德拉促成的领导层觉醒，为微软找到了新的灵魂。

> 领导者的眼界和格局，决定了一个企业的结局。

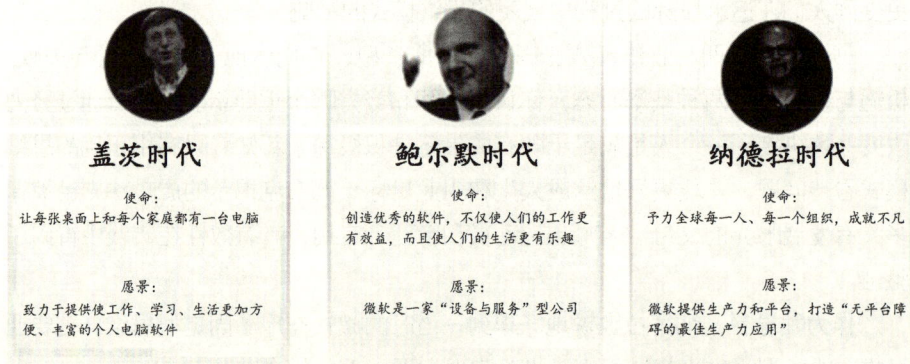

盖茨时代	鲍尔默时代	纳德拉时代
使命： 让每张桌面上和每个家庭都有一台电脑	**使命：** 创造优秀的软件，不仅使人们的工作更有效益，而且使人们的生活更有乐趣	**使命：** 予力全球每一人、每一个组织，成就不凡
愿景： 致力于提供使工作、学习、生活更加方便、丰富的个人电脑软件	**愿景：** 微软是一家"设备与服务"型公司	**愿景：** 微软提供生产力和平台，打造"无平台障碍的最佳生产力应用"

图 1.1 微软高层团队对微软使命、愿景的新认知

[1]［美］马歇尔·卢森堡：《非暴力沟通》，阮胤华译，华夏出版社 2009 年版。

任何组织要做到最好，都需要一种能每天唤醒人们共鸣的使命感。作为领导者，就是要能够在时代中建立起组织的使命，并帮助员工在组织中实现共同使命。纳德拉认为自己是微软企业文化的监护人，他与这一使命息息相关。

（五）对外第一次演讲，打破围墙，开放、开放！

纳德拉在首次对外演讲中宣布了 Office for iPad 的发布，这一行动标志着微软的开放策略，打破了公司产品与 Windows 操作系统的绑定，展现了微软对持续创新的承诺。

产品发布第二天，微软股价暴涨至当年的最高点，因为人们开始意识到，微软不再画地为牢。微软把自己的未来，寄托在了持续创新上。而微软最大的创新就是云计算。

纳德拉在这次公开演讲中，还提到了两个问题：

（1）是什么使微软与众不同？

（2）如果微软消失了，这个世界会失去什么？

纳德拉认为：微软要更专注于客户需求，因此会与长期对手追求出人意料的伙伴关系，重振长期关系，学会在竞争中共存。

领导者的眼界和格局往往决定了企业未来的发展高度。这次演讲展现了纳德拉对微软未来发展路径极具前瞻性和大格局的思考与布局。

二、转型期领导力的归纳

在微软的案例中，我们将纳德拉展现的领导力归纳为：前瞻决策、深度共识、建立生态、激活创新、机制变革、心智成长。

（一）前瞻决策：找到对的方向

领导，就是做正确的事。

纳德拉接任微软 CEO 后，开始领导微软从"设备与服务"向"移动为先，云为先"进行战略转型，该战略被分成四个阶段推进。

1. 第一阶段：向服务转型

2014 年 7 月 17 日，微软宣布从传统的软件销售转向以网上服务为主，帮助企业和个人提升工作效率。

2. 第二阶段：从服务向"创造生产力和平台公司"转型

2016 年 6 月 13 日，微软收购职业社交网站领英（LinkedIn），这是向"创造生产力和平台公司"转型的标志性事件。

3. 第三阶段：从平台公司向云服务公司深化转型

微软大力推进"云转型"战略，从 2017 年开始，云计算业务迅速成为微软的主要收入来源，营业利润率也在稳步提升。

4. 第四阶段：从云服务公司向与 AI 结合深化转型

微软在 2019 年就向 OpenAI 投资 10 亿美元，并在 2023 年 2 月追加 100 亿美元。2023 年 3 月，微软推出 Office365 copilot；2024 年 1 月 4 日，微软宣布将 Copilot[1] 集成到 Windows 11 中，用户可以通过专用按键快速访问由 AI 驱动的 Windows Copilot 服务。

在正确方向的指引下，微软成为了一家完全不一样的公司——取消在个人消费者业务上的巨额投入，发展壮大了仅次于亚马逊的云业务和企业服务，而且在人工智能的运用上大胆创新，一骑绝尘。纳德拉展现出的远见卓识也赢得了业界的广泛赞誉。

（二）深度共识：传播强大正能量

除了展现出战略上的远见，纳德拉本人非常擅长通过传播强大正能量来形成深度共识。他多次强调，领导者的第一职责是布道者。

纳德拉上任之初就与高级管理团队一起上正念训练课，深度沟通，由此达成共识，"微软要实现复兴，靠的是我们所有人的努力，而不是任何一个人、任何一位首席执行官"，"重生，只有在将组织文化置于首要位置，并在公司内外建立起信心的情况下才能实现"。为此，纳德拉推动建立了新时期微软的使命、愿景。

纳德拉提出的新使命是，"赋能全球每一人、每一组织，成就不凡"。不是微软自己要成就不凡，是要站在别人的立场，帮助别人成就不凡。这就把微软从过去那种"骄傲的束缚""光荣的固化"中"打开"了。

过去十年，微软定位于"移动至上，云为上"，重塑生产力和业务流程、构建智能云平台、重塑个性化的计算这三大战略，成功复兴。不仅如此，纳德拉更敏锐洞察到，自然语言作为通用界面的突破和强大的新推理引擎的出现，将带来人工智能的新时代。为此，微软将"普及人工智能全民化"作为新理念，并在智能助理、应用程序、服务、基础设施四个方面全面快速布局。

在纳德拉看来，领导者除了构建宏大的目标和愿景，帮助组织成员找到共同前进的方向，接下来最重要的，就是持续产生强大正能量，让每个人都能发挥出自己最大的潜力，帮助团队和组织进步。

这些理念，被纳德拉在不同的场景，以不同的沟通途径、工具，融合其鲜明的个人风格进行沟通推广，不断在组织内外形成深度共识。

（三）建立生态：开放合作互利共赢

在纳德拉的领导下，微软采取了一系列开放战略，旨在打破产品封闭性，与广泛的合作伙伴建立合作关系，打造新的生态，共同推动技术创新和行业发展。

Office for iPad 发布，表面看是微软放弃了 Windows 的唯一核心地位，但却在

---

[1]　Copilot：微软开发的 AI 助手。

移动时代赢得了更大空间。他说，现在打开 iPhone 手机，里面装的很多应用都是微软的，"我们用微软的软件，武装了 iPhone"。

微软与数据库巨头甲骨文的合作是一个标志性事件。这一合作将甲骨文的数据库一体机托管到微软的 Azure 云平台上，使两家公司由竞争关系转变为合作共赢的伙伴关系。

微软积极参与开源项目，发布了众多在开源许可下的软件。这些举动一方面展示了微软对开源社区的支持和承诺，让微软在开源软件领域获得了更多的赞誉和合作机会；另一方面也反映了公司战略的转变，即从过去的封闭和独占走向了开放和协作，这种转变有助于微软更好地与开发者社区互动，同时也推动了技术创新和行业进步。

通过开放系统、参与开源推动创新以及建立联盟，纳德拉的新领导力在推动微软生态系统建设方面发挥了重要作用。

（四）激活创新：不惧风险、快速失败、快速前进

纳德拉认为，领导力并不是要自己成为最聪明的人，而是要把员工最好的一面激发出来。从而重塑了今天的微软文化：不惧风险、快速失败、快速前进。

在纳德拉领导的激励机制设计中，微软文化中的创新基因得以释放活力。

> 过去微软是家软件公司，把软件卖给客户，收取授权费。当微软转型为智能云公司的时候，云是租用的，那微软怎样改变销售配额（sales quota）？举例说，它从过去每一年要做 100 万美元业绩改成不是卖 100 万美元的授权费，你向客户收了 100 万美元对公司来说不重要，对你的业绩来说也不重要，什么重要呢？客户用了多少云才重要。客户用了一点云才会计一点价，所以不再是你这个业务人员去引导你的客户，或者是去建立和客户之间的良好关系来做业绩；而是要和客户之间形成共创的关系，一起把工作做好，后面才会使用更多的云。因此，微软与客户之间不光是买卖关系，而转变成了共创（co-innovation）的伙伴关系。

在 2024 年达沃斯世界经济论坛上，纳德拉强调了 AI 在能源转型中的重要性，认为 AI 的繁荣堪比 PC 的普及。这一观点体现了微软对创新的重视，以及对未来技术趋势的深刻洞察。他认为："AI 的发展给我们带来了最自然的用户使用界面——便于计算机理解我们而不是我们理解计算机。""未来也许是计算机、AI、混合现实三种技术融合打造出一个创新平台。"

（五）机制变革：重塑文化、组织与激励

"领导者必须同时看到外部的机会和内部的能力与文化，以及它们之间的所有联系，并在这些洞察变得众所周知之前率先反应，抢占先机。这是一种艺术，

而不是科学。"

纳德拉说的这些要素以及它们之间的所有联系，就是机制。

2014 年，当 PC 时代的霸主微软宣布进行战略转型时，很多人怀有疑问：大象也能跳舞吗？而微软用实际行动证明了"大象也能翩翩起舞"。作为 PC 时代的巨头，微软的转型成功不仅是对市场变化的响应，也是对组织内部运行机制的一次深刻变革。

纳德拉领导的机制变革，主要体现在三个方面：文化重塑、组织变革和激励体系变革。

1. 文化重塑

微软在纳德拉的领导下，基于战略转型推动了文化重塑的变革。这一变革的核心是成长型思维。其理念强调开放性、谦逊和包容性，与固定型思维形成鲜明对比。

纳德拉认为文化并不是一成不变的，而是一种动态的学习型文化。任何持有成长型思维的人都能摆脱束缚，战胜挑战，进而推动各自的成长，并由此推动公司的成长。

在日常工作中，微软的员工用三种不同方式练习成长型思维：

（1）以客户为中心。要求员工以初学者的心态去了解和学习微软的客户以及他们的业务，为客户提供卓有成效的解决方案。

（2）保持多元化和包容性。要求员工不仅尊重差异，还要寻求差异，更要展开双臂拥抱差异。因为只有这样，微软才能产生更好的创意、推出更好的产品，并且更好地服务客户。

（3）上下一心，共同进退。创新和竞争并不遵循单个的组织边界，所以必须打破内部壁垒。

成长型思维重塑了微软的文化，为微软注入了新的生机。有业界评价：成长型思维，让微软从一家"与世界为敌"的公司成为"与世界为友"的公司。

2. 组织变革

2015 年，微软的组织结构以产品为中心，分为云计算和人工智能、现代工作和业务流程、个人计算机三大部门。到了 2018 年，微软调整了其组织架构，以更好地满足客户需求，提供协同的解决方案。新的组织结构包括体验和设备、云＋AI 平台、企业应用和服务三个部门，反映了微软对市场变化的快速响应和动态战略调整能力。

3. 激励体系变革

在纳德拉的领导下，微软对绩效评估体系进行了重大改革。传统的末位淘汰制被新的评估维度所取代，这些维度包括：

（1）对公司业务的影响力；

（2）对团队成功的影响力；

（3）对别人成功的影响力。

这种变革体现了微软对团队合作和个人贡献的重视。

在高管层面，微软在2014—2016年对高管薪酬设计进行了创新，以支持公司的战略转型。新的激励机制结合了长短期激励，旨在通过"按绩效授予"来激发员工的积极性，同时通过"按时间授予"来留住关键人才。

（六）心智成长：个人与组织的持续进化

从纳德拉身上，我们看到了领导力行为与心智是相辅相成、互为因果、相得益彰的关系，也看到了心智成长的重要特征：

（1）强大的职业意志，一路深耕，用天赋和勤勉实现自我。

（2）构建和实践成长型思维，在危机中看到转机。

（3）对创新拥有耐心，拥抱变化和不确定性。

（4）唤醒职场同理心，打造柔性竞争力。

（5）自我驱动、主动学习，享受工作的过程。

纳德拉的领导特质非常明显：温和、谦逊、务实、自省、冷静、有远见。即便市值再度登顶后，当纳德拉接受《彭博商业周刊》采访时，他仍直言"如果有人为了我们的市值而庆祝，我会感到恶心"。坚称公司市值"没有任何意义"，认为任何形式的庆祝，都是"走向没落的开始"，近乎冷静到可怕。

推崇"成长型思维"，也是纳德拉本身价值观的使然，也使我们看到领导者心智成长在个人与组织进化中的作用机制。

第三节 ｜ 转型的逻辑与启示

一、转型的基本逻辑

纳德拉的新领导力被认为是微软转型重要的动能。其领导策略不仅在于做了正确的事，更在于正确地安排了重要行为的顺序，这对于处在转型中或将要转型的企业领导者都具有重要的借鉴意义。

> 物有本末，事有终始，知所先后，则近道矣。——《大学》

如图1.2所示，领导变革中的行动顺序体现为：

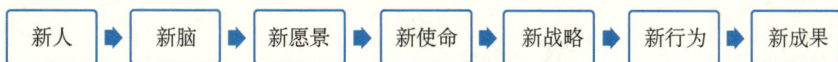

新人 ➡ 新脑 ➡ 新愿景 ➡ 新使命 ➡ 新战略 ➡ 新行为 ➡ 新成果

图1.2　微软变革中领导策略对重要行为顺序的体现

（1）新人：新的 CEO 领导新时期的微软。

（2）新脑：纳德拉的成长型思维。

（3）新愿景：因成长型思维而带来新的愿景。

（4）新使命：新愿景产生新的使命。

（5）新战略：新愿景需要具体的战略来实现，战略是连接愿景和行动的桥梁。

（6）新行为：组织成员基于新战略的实施促进了新行为的产生。

（7）新成果：新的行为带来新的成果。这是检验转型成功与否的最终衡量标准。

需要说明的是，改革必须要有新脑。这个新脑可以是由新人带来，也可以是由"老人"认知突破带来。但必须是新脑，"老人"如果不能"换脑"，就必须"换位"。

二、转型的实施路径

微软靠颠覆他人创立（建立之初，打破了 IBM 时代的计算集中化），又靠颠覆自己重生（在计算能力重新集中化的技术浪潮来临时，迅速转身，避免了被颠覆）。微软的实践为面临新时期转型的企业在实施路径上提供了宝贵的经验。

1. 正能量的产生与提供

转型应以激发团队的正能量为基础，创造一个积极的工作环境，促进创新和协作。

2. 成长型思维的培养

通过培养成长型思维，领导者可以解决内部的阻力，鼓励开放合作，从而为转型打下坚实的文化基础。

3. 愿景、使命、战略的刷新

在转型过程中，刷新企业的愿景、使命和战略是核心。这要求领导者有清晰的方向，并能够将这一方向传达给所有利益相关者。

4. 循序渐进的实施途径

聚焦新目标，采取循序渐进、小步快跑的策略，可以确保转型的稳健执行，同时允许在过程中进行必要的调整。

5. 新技术作为新动能

利用云计算、大数据、人工智能等新技术作为推动转型的新动能，保持企业的竞争力。

6. 激励体系的创新

围绕新战略设计与时俱进的激励体系，确保员工的行为与公司的新方向一致，为转型提供保障。

三、对 AI 时代领导力修炼的启示

微软的案例，深刻地揭示了：领导就是做正确的事。卓越的领导，就是在不

确定的环境中找到正确的事，并在正确的时间找正确的人，同时赋能他用正确的方法，将正确的事做正确。

2023 年 11 月，纳德拉在回访母校芝加哥大学接受采访时，非常好地归纳了 AI 时代企业领导力的特点：

（1）拨云见日的能力，能在不确定环境中理清思路，迅速进入状态；

（2）产出并提供正能量，激发团队创造力；

（3）冲破束缚，有条件上，没有条件创造条件上。

微软这个案例，我们已花了十六年时间追踪研究，未来也会持续下去。"五星领导力模型"正是基于这一案例的启示。

AI 时代领导力的发展，也有个过程。现在是传统领导力终结，AI 领导力启蒙的阶段（或者说是共生领导力的阶段）；再到中级领导力 AI 自动化管理的阶段；最后到"全 AI 领导力"时代。

这个过程需要领导者与时俱进，建立并不断升级自己的领导力框架，掌握领导力的核心理念，学会运用一套可操作的思路，并通过融入 AI 技术，最终将操作思路转化为组织内的机制。

推 荐 书 单

1.《刷新》——［美］萨提亚·纳德拉，陈召强、杨洋译，中信出版社 2018 年版。

2.《终身成长》——［美］卡罗尔·德韦克，楚祎楠译，江西人民出版社 2017 年版。

复习思考题

1. 新上任领导的五个关键行为对推动转型起到什么作用？

2. 如何从领导者的视角理解微软转型的基本逻辑？

3. 纳德拉的转型探索对我国领导者探索 AI 领导力体系有哪些启示？

4. 请思考：是什么让你的公司与众不同？如果你所在的公司消失了，这个世界会失去什么？

1.1：微软案例

第二章

领导力修炼的紧迫性与科学性

第一节 | 领导力修炼的紧迫性

> 一个领导对组织的作用是致命的，致命得好，或致命得坏。

  包季鸣教授在复旦大学管理学院教授"企业领导力"课程三十多年，经常会以贝多芬的《命运交响曲》来开场。

  贝多芬在谱写交响曲第一乐章的开头，便写下了一句引人深思的警语："命运在敲门"。这与当今所处的 AI 时代背景下的不确定的企业场景非常类似。AI 正在敲响每个人的命运之门，也要求我们无所畏惧地面对挑战并做出坚定回答。

  狄更斯在《双城记》中有一段话：

  "这是一个最好的年代，这是一个最坏的年代；这是一个智慧的年代，这是一个愚蠢的年代；这是一个光明的季节，这是一个黑暗的季节；这是希望之春，这是失望之冬；人们面前应有尽有，人们面前一无所有；人们正踏上天堂之路，人们正走向地狱之门。"

  面对命运敲门和时代挑战，贝多芬的回答是：扼住命运的喉咙。

  狄更斯的回答是：我有个原则，想到要做一件事，就一定要做到，而且要做得彻底。

正如贝多芬和狄更斯带给我们的启示，面临"迎接命运敲门，创造卓越贡献"的历史机遇，领导者需要以坚定和勇敢的姿态迎接挑战，修炼与时俱进的领导力，带领组织穿越 AI 时代不确定性的迷雾，锚定梦想，坚定前行。

一、三个层面的揭示

现有研究从三个层面揭示了领导力修炼的紧迫性：个体能力、组织效能、组织发展。

（一）领导力决定员工能力发挥的大小

能力，是个体能够完成工作中各种任务的可能性。

员工能力是企业成功的关键因素，它不仅决定员工的个人绩效，也是企业核心竞争力构建的重要源泉。

1. 员工能力的影响因素

早期组织行为学的研究认为，影响员工能力的因素主要包括三类：个体特征、工作特征、组织特征，见表 2.1。

表 2.1　员工能力的影响因素

影响因素	因素结构
个体特征	个体人口统计学特征：年龄、性别、婚姻状况、教育背景、个人职位等 心理特征：工作满意度、心理授权、心理契约、心理资本、性格、动机、价值观等
工作特征	技能多样性、任务完整性、任务重要性、工作自主性、工作反馈等[1]
组织特征	组织文化、组织结构、组织气氛、组织信任感、组织支持感、组织政策公平感、分配公平性等

20 世纪 20 年代，领导学发展成为组织行为学一个重要的分支。越来越多的研究开始关注领导力作为重要变量对员工能力的影响。

2. 领导力对员工能力的放大效应

20 世纪 80 年代，美国学者库泽斯和波斯纳开始了一项关于领导力的持续研究，该研究每五年进行一次调研，并将研究成果发布在《领导力：如何在组织中成就卓越》[2]一书中。他们通过对数千员工的调查，得出了重要结论：在不同领导者领导下，人才能力发挥情况差别高达 3 倍之多，见图 2.1。

[1] 哈克曼（J. R. Hackman）和欧汉姆（G. R. Oldham）在 1975 年提出的工作特征模型（job characteristics model, JCM），总结了五种主要的工作特征。
[2] ［美］詹姆斯·M. 库泽斯，［美］巴里·Z. 波斯纳：《领导力：如何在组织中成就卓越》（第 6 版），徐中，沈小滨译，电子工业出版社 2018 年版，第 263 页。

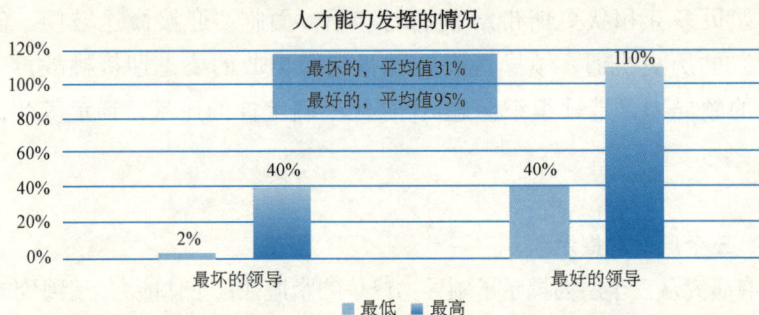

图 2.1 最坏与最好的领导者对人才能力发挥的对比

> 人才不会为他们最不喜欢的领导者付出最大的努力！

领导力对员工产生的影响是巨大的，包括思维、努力、是否愿意积极地成长。

（二）领导力决定组织效能发挥的高低

领导力的天花板原则是指，领导者的领导力水准是组织发展的天花板。

相对于传统的效率指标，越来越多的企业采用组织效能来衡量组织发展状况。

1. 组织效能

组织效能是指组织实现其目标的程度，一般反映在四个维度上：能力、效率、质量、效益。

（1）能力：是组织运作的基础，也反映了组织发展的潜力大小。包括有形的土地、资本、资源、工具、技术、人才和无形的组织能力等。

（2）效率：组织在投入产出比上的优化，即以最少的资源消耗达到最大的产出效果。

（3）质量：组织输出的产品（服务）的品质或功能满足目标客户的需求的程度，体现了组织存在的价值。

（4）效益：指增加值或附加价值，是组织运行的产出，即组织活动带来的经济效益和社会效益，如利润、市值份额、社会声誉等。

2. 领导力对组织效能的乘数效应

组织效能虽包括了组织中的个体效能，但组织效能并非组织中个体效能的加总，具体如图 2.2、图 2.3 所示。

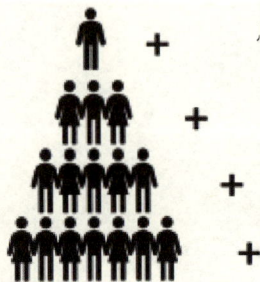

图 2.2 错误的组织效能

图 2.3 正确的组织效能

以上海实业集团（以下简称"上实"）为例，包季鸣教授在该集团公司工作了 14 年。这 14 年中，上实的投资项目有些非常成功，也有些很失败，他从中感悟到领导力极端重要。

1995—2008 年，上实共打造了 12 家上市公司，融资额超过 500 亿元，净资产从 31.4 亿元增长到 505 亿元。

总结投资成功的关键，在于上实的领导者们做对了三件事。

（1）做了对的事，选择了正确的赛道，比如：化妆品、中成药、乳制品、芯片。

（2）找到了对的人，比如：上海家化葛文耀、光明乳业王佳芬、正大青春宝冯根生、中芯国际张汝京。

（3）采取了正确的方法，很好地处理了与利益相关者之间的关系。

上实当时的投资理念是"投资就是投人"。实践证明：找到优秀人才，优秀人才就能对企业效能产生乘数效应[1]。

> 实现从优秀到卓越的领导者首先是想方设法找到合适的人才（不合适的下车），然后才决定将汽车开向何方。
> ——吉姆·柯林斯

（三）领导力决定组织未来的生死存亡

1."黑天鹅"和"灰犀牛"

进入 21 世纪，在复杂多变和高度不确定性的环境中，全世界都面临着"黑天鹅"和"灰犀牛"事件频发、并发的新挑战，见表 2.2 所示。

表 2.2 "黑天鹅"与"灰犀牛"的典型特征及事件举例

类型	典型特征	典型事件举例
黑天鹅	• 超出现有认知，罕见、出人意料，引发颠覆性后果 • 难以预测和防范	• 2001 年，"9·11"事件 • 2020—2023 年，新冠疫情 • 2020 年，美股 10 天内触发 4 次熔断
灰犀牛	• 摆在眼前，预兆明显，大概率会发生的潜在危机，一旦发生后果严重 • 可预测和防范	• 2007 年，美国次贷危机 • 2018 年开始，中美贸易摩擦 • 2022 年开始，俄乌冲突

2. 领导力是化危为机的关键

组织能否有效防范"灰犀牛"事件，并于"黑天鹅"事件出现时积极应对，力挽狂澜，转危为机，领导力是尤为关键的因素。

六轮精准打压下依然"活了下来"的华为，领导者做对了什么？

任正非曾说："华为成立三十年来危机不断，不是这个危机，就是那个危机，有些甚至严重到危及企业的生命。"从 2018 年起，美国对华为实施了六轮精准压

---

[1] 乘数效应：指一个变量的变化以乘数加速度方式引起最终量的增加。

2.1：美国对华为实施了六轮精准压制性打压时间及事件

制性打压（见二维码 2.1），制裁至今仍未结束，但华为依然"活了下来"。2024年，华为公司实现销售收入超 8 600 亿元，同比增长 22.12%。华为方面表示：尽管 2024 年充满挑战，但华为整体经营业绩达到预期水平。

面对如此困难的一轮轮出现的危机，华为的领导者做对了什么？

华为过去的最低纲领叫"活下去"，2019 年华为被制裁后，把"有质量地活下去"作为最高纲领。任正非说："我们不可能改变环境，也不可能改变逆境，但是我们要找到适应这种环境的胜利办法，这就是华为的核心价值观"。从中，我们看到了华为面对危机时，卓越领导力的作用。

任正非迷茫中的"登高一望"。

企业家在迷茫中的"登高一望"，用内心之火为迷茫的"士兵"指明前进的道路，这就是领袖的作用、企业家的作用，是企业家的重要素质。

激发血性，让英雄[1]"辈"出。

公司必须建立呼唤英雄和培养英雄的土壤、机制、氛围和管理举措，以保证英雄群体的不断涌现，实现英雄"辈"出。其核心在于构建英雄的价值定位（价值创造）、英雄的价值评价体系和英雄的价值分配机制，以及促使其良性循环。

在逆境中有质量地活下去。

面对美国的打压，华为即时进入"战时"状态，通过组织变革优化并激活组织。

"沧海横流，方显英雄本色。"在瞬息万变的环境中，组织要想化危为机，离不开卓越的领导力。

二、百年未有之大变局的视角

（一）大变局背景的"五个新"

当今世界处在一个百年未有之大变局之中，人类已经从"VUCA"时代[2]进入到了"BANI"时代[3]。BANI 所代表新的时代特征，是对 VUCA 时代概念的进一步延伸和细化。VUCA 解释了世界的不确定性状态，BANI 进一步描绘了不确定状态下人类对当今世界的真实感受。

BANI 时代，全球环境快速变化，具体体现为"五个新"。

1. 新的政治格局

世界从"和平发展"到"分化对抗"的格局越来越明显，国际合作变得复杂，经济决策受政治因素的影响加深。

---

[1] 英雄：此处指在技术创新和业务发展中做出突出贡献的人才。

[2] 由 Volatility（易变性）、Uncertainty（不确定性）、Complexity（复杂性）和 Ambiguity（模糊性）构成，起源于 20 世纪 90 年代，用来描述冷战后世界的不稳定和不可预测性。

[3] 由 Brittleness（脆弱性）、Anxiety（焦虑感）、Nonlinear（非线性）和 Incomprehensibility（不可知）构成，由美国人类学家，作家和未来学家吉米斯·卡西奥（Jamais Cascio）于 2016 年提出。

2. 新的经济规则

"全球化"向"友岸化"[1]转变，也就是强调"在价值观相同的朋友圈做生意"，意识形态竞争成为新的经济规则。

3. 新工业革命

2000 年左右数字经济崭露头脚，数据公司已在全球经济中占据重要地位。

4. 新全球生态问题

现代社会生产力发展迅速，给人类带来了巨大福祉，但生态环境不断恶化，可持续发展已成为全世界必须共同面对的议题。

5. 新科技突破

科学技术是第一生产力。从万物互联到人工智能，AI 技术正在以前所未有的速度改变世界。技术推动了经济增长，改变了人类生活和工作的方式，同时也带来了新的挑战和伦理问题。

2024 年 6 月 2 日，英伟达联合创始人兼首席执行官黄仁勋在 Computex 2024（2024 台北国际电脑展）上发表主题演讲，分享了人工智能时代如何助推全球新产业革命。黄仁勋展示了最新量产版 Blackwell 芯片，并称将在 2025 年推出 Blackwell Ultra AI 芯片，下一代 AI 平台命名为 Rubin，2027 年推出 Rubin Ultra，更新节奏将是"一年一次"，打破"摩尔定律"。黄仁勋表示，机器人时代已经到来，将来所有移动的物体都将实现自主运行。

领导力具有强烈的时代特征，新时代要求领导者具备敏锐的洞察力，能够识别和理解外部环境中的机遇与威胁，帮助组织在不确定性中找到方向，在复杂性中找到简化的方法，在易碎性中找到韧性，在焦虑感中找到信心，从而推动组织持续发展。

（二）AI 时代的三大挑战

1. 复杂性与不确定性的挑战

前文已谈及百年未有之大变局带来的"五个新"，领导者需要在快速变化的环境中作出决策，面对多维度的数据和信息，处理未知的风险和机会。这要求领导者具备更强的洞察力与应变能力。

2. 重新思考人类价值的挑战

随着 AI 技术的发展，需要领导者重新思考人类的价值。目前的研究表明，在某些方面，AI 可能比人类更高效，但人类独有的创造力、情感和道德观念，是 AI 无法替代的。这就要求领导者更加重视培养这些独特的品质，并将其应用

---

[1] 友岸化：是一种新的国际关系走向的概念，主要指国家或企业将生产制造基地尽可能放在战略盟友或价值观相似的国家或地区，以便于对产业链进行风险管控。

于各种领域，为社会创造更多的价值。

3. 持续学习与创新的挑战

在 AI 时代，变化速度可谓日新月异。领导者需要持续的学习和创新，保持对新知识和新趋势的极高敏感度，方能跟上时代发展，推动组织的持续进步。

（三）对领导力核心要求：从技术性到调适性

随着时代的变迁，领导力的模式也在不断演进。AI 时代，要求领导力从技术性转向调适性。

1. 技术性领导力适应了工业革命时代要求

工业革命时代，技术快速发展，社会对生产效率的要求提高。在清晰和繁杂的状况下，组织的领导力更强调技术性，解决问题的范式，遵循最优的流程和先进的经验。

技术性领导力的核心特征是：

（1）专业技能：具备在特定技术或行业中的专业知识和技能。

（2）效率导向：追求生产效率和成本控制，优化工作流程。

（3）权威指挥：依靠权威和等级制度来指导和控制团队。

（4）规划与执行：重视长期规划和战略执行，确保技术实施和生产目标的达成。

2. 调适性领导力适应了 AI 时代要求

AI 时代，不确定性和复杂性成为常态，组织的领导者更强调调适性。调适性领导力要求领导者具备适应能力和变革能力，以引导组织在不断变化的环境中生存和发展。

调适性领导力的核心特征有以下四个方面。

（1）灵活性：在快速变化的环境中，注重灵活、动态调整策略和方法。

（2）变革管理：引导组织通过变革，重塑文化、结构和流程。

（3）情绪智能：具备在人际交往中理解、驾驭情绪及其相关心理和行为的能力。

（4）跨领域协作：不仅鼓励跨学科和跨部门合作，而且能够与 AI 协同，以应对复杂问题。

增强调适性领导力，不仅需要领导者及时与时俱进地掌握专业知识、提升技能和能力，还需要领导者增强自我觉察、突破思维局限、升级心智模式。

（四）领导力研究重点：从行为研究到融合发展

1. 以往重点聚焦行为研究

20 世纪中叶，随着领导行为理论的兴起，研究者开始集中探讨不同的领导行为如何影响领导效能和组织绩效。

（1）经典的行为理论研究。

通过研究领导者的行为模式，关注领导者做什么和如何做，旨在从领导者的行为方式中提炼出有效的领导模式。较有代表性的理论研究见表 2.3。

> 如果某件东西很脆弱，则需要积蓄一定能力和应对的弹性（恢复能力）；如果我们感到焦虑，则需要同理心和正念；如果某个事物是非线性的，则需要前瞻力和适应性；如果有些事情是不可理解的，则需要透明度和直觉。

表 2.3　具有代表性的领导行为理论研究

研究者	理论提出	核心内容
埃德温·弗莱希曼等	领导行为四分图理论	该理论研究了两个概念化的维度，以任务为中心和以人际关系为中心的领导行为，并由此构成领导行为四分图
库尔特·勒温	领导作风理论	该理论提出三种不同的领导方式：专制型、民主型和放任型。研究发现在不同群体中，三种领导方式效果各异
罗伯特·布莱克 简·穆顿	管理方格理论	该理论用方格图表示和研究领导方式。以员工导向行为（关注人际关系、尊重下属的意见、承认人与人之间的差异）和任务导向行为（强调目标的实现、明确分工与责任、帮助组织成员完成预定目标，并把组织成员视为达到目标的手段）两个维度分别作为横轴和纵轴，并各划分 9 等份，形成的 81 宫格代表了 81 种不同的领导方式，其中最典型的是 5 种领导方式

（2）行为研究的局限。

随着时代的变迁，传统行为研究的局限性越发明显，主要表现在三个方面：

① 过度强调工具理性：传统研究往往偏重工具理性，关注如何通过具体手段和技巧来解决领导实践中的问题。这种做法虽然能够提供短期的解决方案，但忽视了深层次的内在原因和系统性问题，限制了对领导行为本质的理解和改进。

② 缺乏系统、全面、生态的观念：现有的行为研究往往缺乏系统性和生态观点，未能充分考虑组织内外的复杂因素和相互关系，难以全面解决领导实践中的复杂问题。

③ 与新兴技术结合不足：在市场营销、消费者行为研究等领域，大数据和人工智能技术的应用已经产生了丰富的研究成果。然而，在领导力行为研究领域，这类新兴技术的应用和结合相对较少，因此限制了领导行为研究的深度和广度。

2. 现在强调"融合发展"

在 AI 时代背景下，单一的行为研究已不足以满足当前复杂环境下领导力的发展需求。领导力研究开始强调在 AI 的协同下，进行科学与艺术的融合、理论与实践的结合，以达到理性与感性的互补。

首先，传统组织面临向智能组织发展的必然趋势。信息技术的发展与人工智能的突破，推动了智能组织的发展，领导者将面对人与机器结合的新形态组织。

其次，随着技术的发展，构建新的领导力实现路径成为可能，这涉及领导力操作流程的创新、人工智能的协同，以及底层逻辑与环境变量结合的新方法论。

可以说，从行为研究到融合发展，是领导力研究领域的重大突破，是顺应时代要求，引领未来发展的必然选择。这种全新的探索为领导力的理论与实践提供了更为广阔的视野和更深层次的理解。

3. 融合发展的具体体现

融合发展具体体现为：领导者在横向和纵向发展上同步关注人脑和机脑的融合共生。

（1）横向发展。

横向发展是指领导者知识、技能和能力的扩展，即"硬技能"的提升。本书中提出的五种领导力行为——决策、沟通、生态、创新、保障——均在横向发展层面得到体现。

（2）纵向发展。

纵向发展涉及领导者心智、认知和思维格局的提升，即"软技能"的增强，体现了领导者的内在和谐与智慧。本书提出的领导力心智跃迁正是在纵向层面得到发展的体现。

（3）融合发展。

融合发展强调知行合一，将横向发展与纵向发展相结合，并与智能体领导操作系统相结合，实现领导力行为技能与心智技能的融合发展，从而构建自我进化的领导力修炼良性循环机制。

> AI 时代的领导力，不是传统意义上的引领人、影响组织，而是引领好由人和机器构成的智能组织。

第二节 | 领导力修炼的科学性

领导力是领导者综合素质的体现，是一套可定义、可学习的技能，也是一套可观察、可度量的行为模式。正因为如此，领导力修炼强调学科的专业性和方法论层面的科学性。

一、以专业知识的积累提升为基础

领导力的修炼需要扎实的专业知识作为基础。作为一门专业学科，领导学的知识体系广泛且深入，核心内容包括以下七方面。

（1）领导理论与实践：理解领导理论并将其应用于实践。

（2）领导者角色与职责：明确领导者在组织中扮演的角色和承担的职责。

（3）领导方法与技能：掌握有效的领导方法和必要技能。

（4）领导素质与发展：培养领导素质并推动个人发展。

（5）组织行为与文化：分析和塑造积极的组织行为与文化。

（6）跨文化管理：在多元文化背景下进行有效管理。

（7）创新与变革：鼓励创新思维，引领变革。

此外，领导力修炼还应汲取心理学、社会学等相关学科知识，以及对 AI 技能的熟练运用。领导力是一个高度综合的领域，专业知识的积累是一个长期的过程，需要领导者持之以恒地学习和实践。

二、以刻意练习的方法论为指导

领导力刻意练习是一种高效的学习方法，由佛罗里达州立大学的心理学家安德斯·艾里克森提出。该方法强调：超越一般水平达到伟大成就的关键，在于刻意练习的程度而非天赋或经验。

在最发达的行业或领域，每一代人都将他们从上一代人那里学到的经验和技能传承下去。他们的训练遵循着一系列非常相似的原则，就是刻意练习。它是一种有目的的练习，知道该朝什么方向发展，以及怎样达到目标。

领导力的刻意练习需要经过四个过程。

（一）明确目标

刻意练习始于设定具体的能力提升目标。与一般练习不同，刻意练习是有目的、有计划的，且始终围绕既定目标进行。

具体来说，"我们想要实现哪方面能力的提升"这一阶段往往需要教练的指导，以确保方向的正确性。

（二）找到教练[1]

教练通常由受过专业知识训练或具有丰富实践历练的人士担任，在没有理想教练的情况下，优秀的书籍和文献也能充当指导角色。

教练的作用在于对比领域内高水平表现者的心理表征，给予高质量的反馈。在练习过程中，高质量的反馈是不可或缺的，它帮助领导者识别不足并进行必要地调整。

（三）研究策略

分析杰出人士成功案例背后的原因，提炼出他们共同的策略和方法。

杰出人士的成功绝非偶然，是思维、能力、行为等多方面因素共同作用的结果。通过分析、提炼，揭示出共通的规律和要素，形成一套可供学习、借鉴的方法论。同时，研究优秀领导力案例，可以帮助我们更全面、本质地审视领导力的艺术，从中汲取智慧和精神力量。

（四）投入精力

通过持续的投入和训练，实践"1 万小时定律"，即通过大量的刻意练习达到精通。

刻意练习的四个过程环环相扣、缺一不可。

---

[1] 教练：帮助领导者提升领导力水平的专业人士。

（1）明确目标为我们指明了练习的方向。

（2）找到教练为我们提供了有针对性的指导和反馈。

（3）研究策略让我们找到了最有效的练习路径。

（4）投入精力则是付诸行动，在大量刻意练习中提升能力。

三、以心智技能的提升为升华

领导力的科学修炼同样强调心智技能的提升。

心智技能包括思维方式、情商、格局等，是领导者内在品质的体现。心智技能如同水池，为行为技能提供基础和支撑，只有不断扩展心智的容量，才能更好地吸收和运用更多的行为技能。

知行合一，理论与实践相结合，是领导力提升的重要途径。心智技能的提升，综合体现为领导者的认知突破。通过提升心智技能，领导者可以更全面地思考问题，更好地理解和激励他人，在复杂多变的环境中保持战略定力。这是领导力修炼的升华之处。

四、以与时俱进的新技术采用为动能

领导力的科学修炼，还体现在与时俱进地采用新技术。

在 AI 时代，新技术的应用已经成为企业发展的重要驱动力。领导者需要与时俱进，积极采用新技术，为组织注入创新动能。

通过与 AI 深度融合，共同进化，领导者可以更高效地洞察市场趋势，优化决策过程，推动组织变革。这是领导力持续进化的重要途径。

本书提出的新的领导力实现路径，正是对这一领域的积极探索，以新技术为动能，旨在构建一个能够适应时代发展的新领导力框架。

第三节 | 西点军校挑战性历练的实践

领导力修炼的科学性最重要的体现是挑战性的实践历练。在这方面，西点军校为我们提供了有益的借鉴。

一、西点军校的领导力培养模型

（一）西点军校的人才培养业绩

在全球范围内，培养了最多杰出 CEO 的摇篮，并非那些最著名的商学院，

而是历史悠久的西点军校。据数据统计，自第二次世界大战结束以来，世界500强企业中有超过1 000位董事长、2 000位副董事长以及5 000位总经理拥有西点军校的教育背景。

西点军校前校长戴夫·帕尔默曾自信地表示："随便你给我一个人，只要不是精神分裂症，我就可以把他培养成一流的、优秀的领导者。"

是什么让西点军校拥有如此坚定的信心和底气？

在参与复旦大学EMBA海外游学项目期间，我们有幸多次拜访西点军校并深入探讨了这一问题，获得了以下两点深刻启发。

第一，领导力具有相通性。无论是军事指挥官还是企业领导者，他们所需的领导力素质是共通的。

第二，领导力是在实践中，特别是具有挑战性的历练中培养出来的。

（二）西点军校的领导力培养模型

西点军校对于领导力培养的诠释是："一个人认识自己和看待世界的能力。"精神力量被视为个人社会成功的关键因素。西点军校认为，一个人的知识储备和强健体魄是精神力量的基础，而这种力量对于领导力的发挥至关重要。

西点军校的领导力培养模型（见图2.4）就融入了对精神力量的重视。

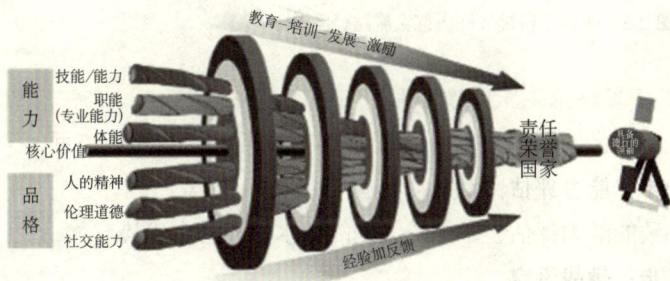

图2.4　西点军校领导力培养模型图

西点军校以责任、荣誉和国家为核心价值观，致力于培养学生成为具备德行的领袖。

（1）能力：包括技能/能力、职能（专业能力）和体能。

（2）品格：涵盖人的精神、伦理道德和社交能力。

尽管西点军校的招生选拔条件足够严苛，但是每年录取的学生中还是有五分之一选择了中途退出。这退出的学生中有很大一部分是在大一结束时选择退出的，因为这一年他们要经历西点军校最为著名的"野兽计划"，经历生理、心理、社交等一系列残酷考验。坚持不住的人，最终选择出局。

这一现象引起了宾夕法尼亚大学知名心理学教授安吉拉·达科沃斯的兴趣。达科沃斯的研究成果被总结为十条法则（见二维码2.2），被看作西点军校培养优

2.2：达科沃斯总结的西点军校十条法则

秀学生的真正秘密，也被称为西点军校最昂贵且最有价值的课程：没有强大内心的人，就没有资格谈人生。

二、西点军校挑战性历练的实践路径

（一）西点军校挑战性历练实施路径图

西点军校认为，在领导力发展过程中，个人能力的评估与相应的挑战和支持机制是关键因素。围绕这一原则西点军校设计了"挑战性历练实施路径图"（见图 2.5）。

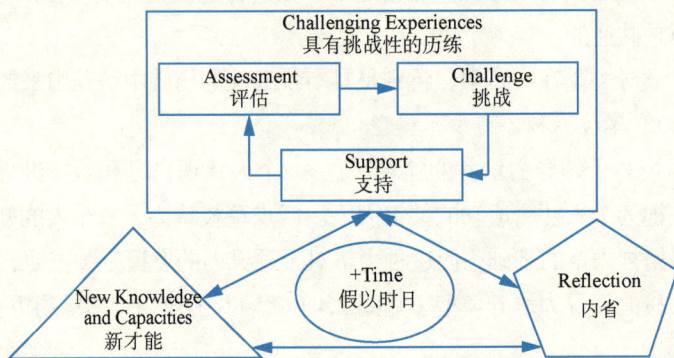

图 2.5 西点军校挑战性历练实施路径图 [1]

（二）西点军校挑战性历练实施要点

如图 2.5 所示，西点军校挑战性历练实施的要点为以下四方面。

1. 第一步：能力评估

通过细致的能力评估，确定个人的能力水平和潜在优势。

2. 第二步：挑战设定

根据评估结果，为个人设定相匹配的挑战，确保任务既有挑战性又在能力突破可能的范围内。

3. 第三步：给予支持

根据设定的挑战，建立相应的支持系统，提供必要的指导和帮助。也就是在最为困难、危急的时刻给予必要的支持。

4. 第四步：内省引导

在面对挑战的过程中，不断地内省是形成新才能的关键，可以帮助学员理解认知差异，建立积极认知，增强信心并转化为领导力的提升。

（1）认知差异：面对高难度任务时，不同的认知框架会影响个人的反应和结果。

---

[1] 西点军校前任校长（2013—2018）罗伯特·卡斯伦在上海的讲话稿。

（2）**积极认知**：将挑战视为成长的机会，有助于提高任务成功率，并增强个人信心。

（3）**信心与领导力**：成功完成任务后，增强的信心转化为领导力的提升。

假以时日，个人能力提升形成新才能，再次进行能力评估，进入新一轮更高要求的挑战循环。

西点军校的训练方法有一套完整的体系：一开始学校就给学员以强烈的挑战，让他们通过汲取这些经验去发展自己。同时，学校会不断给学员进行强大的压力训练，以提高其抗压能力。在这个过程中，挑战的关键是对学员在整个过程中的反应不断进行反馈，找到学员发展过程中的缺陷，再通过全方位的评估，对学员进行评定，并不断进行开放式探讨。通过四年的训练，学员得到学校多方面的资源和"教练"的支持，通过精心设计的不同情境的训练，最后被培养成为一位领军人物。

正如西点军校所宣传的那样，学员在进来之前是一颗煤球，经过两大因素，第一叫压力、第二叫热量，这两大因素的强度都到了极点，到了人几乎不能承受的程度，最后出炉时，就成了钻石。没有压力，没有热量，石墨永远不会蜕变为钻石。西点军校用"hard"个词来形容这种精神，就是像岩石一样坚硬，不可摧垮。

西点军校培养领导力的成功经验表明，创造和提供挑战性的历练是培养卓越领导者的重要保障。

> 领导力是在实践中撞击出来的；卓越领导力是科学锻造的产物。

领导力的科学修炼需要在专业知识积累的基础上，以刻意练习的方法论为指导，通过心智技能的提升实现升华，同时以新技术采用为动能，推动领导力与时俱进、持续进化。这是一个系统性的修炼过程，需要领导者不断探索和完善自己的领导力实践体系。

推 荐 书 单

1.《管理的实践》——［美］彼得·德鲁克，齐若兰译，机械工业出版社2009年版。
2.《西点军校的领导力》——［美］道格·克兰德尔，刘智强译，电子工业出版社2009年版。

复习思考题

1. 领导力修炼的紧迫性体现在哪些方面？
2. 领导力"融合发展"的要求是什么？

3. 西点军校通过挑战性的实践历练培养领导力带给你哪些启示？

4. 从个人的成长经历来看，你对领导力科学修炼的路径有何新的想法？

2.3：企业领导力
21 天训练计划

2.4：西点军校如
何培育领导力

第三章

领导力的实现路径

只有实现的领导力才是真实的领导力。真实的领导力有赖于科学的实现路径。

第一节 | 领导与领导力关系的新探索

一、领导与领导力

（一）领导的定义

从中文词语的本义来讲，"领导"就是"带领引导"（见图 3.1），和英文 leadership 的词根 lead（引导、领路、走在队伍的前头）的含义是一致的。

领导，作为名词，也指领导者，指组织中带领引导成员的个体。作为动词，指领导行为。领导是一种无所不在的行为：企业家领导员工创造业绩；军队指挥官领导士兵捍卫国家；等等。

领 + 导 = 领导

带领　引导

图 3.1
领导的词义

（二）领导与管理的区别

领导是做正确的事，管理是正确地做事。管理是建立、维持秩序，而领导是制造变革、突破、发展。

约翰·P. 科特在《变革的力量》[1] 一书中提到领导与管理存在明显的差异，本书对其观点的整理如表 3.1 所示。

表 3.1　领导与管理的差异

管理：建立、维持秩序	领导：制造变革和发展
制定计划	确定发展方向 创造愿景 澄清重大事项 制定战略
建立组织关系	建立联盟关系 目标沟通 追求承诺 建设团队和联盟
监督过程	激励和赋能 授权跟随者 满足未被满足的需求

管理活动是相对静态的过程，建立在合法的、有报酬的和权力基础上对下属命令的行为。而领导活动是相对动态的过程，建立在个人影响力、专长和模范作用基础上，通过指挥、带领、引导和鼓励等行为，影响下属为实现目标而努力。因此，管理偏重理性、技术；领导偏重人性、人心。

（三）领导与领导力的联系

领导力，理解为"领导＋力"，"力"的内涵会随着时代特征、组织的要求变化而变化。

领导与领导力是相辅相成的。领导是领导力的载体，领导力缺失载体，就没有了作用力；领导缺乏领导力，就没有影响力。

最早的工业时代的领导力与个人英雄主义紧密相关，领导者因其出色的组织能力或先天的特质而自然获得领导地位。

近现代出现了军队式领导力。强调组织的稳定和可靠，维护严格等级和严明纪律。这种领导力注重权威，容易滋生官僚主义，导致形成组织机体僵化。

后来主流的领导学倡导机械式的领导力，以目标为核心，讲考核、问责、任人唯贤，提倡比较扁平的组织结构，追求效率最大化。这是我国民营企业目前常

---

[1]［美］约翰·P. 科特：《变革的力量》，王雯潇译，中信出版社 2019 年版。

见的领导方式。这种领导力可能会让视野窄化，产生倦怠。

21世纪以来倡导的主流领导力注重愿景和价值观。可以看到，领导力中"力"的内涵随时代而变化，但其核心始终围绕领导力的核心三要素展开。

二、领导与领导力关系的新探索

AI时代，领导与领导力的关系呈现了新的特点。

AI时代的领导力更加柔性、包容多样，更强调人工智能与人类智能的互动。它要求领导者以"天人合一"的生态思维，整合各方力量，创造共享价值，实现企业与生态伙伴的共生共荣、共赢发展。

围绕新时代领导力内涵的变化与发展，领导者在领导力的修炼上，需要实现四个转变。

（一）从强调方法手段，到围绕认知突破

传统的领导力强调方法、手段，AI时代的领导力强调围绕认知，做好与时俱进的突破。认知，是人们获得知识或应用知识的过程；是构建和操作心智模型的过程。

> 人和人的差距，本质上是认知的差距。

基于商业实践的理论研究也发现，很多企业的成败与领导者的认知水平有直接关系。时代在发生变化，企业领导者的认知也应与时俱进。

AI时代的领导力修炼，特别强调如下五个新认知。

1. 对企业定位的新认知

商业企业正逐步转向社会企业。外界对企业评价不仅关注财务、产品、服务等传统指标，而且延伸到企业对员工、客户以及整个社会的影响。

2. 对工作模式的新认知

自上而下的指令式的工作模式，不利于组织内部敏捷调整与协同。企业当下及未来更需要以举措式项目为中心的跨界敏捷团队，以加快企业重要举措的落地。

3. 对市场及客户的新认知

市场需求越来越细分，需求变化越来越频繁，对可持续等话题的关注度越来越高。AI的场景应用已趋于成熟，如：

（1）AI＋服务：客户洞察，自动化流程，个性化服务。

（2）AI＋营销：市场分析，个性化营销，营销自动化。

4. 对AI与人关系的新认知

AI与人的关系不再是思考怎么用技术取代人，而是思考怎么用技术支持人，人怎么与AI融合并共同进化。

5. 对企业家自我超越的新认知

企业家和企业高层领导团队是企业最重要的资源，企业家能否实现自我超越和高层领导团队是否具有AI领导力，是中国企业在AI背景下的首要与核心

问题。

（二）从强调原理原则，到聚焦底层逻辑

传统领导力强调原理原则，因为原理原则是实践经验的总结和升华。但原理原则的背后还存在着根原理、根原则，这就是底层逻辑。

底层逻辑，是指从事物的本质或初心出发，寻找解决问题路径的思维方法。底层逻辑越坚固，解决问题的能力也就越强。

相对原理原则，底层逻辑是思维方法，是形成这些原则原理的基本方法。底层逻辑加上新环境变量，就能产生新的方法论。

（三）从强调制度遵守，到弘扬人文精神

制度是领导者认知和思维的呈现，执行是组织成员行动的表现。缺乏人文精神的制度，无法引领组织成员的认知突破以及思维重塑，因而呈现出低水平的制度设计和低水平的执行。

人文精神的核心就是洞察人性。在商业实践中，洞察人性至关重要。企业管理，就是做人的工作，离不开对人性的判断。对人性的判断，取决于对人性的了解与把握。可以说，洞察人性，不仅是一切商业的起点，更是领导工作的基本出发点和必要条件。

（四）从强调操作思路，到形成操作机制

操作思路，是个体层面的、外化的；操作机制，则是组织层面的、内化的。

操作思路是理念的落地。领导力修炼需要从思想认知层面开始，形成正确先进的理念。但仅有理念还不够，关键要将理念转化为可操作的思路和方法。这才是知行合一的体现。

操作机制是操作思路的制度化。一个企业无法长期依赖某个领导者的个人领导力，通过制度建设、知识管理、培训学习等方式，并融合 AI，将领导者的操作思路固化为企业的操作机制，就能摆脱对个人的依赖，即使领导者离开，机制在企业仍能良性运转。

从强调操作思路到形成操作机制，是领导力修炼的一个重要过程，是领导者个人领导力通过组织学习，成为组织领导力的过程，也是领导者个体与组织领导力共同提升的过程。

三、体现共生领导的"五星领导力"新模型

传统领导力的实现路径主要靠人。靠人学、靠人教、靠人来实施。

信息技术的发展，人工智能的突破，领导者领导的是人与机器结合的智能组织。在此背景下，"人 +AI"产生了新的实现路径，使领导力的操作系统成为了可能。

从操作系统角度探索领导力的实现，以共生为主要特征，强调与时俱进的领

导力操作流程；强调人工智能的融合；强调底层逻辑与环境变量结合后产生的新方法论；强调知行合一，行为技能与心智技能的共同提升。这也是领导力研究领域的一种全新探索。

（一）"五星领导力"的核心思想

1. 当今企业的六大类痛点问题

在与近万名 MBA、EMBA 学员的互动中，我们对当今困扰领导者的企业痛点有了较为深刻的理解，并归纳总结为六大类问题，见表 3.2。

表 3.2　当今企业的六大类痛点问题

问题类别		具体问题举例
第一类	战略定位不清晰	企业使命、愿景模糊，缺乏凝聚力 战略目标短视，缺乏前瞻性思考 战略执行力不足，无法有效落地
第二类	团队共识不一致	价值观差异大，凝聚力不强 沟通存在障碍，无法达成共识 团队目标不统一，各自为政现象严重
第三类	组织发展路径不明确	传统企业基因束缚，转型艰难 自建平台能力不足，加入平台条件苛刻 缺乏生态思维，难以找到优势生态位
第四类	创新动力不足	创新文化缺失，员工创新意识不强 创新机制不健全，缺乏有效激励 创新能力不足，缺乏系统培养
第五类	机制运行不畅	组织系统低效，责权利不对等 考核机制不科学，导向作用不明确 激励机制单一，正向激励力度不够
第六类	领导认知出现瓶颈	领导视野不宽广，格局意识不强 领导方式不科学，缺乏人文关怀 领导能力不匹配，难以驾驭复杂局面

这六大类痛点问题涉及组织发展的各个重要领域，是制约领导力提升的主要瓶颈。只有系统分析问题根源，对症下药，才能形成新的、系统的领导力解决方案。

2. 微软案例的重要启示

面对高度不确定性的环境，领导者从行为技能到心智技能的一系列重要体现，决定了领导力的强弱，从而对组织适应环境、持续发展产生重要影响。

在微软转型的案例中研究纳德拉的领导力，带给我们的重要启示是：

（1）领导者需要做出前瞻性的决策，于混沌中为组织指明方向；

（2）领导者需要进行有效的组织沟通，让组织内外成员清晰理解决策意图，并全身心投入；

（3）领导者需要重塑组织在行业中的竞争格局，形成或进入生态圈并与之共生；

（4）领导者需要再次激活组织的创新基因，保持和发展核心竞争力；

（5）领导者需要打造高效的保障机制，激励利益相关者为共同目标而奋斗；

（6）领导者需要不断突破认知边界，实现领导者与组织的共同进化。

3. "五星领导力"的核心思想

从六大类痛点中找到领导力的真问题，从微软案例中得到重要启示，"五星领导力"正是在这种背景下应运而生。

"五星领导力"的核心思想概括为"五力 + 元动力"，具体体现为：

（1）提升前瞻力，做出正确的战略定位；

（2）提升平台力，选择最适合的发展路径；

（3）提升创新力，领导最佳的创新流程；

（4）前瞻力、平台力、创新力的提升，需要与时俱进的运行机制（保障力）作保障；利益相关者的充分共识（共识力）作基础。

（5）"五力"的提升，源于价值观驱动的元动力的不断加强。

（二）"五星领导力"的内在逻辑

在第一章总结微软案例对新时期领导力修炼的启示时，我们归纳提炼出了"五星领导力"模型。"五星领导力"模型从前瞻力、共识力、平台力、创新力、保障力，以及元动力维度，为企业领导者提升领导力提供了系统性的思路。

1. "五力"的相互关系

领导是做正确的事，领导力服务于做正确的事，卓越的领导，就是在正确的时间，找正确的人，用正确的方法，把正确的事做正确。

理解"五力"的相互关系，就是强调"五力"与做正确的事之间的关系，图3.2 展示了五星领导力的内在逻辑。

（1）前瞻力：做正确的事。

领导者要有前瞻意识，能敏锐感知环境变化，适应性地提出匹配的、创新的组织目标，做出正确的战略定位，为组织确立正确的发展方向。这是"做正确的事"的基础。

（2）共识力：在正确的时间。

领导者要善于沟通，争取利益相关者的认同，为企业发展凝聚共识。"上下同欲者胜"，只有在利益相关方达成深度共识的时候，才是推进正确的事的正确时机。

（3）平台力：用正确的方法。

领导者要有生态思维，用平台整合各方资源，选择适应AI 时代企业发展的生态化路径。这是实现目标的关键。

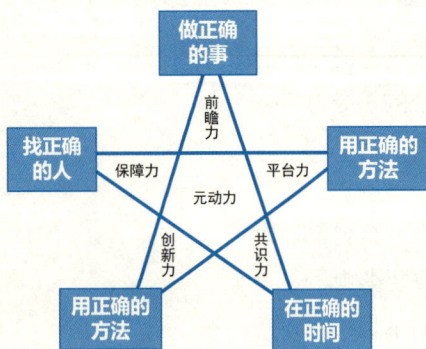

图 3.2
"五力"与做正确的事之间的关系

（4）创新力：用正确的方法。

领导者要有变革精神，能领导企业的创新流程，不断推动企业变革创新。创新是在适应 AI 时代的创新格局前提下，用正确的方法，把事情做正确的最重要的动能。

（5）保障力：找正确的人。

领导者要找到正确的人，建立高效的组织机制，为企业战略实现提供保障。只有形成科学的机制，才能赋能正确的人，确保把正确的事情做正确。

2. "五力"与"元动力"的相互关系

在"五星领导力"模型中，前瞻力是前提、共识力是基石、平台力是关键、创新力是源泉、保障力是保证；元动力则是价值观、是动力机制。

"五力"的提升，源自元动力的不断增强。

"五力"代表了领导力的理性思考和实践路径，"元动力"代表了领导者的精神追求和价值引领，两者的有机统一，代表了领导力系统性修炼的方向。

（三）融合 AI 的"五星领导力"新思考

1. 新兴行为科学的启示

随着 AI 时代行为科学的兴起，传统的能力模型也遇到新的挑战。

从关注点、系统性、可塑性、评估方式、应用场景来看，传统的能力模型与 AI 时代行为科学呈现出不同的特点，见表 3.3。

表 3.3　传统能力模型与 AI 时代行为科学的对比

	传统能力模型	AI 时代行为科学
关注点	更多关注知识和技能	更关注行为逻辑和心智模式，反映了从"知"到"知行合一"的理念升级
系统性	一个个独立的能力，呈现能力间简单的逻辑关系	系统梳理关键行为背后的逻辑，形成逻辑图谱，有助于洞察行为背后的规律
可塑性	相对静态、固化	强调通过心智模式来驱动行为改变，进而实现能力的提升
评估方式	多是考试、问卷测评、情景模拟	提倡在真实情景下观察评估，并强调人机融合的持续反馈，更贴近领导力的实践性
应用场景	选拔、任用	领导力发展和组织变革

从表 3.3 的对比可以发现，传统能力模型与 AI 时代行为科学在领导力提升上的作用并非对立，两者互为补充，融合运用将产生更好的效果。

2. 领导力整体解决新方案的设计

融合 AI 时代行为科学，以"五星领导力"模型为认知基础，在中国企业环境中，我们设计了与时俱进的领导力整体解决新方案，见图 3.3。

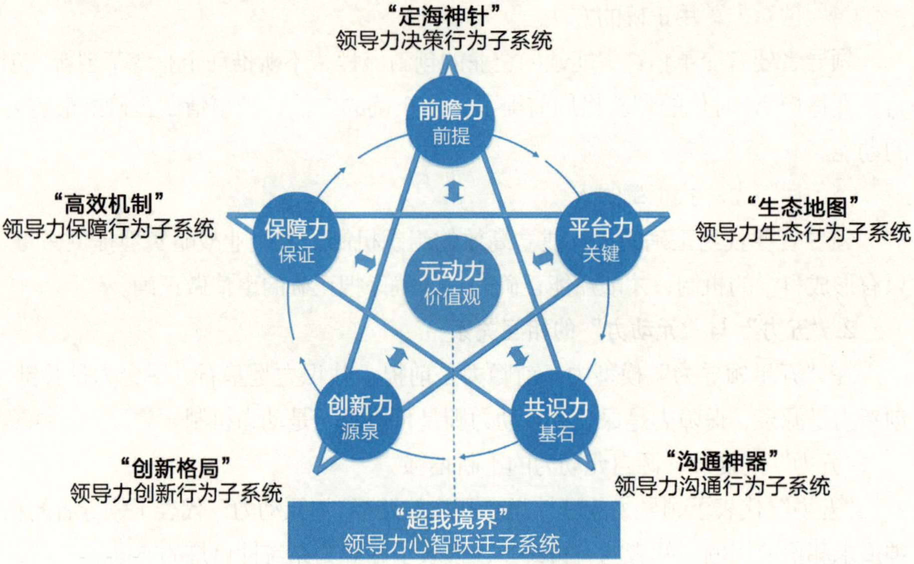

图 3.3　领导力整体解决新方案

新方案涵盖了组织中领导力展现的多个重要场景，将"五力"展开为五种行为技能：决策行为、沟通行为、生态行为、创新行为、保障行为；将"元动力"展开为通过"心智跃迁"实现对心智技能的提升。

这个设计希望能继承中华传统文化的优秀基因，借鉴领导力研究的最新理论，融合文化、科技发展的最新成果，聚焦变革实践中的突出问题，提出可操作性的整体解决方案，并通过人机结合的操作系统，逐步形成自我优化的领导力实现机制。

3. 领导力操作系统的构成

领导力操作系统可以理解为一套框架、原则和方法，用于管理和协调领导力的各个方面，类似于计算机操作系统对硬件和软件资源的管理和协调。

本书提出的领导力操作系统聚焦企业核心议题，重点探索 AI 时代下企业领导者面临的主要挑战和机遇、企业领导力的底层逻辑、企业领导者可采取的整体解决方案，形成与时俱进的新目标。

（1）行为技能的提升目标。

在领导行为技能提升中，将五个领导行为提升的目标设定为

修炼领导力决策行为，打造"定海神针"；

修炼领导力沟通行为，打造"沟通神器"；

修炼领导力生态行为，绘制"生态地图"；

修炼领导力创新行为，提升"创新格局"；

修炼领导力保障行为，打造"高效机制"。

（2）心智技能的提升目标。

在领导力心智技能提升中，将领导力心智跃迁的目标设定为：提升领导者"心力"，追求"超我境界"。

第二节 | AI 时代领导力实现路径的新探索

一、传统领导力实现路径

传统的领导力实现主要依赖人脑，多种传统的领导力实现方法在工业时代背景下展现了各自的有效性。随着 AI 时代的到来，AI 对组织的影响放大了传统方法的局限性，如表 3.4 所示。

表 3.4 传统领导力实现方法及局限性

方法	说明	局限性
经验学习法	在实际工作中积累知识和技能形成经验	易受个人经验局限，难以形成系统性的认知突破
师傅带徒法	资深领导者或教练指导和辅导年轻领导者	
自我反思法	通过反思个人经历和行为改进领导实践	
模仿借鉴法	向优秀领导者学习，模仿他们的行为方式	容易停留在表面的模仿上，不能真正领会领导力的内在逻辑
理论学习法	通过专门的课程学习领导力理论知识	理论与实践有时存在鸿沟，难以知行合一
培训学习法	参加内外部领导力培训，学习相关技能	培训学习有时针对性不强，难以满足不同领导者的个性化需求
案例研究法	分析历史或现实案例，学习领导决策和问题解决	案例是特定情景下的个案，可借鉴性有局限

从表 3.4 可以看出，传统的领导力修炼方法各有所长，共同的局限主要体现在：认知突破、个性化、系统性三方面的不足。

二、智能体操作系统的新路径

（一）智能体操作系统的特征

1. 智能体

智能体（AI Agent）是一个能够自主感知环境、处理信息、决策并执行特定任务的人工智能系统或应用。其核心功能包括感知、推理、决策和行动，通过集成多种 AI 技术实现，如机器学习、自然语言处理、计算机视觉和强化学习。

2. 智能体操作系统的显著特点

作为领导力新的实现路径，智能体操作系统具有以下显著特点。

（1）个性化学习。

利用人工智能和机器学习技术，智能体操作系统能够根据使用者个人的行为、偏好和历史表现进行个性化的学习定制。

（2）实时反馈与自我调整。

智能体操作系统能够提供即时的反馈和建议，帮助领导者快速改进，并自我调整优化学习过程。

（3）模拟复杂情境。

智能体操作系统可以创建各种复杂和真实的领导情境，提供无风险的实践机会。这个推演的过程对于提升应对复杂问题的能力尤为重要。

（4）数据驱动的决策支持。

通过分析大量数据，提供基于事实和数据的决策支持，帮助领导者摆脱单纯依赖经验和直觉，做出更加科学、有效的决策。

（5）持续学习与跨界协作。

智能体操作系统不仅支持用户的长期学习和发展，还能促进不同领域的合作与知识共享，帮助领导者在多变的环境中不断提升自身能力。

3. 领导力智能体操作系统的探索

领导力智能体操作系统，如同领导者身边的智能助手。它不是简单的工具，而是基于 AI 的"智慧大脑"，能够自我学习、实时反馈并通过数据和情境模拟给领导者以精准的决策支持。

将智能体作为领导力操作系统的运行载体，以人机融合共生的方式来实现 AI 时代的领导力修炼是一种全新的探索和尝试。在这种探索中，我们推出了"AI 包老师"[1]并付诸教学实践。

（二）领导力智能体操作系统的设计逻辑

在领导力智能体操作系统的研发中，我们聘请了周卫江、刘正阳领衔的 FuturX AI 团队操刀设计。他们自主研发的"FuturMind 原生思维萃取"技术（见图 3.4），通过仿生学高精度侧写人类思维，实现了个性化 Thinking 模型思维训练，并可通过持续自我优化，实现注入人类思维的 AI 辅助智能决策。

"AI 包老师"作为领导力智能体的操作系统，设计逻辑如下：

（1）思维萃取：通过包老师著作、自媒体内容、过往案例、专业知识等 12 个维度进行专家多维度思维侧写，通过 AI 数据归类合成，萃取出 Thinking 思维

---

[1] "AI 包老师"于 2024 年 6 月 1 日正式推出，这是自 2023 年 2 月起，经历近十次的 EMBA 课程中（每次四天）迭代更新的阶段性探索成果。又经过半年多的实践，目前已升级至"AI 包老师"2.0 版。

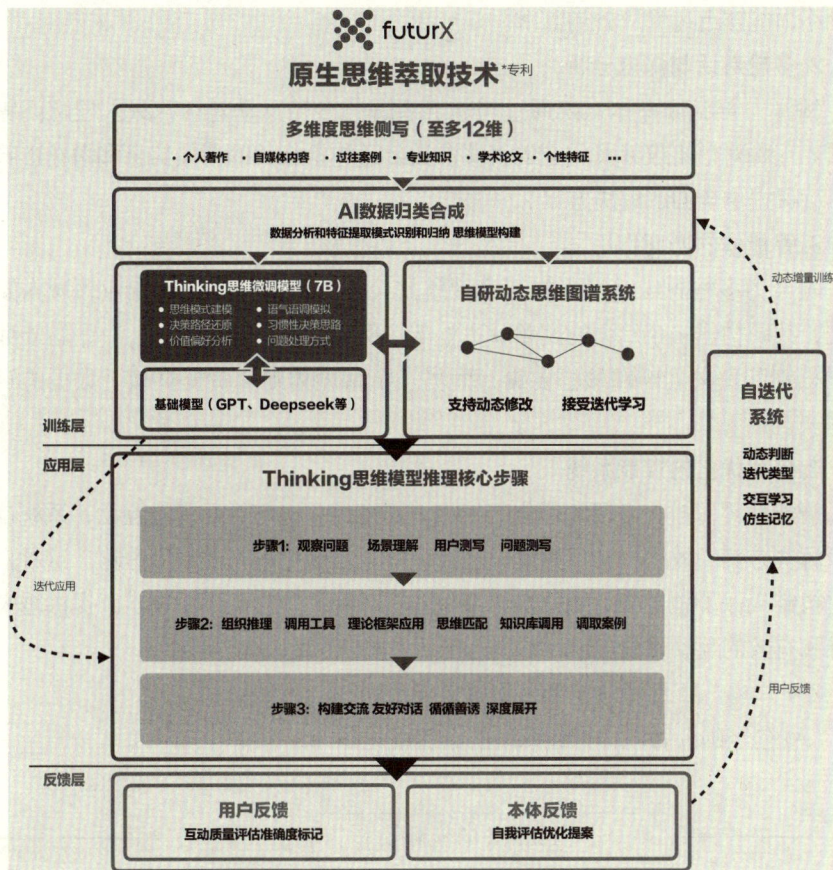

图 3.4 FuturMind 原生思维萃取技术 [1]

模型和动态思维知识图谱。

（2）思维应用：首先应用思维进行问题观察，充分理解场景、用户、问题；其次调用思维进行深度推理；最后调用思维与咨询者构建友好的、循循善诱的沟通过程。

（3）思维更新：基于沟通过程中用户反馈和专家本体反馈，通过自迭代系统动态判断迭代类型，对思维模型和知识图谱做持续动态增量训练，保持思维的动态更新。

（三）领导力智能体操作系统的解决方案

领导力智能体操作系统的解决方案包括四个步骤。

1. 问题解决流程

当领导者面临领导力框架内的具体挑战时，可以向领导力智能体操作系统寻求咨询。该操作系统设计了一个高效的多智能体协同工作机制，通过集成的智能

---

[1] 本图已获 FuturX 授权。

体网络，能够迅速响应咨询需求。

2. 多轮对话与深度分析

领导力智能体操作系统通过与领导者进行多轮互动对话，深入理解问题的本质。这种对话不仅涉及问题的直接参数，还包括相关的背景信息和潜在影响因素，确保提供全面的解决方案。

3. 智能体的协同作用

领导力多维思维链增强推理设计就是让每个智能体都在其专业领域内发挥作用，共同构建一个综合的问题解决框架。例如，关于问题拆解，一个智能体专注于识别和定义问题的核心要素，而另一个智能体则负责提供基于数据的解决方案。

4. 自我优化的智能系统

智能体具备自我学习和优化的能力。通过每一次与领导者的互动，系统都会分析解决方案的效果，并根据反馈进行调整，以优化未来的响应策略。这种自我优化机制确保了领导力智能体操作系统随着时间的推移而不断进步，提供越来越精准和有效的互动建议。

（四）以"AI 包老师"为载体的操作系统

"AI 包老师"智能体操作系统的新流程见图 3.5。

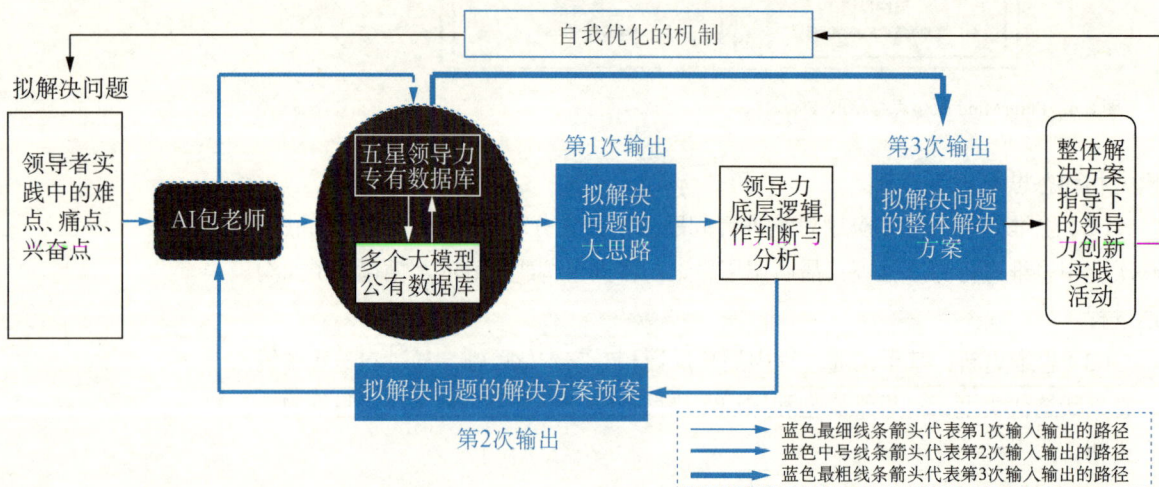

图 3.5 "AI 包老师"智能体操作系统的新流程

"一千个读者眼中就有一千个哈姆雷特。"对操作系统的同样输出，不同认知水平的领导者会有不同的解读，选择不同的应对方案，因此，领导力智能体操作系统，重点在使用者如何应用正确的领导力底层逻辑与操作流程，协同 AI 进行"三次输出"。在图 3.5 中：

（1）第 1 次输入：领导者将实践中的难点、痛点或兴奋点输入，询问答案。

AI 第 1 次输出：AI 给出解决所提问题的大思路。

使用者（领导者）第 1 次判断：领导者使用领导力行为技能或心智技能的底层逻辑作为判断准则，对 AI 给出的大思路作判断。

（2）第 2 次输入：对 AI 第 1 次输出的答案，领导者分析判断后输入明确的同意和不同意的（想做的和不想做的）。

AI 第 2 次输出：AI 根据领导者第 2 次输入所提的问题及观点，作出新的回答，即给出领导者所提问题的解决方案的预案。

使用者（领导者）第 2 次判断：根据 AI 给出的预案，依据"天时、地利、人和"及各种资源的分析，想清楚自己现在能做什么，不能做什么。

（3）第 3 次输入：依据现在能做什么、不能做什么的判断，基于操作流程图指引，给 AI 提供更进一步的信息。

AI 第 3 次输出：给使用者（领导者）整体可操作的具体方案。

使用者（领导者）：用于实践，并将实践结果再次输入 AI，形成自我优化。

以一位 EMBA 学员与"AI 包老师"的沟通为例（见二维码 3.1）[1]。

3.1："AI 包老师"的沟通实例

第三节│AI 时代领导力修炼方法的新探索

人工智能在处理海量数据、快速决策、自动化运行、准确执行等方面表现出远超于人类的能力。而人类在情感智能、道德判断、原创能力、人际信任方面尚有优势。突破传统修炼的局限，领导力修炼方法的新探索就体现在：与不确定环境紧密结合，与 AI 深度融合。

一、以与时俱进的认知突破为核心

（一）与时俱进认知突破的体现

在追求目标的过程中，人们会发现，难以实现的愿望通常源于未能预见的思维限制。这归根结底是一个认知问题。"想得到不一定做得到，但想不到一定做不到。"

尽管世界上聪明的人很多，努力的人也比比皆是，但他们的事业成果和人生成就可能大相径庭。原因就在于，有些人聪明用错了地方，努力不在道上。事

---

[1] 复旦大学 EMBA 2023 级潘新甫。

物发展遵循一定的基本规律，对领导者而言，对规律的洞察和看问题的出发点选择，就是认知突破的体现。

企业的突破首先是领导者的突破，领导者的突破首先是认知的突破。认知的突破来自哪里？来自重建思维模式与行为模式。

（二）重建思维模式的重要性

在不断变化的商业环境中，领导者的思维模式对于企业识别机会，应对挑战至关重要。同样的外部因素导致完全不同的结果，就取决于人们的认知和反应。不同的思维模式是人们在面对相同情境时做出不同选择的前因变量。领导者需要意识到，任何事物都具有两面性，挑战中蕴含着机遇，而机遇也可能伴随着风险。

重建思维模式可以帮助领导者拥有成长型思维。

（三）从互联网思维到 AI 思维

表 3.5 呈现了互联网思维与 AI 思维的不同，除此之外我们必须认识到，AI 时代的领导者需要驾驭两种思维的交融碰撞与平衡，如用互联网思维获取数据，用 AI 思维创造增量价值。正如我们已经看到的，互联网沉淀的海量用户行为数据，现已转化为 AI 训练的基础燃料。

表 3.5　互联网思维与 AI 思维对比

对比		互联网思维	AI 思维
底层逻辑差异	核心理念	连接即价值（节点越多，网络价值呈指数增长）	数据即燃料（数据质量 × 算法效能＝智能产出）
	增长模式	用户量驱动的平台生态扩展	数据积累驱动的算法迭代升级
	典型代表	微信（社交网络效应）	ChatGPT（数据飞轮效应）
技术应用方向	工具目标	解决信息不对称	创造决策代理能力
	产品逻辑	通过界面优化降低用户摩擦	通过模型预测提前满足需求
	案例对比	淘宝（去中间商对接供需）	特斯拉 FSD（预判驾驶行为）
决策模式区别	关键输入	用户行为数据（点击率/留存率）	模式识别（聚类/预测/生成）
	优化方式	A/B 测试快速迭代	强化学习动态调参
	风险特征	容易陷入流量内卷	可能引发算法黑箱失控
组织形态冲突	人才结构	产品经理主导（需求洞察）	AI 训练师主导（数据工程）
	协作模式	跨职能敏捷小组	人机协同（人类监督＋AI 执行）
	管理挑战	防止组织冗余	避免人类能力退化
风险管控边界	显性风险	数据泄露/算法偏见	价值观绑架/模型套现攻击
	隐性风险	注意力经济伦理困境	人类判断权消解危机
	应对策略	用户授权合规管理	模型可解释性立法

二、以人文精神和哲学思考为两翼

AI 时代，领导力的修炼更加需要融合人文精神与哲学思考。这两者的结合不仅促进认知突破，还是引领人机协同、实现融合共生的关键，同时也是确保科技发展始终遵循"以人为本"的原则，维护伦理道德和社会责任的需要。

（一）人文精神的三个核心

人文精神的三个核心：假设人性、洞察人性、驾驭人性。

1. 假设人性

从经典理论视角出发，总结东西方的人性假设（见二维码 3.2），对比发现，在社会的发展过程中，人们对人性的认识在不断地丰富，但都没有形成绝对性的定论。西方关于人性的四种假设包括：经济人、社会人、自我实现人、复杂人。

中国传统哲学中的人性论主要包括性无所谓善恶、性本善、性本恶、性有善有恶、性善恶混、性有"天命之性"和"气质之性"、性无善无恶七种。

3.2：东西方关于人性的四种假设

2. 洞察人性

（1）人是所有正面行为和负面行为的结合体。

莎士比亚说，人是矛盾复杂的万物之灵。在文学作品中，我们可以看到典型环境、典型人物、具象的情节一组合，就有了抽象的象征意味。

> 维克多·雨果的《悲惨世界》描述了主人公冉·阿让的一生。
>
> 一个靠辛苦工作养活家人的好人，他勤劳、朴实、安分守己，但失业后为了家人不被饿死去偷了一块面包，被判入狱。出狱后不被社会接纳，深受歧视的他开始内心扭曲，并产生报复社会的想法。
>
> 走投无路时，他遇到一位主教，请他好吃好喝并好心收留他住宿一晚。他却偷走了主教家仅有的一套银餐具。当他被警察抓住时，他谎称是主教送给他的。警察找来主教，主教说："是我送给他的，他走时还忘记了拿烛台，我给他带来了。"
>
> 这一次冉阿让彻底醒悟了，后来他又做了非常多的好事。

雨果对冉阿让的描述，是建立在对人性的深刻洞察之上：人是一个矛盾复杂体，人的行为会受环境影响而变化。

（2）人性的行为特征是趋利避害。

人都是趋利避害的，在不同的场景下，选择最符合其利益的行为。这是出于人的本能，不是简单的是非善恶就可以评价的。

《基督山恩仇记》里的人性

《基督山恩仇记》中，主人公爱德蒙·唐泰斯一直搞不清楚自己怎么会被人陷害。把他送进监狱，必须三个人同时害他。这三个人中，一个是水手，一个是他未婚妻的表哥，还有一个是法官。

后来他在监狱里遇到了法利亚长老。法利亚长老跟他讲："谁能从你的倒霉中得到好处，谁就是害你的人！"

水手是因为爱德蒙·唐泰斯当了代理船长心生嫉妒；未婚妻的表哥是因为爱慕他的未婚妻而心生怨恨；而法官则是为了掩盖父亲的罪行。

现实中很多企业出问题，背后都是领导者出了问题，很多是由人性的最大弱点"贪婪、恐惧、侥幸"引发。

> 人性的最大优点：
> 真、善、美。
> 人性的最大弱点：
> 贪婪、恐惧、侥幸。

企业必须认真对待企业文化建设，但企业文化不能替代制度、流程、规矩和控制。因为企业文化是给人正面的引导，使人向善。每个人的人性可升华，亦可坠落；升华抑或坠落，与其学习力、环境、领导者的初心密切相关。

3. 驾驭人性

驾驭人性的出发点包括：尊重人性、理解人性、不考验人性。

（1）尊重人性。

每个人的潜在能力都是无法估量的，问题在于领导者能否开发出员工潜在的能量。视员工为具有创造力的主体，还是被管理的客体，就体现了领导者是否尊重人性。

（2）理解人性。

人性中善恶的发挥，受企业环境影响很大。企业领导者营造什么样的环境，员工就会成为什么样的人。

人性中善的发挥，有两个驱动力。一个是员工在创造价值的同时体现自身价值；另一个是不断开放，不断让优秀的资源进来，能力不行的个体就会被替代。

（3）不考验人性。

人性中既有魔鬼，又有天使。领导者该做的事情，就是"让魔鬼沉睡，让天使起舞"——这也是领导者与他人合作时的基本原则。如果设置诱惑考验对方，就是主动把对方人性中的魔鬼叫醒。这并不证明对方是魔鬼，而是领导者亲手把对方人性中的魔鬼释放了出来，那么，作恶的岂不就是领导者自己？

🔧 **工具箱**

领导者驾驭人性的艺术体现

用道德文化引领风尚；

用法律法规筑牢底线；

用高效机制调节行为；

用灰度思考提高效益。

（二）哲学思考的核心

哲学思考是一种通过系统性，批判性反思，揭示表象背后的本质与真理的思维活动。哲学思考的核心在于平衡理想与现实，以及在创新与改革中展现领导智慧。那些站在时代前沿的优秀企业，背后都有一个高度哲学思考的领导者。对AI时代背景下的领导者而言：离开哲学思考，难以把握企业领导力的底层逻辑；离开哲学思考，难以把握企业发展的因果关系；离开哲学思考，难以把握领导艺术的分寸难捏。

做企业，需要一些基本的哲学思考，比如：

（1）理解社会主义市场经济。

（2）发展是硬道理，发展是活下去的最好保障。

（3）领导的格局决定企业的结局。

（4）未来属于理性的乐观主义者。

（5）守正出奇，走大道，走正道。

（6）长期主义，价值创造，创新驱动。

3.3：建筑学泰斗菲利普对上海实业开发东滩时的哲学思考

三、以自我觉醒的实践历练为基础

领导者的成长离不开主动学习和经验积累。

成功的领导者是那些"能特别执着地从自身经验中提取有价值的信息，并且积极寻求有大量成长机会的人"。想成为更优秀的领导者，就必须寻求挑战机会，并从领导情景或机会中尽可能地学习。

> 做现实的理想主义者，做有智慧的改革创新者。
> 要想成为一名卓越的领导者，必须实现从完美的理想主义者到现实的理想主义者的转变。

（一）实践出真知

真知源于实践，源于挑战性的历练。获取真知的目的是指导实践。没有实践，思考就是无源之水，无本之木。

领导力在实践中的历练强调自我觉醒。要成为领导者，首先要了解自己：我是谁？我要成为谁？由此而产生的清晰自我认知和价值观，能够转化为领导者坚定的信念，以帮助他们应对成长过程中的各种挑战、诱惑。

⚒ 工具箱

清晨五问，唤醒领导力

（1）我今天的目标是什么？

（2）我实现目标的最佳方法是什么？

（3）我有哪些资源可以利用？

（4）我什么时间实现目标？

（5）我如何庆祝目标的实现？

（二）逆境是熔炉

"熔炉"用来比喻那些对人生有转折意义的时刻，即严峻的经历或考验。熔炉是残酷的，通常让人非常痛苦，但结果却往往出人意料。

艰难困苦，玉汝于成！那些取得卓越成就的人，无不经历过逆境的历练。

逆境中的修炼准则是等待和希望。困难往往也是历练的机会，让一个人爆发出最大的能量，去创造人生的新成果。

兄弟们，恭喜你们有机会吃苦

上实刚到圣彼得堡开发项目的时候，条件很差，工作、吃饭、睡觉都在一栋小楼里面，我带着一帮年轻人，在完全陌生的环境里工作。那时，我经常对他们说的是：兄弟们，恭喜你们有机会吃苦。

吃苦，还要被恭喜！因为大仗、苦仗、恶仗，最能够出人才。

当然，逆境的终极状况是绝境，能从绝境中走向成功，"置之死地而后生"达到辉煌者，是天才或卓越的领导者。

（三）工作是修行的道场

把工作看作修行，首先是思维变了，接下来行为才会发生改变，行为改变了，结果就不一样了。

（1）工作就是要持续完善，每一天都比前一天做得好。

（2）在工作当中最大的挑战就是约束自己。职业化是一个不断的向自己的个性挑战和斗争的过程。

（3）所有的工作品质，就是你人格的呈现。

（四）实践的捷径："高人指路，三师指点"

所谓捷径，少走弯路就是捷径。在领导力修炼中，"高人指路，三师指点"，可让我们少走弯路。

1. 高人指路

高人，是有大智慧的人。遇高人指点，是人生之大幸。

包季鸣教授是 1995 年加入上海实业的，当年上实净资产只有 31 亿港元，到 2008 年他离开上实时已达到了 505 亿港元，实现了近 16 倍的增长。这样的发展成绩与当时领导的能力密不可分，但不可忽视的是背后的高人指路。

梁振英[1]一个建议，上实净赚 30 亿港元

1996 年 5 月—1997 年 6 月，梁振英兼任上实控股独立董事。有一次在董事会上他提出：你知道香港机场马上要搬迁了（香港机场原在九龙市中心红磡，1998 年 7 月搬迁至大屿山），机场搬迁后，周边建筑限高一定会调

---

[1] 香港特别行政区第四任行政长官（2012—2017）。

整，商业价值也会提升。在机场边上土瓜湾的两家工厂四幢厂房，可改其他用途。"厂房不一定放在市中心啊？"正是梁振英的这一建议，上实集团将原来的天厨味精和南洋烟草搬至郊外，土瓜湾地块由新世界发展郑裕彤和长江实业李嘉诚联合开发。仅这一个地块置换项目，上实净赚了30亿港元。

人生的关键时刻，有高人指点和没有高人指点是完全不一样的结局。大多数人都希望能有"高人指路"，现实中往往面临两种困境。

第一种：高人难遇。自己所处的环境与高人所在的环境交集甚少。

第二种：遇到了却没有能把握住。因为自己"火候不够"，沟通不畅，而"高人是没有时间来进行启蒙教育的"。

2. 三师指点

三师，指名师、严师、高师。

（1）名师来自经典书籍。

通过阅读经典，在前人理论的基础上，可形成自己的实践理论。

信息时代，缩短了名人、大师与普通人交流的距离。人们可以通过聚焦经典文献，深入研读，反复研读，从中汲取有用的知识和精神养分。

（2）严师为可造之才而来。

成长过程中，不是我们遇到了严师，而是严师本就是为可造之才而来。

很多EMBA同学分享过自己成为领导者的过程中遇到的严师，共同的感悟是：严师助我们打破边界，超越自我（见二维码3.4）。

（3）"三人行，必有我师"。

"三人行，必有我师"，西方现代心理学认为"世界上没有两片一模一样的叶子"。尊重差异，看到优势，我们就会发现高师总在身边。在某方面比自己有更深一层认识的人就是高师，高师可能是组织内的上级、平级、下级，甚至一线员工，也可能完全来自组织外，关键在于你发现的眼光。

四、以交叉修炼的优势组合为手段

区别于"短板理论"，领导力的修炼更强调除致命的短板外，其他短板也不一定要补。让强的更强，弱项采用更灵活和聪明的方式来应对即可。因此，领导者一定要看清自己的强大优势，使自己的优势最大化。

发展卓越领导力的关键就在于建立优势，具有威力的"优势组合"可以产生近乎指数的效果。

古今中外的优秀领军人物，有多少是因为他们能够认识到自己的不足之处而完成领导力修炼之路上的大逆转？恰恰相反，他们之所以能取得非凡的成绩，正是因为跟他们固有特质相匹配的那部分强大的能力。

> 人不是自然成熟的，人是靠高人点化而后顿悟成熟的。

3.4：严师助我打破边界

> 批评是对有希望的人提出的。而毁掉一个人最好的方式，就是让他事事顺利。

《卓越领导者》的作者约翰·H.曾格等利用严谨的研究方法，收集了全球超过 25 000 名领导者的 20 万份评估数据。研究通过对发展优势与修补弱势的领导者领导效能发挥的对比，得出结论：同时专注于"发展优势"和"修补弱势"的领导者，他们的整体领导绩效提升了 36 个百分点，而只专于"修补弱势"的领导者，他们的整体绩效仅提升了 12 个百分点，如图 3.6 所示。

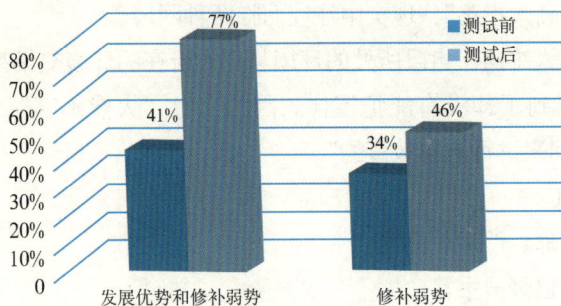

图 3.6 发展优势与修补弱势的领导者领导效能发挥对比[1]

虽然两种方法对于提升绩效都有效果，但是"发展优势"的促进作用更为明显。

五、以成为最好的自己为目标

个体的领导力修炼，要以成为最好的自己为目标。

（一）用目标进行自我规划

1. 经典调查：哈佛的目标调查

1953 年，一群意气风发的天之骄子从美国哈佛大学毕业了，他们在智力、学历、环境条件方面都相差无几。临出校门前，哈佛大学对他们进行了一次关于人生目标的调查。

这次调查的结果显示：27% 的人没有目标；60% 的人目标模糊；10% 的人有清晰但比较短期的目标；3% 的人有清晰而长远的目标。

25 年后，哈佛大学再次对这群学生进行了跟踪调查。结果发现：

3% 有清晰而长远目标的人，25 年间他们朝着一个方向不懈努力，几乎都成为社会各界的成功人士，其中不乏行业领袖、社会精英。

10% 有清晰但比较短期目标的人，他们的短期目标不断地实现，成为各个领域中的专业人士，大都生活在社会的中上层。

60% 目标模糊的人，他们安稳地生活与工作，但都没有什么特别成绩，几乎生活在社会的中下层。

大多数人穷尽一生去弥补劣势，却不知从无能提升到平庸所要付出的精力，远远超过从一流提升到卓越所要付出的努力。唯有依靠优势，才能实现卓越。
——德鲁克

---

[1]［美］约翰·H.曾格、约瑟夫·R.福克曼：《卓越领导者》，赵实译，机械工业出版社 2013 年版。

27% 没有目标的人，生活过得很不如意，并且常常在抱怨他人、抱怨社会、抱怨这个"不肯给他们机会"的世界。

哈佛大学的这个调查带来的启示是：一个人有了目标就有了自我规划的方向，再付诸行动，机会就会等在他去往目标的途中。

2. 经典实验：哈佛的理想实验

1960 年，哈佛大学对 1 520 名学生展开了一项调查，题目是"为什么进哈佛？"选项有两个：为了赚钱、为了理想。

调查结果显示：1 520 学生中，275 个学生选择"为了理想"，1 245 个学生选择"为了赚钱"。

20 年后，对这 1 520 个学生做了追踪调查，发现其中产生了 101 个百万富翁。这 101 个百万富翁中，有 100 个是当年选择"为了理想"的。

人生最大的成功是做一个有理想、有目标的人。所有的快乐就在于追求理想、目标过程中的每一步成长，而不在于得到一个结果。

在人生目标的设立中，我们有一个原则："总分第一"。即身体要好、学习要好、工作要好、财务方面要好、家庭方面也要好，要追求这五个部分加起来总分第一，而不是某个方面特别高，其他方面很糟糕。

现实中，有关工作任务的目标设定通常是常态，但有关个人成长的目标却往往被忽视。对于领导者来说，一个重要的问题是：你修炼领导力的目标是什么？

> 重要的不是要成为一名领导者，而是成为你自己，充分地发掘你自己的潜能——你所有的天赋、技能和能量——去实现你的梦想，你必须全力以赴。
> ——本尼斯

🔧 工具箱

修炼领导力的目标之四问

1. 10 年以后，希望成为一个怎样的领导者？
2. 10 年目标可分几个阶段，每一阶段的具体目标是什么？
3. 第一阶段的第一年、第一季、第一月、第一周该怎样开始？
4. 为实现 10 年目标，现在的目标是什么？

（二）不断自我超越

自我规划之后，关键在于不断地自我超越。每一天比前一天进步一点，持续地超越昨天的自己。

心理学的观点看，企业也是领导者内心的外在投射。领导者的心智成长，可以带来企业的成长。只有领导者不断追求成为更好的自己，企业才能在复杂的环境中，增加健康可持续活下去的概率。

领导力的修炼是一个持续自我探索的过程，帮助领导者成为更完整、更完美的自我，使其成为对自我成就有清晰察觉并能释放最佳潜能的人。

推荐书单

1.《管理学——原理与方法》（第八版）——周三多、陈传明、刘子馨、贾定良，复旦大学出版社 2023 年版。

2.《新五星领导力修炼》——包季鸣，企业管理出版社 2019 年版。

复习思考题

1. 如何理解 AI 时代领导力修炼的四个转变？

2. "五星领导力模型"对企业领导者的主要要求是什么？

3. 如何学习和运用智能体领导力操作系统？

4. AI 时代的领导力修炼方法需做哪些新的探索？

3.5：领导力修炼
五大迷思及五大
原则

第二篇
领导力决策行为

　　领导，就是做正确的事。决策行为，就是研究对组织而言，什么是正确的事，如何找到正确的事。

　　决策行为是组织中最重要的领导力行为。本篇重点探讨领导力决策行为的理念和操作。旨在帮助读者了解AI时代背景下领导力决策行为的科学内涵，探索影响前瞻力和决策机制的"定海神针"，联系实际，找到激动人心和富有吸引力的创新的组织目标，形成"自我适应"的动态决策机制。

```
                                                                                                                   第二篇
(一) 决策的经典理论                                                                                                 领导力决策
(二) AI背景下的领导决策 ─┐                                                                                            行为
                         ├─ 一、决策
(三) 决策的定义 ────────┘                    第一节
                                            组织中的决策
(一) 前瞻力的含义 ─┐
(二) 前瞻力与领导决策 ┤
(三) 前瞻力的科学内涵 ├─ 二、前瞻力
(四) 前瞻力的三大体现 ┘


(一) 谋略思想与战略决策 ┐       一、兵家思想
(二) 权变思想与领导模式 ┘       与领导决策

(一) 从牛顿思维到量子思维 ┐     二、量力领导力         第二节
(二) 量子领导力的内涵    ├─    与领导决策          领导力决策          第四章              第二篇
(三) 量子领导力的构建    ┘                         行为              领导力决策          领导力决策
                                                                    行为的理念            行为
(一) "定海神针"的内涵 ┐       三、打造决策过程
(二) "定海神针"的打造 ┘       的"定海神针"


(一) 组织信仰与领导决策 ┐       一、坚定的组织
(二) 坚定组织信仰的形成 ┘          信仰

(一) 思维模式与领导决策 ┐       二、成长融合型       第三节
(二) 成长融合型思维模式 ┤          思维模式        领导力决策
(三) 体现成长融合型思维的决策行为 ┘                   行为的底层
                                                    逻辑
(一) 动态战略与领导决策 ┐       三、动态的战略
(二) 体现动态调整的决策行为 ┘       调整
```

第五章 领导力决策行为的操作

第一节 领导力决策行为的操作思路

一、领导力决策行为流程图
- (一) 决策行为大思路
- (二) 决策行为流程图

二、领导力决策行为出发点
- (一) 一个中心
- (二) 三个基本点

第二节 决策"四步走"的操作流程

一、第一步：愿景引领，科学定位
- (一) 理论依据：共享价值理论
- (二) 判断准则：美好企业的四项原则
- (三) 操作程序：以坚定的组织信仰，形成核心价值观

二、第二步：知己知彼，自我颠覆
- (一) 理论依据：成长融合型思维模式
- (二) 判断准则："本金、本分、本事"出发
- (三) 操作程序：做对的事、难的事、需要长期坚持的事

三、第三步：聚焦取舍，适度调整
- (一) 理论依据：无限游戏理论
- (二) 判断准则：新质生产力
- (三) 操作程序：顺势而为、创新而为

四、第四步：因势利导，守正出奇
- (一) 发现并进入新赛道
- (二) 转换并进入新赛道
- (三) 在既有赛道上的智能化转型

第三节 形成自我适应操作机制

一、自我适应操作机制的打造
- (一) 自我适应的概念
- (二) 自我适应操作机制的打造

二、决策机制的误区规避
- (一) 整体层面的误区
- (二) 过程层面的误区

三、领导力决策行为的"不为清单"

一名创业者的决策之痛

12年前我创办了现在这家公司,前几年经济形势还可以,依靠个人的人脉和团队的努力,企业规模不断扩大,从几个人到现在近二百人的规模,现有业务也比较成熟。最近几年,老业务增长乏力且呈现萎缩趋势。企业很多跟了我十几年的老员工,工作激情也开始在慢慢消退。

我也尝试寻找未来的机会,但是今天觉得这个不错,明天又会觉得那个也行,后天又被自己否定掉。团队也帮不上什么忙,感觉他们的心态就是,"公司是你老板的,你说干什么就干什么"。只有我一个人在关心公司的未来。我时常感觉自己行走在一条前面黑漆漆(市场变化太快,太多不确定性),后面空荡荡(只有我一个人思考公司的大事)的路上,而这条路还只能看到眼前。

第四章

领导力决策行为的理念

本尼斯认为：领导就是做正确的事情，做正确的事情比把事情做正确更重要。

做正确的事情的前提，就是决策正确。好的决策理念能促使持续产生好决策，使组织跨越多个增长周期，甚至是逆周期增长。

第一节 | 组织中的决策

一、决策

（一）决策的经典理论

决策是人类在各种活动中普遍存在的一种行为，更确切地说是一种复杂的思维操作过程，这一点在组织中更为突出。决策过程包括：收集信息、加工信息、作出判断、得出结论。

1. 心理学的视角

心理学研究者认为：决策是人们思维过程和意志行动过程相互结合的产物。

没有这两种心理过程，人们是做不出决策的。因而决策既是人们的一个心理活动过程，又是人们的行动方案。个体都要做出决策，而且很大程度会受到知觉的影响[1]。人们的知觉过程会存在偏见和错误，需要在决策中避免，如表 4.1 所示。

表 4.1　知觉的偏见和错误表现

表现	具体描述
过度自信偏见	人们对自己和他人的能力过于有信心，但通常又意识不到这种偏见
锚定偏见	把信息固定在初始阶段，无法对后面接收的信息做出全面判断
验证偏见	人们倾向于寻找能够证实自己选择的信息，忽视或怀疑与自己的判断相违背或冲突的信息，而不是客观收集信息
易获性偏见	容易为更易获得的信息而产生错误知觉
承诺升级	人们固守某项决策，尽管有明显证据表明该决策是错误的
随机错误	人们倾向于认为自己能够预测随机事件的结果，为随机事件赋予意义
风险厌恶	想获得确定的东西而不愿面对一个有风险的前景
后视偏见	当人们获得关于结果的反馈时，很容易认为这一结果本来就显而易见

2. 管理学的视角

决策是现代管理学研究的核心，管理的各项职能都离不开决策。

管理学中最早提出决策概念的是巴纳德，他在《经理人员的职能》一书中提出：人的行为可以划分为有意识的行为、经过深思熟虑的行为、无意识的且自动的反应行为和由现在或过去的内外部条件所导致的行为[2]。巴纳德认为前面一类行为的先导过程就是决策。决策包含许多辅助行为也是自动的，是决策者本人没有意识到的。

赫伯特·西蒙在《管理行为》一书中提出：管理过程就是决策过程。应先分离出组织成员决策过程中的某些要素，再建立规范的组织程序，来选择和确定这些要素，并将要素的信息传递给组织内相关成员。

西蒙的另一个贡献在于将决策的要素分为价值因素和事实因素。只要是导向最终目标选择的决策，就称为"价值判断"；只要包含最终目标实现的决策，就称为"事实判断"[3]。

周三多教授的《管理学——原理与方法》一书对决策的定义是：管理者识别

---

[1]　［美］斯蒂芬·罗宾斯、［美］蒂西·贾奇著：《组织行为学》第 18 版，孙健敏、朱曦济、李原译，中国人民大学出版社，2021 年，第 159 页。

[2]　［美］巴纳德：《经理人员的职能》（珍藏版），王永贵译，机械工业出版社 2021 年版，第 136 页。

[3]　［美］西蒙：《管理行为》（珍藏版），詹正茂译，机械工业出版社 2013 年版，第 4、6 页。

并解决问题以及利用机会的过程[1]。

从管理学的视角，决策是管理过程的一个环节，与实现组织目标有关，是组织运作和个人行为的核心表现。

3. 领导学的视角

从领导学的视角来看，领导的首要职责是决策。领导者的价值观、思维模式、行为模式，领导者与追随者及环境交互都会影响领导者的决策。

（1）领导者面临的两类决策。

在组织中，领导者通常面临两类决策。

第一类，为达成短期绩效目标，领导者需要审视运营环境，发现关键问题，了解与问题相关的各种信息，提出并评估可能的解决方案，制定计划来实施解决方案。

第二类，为实现组织基业长青，领导者需要制定长远的愿景和战略，为确定任务和组织运营方向提供依据。

领导者的常见困境是，如何实现短期绩效目标和基业长青目标之间的动态均衡。

（2）领导者决策方式研究。

① 权变理论学派，该学派的研究者认为领导者的决策方式和决策内容同等重要。

领导者-参与模型[2]将领导行为与参与决策联系在一起，考察领导者的决策策略选择与决策环境之间的相互作用。该模型提出了五种领导力决策策略：

独裁型Ⅰ：使用自己手头现有的资料独立解决问题或作出决策。

独裁型Ⅱ：从下属处获得必要的信息，独自作出决策。

磋商型Ⅰ：与有关下属进行个别讨论，获得他们的意见和建议，所作出的决策可能受或不受下属的影响。

磋商型Ⅱ：与下属集体讨论有关问题，收集他们的意见和建议，所作出的决策可能受或不受下属影响。

群体决策型：与下属集体讨论问题，共同提出和评估可行性方案，并试图获得一致的解决办法。

该模型根据不同的情境类型提供了一系列遵循的规则，以确定领导参与决策的类型和程度。

② 参与式领导，该学派提倡领导者鼓励员工参与决策，是在实际工作中与员工分享决策权，一起做出决策的领导方式。参与式领导反映了领导做决策时的

[1] 周三多、陈传明、贾良定、刘子馨：《管理学——原理与方法》（第八版），复旦大学出版社2023年版，第145页。
[2] 美国心理学家弗罗姆（Victor Harold Vroom）和耶顿（Phillip Yetton）于1973年提出。

两类行为特征：决策前征询员工意见，以共同解决工作问题；工作中给予员工一定的自由决定权、有效信息、支持等工作资源。

参与式领导具有一定的独特性，在提升员工绩效的同时，能够避免过度授权的负面影响。研究者们发现：员工在这种平等、自主的领导风格下，具有更高的工作幸福感、工作满意度和工作绩效。

③ AI 参与决策，这是在当今 AI 技术如浪潮汹涌的背景下，在 AI 辅助决策的基础上，正在兴起的新的决策方式。

（二）AI 背景下的领导决策

AI 技术和不确定性的环境下，领导者可采取如下应对策略，以提高决策的质量和组织的适应能力。

1. AI 赋能组织环境分析

在数据收集与分析方面，人工智能可快速收集海量的市场、行业、政策等信息，并进行深度分析，发现潜在趋势和风险。如通过分析社交媒体数据、新闻报道等，实时掌握消费者需求变化和竞争对手动态。在情景预测方面，利用机器学习算法，基于历史数据和实时信息构建模型，对未来可能的情景进行预测，帮助组织提供决策依据。

2. AI 赋能组织目标设定

在目标优化方面，借助人工智能的优化算法，综合考虑企业资源、市场机会和风险等因素，为组织制定更合理、更具可操作性的组织目标。在目标分解上，将总体组织目标分解为具体的、可衡量的子目标，并确定各子目标的优先级和时间节点，使组织的战略执行更具计划性。

3. AI 赋能组织决策落地

在资源配置方面，根据组织目标和任务，AI 智能合约（Smart Contracts）可以通过建立资源分配模型，优化人力资源、资金、设备等资源的配置，提高资源利用效率。

4. AI 赋能组织风险应对

AI 技术和不确定性改变了领导者对风险的态度和行为。研究表明，领导者在不确定性下可能表现出非传统的风险偏好，对概率估计不敏感，而更多地关注于关键绩效目标。因此，领导者需要提高个人的专业素养、建立多元协商机制、健全决策应急机制等，以降低决策的主观性和增强应对突发性事件的能力。

（三）决策的定义

本书关于决策的定义是：领导者在适应内外部环境中，依靠人机融合，为组织找到正确的事的过程。

该定义可作如下理解：

（1）决策的主体首先是企业的领导者。

> 📖 AI 背景下，不确定的是环境，确定的是你的竞争力、应变力和适应力。

（2）决策的目的是为组织找到正确的事，选择比努力更重要。

（3）决策的本质是一个过程，不是一次完成的。因此，科学的决策机制比决策行为更重要。

（4）决策的过程是人机融合的过程。

（5）决策的关键是适应内外部环境，包括兼顾和平衡利益相关者的诉求，寻求共赢。

二、前瞻力

科学决策是通过前瞻力来实现的。领导力在决策过程中被赋予了重要的价值。从"五星领导力模型"出发，前瞻力能帮助领导者洞察未来，确立愿景。

（一）前瞻力的含义

前瞻力，是企业领导者重要的一种能力和品质。

由库泽斯（James M. Kouzes）和波斯纳（Barry Z. Posner）共同开发的"受人尊敬的领导者的品质"（Characteristics of Admired Leaders，CAL）问卷。该问卷在全球有超过 40 年的历史，超过 15 万人参与填写。尽管参与者来自不同的国家和文化，但调查结果却显示出了惊人的一致性。其中，"有前瞻性"这一特质几乎在所有国家的调查中都名列前茅（见二维码 4.1）。

2022 年 11 月—2025 年 3 月，一项由复旦大学管理学院 21 个 EMBA 班共 1 300 名学员参与的"追随者愿意全心追随的领导者品质"问卷调查显示，排名 1～4 位的分别是：有前瞻性的、能激发人的、心胸宽广、有胜任力的。

由此可见，提升前瞻力也是当今中国企业领导者最为迫切的愿望。

（二）前瞻力与领导决策

昨天的地图，已不能用来指挥今天的战争。在确定的背景下，面对未来可预期的、线性的、连续的变化，领导者在决策时往往胸有成竹。而当下，我们面临的变化很难预期、非线性、非连续的，是充满不确定性和颠覆性创新的大背景。在此背景下，前瞻力对领导决策意义更为重大。

1. 领导就是要做正确的事

决策的核心是取舍。什么是正确的事？在当前环境剧烈变化的情况下，要特别强调三个共同的特征：对的、难的、需要长期坚持的。

（1）对的事。

是非即成败。每个人都有自己的是非标准，明确是非就易于选择。但当是非标准模糊时，内心的判断标尺就会摇摆不定。作为组织中的领导者，最需要一把内心的标尺，像定海神针一样，能定在领导者内心以及整个组织的根基之上。

这个对的事，就是由领导者的个人核心价值观衍生出的企业信仰，在组织内则体现为企业的愿景、使命。符合企业愿景、使命的事，就是对的事；反之，与

4.1：调研：世界各国受人尊敬的领导者的品质

> 我们一定要做对的事，剩下的事不用干。
> ——查理·芒格

企业的愿景、使命相背离的事，就难以称为"对的事"。

（2）难的事。

难的事，是在对的事中，那些别人匆匆跳几次够不着，就不再跳的事。

比如，选择一个全新的赛道，耐心做基础建设，等待时机。时机不到，就躲在台下悄悄练功，时机到了，就马上能像孔雀一样开屏。

在企业实践中，我们看到：从容易的事开始做，可能越做越难；从难的事开始做，结果可能越做越容易。

（3）需要长期坚持的事。

长期坚持的事是指对的、难的、又需要坚持相当一段时间才可能有成果的事；能够让人们摒弃投机主义和短视主义，追求宏大、长远的目标，长时间为之奋斗，以足够的耐心和定力长期坚持做好的事情或事业。

亚马逊集团创始人贝索斯讲过：做一件事把眼光放到未来三年，和你同台竞技的人很多，但能放到未来七年，和你同台竞争的人就很少了，因为很少有公司愿意做那么长远的打算。

贝索斯曾问过巴菲特：你的投资理念非常简单，为什么大家不会复制你的做法呢？巴菲特说，因为没有人愿意慢慢地变富。

长期主义其实是违背人类基于生存的本能的，长期主义并不是所有人都能够做到，也不是所有人都会选择的。走得人少但能达到目的的路才是最好的路，在长期主义的道路上，不会遇到多少竞争者。在 2024 年 7 月 15—18 日召开的中共二十届三中全会上，旗帜鲜明地提出了"培养壮大耐心资本"，更为企业的长期主义夯实了支撑体系。

作为领导者，要做现实的理想主义者，需要强调的是：做对的事、难的事、需要长期坚持的事，是指"在活下去的前提下，聚焦未来的发展"。

2. 做正确的事的基础是大判断正确

时代的变迁会产生很多伟大的企业，要与时俱进，只需做一件事，那就是准确判断社会发展的大趋势，判断下一个新的时代场景是什么，用未来定义现在。

做正确的事就是顺势而为。方向错了，努力就没有太大价值；环境变化了，就容易抓不住新趋势的脉动，看不清、看不懂，都会影响领导者的大判断正确。

3. 大判断失误是组织灾难的根源

大判断正确有两层意思：一是指判断组织未来发展的趋势，二是指判断实现未来趋势的方式。

例如，2000 年曾价值 1 300 亿美元的雅虎公司，在 2016 年其核心资产以 48 亿美元被卖出。其中的重要原因是大判断失误。看准了未来的趋势，却押错了赢得未来的方式（见二维码 4.2）。

没有成功的企业，只有时代的企业。所谓成功，只是踩准了时代的节拍。

4.2：雅虎：看准了未来趋势，并押错了赢得未来的方式雅虎的案例蕴含的一个普遍规律是，在一个产业从无到有，竞争有限的初始阶段，成功往往是机会大于能力，偶然大于必然。但再往下走，竞争不断加剧，产业从有到好，从好到差异化细分，要继续取得成功或者捍卫成功，领导者的能力特别是前瞻力，会逐渐与成功成正比。

🔧 工具箱

AI 时代产业机会的选择

（1）AI 时代有什么产业机会？

（2）所在的产业还有哪些机会？

（3）企业的增长空间来自哪里？

（4）这个产业的格局将发生哪些变化？

（5）转折点将会出现在哪里？

（6）如何构建自己的增长曲线（包括第一增长曲线，第二增长曲线等）？

（7）客户将会发生哪些变化（客户和非客户同等重要，创新往往来自非客户）？

（8）从长期主义来说，需要布局和打造哪些核心能力？

（9）怎么才能与 AI 时代发展相同步？

（三）前瞻力的科学内涵

前瞻力，指领导者能敏锐感知周围世界的变化，适应性地提出匹配的、创新的组织目标，找到属于自己的少数几个机会的能力。

从某种角度讲，前瞻力就是找到正确的战略目标，而战略的本质就是目标和能力的匹配。前瞻力也是"描绘梦想和愿景的能力"，具体包括以下 4 项能力。

1. 掌握愿景和梦想等方面的判断准则

愿景和梦想是组织发展的灯塔，指引着未来的方向。领导者需要确立一套明确的判断准则，用于评估各种战略选择是否符合组织长远的发展愿景。

2. 了解组织外部宏观环境的发展趋势

外部宏观环境分析是指对组织外部的政治、经济、社会和技术等宏观环境因素进行监测和评估，以便领导者作出更为科学合理的决策。

3. 整合追随者和利益相关者的愿景

一个组织的决策不应仅仅由领导者独自完成，而是要整合来自不同层级、不同背景的追随者和利益相关者的愿景。

4. 依据环境变化确定创新的组织目标

在快速变化的市场环境中，领导者需要设定能够引导组织不断创新的目标，以应对未来的挑战和抓住新的机遇。包括培养一种敏捷的思维模式，及时根据市

> 商业不是解决问题，而是为抓住机会而生！
> ——德鲁克

场和技术的变化来更新组织的目标。同时，鼓励团队采用试验性的思维方式，不断试错和优化，以发现最有效的解决方案。

🔧 工具箱

鼓舞人心的目标有五个 I

改变（Influence）：团队认为他们可以改变指标。

洞察（Insight）：该指标是有形的和可视化的。团队成员自己更新指标，并希望主动了解最新的指标数字。

概念（Ideas）：指标能够引发概念的充分延展，激发创造性思维。团队拥有一个改进列表，其中包括概念、创新性和颠覆性。

意图（Intent）：指标背后的意图也很明确。团队成员可以说明他们想要实现的目标或者任务。

影响（Impact）：着眼于客户，并且可以向客户或者用户说明目标能够为他们提供哪些服务。

（四）前瞻力的三大体现

在组织中，领导者的前瞻力体现在决策前瞻、风险前瞻、预案前瞻三个方面。

1. 决策前瞻

决策前瞻指领导者在决策时，能够预见未来趋势和可能性，从而做出具有长远影响的选择。决策前瞻要求领导者关注做正确的事，并具备两个层面的洞见。

（1）基于对未来的想象力，构建出企业的愿景、使命，形成稳定的价值判断。

（2）具备对行业动态、市场变化和社会趋势的深刻理解，形成动态的事实判断。

震旦大厦的选址与建造

在作为上海地标的陆家嘴，震旦大厦以其独特的金色玻璃幕墙及巨幅外墙 LED 广告而格外引人注目。

当年开发浦东，震旦的创始人陈永泰先生从台湾省来上海市，只是见到了一张开发图，就迅速作出了拿地建楼的决策。后来我到台湾省访学，因时任震旦集团董事长袁惠华女士是复旦-台大 EMBA 的校友，于是有机缘拜访并请教当年这个决策是如何做出的。

袁董回忆说，当时的逻辑很简单，陈董认为城市都是依水而建的，外滩就在黄浦江边上，黄浦江是上海的母亲河，将来一定能发展成城市地标。于是，仅向开发办提了一个要求：就是离黄浦江最近。

大楼在接近竣工时还发生一件事。因陈董要求外墙用金色玻璃，这种材质需要等待大约半年时间，而如果改用普通外墙玻璃，则可如期完工。但陈董坚持要用金色玻璃。事实证明这是非常有前瞻性的决策。灯火璀璨的陆家嘴，震旦大楼因其独特的地理位置以及金光闪闪的外形傲然独立，也成就了最贵广告屏幕。

2. 风险前瞻

风险前瞻是领导者对潜在风险的识别、评估和准备。

风险前瞻侧重管理不确定性，关注"把事情做正确"，因此，需要领导者审慎评估决策可能带来的风险，并采取必要的规避措施。

很多企业昙花一现的主要原因就是对环境变化反应迟缓，陶醉在"成功的喜悦中"，盲目延续过去成功的经验，错过最新机遇，最终丧失竞争优势。

1992 年，诺基亚发明了世界上第一款商用 GSM 移动电话，并在之后的十几年里，成为功能机时代"绝对的王者"，巅峰时期占全球市场份额高达 72.8%。2007 年苹果推出 iPhone，引领了智能机时代的到来，就此，也宣告了一个时代的落幕。诺基亚 CEO 在微软收购诺基亚大部分手机业务时曾遗憾地感叹：我们没做错任何事，但不知道为什么，我们输了！

3. 预案前瞻

凡事预则立，不预则废。

预案前瞻侧重应急准备，有备无患。需要领导者针对可能出现的各种情况，提前制订周全的应对预案。在突发危机时，是否有预案，结果是完全不一样的。

在制订预案时，需要考虑周全性、灵活性、协同性、可演练，并在演练中发现问题，持续改进完善应急预案。只有这样，当危机发生时，才能从容应对，化险为夷。

在前瞻力的三大体现中，决策前瞻是方向的选择，风险前瞻是过程的把控，预案前瞻是结果的准备，三者共同构成了前瞻力的完整内涵。

第二节 | 领导力决策行为

前瞻力是领导力决策行为的认知基础。领导力决策行为，指领导者通过打造"定海神针"提升前瞻力，并在组织内形成"自我优化"的决策机制。

与传统的决策研究不同，在领导力决策行为中，首先强调底层逻辑的修炼。

中国传统文化有利于塑造领导者的人文精神和哲学思考，现代经典理论帮助领导者深入认知组织运行的规律，在此基础上，本书融合提炼成领导力决策行为的三大底层逻辑。

一、兵家思想与领导决策

兵家是对中国先秦、汉初时期，诸子百家中专门研究军事理论的流派的统称。兵家集大成者孙武所著的《孙子兵法》，是中国古代军事思想的代表性成果，在世界上也具有非常重要的影响力。

兵家思想中呈现的一系列战略、战术、组织和领导原则，对现代组织领导者的科学决策也有着深远影响。

（一）谋略思想与战略决策

兵家重视谋略和"庙算"，强调领导者要具备以谋略取胜的大局观[1]。

"知己知彼，百战不殆""知天知地，胜乃可全"[2]要求领导者要全面了解面临的政治环境、天时、地利、管理人员和规章制度等内外部因素，才能做出正确的决策。

"我专为一，敌分为十，是以十攻其一也，则我众而敌寡；能以众击寡者，则吾之所与战者约矣。"[3]体现了兵家强调把主要力量集中起来，集中优势兵力打击敌人的薄弱环节，避免全线出击。对现代领导者而言，需要聚焦主业，把资源集中到具有核心价值的业务上来。

"夫未战而庙算胜者，得算多也；未战而庙算不胜者，得算少也。"[4]领导者在做重大决策前，要反复权衡利弊得失，制定周密的计划和应对预案，尽可能降低决策的风险。

（二）权变思想与领导模式

权变是兵家思想的核心，启发领导者要不断审视复杂变化的环境，根据实际情况、领导者、追随者的特征选择合适的领导方式。

过去解读兵家思想，有人从"为达目的，不择手段"这个角度来理解其现实意义。本书更多强调的是"守正才能出奇"，领导者在决策时要坚持正道，同时也要敢于创新突破。"故用兵之法，无恃其不来，恃吾有以待之；无恃其不攻，恃吾有所不可攻也。"[5]领导者要未雨绸缪，居安思危，在坚持原则的同时，也要勇于变革创新。

---

[1] 孙秀丽，王辉，赵曙明.基于文化视角的中国领导学研究路径评述［J］.管理学报，2020，17（8）：1254—1264.

[2]《孙子兵法·地形篇》。

[3]《孙子兵法·虚实篇》。

[4]《孙子兵法·始计篇》。

[5]《孙子兵法·九变篇》。

二、量子领导力与领导决策

英国管理学家丹娜·左哈尔基于物理学量子理念，提出了量子领导力。

在人工智能技术对各行各业产生颠覆式影响的当下，量子领导力所代表的思维模式可以帮助领导者更好适应 AI 时代的领导力决策模式。

（一）从牛顿思维到量子思维

牛顿思维认为事物像原子一样彼此独立，因此，重视定律、法则和控制，强调"静态"和"不变"。而量子思维认为事物是相互关联、相互影响的能量球，在互动中会产生难以预测的变化和新事物，因而更重视不确定性、潜力和机会，强调"动态"和"变迁"。

从牛顿思维到量子思维的转变是一场思维方式的革命。受这一思维启发的领导者，更容易突破条条框框的限制，用更开放、更动态的视角看待组织和个人。

（二）量子领导力的内涵

左哈尔将量子领导力定义为：关于一个人在公司、社会或政府中成为领导者的道德原则。这十二条原则包括：自我意识、自发性、愿景及价值观引导、整体性、同理心、拥抱多样性、独立性、刨根问底、重建框架、积极利用挫折、谦逊、使命感。她认为商业活动是整个社会的一个组成部分，要用量子世界观重构商业组织和社会的关系。商业活动需要摒弃"唯利润至上"，重构新的准则来适应量子世界，包括：

（1）商业一定要对自己的员工负有责任；

（2）商业活动、企业一定要对自己的客户负责，要给他们提供有质量的产品；

（3）商业一定要对环境负责，一定要停止对环境的污染；

（4）商业要对未来的年轻的一代负有责任。

运用量子领导力，有助于领导者真正创造一个积极互动、可持续发展的世界。

（三）量子领导力的构建

与传统的领导力相比，量子领导力带来了领导者思维和领导模式的一系列转变，见表 4.2 [1]。

表 4.2　传统领导力与量子领导力的对比

对比	传统领导力	量子领导力
方式	明确控制	赋能开发
合作	个体竞争	网络协作
主体	领导主体	员工主导
价值观	非此即彼	兼容并包
能力	现成固化	生成实践

研究者提出了量子领导力的构建路径：

（1）将不确定性视为常态和机遇，灵活应对挑战。

（2）促进组织与利益相关者之间的关联互动，打造"共生组织"。

（3）发挥人的认知与创造主动性，利用积极思维塑造行为结果。

（4）克服"非此即彼"的对立思维，在冲突中找到和谐，在对立中建立自洽。

（5）基于生成开放、动态发展的过程视角，持续提升领导力。

作为一种新的领导模式，量子领导力可以指导领导者以更整体、协同、可持续的时空观来思考重大问题。

三、打造决策过程的"定海神针"

> 所有迷失，都源于
> 信仰缺失。

（一）"定海神针"的内涵

1. AI 时代的决策需要"定海神针"

实践证明，越是那些成功的企业家，他们在决策过程中表现出"行到水穷处，坐看云起时"的沉着冷静，就是因为胸藏"定海神针"。

2. "定海神针"的内涵

在领导力决策行为中，"定海神针"的内涵是：

定海神针＝坚定的组织信仰＋成长融合型思维模式＋动态的战略调整

（二）"定海神针"的打造

1. 大方向坚定不移

大方向坚定不移，考验的是企业家的定力。找准自己应做什么、能做什么、可做什么，不断地精进、不断地深挖，永远在正确的方向上前行。

然而，有些企业家大方向飘忽不定，今天觉得要往这里，明天又想去那里。"方向大致正确，组织必须充满活力。"在众多细分领域成长起来的新兴企业，就是在一个正确的大方向上，发挥了"切开一厘米，做深十公里"的精神，找到自己的发展之道。

2. 操作上严格遵循

领导力的实现，要求领导者有好的技术、流程与工具，并且严格遵循操作方法。

华为 1998—2002 年把 IBM 作为标杆来进行管理改革。当时，IBM 给华为的咨询报价是 2 亿美元，没想到任正非直接审批同意，甚至略过了传统商务中来回谈判的过程。IBM 项目负责人汇报给集团高层时，高层只有一句话"好好教"。

---

[1] 彭剑锋、马晓苗、甘罗娜：《量子领导力构建：机理与路径》，《中国人力资源开发》，2019 年第12 期：144—156。

一个好好教，一个好好学，华为在学 IBM 的过程中"削足适履"的学习态度也体现得淋漓尽致。

3. 过程中自我优化

科学的决策是一个过程，不可能一劳永逸，一锤定终身，而是需要在过程中持续调整、持续匹配、持续精进。这是一个自我批判的过程，是一个自我适应的过程，也是一个自我优化的过程。

第三节│领导力决策行为的底层逻辑

修炼领导力决策行为需要三大底层逻辑支撑：坚定的组织信仰、成长融合型思维模式和动态的战略调整。

一、坚定的组织信仰

（一）组织信仰与领导决策

1. 组织信仰是领导决策的出发点

组织信仰是领导者决策的基本出发点，方向错了，一切皆错；方向对了，未来可期。

领导者决策的核心是战略决策。从战略角度来讲，战略起源于人的价值观、人生观、生活方式和选择。价值观带来的不是技术问题，而是思想问题。在这个基础上，才能产生所谓的经营目标和战略定位。如何定位取决于模式，如长期还是短期，规模还是质量，风险回报，行业、区域选择等。确定战略后，组织再做资源配置，把资金投在行业和规模上。

字节跳动张一鸣的演讲

在创办字节跳动的时候，我就有这样的信念和热情。我相信，通过技术的创新和变革，我们可以为人们带来更好的产品和服务。我相信，只要我们坚定信念，不断努力，就一定能够成为行业的领先者。正是因为有这样的信念和热情，我才能够在创业路上坚持不懈，最终实现了我的梦想。

2. 组织信仰通过愿景、使命来体现

每个成功的组织背后都有一套深刻的信仰体系。这套信仰体系不仅指引着企业的前行方向，而且塑造了其独特的文化和精神面貌。组织信仰的核心体现在其愿景和使命中，如同企业的灯塔和航标，照亮前行的道路，指引远航的终点。

（1）愿景——凝聚注意力。

愿景是企业对未来发展的抱负，它描绘了"我们要到哪里去？我们最终要成为什么"的理想图景。

愿景具有鼓舞人心的特点，能够凝聚注意力，激励员工向着共同的目标努力。

> 顺丰：成为最值得信赖的、基于物流的商业伙伴。
>
> IBM：无论是一小步，还是一大步，都要带动人类的进步。
>
> 京瓷：追求全体员工物质与精神两方面幸福的同时，为人类和社会的进步与发展作出贡献。

（2）使命——企业的发展之本。

使命是企业存在的根本原因。回答一个组织存在的根本性问题，如：

- 我们为什么而存在？
- 我们解决了什么样的社会问题？
- 我们创造了什么样的独特价值？

使命陈述是企业对上述三个问题的宣言，体现了企业的核心价值观和对客户的承诺。

部分 EMBA 同学所在的企业信仰

【万华化学】

愿景：创建受社会尊敬、让员工自豪、国际领先的化工新材料公司

使命：化学，让生活更美好

价值观：务实创新、追求卓越、客户导向、责任关怀、感恩奉献、团队制胜

【游侠客】

愿景：创造旅行生活新场景，坚持负责任的旅行，改变城市人的生活方式

使命：让旅行充满想象

价值观：游侠五义。侠智·创新；侠行·服务至上；侠骨·负责任；侠气·相互成就；侠情·激情

【顾家家居】

愿景：做世界领先的综合家居运营商

使命：创造幸福依靠成就美好生活

价值观：以用户为中心，以绩效为本，坚持奋斗创新

【陈克明食品】

愿景：打造百亿企业，传承百年美食

使命：奉献健康食品，创享幸福生活

价值观：诚信、创新、合作、感恩

在企业文化中，愿景指引方向，使命是企业的发展之本，价值观则是行动的准则，三者共同构成了企业文化的基石。

（二）坚定组织信仰的形成

组织信仰不是一蹴而就的，需要从高层到基层员工的共同努力和实践。

1. 与时俱进的价值观

企业要有自己"明确而不含糊"的价值观，并且以此影响团队和个人。在企业中，领导者具备的价值观应该是明确的、崇高的，企业对社会的贡献追求应大于对利润的追求。

AI 时代，与时俱进的价值观体现在：拥抱变化、终身学习；人机协同、优势互补；以人为本，科技为善；开放平等，多元包容。

企业文化是管理的最高境界，价值观是根本问题。坚持价值观在刚开始做企业时可能感觉不强烈，随着企业越大，就会越来越强烈地体会到，只有依靠正确的价值观才能带领更多人走得更远。

企业要有利润之上的追求

吉姆·柯林斯在《基业长青》中曾经总结过伟大企业的其中一项特质是"利润之上的追求"，乔布斯和他创建的苹果公司给予了这项特质以最完美的诠释。

有"利润之上"的追求，更容易看到事物的本质，就会更容易坚持做对的事情或者说更不容易做错的事情，就不大会受到短期的诱惑而偏离大方向。

2. 把价值观融入决策过程

企业家要有自己独特的经营理念，并确保这种价值观融入企业经营管理和团队建设中。一方面，通过制度来固化；另一方面，通过制定战略把价值观融入公司的经营管理实践中去，成为员工自发的行为和判断对错的依据。

1985 年张瑞敏怒砸有质量问题的冰箱，成为中国产品质量的里程碑事件。张瑞敏让员工亲手砸掉 76 台冰箱时，他知道"如果今天允许把 76 台冰箱内部处理给员工当福利，明天就会再生产 760 台有问题的冰箱"。因此，即使当时一台冰箱相当于一个普通员工 3 年的收入，张瑞敏也坚定决策：砸！从此，"有缺陷

4.3：从先祖情怀到个人使命和组织信仰

的产品就是废品"的价值观真正在海尔深入人心。

组织信仰不是空洞的口号，而是深植于企业文化中的行动指南。愿景和使命作为组织信仰的两个关键组成部分，它们共同塑造了企业的个性和灵魂。通过将愿景和使命融入日常运营，企业不仅能够在竞争激烈的市场中脱颖而出，更有利于长远的发展。

一位 EMBA 学员[1]从探究祖先事迹开始，找到了自己的人生使命，进而确立了本企业的信仰（见二维码 4.3）。

🔧 工具箱

用核心价值观"六问法"，坚定组织信仰，蓄能未来发展

一问 "利润" 如何将关注顾客与企业发展相结合；

二问 "顾客" 是否真正成为企业存在的根本原因；

三问 "企业" 是否追求真正的价值 "成长"；

四问 "企业" 是否帮助所有 "人员" 分享企业的成功；

五问 "管理" 是否作为贯彻价值观的共同工作过程；

六问 "企业" 是否明确 "公民身份" 承担共同责任。

二、成长融合型思维模式

（一）思维模式与领导决策

1. 思维模式是领导决策时所戴的 "眼镜"

思维模式给人们提供一种框架，决定人们观察事物和看待世界的视角。科学的思维式是科学决策的基础，能提高领导决策成功的可能性，并避免可能预见的失败。

《论语》有云："君子坦荡荡，小人长戚戚。"就是不同的人戴着不同的"眼镜"在看这个世界的样子。举一个日常生活的小例子，一个人生气，其实是用别人的错误来惩罚自己，越生气，身心越痛苦，人生也容易走入死胡同。那些善于从另一个角度来看待问题的人，往往做人通达、豁达，人也自在。

这背后，就是思维模式的不同。

世界上第一台数码相机诞生在柯达，而柯达高层当时怕影响胶卷销售，对第一个数码照相机开发者说："这个东西很好，藏起来不要让人知道。"背后的思维模式是：我不做，人家也不会做。但腾讯在开发微信的过程中，并不怕当时成熟的 QQ 业务受影响，马化腾多次提到：我们不做，别人也会做！最终，未能"自

---

[1] 复旦大学 EMBA 2020 级陈峰。

我颠覆"的柯达破产了，而"自我颠覆"的腾讯又迎来了快速地发展（见二维码4.4）。

4.4：柯达破产，腾讯重生

2. 不确定性环境要求成长型思维

从哲学角度看，万事万物都是确定性和不确定性的对立与统一。

在人类活动中，人们通常是以已知的东西去推测判断未知的东西，而随着人类文明的进步，AI的发展，未知的东西就越多。因此，人类将永远面对不确定性甚至越来越多的不确定性。正是这种不确定性给人类提供了探索的可能性，也让风险与机会共存。

成长型思维强调拥抱变化，主动求变；倡导把挑战视为机遇，把困难与挫折当作成长的催化剂；强调谦逊、开放、协同共生、长期主义。具备成长型思维能够帮助人们更好地适应不确定性环境的要求。

（二）成长融合型思维模式

一个不可忽视的事实是：与成长型思维对立的固定型思维，非常容易出现在大企业，特别是比较成功的企业领导者身上。

1. 固定型思维与成长型思维

在《终身成长》一书中，卡罗尔·德韦克提出了两种思维模式：固定型思维模式和成长型思维模式。两者的比较见表4.3。

表4.3 固定型思维与成长型思维的比较

二者的区分点	固定型思维模式	成长型思维模式
对智力的看法	智力是固定不变的（产生一种让自己变得聪明的欲望，因此会倾向于……）	智力是可以提高的（产生学习的欲望，因此会倾向于……）
遇到挑战时	避免挑战	迎接挑战
遇到阻碍时	自我保护或轻易放弃	面对挫折，坚持不懈
对批评的看法	忽视有用的负面反馈信息	从批评中学习
他人成功时	感到他人的成功对自己造成了威胁	从他人的成功中学到新知，获得灵感
结果	他们很早就停滞不前，无法取得自己本来有潜力取得的成就	他们能取得很高的成就

在成长型思维的组织文化中，人们对组织有着更高的信任感，对组织的未来有着更强的拥有感和承诺感。对成长的渴望会产生激励作用，让人更有动力积极投入到敏捷创新与团队协作之中。反之，身处固定型思维的组织氛围中，人们则更有可能变得"佛系"或"躺平"。

> 普通人改变结果，优秀的人改变原因，而顶级优秀的人改变思维模型。

2. 中国营商环境呼唤成长融合型思维

在EMBA课程中，老师经常会向学员询问这样一个问题：现在做企业，最难的是什么？得到最多的答案是：最难的是价值观不一致，是思想方法的不一致，好的方案得不到理解和支持。说到底，这就是思维模式的不同。

以成长型思维为基础，组织的共识就易于达成；从固定型思维出发，组织就很难形成共识。由此我们也理解纳德拉上任后，推荐的第一本书就是《终身成长》。

在中国情境下，领导者重塑思维模式的切入口，是提倡成长融合型思维。这是因为：成长型思维源于西方文化的土壤。领导者面对的群体又主要是在东方文化背景上成长的。因此，必须将西方文化的精华与东方文化的精华做到很好地融合。

（1）东西方思维模式的差异。

西方思维模式强调"数"的精确。"数"的思维影响，使得西方人重视逻辑、追求精准，擅长测量、分析、推理、验证，更有利于把握局部，也让西方科技迅速发展。

东方思维模式强调"度"的分寸。这是对"不确定中的确定性"恰到好处的把握、依天时地利人和而产生。掌握"度"的艺术，更易走通人心之路，赢得人心所向。

（2）东西方思维模式的融合。

西方文化是强调纯粹理性，东方文化是强调适度的理性。把西方智慧和东方智慧融合起来，形成和而不同的商业实践。同时，更强调在中国情境下要掌握分寸，洞察本质，追求精进。

（3）成长融合型思维的形成。

科学的思维模式，既要有时代特征，也要体现地方特色，也是国际化视野和本地化关注的统一。

成长融合型思维模式，即成长型思维与中国传统文化精华的有机融合。

时代在呼唤成长融合型思维模式。当我们在学习成长型思维模式的时候，不能忽略中国博大精深的哲学、智慧和文化，企业家要学习儒家的仁者爱人，也要学习道家的道法自然，还要学习法家的以法治企、墨家的执行能力、兵家的上兵伐谋。几种理念和范式需融为一体，融会贯通，我们才能有取之不尽、用之不竭的力量，才能更有效地解决社会经济发展中的诸多疑难杂症，舍此，别无他途。

（三）体现成长融合型思维的决策行为

1. 成长融合型思维的主要特征

一个领导者是否真正具有成长融合型思维，可通过比较的方法来加以理解，见表 4.4。

得法者事半功倍。思维方法决定看多准。

表 4.4 区分虚假的成长融合型思维领导者与真正的成长融合型思维领导者

	虚假的成长融合型思维领导	真正的成长融合型思维领导
关注什么	关注眼前看到的绩效结果，倾向于： 　证明自己 　炫耀能力 　超越对手 员工的反应或行动：急功近利，恶性竞争	关注持续成功的驱动因素，倾向于： 　提升自己 　发展能力 　超越自己 员工的反应或行动：立足长远，持续精进
如何领导	借助"外在恐惧"强推绩效，因此他们会倾向于： 　设定不切实际的高目标 　施加持续的超负荷压力 　制造威胁的氛围 员工的反应或行动：视困难为威胁，开启防御模式	点燃"内在希望"激发绩效，倾向于： 　设定有意义的挑战性目标 　提出切实的高绩效要求 　营造安全的环境 员工的反应或行动：视困难为挑战，开启探索模式
如何实践	认为只要信奉成长融合型思维就会"美梦成真"，倾向于： 　承诺停留在嘴上 　说到做不到 　忽视机制保障 员工的反应或行动：玩世不恭，无能为力	认为将成长融合型思维化为成效是更为艰难的过程，倾向于： 　承诺根植于内心 　说到做到 　确保机制协调 员工的反应或行动：愿意相信，充满信心

　　2007 年，一家全球知名公司的新任 CEO 制定了一个雄心勃勃的十年计划：十年内将美国市场销量翻三倍，使公司超越其他两个竞争对手成为全球第一大制造商。几年后，这家公司如愿以偿，取得巨大的商业成功。然而，随着其"造假"事件被曝光，这位 CEO 也被迫下台（二维码 4.5）。从这个案例中，我们可以看到虚假的成长融合型思维领导者的影子。

4.5：虚假的成长融合型思维领导者

2. 体现成长融合型思维的决策行为

　　改革开放四十多年来，中国企业取得了很多成果。但有的企业视西方商业理论为金科玉律、对西方商业学科体系顶礼膜拜，简单照搬照套，忽视了中国经济发展新阶段的新特征，忽视了对中华优秀传统文化的学习、挖掘及应用，反而效果适得其反。

　　因此，我们必须将成长型思维与中华优秀传统文化的精华深度融合。中国企业家若能深刻理解西方智慧与中国智慧的核心差异，并看到由此差异所带给商业领域应用的巨大潜力，便能跳脱出原有思维惯性，创造更多商业传奇。

　　2024 年春节，法国巴黎时间 1 月 31 日晚 17 点 30 分，随着中国文化和旅游部 2024 年"欢乐春节"吉祥物——"吉祥龙"灯组在法国豫园灯会现场被点亮，来自上海豫园的 60 架灯组和 2 000 余盏花灯霎时绽放，取材于上古神话典籍《山海经》中的祥龙瑞兽们光彩夺目。随着线下的火爆和线上自媒体的迅速发酵，复星国际的"文化出海"战略一炮而红。复星国际董事

4.6：豫园灯会首
次"出海"，复
星还要携手支付
宝打造元宇宙
灯会

长郭广昌认为，这是复星为满足人们对美好生活向往的前进动力（见二维码 4.6）。

三、动态的战略调整

（一）动态战略与领导决策

1. 动态的战略调整的必要性

科学决策是个过程，这个过程不是一次完成而是在过程中动态调整的，这种动态调整要能体现出自我优化。

企业内外部环境瞬息万变，而决策依赖的信息往往正在失去有效性或完整性，因时、因地、权宜变化调整决策，有助于决策及时适应新形势。另外，决策从制定到执行会存在偏差，需要在实施中不断修正，及时发现和纠正偏差。

同时，决策的结果也存在不确定性，需要在实施后评估效果，为下一个过程总结经验教训。

人工智能技术具备自我优化的能力，在领导力实现路径上同时采用智能体协作决策模式，能够更好地帮助领导者实现在决策过程中的自我优化。

蒂蒙斯的创业模型很好地说明了动态战略调整的必要。

20 世纪 90 年代，蒂蒙斯[1]提出了一个创业模型，认为创业的三大驱动力是团队、商机和资源，创业的过程就是三者的匹配与平衡的过程。

创业要成功，就要在这个过程中，不断进行调整，进行匹配与平衡。例如，刚开始可能商机比较多、团队和资源比较欠缺。这时候就需要不断发展团队，积累资源。过了这个阶段，可能企业拿到了很大一笔融资，这时候资源大了，与市场（商机）相匹配了，但是团队跟不上了，就需要招兵买马，扩展团队……保持平衡，就是成功的关键。

2. 动态竞争理论

陈明哲[2]教授的动态竞争理论，为理解企业间的竞争与互动提供了一套以行动为导向的系统化理论框架。该理论超越了传统对竞争关系变化的理解，深入探讨了企业在"攻击—反击"过程中的相互对抗与制衡机制。

动态竞争理论深刻体现了中国传统哲学思维，将中国传统文化与西方科学管理方式相结合，帮助中国企业打造可持续发展的竞争利器。

这把利器打造的关键有三点。

（1）领导决心：企业领导层对传统文化的深刻理解与坚定传播是成功的关键。领导团队必须展现出对企业文化的坚定承诺和有效传播能力。

---

[1] 美国创业学教育和研究的领袖人物之一杰弗里·蒂蒙斯教授，代表作为《创业学》。
[2] 国际管理学会前主席，动态竞争理论创始人。

（2）**战略思维与组织文化**：企业必须将文化精髓发展成一套战略思维，形成一套完善的组织文化；并将其内化成企业精神和管理方式，使其能够直接操作执行。

（3）**行动与运作**：理论与实践的结合至关重要。"行胜于言"，只有在实际行动中才能检验文化和战略的有效性。文化、战略思维与执行环环相扣，缺一不可。

通过这一理论视角，领导者可以更深入地洞察市场动态，制定出更为精准有效的竞争策略，引领企业在激烈的市场竞争中取得成功。

（二）体现动态调整的决策行为

1. 破除思维定势

自我颠覆能力，是 AI 时代背景下领导者最重要的能力之一。AI 时代要么是自我破坏，要么是被人破坏，没有其他的道路。即使像微软这样的企业，在纳德拉领导的这十一年时间里也自我颠覆、快速迭代了四次。

2. 破除既得利益的樊篱

守着既得利益，不但自己出不去，还让别人进不来，这就是既得利益的藩篱。挑战现状从来都不是一件容易的事，打破既得利益格局难免触动一些群体的利益，从而形成决策的阻力。越是紧固的藩篱，越需要领导者展现超人的勇气和智慧。

3. 看到潜在危机

在不确定环境下，相对于外界的潜在危机，来自组织内部的潜在危机可能更不易识别。例如，对年轻一代员工的需求把握。

EMBA 学员经常提的一个问题，说年轻一代员工较少愿意延迟满足。而事实上，这不是如何让年轻一代员工愿意延迟满足的问题，而是领导者如何把握内部员工需求的问题。

延迟满足是人们对未来抱着坚定的信心，从而表现出的对自我的控制、对行为的适应性调整。

4. 关注"下一个机会"

微软的两任 CEO 都有变革的意识和行为，但为什么最终呈现的结果不一样？

鲍尔默领导的转型看似全方位押注，多路追赶，但实则重心分散。

纳德拉带领下的转型，是所有人都期待看到同时可供自我勉励的剧情：追前一班车不重要，赶下一班车才是关键。纳德拉关注的是"下一个机会"，而鲍尔默则紧盯着"后视镜"。这是两种完全不同的思维模式呈现：

紧盯"后视镜"，意味着关注安全，也意味着想看清对方追随的距离，还意味着将企业未来发展的可能性空间仍放在过去创造的东西上。

关注"下一个机会"，首先意味着信仰坚定，确信前进的方向，在这个方向上，保持关注，缩小可能性空间，最终找到属于自己的新机会。

动态战略，是企业家创新战略落地的途径，需与环境、资源条件等相匹配。这一匹配过程不是一次完成，一劳永逸。而是在实施过程中能动态调整，自我适应。

在坚定的组织信仰指引下，在成长融合型思维模式指导下，战略实施过程有自我适应的动态调整，这本身也是对战略的修正和优化。

> 这个时代最大的红利是认知的红利！

第五章

领导力决策行为的操作

第一节 | 领导力决策行为的操作思路

一、领导力决策行为流程图

(一)决策行为大思路

在多年的研究和实践中，通过用心观察那些卓越的领导者做事，不仅看他的行为，还考虑做这件事背后他们是如何思考的，他们的心路历程是怎样的，我们把这些总结出来，结合 AI 时代背景作适度调整，就形成了领导力决策行为的操作思路。

科学、具有实践性且可复制的决策行为大思路包括：出发点、主程序、关键点、AI 融入。

1. 出发点

出发点至关重要。出发点对了，途中还有机会不断调整；出发点错了，南辕北辙相去千里。

我们发现一种现象，有些创业者将上市作为终极目标。以至于为什么上市？上市后的目标是什么？答案莫衷一是。于是，创业者经营企业的思路完全放在了包装创业故事、吸引各方投资上。这是显而易见的误区。

决策行为的出发点应该是：一个中心（以客户为中心）以及围绕这个中心的三个基本点（抓手、权变、创新）。

2. 主流程

赫伯特·西蒙认为：科学思考不可能基于概念，应该基于流程。

流程强调先后顺序，先做什么，再做什么，环环相扣，激发出领导者的创造力。

领导力决策行为的主流程包括：

（1）愿景引领，科学定位：基于愿景使命，结合内外部环境，为组织发展做出科学定位。

（2）知己知彼，自我颠覆：客观分析自身优劣势，洞察外部机会和威胁，强调必要时进行自我颠覆。

（3）聚焦取舍，适度调整：聚焦组织发展主航道，对非主航道业务果断取舍，并根据环境变化适度调整战略。

（4）因势利导，守正出奇：顺应大势，因时制宜，在坚守本心的同时，创新驱动，出奇制胜。

3. 关键点

在组织中，打造决策机制比决策本身更重要。因此，决策行为的关键点是将领导力决策行为从操作思路上升到操作机制，这也是领导者将个人领导力转化为组织领导力的关键，这种转化要体现：以终为始，不断优化。

4. AI 融入

通过将 AI 融入领导力决策行为的流程步骤中，领导者可以利用 AI 强大的数据分析和知识整合能力，提升决策的科学性和执行的有效性，实现人机共治的企业管理模式。

（二）决策行为流程图

本书率先提出在领导力操作系统中实现人脑与机脑的结合。关于如何结合人脑和机脑，这是时代的全新课题，也是当今时代每位领导者的必答题。使用者可与 DeepSeek、ChatGPT、文心一言、星火大模型、Kimi 智能助手等结合，也可采用其他途径。我们在复旦 EMBA 教学中，考虑到 DeepSeek、Kimi 等智能助手通用性很强，但专业度略微逊色，故自主研发，推出了数字分身——"AI 包老师"，作为共生领导力实现新路径的应用载体。

1. 人脑模式下的领导力决策行为流程

在单纯依赖人脑的条件下，领导者可以通过领导力决策行为流程图的指引，结合组织中的实际问题，在决策行为的过程实践中提升前瞻力。具体如图 5.1 所示。

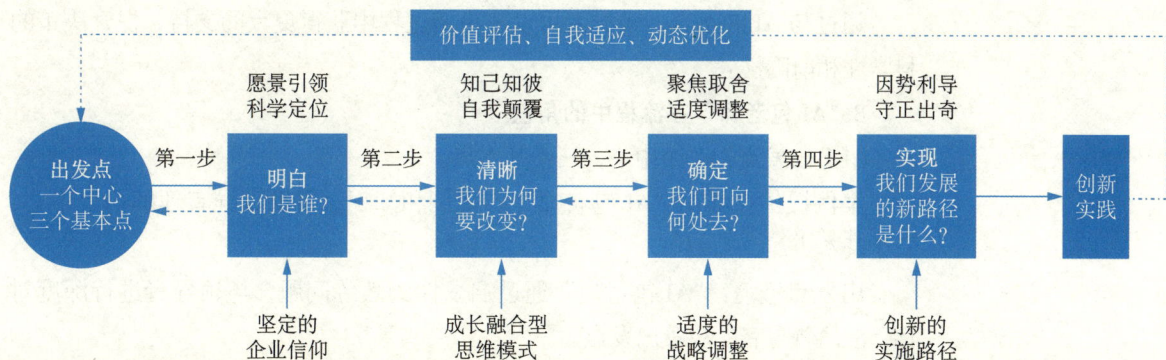

图 5.1 人脑模式下领导力决策行为流程图

在这种模式下，领导者需要突破个人认知，重塑思维，掌握一系列思考的流程和方法。在此过程中，领导者可依赖个人大脑（独立思考）或者他人大脑（如请专家、顾问或私董会、内部头脑风暴等形式）进行思考，并采用人工的方式收集信息、分析数据、选用工具、制定方案、监控过程等。这个过程往往挑战到不确定性背景下对决策的要求：创新、动态、适时、自我组织等。

2. 人机共治模式下的领导力决策行为流程

AI 融入创造了一种新的模式——人机共治。读者可以根据自己掌握的资源和实践效果，灵活运用多种语言模型和智能助手。为具体说明如何应用，本书以"AI 包老师"为例，介绍 AI 如何融入领导力决策行为流程中，形成人机共治的新流程，如图 5.2 所示。

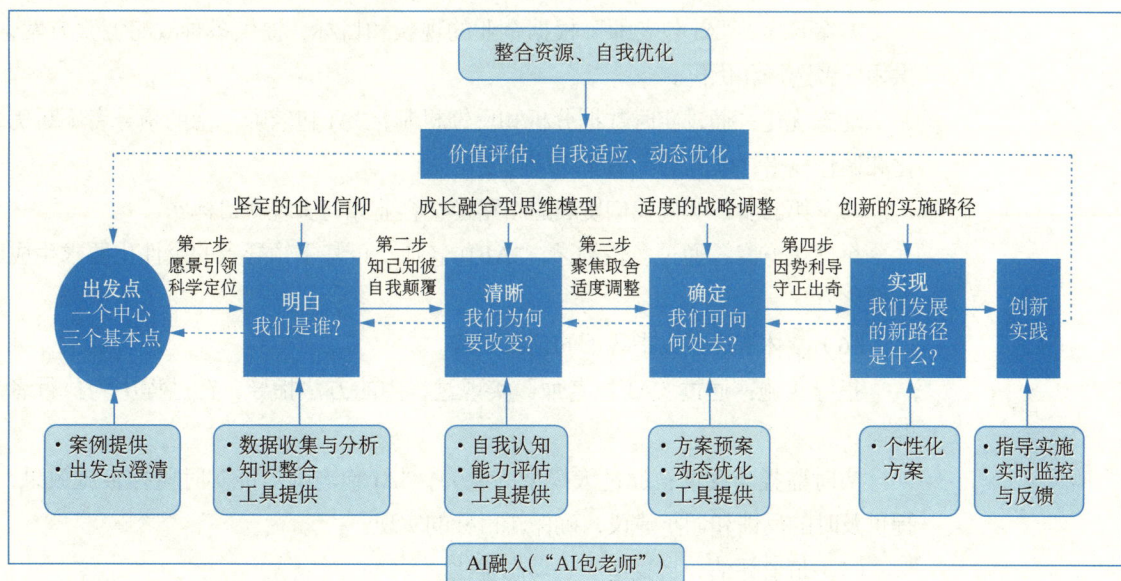

图 5.2 人机共治模式下领导力决策行为流程图

通过与 AI 的融合，领导者可以在决策过程中获得更大的支持，提升决策的科学性和前瞻性。

3."AI 包老师" 在流程中的角色

（1）出发点：一个中心，三个基本点。

案例提供：利用 "AI 包老师" 的案例和知识，帮助领导者理解一个中心，三个基本点。

出发点澄清："AI 包老师" 通过启发性的教练问题，与领导者进行深度对话，澄清领导者的决策出发点。

（2）第一步：明确我们是谁？企业应该做什么？

数据收集与分析：利用 "AI 包老师" 分析企业的历史数据、行业趋势和市场动态，帮助领导者更准确地定位企业的愿景和目标。

知识整合："AI 包老师" 通过 "五星领导力专有数据库"，提供领导力理论和实践的支持，增强组织信仰的科学性和可靠性。

工具提供：提供基于大模型的多种工具，能够分析、评估数据，提出优化建议，提升过程中的效率。

（3）第二步：明晰我们为什么要改变？我们能够做什么？

自我认知：通过 "AI 包老师" 的智能分析，帮助领导者清晰认识企业的现状、核心竞争力以及需要改进的领域。

能力评估：利用大模型的能力，"AI 包老师" 可以进行多维度的企业能力评估，预测不同决策的可能结果，帮助领导者制定更为合理的改革计划。

（4）第三步：确定我们可向何处去？现在可以做什么？

方案预案："AI 包老师" 根据企业的现状和目标，提供多种战略调整方案，供领导者选择和优化。

动态优化：通过实时数据分析和反馈机制，"AI 包老帅" 帮助领导者不断优化和调整战略，以应对市场和环境的变化。

（5）第四步：明确我们发展的新路径？企业如何实现新目标？

个性化方案：通过多轮沟通，"AI 包老师" 可基于领导者的个性化要求生成个性化方案。

（6）整体解决方案指导下的创新实践。

指导实施：通过 "AI 包老师" 实现过程中的方法指导，在过程中为执行者赋能。

实时监控与反馈：通过大模型的能力，"AI 包老师" 能实时监控实施效果，提供及时的反馈和调整建议，确保新目标的实现。

（7）价值评估、自我适应、动态优化。

整合资源："AI 包老师" 整合内部和外部资源，提供全面的解决方案，支持领导者的创新实践。

自我优化："AI 包老师"自身也在不断地学习、更新、优化中。他赋能学员，学员也在过程中赋能"AI 包老师"。通过不断更新优化的"五星领导力专有数据库"，"AI 包老师"才能持续提供最新的领导力理论和实践指导，保持领导者的前瞻性和竞争力。

通过以上方式，学员可以更好地理解如何在领导力行为中融入 AI，形成人机共治的领导力操作系统。

二、领导力决策行为出发点

决策行为的出发点是坚持一个中心，并紧抓三个基本点。

（一）一个中心

1. 坚持以客户为中心

一个中心是指以客户为中心。以客户为中心被认为是现代企业成功的关键因素之一。在竞争激烈的市场环境中，只有真正关注客户需求并提供优质服务，才能更容易吸引新客户和留住老客户，建立企业在市场中的良好声誉和品牌形象，进而提高市场份额和盈利能力。

通过洞察客户需求的变化和趋化，企业及时调整战略和业务模式，推动企业的变革和创新。要警惕的是，企业强大到一定程度后可能会变成"以自我为中心"或"以领导为中心"。

2. 如何确立客户为中心

对企业家来说，办企业，首先要明白：你的市场有多大，你的客户在哪里，你的产品的竞争力是什么。

以客户为中心，需要认清企业在新时代下的历史使命。比亚迪正是基于这样的出发点，产生了公司的新使命"用技术创新，满足人们对美好生活的向往"。在解决社会问题和创造美好生活的过程中开创企业的新未来。

还有一些知名公司的使命，如：

> 福特公司的使命是：不断改进产品和服务，从而满足客户的需求。
>
> 亚马逊公司的使命是：成为地球上最以客户为中心的公司。

这些知名企业，无论他们在语言表述上有多么不同，但都指向一个中心：客户（顾客、消费者）。

（二）三个基本点

三个基本点，是以客户为中心，找到抓手、善于权变、锐意创新，如图 5.3 所示。

图 5.3
三个基本点

1. 找到抓手

抓手是指找到突破点，也就是找到了属于自己的赛道。抓手可以是企业的核心竞争力，如专有技术、独特工艺；也可以是新兴市场或细分领域等。

2. 善于权变

以客户为中心强调适应情境的变化。权变是指根据情境的变化采取适应情境的对策。对外要洞察技术趋势、市场变化、政策导向等；对内要考虑企业的发展阶段、资源禀赋、组织架构、人才及文化基因等因素。

3. 锐意创新

企业要以客户为中心，找到抓手，适应情境，善于权变，进而进行有效创新。

创新首先需要领导者在思想上保持敏锐与活力，在意志上坚定不移，在行动上持之以恒，在组织内形成锐意进取的精神，从而以创新突破现状，最终实现超越。

第二节 | 决策"四步走"的操作流程

领导力决策行为的具体操作流程可分四步。

一、第一步：愿景引领，科学定位

这一步，解决我们是谁，企业应做什么的问题。

（一）理论依据：共享价值理论

1. 共享价值理论

共享价值（Shared Value）理论由战略大师迈克尔·波特和马克·克雷默在2011 年提出。所谓共享价值，就是将经济价值的创造融入社会价值创造中，让企业成功与社会进步连接起来，扩大商业价值与社会价值的总量，它是一种新的社会分配方式。

共享价值理论带给领导者的启示是：不要总考虑利润最高、回报率最高的方向，而是先进入一个能解决社会问题的大市场，然后利用技术和成本优势，成为新产业的参与者、领先者和创新者。

2. 共享价值的实施路径

共享价值就是在解决社会问题中发展企业，实现企业和社会双赢。共享价值有三种实施路径。

（1）重新审视产品与市场。

波特强调社会需求是全球经济中最大的未满足需求。当全球经济快速增长时，大多企业致力于不断挖掘新需求，而忽视了企业的产品是否对客户，或者对客户的客户有益。企业应持续探索社会需求，这不仅能满足客户，还能发掘并开发曾被忽略的市场潜力。

（2）重新定义价值链中的生产力。

通过从共享价值的角度审视社会问题，企业可以在其价值链的每个环节中创新，通过增强企业生产力之间的协同作用，提升生产力并解决社会问题。

（3）推动地方集群发展。

集群由企业、供应商、服务提供者等组成，对促进生产力和创新至关重要。企业通过建立和改善集群，可以创造共享价值并加强竞争力。

这三种途径相互促进，可以单独实施或通过跨部门合作实现，共同推动企业和社会的共同进步。

共享价值定义了一套全新的最佳实践方法，着眼长远的企业都已将其融入企业价值观中。

腾讯"科技向善"

腾讯用自己的实践和摸索，成为共享价值的践行者和先行者，腾讯把共享商业价值和社会价值表达为："科技向善"。

在业务融合的同时，腾讯的品牌以"创造社会价值"为核心，不同于一贯讲述品牌故事，而是结合不同的社会痛点，来创造具有公共属性的社会产品及服务。自2020年以来，腾讯推出了云游敦煌、数字故宫、国宝全球数字博物馆等小程序，以及让青少年爱上科学与艺术的"青少周"等产品和服务。

（二）判断准则：美好企业的四项原则

在共享价值的指引下，现代企业应以"美好企业"的四项原则作为"我们应做什么"的判断准则，见表5.1。

表5.1　"美好企业"四项原则的判断

项	准则	标准
第一项	是否设立崇高的目标	• 企业的目标不仅仅是盈利，更要为社会创造价值，承担社会责任 • 目标要能激发员工的热情，让大家为之奋斗 • 目标要体现企业的使命感和价值观
第二项	是否为利益相关者创造价值	• 企业要平衡好股东、员工、客户、合作伙伴、社区等各方利益 • 能实现多方共赢，而不是只追求股东利益最大化 • 能与利益相关者共同成长

续　表

项	准则	标准
第三项	是否聘用合适的领导者	• 领导者有"利他"精神 • 领导者有长远眼光和格局，不是只顾眼前利益 • 领导者能以身作则，践行企业价值观
第四项	是否保持企业文化与管理方式的一致性	• 企业文化能作为组织决策的依据和准绳 • 管理方式能具体体现企业文化中的价值观 • 管理能够更好地推动文化的发展

> 成大业者，逐利之心和济世情怀二者缺一不可，甚至相辅相成。

（三）操作程序：以坚定的组织信仰，形成核心价值观

1. 价值观也要与时俱进

组织信仰是一个动态发展的过程，价值观要与时俱进。要找准企业在新时代下的历史使命，了解未来的社会需要什么？人们向往的美好生活是什么样的？

价值观解决的是企业要"扛什么旗，走什么路"的问题，关乎企业"做什么"和"不做什么"的选择边界，更关乎点燃员工激情，引爆使命感，将公司的愿景变成自身为之奋斗的目标。

价值观塑造思维方式，并影响行为。环境发生动态变化，如果价值观不同步变化，思维与行为就难以与变化的环境相适应。

2. 重塑价值观的有效方法

以坚定的组织信仰为指导，企业可以分层分级、专题讨论的方式，输出形成企业的愿景、使命、核心价值观和行为准则。

（1）高层的共识。重塑价值观首先需要高层达成共识。作为企业的领导者，要对企业的愿景、使命、价值观有清晰的认识，并在高层管理团队中形成统一。这是价值观重塑和落地的基础。

> 高瞻远瞩的长青企业之所以能永续经营，并非他们拥有伟大的构想或深具魅力及远见的领导人，而是因为他们能够充分坚持核心理念，又能透过不断创新求变，刺激进步，化不可能为可能。
> ——詹姆·柯林斯、杰里·波拉斯

（2）全员参与。重塑价值观不是少数人的事情，可以通过价值观对话、研讨会等方式，让全体员工参与进来，增强价值观的认同感和践行度。

（3）双向互动。重塑价值观要坚持自下而上与自上而下相结合。自下而上是指，通过员工广泛参与，提炼员工认可的价值观；自上而下是指，通过高层的践行和传导。两个方向互为补充，形成合力。

（4）日常践行。重塑价值观后要落实到企业的日常运营中，要通过高效机制，将价值观真正转化为员工的具体行为。比如，成为考核和激励的重要依据。同时，要庆祝价值观的胜利，要让员工感受到价值观给他们带来的积极影响和改变。

二、第二步：知己知彼，自我颠覆

这一步，解决的是我们为何改变，我们能做什么的问题。

（一）理论依据：成长融合型思维模式

一个人无法准确地预测未来的科技变化，但是成长融合型思维模式可以使我们更好地在 AI 时代做出反应，在技术快速变化的情况下，有机会纠正自己所犯的错误。

一位 EMBA 学员[1] 所在的企业，曾遭遇两次重大危机。危机之下，靠着创始人的成长融合型思维，培养出了创新的企业文化，从而带领企业化"危"为"机"（见二维码 5.1）。

（二）判断准则："本金、本分、本事"出发

在不确定冲击频频发生的环境里，企业需要以"本金"图生存，以"本分"搏发展，以"本事"争长久。知己知彼，就是要据此来匹配自己企业的本金、本分、本事。

1. 本金定生死

企业的生存和发展最终取决于自有资本，而不是以任何形式借来的资本金。只有依靠自有资本，企业才能掌控自己的命运。商业史上即便富可敌国的巨无霸，在与不确定性搏击之中，最后仍由本金定生死。

2. 本分定边界

本分就是恪守做一家美好公司的本分，经得起诱惑，付得出辛苦。并不是"心有多大，舞台就有多大"，而是社会给予的边界决定了舞台有多大。

随着时代变化，在政府-市场-社会的大三角关系中，企业发展的边界也会有所调整。本分决定了企业的行为边界。只有坚守本分，不逾矩，企业才能行稳致远。

3. 本事定空间

本事是企业家运用本金、恪守本分、锐意创新的能力。

本事大小决定了企业发展的空间。战略必须切合实际，必须全面考虑内部限制条件和各种外界因素，要直面现实，即使它并不令人愉快。战略必须契合环境，契合政策，才能实现企业、客户、社会价值的共赢统一。

（三）操作程序：做对的事、难的事、需要长期坚持的事

就今天的企业而言，对的事，就是有客户的强烈需求，有技术的有力支持，有资源的一定保障，有模式的创新落地，有共享的价值实现。而对的事一般也是难的事、需要时间积累的事。

1. 如何实现做对的事

在商业世界中，做对的事意味着坚守初心，洞察本质，并以此指导行动。

正确的思考引导正确的行动。对于组织而言，正确的方向可能涉及业务发展与核心竞争力的匹配、市场机遇与实际运营的平衡、成本控制与产业投资的协调，以及管理效能与产出效益的关联。要正确处理这些问题，必须回归到商业的

5.1：协鑫集团的成长融合型思维

[1] 复旦大学 EMBA 2022 级沈海兵。

基本常识，追溯到产业的初心。确定你的目标是现实可行的；在资源相对有限的条件下，同一时间内，主要的战略目标只能有一个。

　　英伟达（NVIDIA）正是通过"做对的事、难的事、需要时间积累的事"，成功地在 AI 时代重新定位，实现了从游戏 GPU 供应商到 AI 芯片巨头的转变。

　　英伟达最初是一家专注于图形处理器 (GPU) 的公司，主要服务于游戏和图形设计市场。凭着敏锐直觉，早在 2010 年左右，英伟达就开始整体向人工智能方向转型，并加大研发投入，开发了专门用于 AI 计算的 GPU 架构和软件平台。这一过程需要大量时间和资金投入，也面临着技术挑战和市场不确定性。但英伟达坚持这一战略方向，不断优化其 AI 芯片和软件生态系统。如今，英伟达已经成为 AI 芯片市场的领导者，其产品在数据中心、自动驾驶汽车等多个 AI 应用领域占据重要地位。

　　黄仁勋曾说："希望英伟达能通过坚持不懈地去做擅长且热爱的事，被历史以'改变了一切'的名号记住！"

2. 如何坚持做难的事

越是容易的或者看起来像有捷径的事情，本质上是一种决策上偷懒的行为。抄近道、走得快的企业最终都是要补短板的。企业应该把资源和精力集中在那些难而正确的事情上。

（1）攻坚克难，创造独特价值。

领导者需要深入分析业务流程，识别并解决关键的难点和痛点。企业可以通过借鉴其他企业的成功经验，寻找创新的解决方案；加大研发投入，通过技术创新来解决行业难题；鼓励跨部门合作，集中团队智慧共同攻克难关。

（2）抓住时机，自我颠覆。

进入市场的最佳时机是在市场刚刚兴起已成气候之时。等待市场成熟再去参与，可能为时已晚；而在市场尚未形成时便进行投资，则可能面临更大的风险。这需要领导者把握时机，一旦你认为有成功的可能，就应该全力投入资源，哪怕要进行"自我颠覆"。

3. 如何坚持做需要时间积累的事

与长期主义相伴的，一定是"耐心资本"。

（1）相信"相信的力量"。

长期主义不仅仅是一种策略，更是一种深植于心的信念，它体现了"相信的力量"。长期主义者坚信，只有持之以恒地相信，才能激发内在潜能，创造共赢局面。坚实的基本面是成功的基石，专注是通往专业之路的钥匙，向善能引导社会进步。这种信念不是空洞的口号，而是转化为实际行动的动力源泉。

长期主义者常常自问：

我为何选择开始这段旅程？

它与我的生命意义有何连接？是源自内心的召唤，还是仅仅随波逐流？

若未踏上此路，我的生活与人生将会怎样？

（2）相信"进步的力量"。

长期主义者也相信"进步的力量"。他们认识到，进步往往是缓慢而渐进的，需要耐心和毅力。他们相信，通过不断学习、调整和改进，个人和社会都能实现持续的进步。这种对进步的信念，使他们能够在面对挫折时保持韧性，在漫长的奋斗过程中保持动力。

（3）面向未来的投资与合作。

是否坚持做需要时间积累的事，其实是一个资源分配的过程。短期行为是将资源投到当前，被动应对环境的变化；而长期主义是将资源投到未来，主动塑造自己的命运。资源永远是有限的，领导者把资源分配到什么地方，就会收获什么样的结果。

长期主义的领导者，在组织内部，愿意投入于员工的教育与成长，为未来培养关键人才；在外部，他们开放心态，积极与合作伙伴建立关系，共同分享资源与知识，携手共创辉煌。

复星郭广昌的"四问"

第一问：我们到底花了多少时间在客户身上？花了多少时间在了解自己的产品上？花了多少时间在提升产品服务上？

第二问：我们花了多少钱在研发上？花了多少时间在学习新的业态上？花了多少时间在感受新的趋势和方向上？

第三问：我们花了多少精力在组织升级和人才培养上？我们花了多少精力在引进高级人才上？花了多少精力在年轻人身上？我们有没有在90后、00后身上学到什么？

第四问：我们到底愿不愿意慢下来，去做点慢的事情？

三、第三步：聚焦取舍，适度调整

这一步，解决企业向何处去，现在可做什么的问题。

（一）理论依据：无限游戏理论

1. 有限思维与无限思维的比较

在《无限的游戏》[1]一书中，西蒙·斯涅克给不确定时代的领导者，提出了

---

[1]［英］西蒙·斯涅克：《无限的游戏》，石雨晴译，天津科学技术出版社2020年版。

一种无限游戏式的思维模式。相较于有限思维，当人们具有超越性的无限思维，并不断激发出新的自驱力，就能突破思维局限，走出陷阱和误区，从容驾驭不确定性。两种思维的比较见表 5.2。

表 5.2　有限思维与无限思维的比较

有限思维	无限思维
惧怕颠覆，希望在稳定性中得到边界的利益	拥抱变革，在超越中进入突破边界后的新天地
焦点是获得稀缺的权力	聚焦于开放的力量

2. 无限游戏需要正确地取舍

战略定位的本质是选择与竞争对手有所差别的活动。企业在战略选择上要坚持"有所为"与"有所不为"，需要充分认识到资源的有限性，明确放弃那些不符合企业战略价值和优势的业务，避免过度扩张、涉足过广，造成资源的浪费和分散。

3. 新商业环境契合无限游戏的要求

商业世界完全契合无限游戏的定义。企业的领导者需要面对的是：瞬息万变的市场环境、暗中发力的竞争对手、无法避免的不可控风险，这是一场未知大于已知的"无限游戏"。

面对新的局面，我们不能继续走老路，必须下决心改变自己，重新认识市场，重新琢磨用户需求，重新摸索打法。

（二）判断准则：新质生产力

新质生产力是以新技术深化应用为驱动，以新产业、新业态和新模式加速涌现为重要特征，进而构建起新型社会生产关系和社会制度体系的生产力。

领导者在进行聚焦取舍时，应以新质生产力为指导，判断所做的选择是否符合新质生产力的理念和发展方向。

"新制造、新服务、新业态"构成了新质生产力的"三新"，这三大板块形成的聚合体就是新质生产力。

1. 以战略性新兴产业和未来产业为代表的新制造

发展新制造需要以发展战略性新兴产业和培育未来产业为重点。聚焦新一代信息技术、生物技术、新能源、新材料、高端装备、新能源汽车、绿色环保以及航空航天、海洋装备等战略性新兴产业。

在类脑智能、量子信息、基因技术、未来网络、深海空天开发、氢能与储能等前沿科技和产业变革领域组织实施未来产业孵化与加速计划。

建设全球首座第四代核电站，中国华能以前沿创新催生新质生产力[1]

在有着"东方夏威夷"美誉的山东荣成石岛湾，矗立着一座全球独一无二的核电站——华能石岛湾高温气冷堆示范工程，这是我国具有完全自主知识产权的全球首座第四代核电站。

高温气冷堆的技术特点被形象地总结为"四不怕：不怕没电、没水、没气、没人"。这种技术能在最极端的情况下，即使反应堆突发故障或遭遇自然灾害，一切操作系统都失灵的情况下，不依靠任何外界干预，反应堆仍然可以依靠自身物理特性保持安全状态。

从图纸到核电站，背后是近 20 年的技术攻关、数千次的试验：研制 2 200 多套世界首台套设备、设备国产化率达 93.4%；整合产业链上下游 500 余家单位、集点成链协同突破……

中国华能董事长温枢刚说："培育壮大新质生产力是一项长期任务和系统工程，要不断推进科技创新，以科技创新促进产业创新，及时将创新成果应用到具体产业和产业链上，让高精尖技术落地见效。"

2. 以高附加值生产性服务业为代表的新服务

服务是生产力的重要组成部分，是社会分工深化的结果。

新质生产力需要有新服务，这个服务的重点镶嵌于全球产业链、供应链当中，对全球产业链具有重大控制性影响的生产性服务业。目前我国生产性服务业占 GDP 比重约为 17%～18%，未来有巨大发展潜力。

3. 以全球化和数字化为代表的新业态

培育新业态的核心是推动产业变革，是产业组织的深刻调整。全球化和数字化是形成新业态的两个关键推力。

当前，国家正在坚定不移推进制度型开放，促进形成国内国际双循环相互促进的新发展格局。综合来看，我国在新制造、新服务、新业态这三大板块都有巨大潜力，要通过培育新质生产力，推动中国制造业克服短板，让新质生产力成为未来中国发展的新增长极。这需要领导者在认知和实践上不断创新突破。

（三）操作程序：顺势而为、创新而为

对企业而言，可以做的不等于现在就能做的。现在能做的是适势且创新的，即匹配底层逻辑，顺天时、得地利、聚人和的创新的企业行为。

> 因时制宜，因地制宜，因人制宜，高度匹配。
> 长计划，短安排。

企业顺势而为、创新而为有三种做法：顺势选择新赛道、创新寻找新机会、腾挪拓展新天地。

1. 顺势选择新赛道

赛道就是行业方向。选准赛道，就是做正确的事情。赛道错了，前功尽弃，

---

[1] 国务院国资委新闻中心网站 2024 年 7 月 19 日。

一切都错了；赛道不大，没有大的发展前景。

评估一个赛道好不好有以下 5 个要点：

① 赛道是否体现商业价值和社会价值的统一；

② 赛道是否有足够高的天花板；

③ 赛道是否有足够多的资本泡沫；

④ 赛道是否适合你掌握的行业资源；

⑤ 赛道是否符合你的风险偏好。

天花板决定了公司的规模；资本泡沫决定了公司的发展速度；行业资源决定了公司的竞争力；风险决定了是否适合你。

顺势选择大赛道的复能科技

苏州复能科技有限公司自成立起，就选择切入新能源赛道。创始人、董事长苗东方[1]认为选择赛道有三点是非常重要的：第一是大赛道，即赛道的容量足够大，这样爆发成长的概率会更大；第二是新赛道，足够新的赛道，有新的机会可以创造出一些新的路径；第三是长赛道，赛道发展足够长，可以长时间去迭代和成长。

复能科技从电池系统核心组件电池箱体 OEM（代工生产），到实现向设计 + 制造的 ODM 转型，再到提供零碳智慧能源系统整体解决方案。每一次的迭代既是"革自己的命"，也是在大赛道里向细分领域顺势选择的典型案例。

2. 创新寻找新机会

周期孕育着机会，大周期往往也孕育着大机会。领导者要高瞻远瞩，以开放创新的思维主动出击，方能在大变局中育先机、开新局。

"周期"最早是熊彼特在 1939 年提出的。熊彼特认为，商业周期有不同类型，包括长周期、中周期和短周期，这些周期共同构成了企业成长的规律性模式。因此，周期也称为"熊彼特周期"。

周期一直存在，在过去 500 年的科技进步历程中，产业生命周期不断缩短。特别是在数字时代，随着信息技术的飞速发展，产品与服务的更新换代速度前所未有地加快，使得企业必须更加敏捷地适应市场变化，把握周期性机遇。

（1）从生产力发展史角度看大周期。

从生产力发展史角度看大周期，总结如表 5.3 所示。

---

[1]　复旦 EMBA 2019 级学员。

表 5.3　生产力发展史

产业革命	时间段	主导技术	关键要素	基础设施	新兴产业	经济范式
第一次产业革命	18世纪60年代到19世纪中期	蒸汽技术	煤炭	铁路、收费公路、蒸汽轮船、电报	机械制造、冶金工业、铁路等	机械化社会化大生产
第二次产业革命	19世纪下半叶到20世纪初	电气技术	电力/石油	电网、铁路网、高速公路机场、电话网、石油管道	电气、石油化工、钢铁、汽车、远洋轮船、飞机、电讯、军工等	流水线标准化大规模生产
第三次产业革命	20世纪后半期	信息技术	信息	计算机、互联网、移动通信、移动计算设备	计算机、互联网、手机、集成电路、软件和信息技术服务、航空航天、生物制药、核能等	自动化精细化大规模生
第四次产业革命	21世纪	智能技术	数据	高性能网络、移动互联网、智能手机、数据中心、智算中心/超算中心、全国一体化算力网、工业互联网	下一代信息网络、智能手机/无人驾驶汽车/高端智能装备、云计算与大数据服务、人工智能、新能源、新材料、生物技术等	数字化网络协同柔性化智能生产

（2）穿越周期的领导力。

穿越周期的领导力要求领导者能够看透生命周期的曲线，由上一个生命周期向下一个生命周期推进。在新旧范式转换的期间，就是不断迭代、试错、流动，充满不确定性，这正是"灰度管理"发挥价值的时期（见图 5.4）。

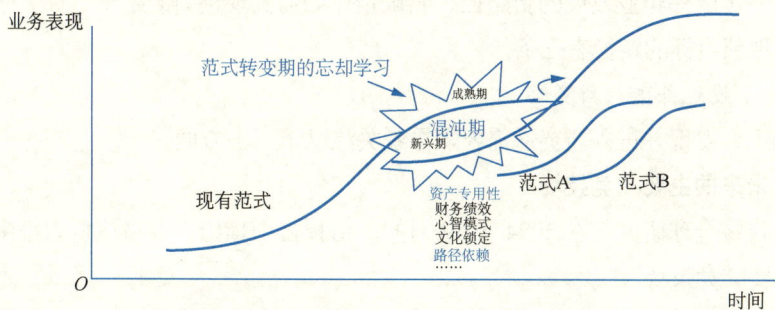

图 5.4　周期转变中的"混沌期"[1]

因此，领导者需要认识到：必须从过去原始的线性创新向创新体系和创新生态体系演进，以更好地应对 AI 时代背景下企业发展面临的新挑战。

Traini，世界上第一款 AI 狗语翻译应用

2022 年，一款由硅谷初创公司开发的 AI 狗语翻译应用——Traini 诞生，并迅速在社交平台上获得广泛关注。

---

[1]　吴晓波 2021 年演讲"穿越周期需要'混沌'领导力"。

Traini 的两位创始人相识于斯坦福大学，作为宠物爱好者，他们敏锐地发现了宠物市场与 AI 技术结合的新机会。Traini 利用先进的人工智能技术，通过分析狗的叫声和身体语言，为用户提供狗的情绪和意图的即时翻译。其创新地结合了声音识别、机器学习算法和大量的狗行为数据，以前所未有的准确度解码犬类沟通。

Traini 公司的这项创新，展示了 AI 技术在提升人与宠物互动质量方面的潜力，同时也开辟了宠物科技市场的新天地。

3. 腾挪拓展新天地

腾挪是一个围棋术语，意思是当棋盘博弈时，在左上角处于劣势无子可落时，在新的地方落子就有可能找到新机会。这一术语现被运用到商业观察中。正如今天的中国，很多行业都出现了落子，很多领域竞争过度，形成红海现象和板结的状态。有人选择"躺平"，大呼"没戏了"；有人选择"死磕"，当然边际效益会越来越低。

腾挪就要调低成功预期，改变思考逻辑。通过腾挪的方式开拓一个新世界，找寻一条新出路。腾挪的主线之一是"乡村经济的广阔市场"，还包括如何理解年轻人的文化和生活方式。

四、第四步：因势利导，守正出奇

这一步解决企业发展的新路径，明确企业如何实现创新的组织目标。归纳下来，实现新目标的路径有三条。

（一）发现并进入新赛道

当下，发现并进入新赛道需要领导者关注以下三个方面。

1. 未来的主要"竞技场"

麦肯锡全球研究院在 2024 年 12 月的一份报告中指出，要将注意力集中在未来的主要"竞技场"。

"竞技场"被用来形容那些高增长且充满活力的行业。这些行业在经济增长中占据比较大的份额。当前处于"竞技场"的行业包括电子商务、生物制药、新能源汽车、消费互联网和云服务等。研究者发现到 2020 年，这些行业的收入复合年增长率为 10%，在全球 GDP 的占比为 9%，而同期非"竞争场"的行业收入复合年增长率仅为 4%。

未来潜在的"竞技场"涉及人工智能软件及服务、网络安全、未来的空中交通、治疗肥胖症和相关疾病的药物以及机器人技术和非医用生物技术等。研究者们推测到 2040 年，这些未来的"竞技场"将可能创造 2 万亿到 6 万亿美元的利润，占全球 GDP 的 10%～16%。

2. AI 技术的颠覆性影响

随着 AI 学习能力的不断突破，AI 技术得到广泛应用，催生出新的商业模式和服务。一定会出现很多过去没有的新应用，如同智能手机诞生后的滴滴、美团外卖等。领导者要抓住这一时代红利。

DeepSeek 问世不到一个月，仅是 DeepSeek 官方整理的"DeepSeek 实用集成"名单，就有 54 款接入 DeepSeek 的应用，包括 24 个应用程序、3 个 AI Agent 框架、1 个 RAG 框架、1 个 Solana 框架、3 个即时通信插件、8 个浏览器插件、2 个 VS Code 插件、3 个 neovim 插件、2 个 JetBrains 插件等。

截至 2025 年 3 月的信息显示，不同领域已有超过 160 家国内企业宣布旗下软件接入 DeepSeek。

（1）手机制造领域：如华为（小艺）、荣耀（YOYO 助理）、OPPO（小布助手）、vivo（蓝心小 V）；

（2）教育与云服务领域：如华为云、腾讯云、阿里云、百度智能云、移动云、联通云、天翼云；

（3）汽车制造领域：如吉利、极氪、东风、宝骏、智己、长城、比亚迪……

（4）办公与协作工具领域：如钉钉、蓝凌软件……

（5）安全领域：如安恒信息、奇安信、亚信安全……

3. 正在涌现的新经济领域

正在涌现的其他新经济领域也包含大量机会。

（1）新国潮：传统文化与现代元素结合，创造新的消费趋势。

（2）新消费：消费者行为和偏好的变化，推动新产品和服务的开发。

（3）生命经济：健康、医疗和生物科技的进步，带来新的增长点。

（4）银发经济：老龄化社会挑战，开发适合老年人的产品和服务。

（5）金融科技：金融与科技的结合，创新金融服务和产品。

（6）大健康、文化旅游、体育休闲、美丽经济等领域：都蕴藏着巨大商机。

另外，衣食住行、教育医疗、文旅康养等生活要素的流动，同样蕴含着巨大的红利。这些红利，被称为三"生"有幸，即生意、生活、生命三者的统一：在生意上分工协作，在生活上丰富多彩，最终为生命创造价值。

（二）转换并进入新赛道

发现并进入新的赛道，是放弃原来所做的一切，进入一个全新的赛道。转换并进入新赛道，则是指在原有赛道上，做赛道的切换。

EMBA 学员中有不少切换赛道，重新找到新的生长点并大展身手的案例。东方财富，2005 年从门户网站起家，创始人[1]颇具创新思维，紧跟市场需求创造

---

[1]　复旦大学 EMBA 2002 级其实。

新模式。从门户网站到零售经纪再到财富管理，东方财富不断以新的模式创造着"人与财富的链接"。学悦风咏是一家致力于传播优秀传统文化的企业。创始人[1]在教培行业大整顿前果断切换赛道，以旗下书社为创意空间，链接学术高地与普通百姓生活。

企业领导者可以从三个方向考虑赛道的切换。

1. 沿着"新""强""数""融"方向，向实而行

党的二十大报告提出，坚持把发展经济的着力点放在实体经济上。实体经济是中国制造的未来，要沿着"新""强""数""融"的方向，向实而行，向上跃升。

（1）"新"代表创新。必须坚持创新驱动，在新基建、新能源、新智造、新消费、新出海等领域加大创新力度，培育新的增长点和竞争优势。

（2）"强"代表实力。要打造制造实力，必须在关键核心技术上取得突破，提升产业链供应链的稳定性和竞争力，增强要素保障能力。

（3）"数"代表数字化。要加快发展数字经济，推进数字产业化和产业数字化，打造具有国际竞争力的数字产业集群。制造业数字化、网络化、智能化转型是大势所趋。

（4）"融"代表融合。新一轮科技革命和产业变革正在重构全球创新版图、重塑全球经济结构。要促进数字经济和实体经济深度融合，推动先进制造业集群发展。

2. 避其锋芒，边缘切入

大企业通常具有侵略性。当企业实力不强时，需要避开与大企业正面竞争，可以先从大公司所忽略的细分市场等市场切入，积蓄力量，等待时机成熟再发力。

企业在商业上的创新，往往是从被大公司忽略的细分市场开始的。当年浙江义乌小商品市场的创立正是基于这样的定位。

3. "攻"时进攻，"防"时追赶

进攻一定是非对称性的，类似打仗时要把所有力量、兵马、武器集中在一个点，彻底把敌人打垮，拉开差距。例如，iOS 是进攻，Android 就是防守。苹果定义了智能手机这个行业，在进攻的时候把距离拉开，谁都进不来。而防守时候不适合做差异化。无论是"攻"还是"防"，速度是关键。有记者问爱迪生，你的成功经验是什么？爱迪生回答说："试验得快、失败得快、调整得快。"

（三）在既有赛道上的智能化转型

今天大批企业、大量的行业还没有从数字化当中受益，而 AI 时代已经到来。目前企业发展中碰到的大量问题，背后的根本原因归结到一点就是：用工业时代

---

[1] 复旦大学 EMBA 2015 级陶焱。

的职能思维，去驾驭人工智能时代的生产力。现实的理想主义者，既强调远大目标，又强调循序渐进、小步快跑。从中国大多数企业的现状出发，当前在既有赛道上做智能化转型是必要和可行的选择。

在既有赛道上进行智能化转型，需要领导者认识到转型的必要性、明确转型的目标、理清转型的思路、找到转型的途径。

1. 智能化转型的必要

智能化转型是企业适应新一轮产业变革的必然选择，是推动企业高质量发展的关键。当前，全球正处于信息化与工业化深度融合的产业变革之中，企业数字化、网络化、智能化成为了变革的核心。

智能化不仅能提高生产效率和产品质量，还能对企业个体和产业系统的灵活适应性进行增强。例如，智能推荐系统已被零售行业广泛应，并因此引发了产业的深度变革。

2. 智能化转型的目标

智能化转型的目标是：通过产业的全面升级，实现智慧网联。

智慧网联要求在智能化的基础上，通过整合各类资源和技术，实现整个产业生态系统的智慧化管理和运营。这一过程不仅需要先进的技术支持，还需要企业之间的高度协同和合作。例如，智慧城市建设中的交通、能源、环境等方面，实现智慧化系统的协同让城市运行更高效和可持续。

3. 智能化转型的思路[1]

智能化转型是一个循序渐进的过程，转型思路见图5.5。

如图5.5所示，智能化转型的思路包括：

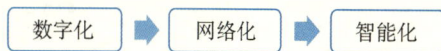

数字化 ➡ 网络化 ➡ 智能化

图5.5
智能化转型思路

（1）**数字化**：数字化是企业迈向智能化的第一步，也是基础中的基础。数字化的目的是让产业链上、中、下游各环节通过数字技术表述出来，发出"声音"、留下痕迹，为构建产业数字空间提供源头数据。

（2）**网络化**：网络化是在数字化的基础上，搭建起万物互联的桥梁。企业可通过5G、物联网、工业互联网等通信基础设施，将所有能够"发声"的单元连接在一起，实现大范围的数据交互共享。

（3）**智能化**：智能化是AI时代企业开启人机对话的新篇章。企业通过引入人工智能、大数据分析等技术，使系统能够自主学习、分析和决策。

4. 智能化转型的途径

传统企业通过数字化，进而向智能化转型的途径有：

（1）**产品创新**：生产出具有数字化、网络化、智能化特性的产品，如智能手机、智能汽车等。

---

[1] 本节相关内容编辑自黄奇帆关于产业互联网构建的四大关键步骤。

（2）**生产技术创新**：实现生产过程的自动化和信息化，推动智能工厂的建设。

（3）**产业模式创新**：从"以产品为中心"向"以用户为中心"转变，实现制造业与服务业的深度融合。

（4）**系统集成创新**：在前面三个方面创新的基础上进行系统集成，包括智能制造的纵向集成、横向集成以及端到端集成。

（5）**技术攻关与示范**：推广普及互联网＋制造（第二代智能制造），并抓紧应用 AI 融合的试点和示范。

一位 EMBA[1]学员所在的企业，融合 AI 智能化转型提出了四个路径，可作为实例参考（见二维码 5.2）。

5.2：佑谦材料融合 AI 智能化转型的四个路径

第三节 | 形成自我适应操作机制

一、自我适应操作机制的打造

形成自我适应机制，是领导力决策行为的关键点。

决策需要在过程中不断完善，最重要的是要有一个机制，能保证决策持续、动态的适应企业所处的环境。

（一）自我适应的概念

自我适应指人们给自己制定行为标准，并用自己能够控制的奖赏或惩罚来加强、维护或改变自己的行为的过程。这个过程包括自我观察、自我判断和自我反应三个基本环节。

在决策领域的实证研究中，自我适应的概念得到了广泛的应用。例如，研究决策者如何根据反馈信息调整他们的决策策略，或者如何在面对不确定性时做出最优的决策。此外，自我适应算法也被广泛用于优化问题，如机器学习中的强化学习，其中智能体通过与环境的交互来学习并调整其行为策略。

（二）自我适应操作机制的打造

1. 以终为始，自我观察

在领导力决策行为中，决策是一个完整的过程。从出发点起步，通过四步走的流程，不但为组织找到创新的目标，同时也确定了创新的实施路径。

以终为始，强调每一个想法，都始于如何让客户满意，都始于如何创造共享价值；同时强调每一次阶段性成果，都是一个新的开始。

---

[1] 复旦大学 EMBA 2023 级马建兴。

因此，要能明确、清晰地描述组织创新的目标以及阶段性成果，使成员能在过程中进行自我观察。自我观察的目的是审视自己的行为、思维模式和工作流程，是否与目标保持一致。

2. 自我评估，自我批判

在每个阶段性成果后，需要进行自我评估。循着学习、批判、创新的轨迹，自我评估首先建立在自我批判的基础上，采用批判性思维来挑战现有假设和做法，可以帮助组织寻找改进空间。

3. 自我适应，不断优化

根据自我评估和批判的结果，制定适应变化的新策略和新的行动计划。

在过程中不断适应，自己有适应的认知和强烈要求，再有自我适应的能力，达到自我适应的目标。可以说，这个过程始于目标和价值导向的自我观察，经过严格的自我评估和自我批判，最终实现持续的自我适应和优化。

通过这样一个良性循环，企业能够根据内外部环境的变化不断调整自身，从而保持旺盛的生命力和创新活力，实现可持续发展。

自我适应机制催生微信

微信的诞生就是自我适应的一个典型案例。2008 年，一款上线 15 天就收获了 100 万用户、名为 Kik 的 App 引起了腾讯高级副总裁张小龙的关注，他产生了一个想法：移动互联网将来会有一个新的即时通信工具（IM），而这种新的即时通信工具很可能会对 QQ（当时腾讯的"明星"产品）造成很大威胁。他想了一两个小时后，给腾讯 CEO 马化腾写了封邮件，建议腾讯做微信。马化腾很快回复同意。马化腾回忆说："（微信）刚开始出来时只是个在移动端收发短邮件的产品，可当它发展起来之后，我们就导入邮箱的资源、微博的资源，甚至是 QQ 的关系链，帮助它做大做强。"现在微信已经成为腾讯最重要的战略级产品。

微信自 2011 年上线后，不断地自我适应、迭代更新、实现优化。例如，微信鸿蒙原生版 1.0.4 版本增加了朋友圈图片和视频的下载与转发、长按图片识别二维码，以及存储空间管理等实用功能。同时，它凭借更流畅的体验与独家创新功能，摆脱了"平替"标签，实现了基础功能完善、深层交互优化、原生生态融合的三重迭代演进。

二、决策机制的误区规避

自我适应机制的误区首先是认知上的误区，认知的误区分为两层。

（一）整体层面的误区

（1）把自我适应等同于被动接受改变，而忽视了主动求变的重要性。企业要

> 没有人能够左右变化，但是我们可以走在变化之前。

保持旺盛的生命力，关键在于主动创新，而非被动应对。

（2）把自我适应简单等同于组织变革，忽视了个体自我超越的内在动力。组织的自我适应能力归根结底要依靠组织中每个人的自我突破。

（3）把自我适应看作推倒重来，完全抛弃过去的经验。实际上，自我适应是在继承中发展，在发展中继承，是"守正"与"出新"的辩证统一。

（二）过程层面的误区

（1）自我观察流于形式化，缺乏深度反思。只有全面、深入、持续的自我观察，才能洞察内外部环境变化，找准改进方向。

（2）自我评估缺乏客观标准，自我批判缺乏深刻解剖。评估要基于事实和数据，批判要触及思维方式和价值观念的深层次。

（3）自我适应和优化缺乏系统性，"头痛医头脚痛医脚"。组织是一个有机的系统，自我适应和优化要统筹兼顾、上下联动，才能实现整体突破。

（4）自我适应的机制建设缺乏持续性，"运动式"的一阵风吹过之后留不下什么。优秀的企业都将自我适应机制内化为组织文化的一部分，成为源源不断的创新动力。

三、领导力决策行为的"不为清单"

"不为清单"是领导者提升决策行为时应避免的不当行为，对形成自我适应机制至关重要，典型的不当行为见表5.4。

表 5.4　领导力决策行为的"不为清单"

决策场景		不当行为	典型案例
情绪不稳时做决策		情绪中的冲动决策	某企业家在市场高点时，因贪婪情绪而进行大规模扩张，未充分评估风险导致企业陷入财务危机
		在浮躁时躁动决策	
涉及企业发展的重大问题	出发点	目标客户定义不清晰，没有明确的目标客户画像	一家初创公司在没有明确目标客户群体的情况下，盲目跟风开发产品，最终产品无法满足市场需求
		产品研发"闭门造车"，没有从客户的真实需求出发	
	产品市场匹配度决策	"自嗨式"价值创造——客户对价值的付费意愿不足	某科技公司推出一款技术先进但市场定位模糊的产品，导致销量惨淡
		产品没有完成 PMF 验证（满足需求、赚到钱、有增长）就批量上市	
	市场销售匹配度决策	在可复制的 UE 单位经济模型成立前，就开始大笔投入营销费用	某集团在 20 世纪 90 年代中期，在中央电视台铺天盖地投放某保健品广告，在刚投入的前几个月有少量钱回来时，就以为成功了开始筹建总部大厦，结果发生债务危机，经营破产倒闭
		没有主营阵地就四处出击，导致大量精力和资源被分散	

续　表

决策场景		不当行为	典型案例
涉及企业发展的重大问题	规模化增长的决策	没有建立可持续的竞争壁垒，技术升级不等于持续的技术领先	一家餐饮连锁企业在没有建立标准化运营体系的情况下快速扩张，导致服务质量下降
		没有把握好扩张节奏，建立起来的销售体系不可学习，不可扩展，不可复制	
		忽视算账和数字化运营的重要性	
	确定第二曲线的决策	缺少梯次成长的章法，过早、过多在二次曲线，甚至三次曲线上做不计成本的投入	一家企业在主营业务尚未稳固时，过早投入资源尝试新产品，分散了核心竞争力
	重大项目投资决策	对经济政策刺激的效果预期偏差	某基金公司在市场低迷时期减少投资，未能预见到随后市场快速反弹，错失投资机会
		低估市场反弹的高度	

个体行为是组织行为的基础，个体的累加形成群体，群体形成组织。三者相互依存、相互影响、相互作用。领导者作为组织中特殊的责任个体，在一定程度上，其个体行为对群体和组织的影响更大[1]。

领导力决策行为从领导者开始，不只是领导者需要或可以掌握的理念和实操。领导者可通过培训、言传身教、制度优化等方式影响群体，进而形成机制至整个组织，成为组织内成员在面对各类决策时，可以遵循的思想方法，并在 AI 的协同下最终在组织内形成自我适应的决策机制。

推荐书单

1.《原则》——［美］瑞·达利欧，刘波、綦相译，中信出版社 2018 年版。

2.《量子领导力》——曹慰德／［美］克里斯·拉兹洛，何伟、段骏鹏、谢华等译，机械工业出版社 2021 年版。

复习思考题

1. 前瞻力与领导力决策行为的关系是什么？

2. 结合你所在的组织，谈谈如何理解"定海神针"？

3. 组织重塑价值观有哪些方法？

---

[1] UE 单位经济模型，指从单用户或单笔交易的角度出发，对成本和收入进行拆解的经济模型。

4. 如何理解"一个出发点,四步走"的领导力决策行为操作思路?

5. 你认为还有哪些不当行为可以加入领导力决策行为的"不为清单"?

5.3:决策中的常
用工具

第三篇
领导力沟通
行为

决策制定与沟通协调都是重要的领导职能。有效的沟通可促使决策更科学；缺少有效的沟通，再好的决策也难落地。

领导力决策行为是确定激动人心和富有吸引力的创新的组织目标；领导力沟通行为则是生动描绘这一目标的画面，让利益相关者形成强大共识从而全身心投入。

本篇要点：

与利益相关者的共识，是领导力得以充分发挥的基础。

本篇重点探讨领导力沟通行为的理念和操作，旨在帮助读者理解 AI 背景下领导力沟通行为的科学内涵，探索影响共识力和沟通机制的"沟通神器"，掌握大变局背景下高效沟通的新途径和新方法，形成并提升企业"自我学习"的沟通机制。

（一）沟通的经典理论
（二）组织中的沟通形式及地图 ── 一、沟通 ── 第一节
（三）AI背景下的沟通新特点 组织中的沟通
（四）沟通的定义

（一）共识
（二）共识力 ── 二、共识力

（一）伦理思想与现代领导力 ── 一、儒家思想
（二）"己所不欲，勿施于人"与"同理心" 与领导沟通

（一）利益相关者的三种类型 ── 二、利益相关者 第二节
（二）利益相关者视角的领导沟通 理论 领导力沟通
行为

（一）"沟通神器"的内涵 ── 三、打造沟通过程
（二）"沟通神器"的打造 中的"沟通神器"

第六章 第三篇
领导力沟通 ── 领导力沟通
行为的理念 行为

（一）同理共情是有效沟通的必要条件 ── 一、同理共情
（二）同理共情的关键是认知相通

（一）共赢利他是有效沟通的动能和保障 ── 二、共赢利他 第三节
（二）共赢利他的实现路径 领导力沟通
行为的底层
逻辑

（一）"不为清单"是有效沟通的催化剂
（二）"不为清单"的内容 ── 三、"不为清单"
（三）"不为清单"的实现

第七章
领导力沟通
行为的操作

第一节
领导力沟通行为
的操作思路

一、领导力沟通行为
流程图

（一）沟通行为影响因素

（二）领导力沟通行为流程图

二、有效沟通的关键

（一）适应时代特征的"三位一体"

（二）匹配底层逻辑的沟通路径

第二节
领导力沟通行为
的有效工具

一、换位思考法

（一）换位思考的体现

（二）换位思考的操作

二、成长叙事法

（一）成长叙事法的特点

（二）成长叙事法的操作

三、头脑风暴法

（一）头脑风暴法的原则

（二）头脑风暴法的操作

四、复盘学习法

（一）复盘学习法的特点

（二）复盘学习法的操作

五、反面教材法

（一）反面教材法的特点

（二）反面教材法的操作

六、制度优化法

（一）制度优化法的特点

（二）制度优化法的操作

七、利益共享法

（一）利益共享法的特点

（二）利益共享法的操作

八、命令模式法

（一）命令模式法的特点

（二）命令模式法的操作

第三节
形成自我学习
的操作机制

一、打造自我学习
的操作机制

（一）自我学习

（二）打造自我学习沟通机制

二、自我学习沟通
机制的"误区规避"

（一）认知层面的主要误区

（二）操作层面的主要误区

（三）防止虚假共识

三、领导力沟通行为
的"不为清单"

第六章

领导力沟通行为的理念

一位技术出身创始人的沟通之痛

企业规模越来越大了，可是我发现自己越来越感受不到快乐。企业内外有太多需要我沟通的对象，我的时间总是被用来参加一个个的会议、一个个的商务饭局、一个个的跨部门协调活动，甚至是一个个有基层员工参加，但却听不到多少真实声音的内部活动。

尤其是随着年轻一代员工占比增多，管理层普遍的感受是，不知道如何与他们沟通才能激励到他们，他们似乎表现出了对"愿景、奋斗"的"集体无感"。即便平时的沟通很多，但效果一般。曾有一位员工离职前给我发了封邮件，其中有一句话让我如坐针毡："老板，很多次我向上沟通想了解公司的一些决策时，得到的回复最多的是——这是老板的决定。"

我也反思过可能是因为我性格比较内向，不太擅长各类社交场合。相比与人沟通，我更喜欢专注于技术本身。可是身为创始人，我必须去沟通，尤其是在推动公司变革等重要的事情时，这意味着上下能否形成共识、产生合力。

第一节 | 组织中的沟通

一、沟通

（一）沟通的经典理论

1. 巴纳德的组织三要素

巴纳德[1]的正式组织理论认为，组织构成的三要素包括：组织目标、成员作出贡献的意愿、沟通交流。组织目标和成员作出贡献的意愿处在两极，使这些可能性成为动态过程的，就是沟通与交流，如图 6.1 所示。

在巴纳德的组织三要素中，沟通的重要性包括：

（1）沟通是实现组织目标的必要条件；

（2）沟通是提高成员贡献意愿的重要手段；

（3）沟通是化解矛盾、达成共识的有效途径。

2. 沟通的内涵

"沟"者渠也，"通"者连也。"沟通"的本义是借助某种渠道使双方能够连通。

在现代组织中，沟通是指可理解的信息或思想在两人或两人以上的人群中传递或交换的过程。整个领导工作都与沟通有关，沟通的定义涵盖了信息的传递、意义的共享以及理解的建立。

3. 沟通的对象

组织沟通的对象分为个人、团队、组织。

个人是企业的最小构成单位，组织是企业通过一系列管理流程所形成的社会认可的单位，团队则介于个人与组织之间，可能是组织的下一层单位，也可能是跨多个组织之间的单位，是组织管理的有效补充单位。

4. 沟通的方式

组织中的沟通方式分为单向、双向、多向。

单向沟通主要是信息发送者只发送信息，接收者只接收信息。

双向沟通侧重"互动"，是个人或团队成员之间互相传递信息、交流想法的过程。

多向沟通强调"协同"，通常发生在团队内部或跨部门之间，需要多个利益相关方参与，各抒己见，集思广益。

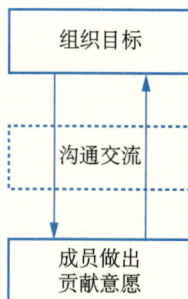

图 6.1
巴纳德组织三要素

---

[1] 切斯特·巴纳德（Chester Barnard）（1886—1961），美国杰出的组织研究领域专家，因其对组织和管理方面的研究曾获得 7 个名誉博士学位。巴纳德最著名的代表作是 1938 年出版的《经理人员的职能》，被奉为管理学的经典著作。

（二）组织中的沟通形式及地图

1. 四类沟通的主要形式

（1）员工成长类沟通。

这是企业各级组织日常管理中，涉及员工利益的各类沟通方式，一般发生在企业正式任命的主管与其所属直接下属之间。可以是组织向个人知会的单向沟通，也可以是组织与个人之间的双向沟通。

（2）团队氛围类沟通。

这类沟通指企业中非正式组织之间发生的各类沟通，具有非强制性和非组织权威性。一般由员工自愿参与，企业通过部分费用补贴或奖励促进企业氛围提升。

作为一种非正式沟通，团队氛围类沟通一般随和灵活，可以用于调节正式沟通的僵硬刻板，在组织与个人沟通之间形成一定缓冲。

（3）事业发展类沟通。

这类沟通一方面是基于未来业务战略或来年业务目标所安排的工作目标对齐，或者工作方式对齐的一种沟通，是一种面向未来业务成长的组织与团队、个人之间双向与多向的沟通；另一方面，是与各方利益相关者的协调，共同为实现创新的组织目标而努力。

（4）管理改进类沟通。

这类沟通是针对实际管理中的不足而进行的沟通。比如：针对组织氛围调查结果中比较差的项目提出改进要求的沟通；针对管理过程中合法合规行为的改进沟通（审计等）；针对部门主管能力提升、团队批评与自我批评的民主生活会等沟通。

四类沟通中具体可用的形式详见二维码6.1。

2. 组织中的沟通地图

基于组织内的沟通对象和沟通方式，可以形成组织中的沟通地图，见图6.2。

6.1：四类沟通的
主要形式

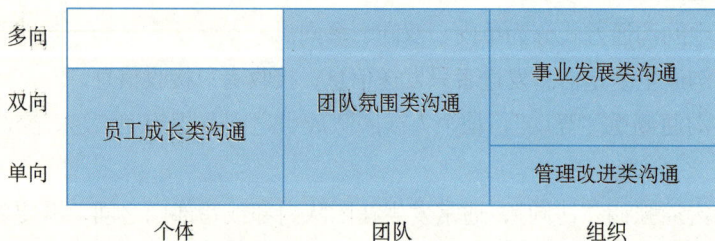

图 6.2　组织内的沟通地图

（三）AI 背景下的沟通新特点

传统沟通主要是面对面交流和语言沟通。AI 背景下，是多模态沟通（语言、文本、图像、视频等）。这种沟通在高效性、互动性、创造性和个性化方面展现出显著特点，同时也伴随着新型语言使用和监管等方面的挑战。

（四）沟通的定义

本书关于沟通的定义是：领导者为了实现创新的组织目标，向利益相关者就所需做的正确的事作生动描绘，吸引利益相关者全力以赴共同去实现的过程。

（1）沟通的主体首先是组织的领导者。

（2）沟通的目的始终围绕创新的组织目标的达成。

（3）沟通的内容是向利益相关者，就实现组织目标有关的正确的事和不正确的事达成共识，从而共同去做正确的事，不做不正确的事。

二、共识力

（一）共识

世上从不缺少迷人的愿景和美好的理想，但若利益相关者没有共识就很难成功实现。领导者需要将诱人的前景绘声绘色地描绘出来，引发他人热情投入。

> "共识"意味着每个人都能发声，每个人的意见都能被听到，最终大家团结地站在最好的决策那一边。

稻盛和夫：把美好的意愿描绘出来，越详细越好

回想起来，京瓷公司就是依靠强烈而持久的意愿创办起来的。公司成立之初建在日本京都的西之京原町，资本金为 300 万日元，吸纳了 7 位志同道合者和 20 名初中毕业生。

晚上，我和 7 位同人边喝酒边给大家鼓劲："过不了多久，我们就会成为京都西之京原町第一的企业，接下来会成为中京区第一的企业，然后成为京都第一、日本第一、全球第一的企业。"

当时企业的资本金只有 300 万日元，刚刚租借其他公司的仓库建起了工厂，我们就说出了"建成全球第一的企业"这样的豪言壮语。

像梦话一般，我们接二连三地说出"西之京原町第一、中京区第一、京都第一、日本第一、全球第一"，在别人看来这简直是愚蠢至极，而我们自己却认真地相信"一定能做到"。

缺乏热情的人可能会想："真是痴人说梦啊！认清现实吧！"在旁人看来连"西之京原町第一"这个目标我们都不可能实现，更别说"全球第一"了，可我们自己却是认真的。

我们沉浸在自己的意愿之中。要想使理想变成现实，需要有如此强烈的意愿。俗话说："精诚所至，金石为开。"

无论做什么事，只要信念坚定，就能心想事成。我认为这是实现内心意愿的根本所在。那么，是否只有强烈的意愿就足够了呢？我感觉似乎还应该有另外一个条件，这就是在内心把美好的意愿描绘出来。

1. 沟通的目的是达成共识

并不是每个人同意就能称为"共识"。共识，是在一定范围内，通过沟通和协商达成广泛一致的意见。它不是简单的多数人的意见，而是在充分讨论和理解的基础上形成的集体认同。

共识的形成标志着一个团队或组织成员之间的价值观、目标和行动方向达成高度一致，这种一致性是推动组织向前发展的重要动力。

2. 有效沟通的目标是实现深度共识

沟通建立了理解和信任的桥梁，而深度共识则为组织目标的实现提供了方向和动力。建立深度共识，需要注意以下三点。

（1）深刻理解，主动投入。

共识能够确保所有成员对组织的愿景、使命和目标有一个清晰且一致的理解。当成员们对目标达成共识时，他们更有可能投入到实现这些目标的工作中去，因为他们感到自己是这个过程的一部分，而不是被动的执行者。

（2）减少冲突，提高效率。

在一个多元化的组织中，不同的背景和观点可能导致分歧。通过沟通，成员们可以表达自己的观点，同时理解他人的立场，综合更多的信息和视角。这样的决策过程不仅加快了决策的速度，而且提高了决策的质量。

（3）增强团队的凝聚力。

当成员们感受到自己的声音被听到，并且能够影响最终的决策时，他们对组织的忠诚度和满意度会显著提高。这是一种情感的联系，是团队稳定性的基石，也是激发创新和创造力的土壤。

在这个不断变化的世界中，那些能够掌握沟通的艺术，并在内部形成强大共识的组织，将能够在竞争中保持领先地位，实现可持续发展。

斯隆休会

曾任美国通用汽车公司董事长兼总裁的阿尔弗雷德·斯隆有一次主持会议，讨论一项重要决策。他在广泛听取了发言后说："在我看来，我们大家都有了完全一致的看法了。"会议出席者都频频点头表示同意。

> 当他发自内心地认为这件事能干成，愿意参与，愿意贡献自己的力量，深度共识就形成了。

但是，斯隆突然话锋一转，"现在我宣布——休会！这个问题延期到我们听到不同意见时再开会决策"。与会者先是一愣，接着都会心地笑了。斯隆领导通用公司达 33 年。在他的任期，通用公司在美国汽车市场的占有率从 12% 上升到 56%。

（二）共识力

1. 共识力的科学内涵

共识力，指领导者与利益相关者形成深度共识的能力。利益相关者包括用户、股东、员工、合作伙伴、竞争对手、政府组织等。

共识力虽然看不见摸不着，却决定着人们的行为。价值观与行为规范被微妙地传递给个人和群体，并形成了企业内外的凝聚力，实现上下同欲。

2. 共识力修炼的紧迫性

领导的成功，除了组织目标的正确和所需资源的匹配外，还取决于人们能够建立和维持和谐的人际关系。领导力的实现基于领导者和追随者之间互动的过程，任何关于领导力的讨论都必须注重这种关系的匹配和良性互动。如果没有深度共识将领导者和追随者联系并凝聚起来，战略、战术、技能、习惯就都是空话。在高度不确定性和 AI 融入组织环境的背景下，共识力修炼更为紧迫，原因如下三个方面。

（1）"新"与"快"的商业趋势。

社会经济发展的不确定性和 AI 技术带来的"新"与"快"的商业趋势，迫切要求以共识力来保证企业战略执行的灵活性。

（2）"平台经营"的商业生态。

"平台经营"的商业生态带来众多的利益相关者关系需要处理，迫切要求以共识力来驱动可持续发展的商业生态圈的形成。

（3）"小事会致命"的时代特性。

社会网络的放大效应，迫切要求以共识力来应对突发的企业危机事件。

盛大集团，20 年前曾是中国互联网界的"四大金刚"（盛大和 BAT[1]）之首，被誉为中国 IT 业界的"黄埔军校"。它的转型经历了一个曲折的过程（见二维码 6.2）。从中，我们可体会到强调共识的紧迫性，也可以更深地感悟共识力的内涵。

6.2：盛大的两次
转型共识

通过复盘盛大的两次转型，带给我们的启示是：企业中塑造深度共识，正确的路径应该是，自上而下地设计，自下而上地执行。

自上而下的设计，包括：通过宏大格局，启动愿景共识；以价值观引领，构建战略共识；转变经营思维，塑造管理共识；构建共享机制，凝聚利益共识。

自下而上的执行，包括四个共识：行动统一成就利益共识；共享机制成就管理共识；愿景统一成就战略共识；使命统一成就命运共识。

3. 共识力在四个层面的实施途径

在组织中，共识力有四个层面的实施途径，分别是思想层面、战略层面、管理层面、战术层面。

（1）思想层面的共识力。

思想层面的共识力，是指组织成员对企业信仰的认同。它包括企业的愿景、

---

[1] BAT：百度、阿里巴巴、腾讯。

使命、价值观，以及管理思想、行为准则等。员工不是认同一家企业，而是认同一种信仰。

（2）战略层面的共识力。

战略层面的共识指组织成员力，是对实现愿景所采取的总体方针、发展路径达成一致的认识。它包括战略思想、战略指引、战略目标、战略 KPI、战略路径、关键任务等，明确企业该做什么，不该做什么。

（3）管理层面的共识力。

管理层面的共识力，是指组织成员对如何在组织内行使管理职能有一致的认识。它包括企业如何进行计划、组织、协调、控制。

（4）战术层面的共识力。

战术层面的共识指对围绕战略目标实现而进行的规则设定，包括权力秩序、资源调用、资源核算等。

> 人类因梦想而伟大，人类因梦想而凝聚，人类因共识而实现梦想！

第二节 | 领导力沟通行为

共识力是领导力沟通行为的认知基础。领导力沟通行为，是指领导者通过打造"沟通神器"，提升与利益相关者达成深度共识的能力，并在组织内形成"自我学习"的沟通机制。

领导者在修炼沟通行为中，可从中国儒家思想以及西方利益相关者理论中吸取相关理念来指导实践。

一、儒家思想与领导沟通

儒家是中国传统文化中最具影响力的哲学流派。儒家的代表人物有孔子、孟子、荀子等。儒家对情感道德的重视等理念对中国社会的人际交往产生着深远影响。

（一）伦理思想与现代领导力

伦理是以人际关系为基础的。儒家思想重视人际交往伦理，强调通过"礼"来营造和谐的人际关系。

儒家思想推崇"己"和"人"的和谐统一，即与人为善，成人之美，和而不同，往来互信，与今天人际交往的互利、共赢思维颇为相通。

儒家领导思想以"修己安人"为目标，以"德、仁、礼"三种治理和领导机制为核心，通过道德引领和人性教化实现领导效能[1]。今天的领导力修炼仍可从中借鉴。

（二）"己所不欲，勿施于人"与"同理心"

"己所不欲，勿施于人"是儒家思想的一个重要观点，是一种基于长期社会交往而主动形成的自我限制，是保证人际沟通顺畅的道德准则。

"己所不欲"，揭示了人性的共通性。人类具有相同的基本情感需求，如被尊重、被理解、被关怀等。"勿施于人"，是对人际交往正确行为的指引，也是营造和谐人际关系的关键。"己所不欲，勿施于人"蕴含着丰富的人生哲理，与微软纳德拉提倡的同理心可谓殊途同归，都指向智慧、仁爱的境界。

一些宗教以及一些民族都有着与"己所不欲，勿施于人"相似的用语或谚语，详见二维码6.3。

6.3：与"己所不欲，勿施于人"相同含义的谚语

> 与人为善，成人之美。
> 与社会为善，成社会之美。

二、利益相关者理论

利益相关者理论是指企业的领导者为综合平衡各个利益相关者的利益要求而进行的管理活动。与传统的股东至上主义相比较，该理论认为：任何一个公司的发展都离不开各利益相关者的投入或参与，企业必须努力塑造利益相关者共识，追求利益相关者的整体利益，而不仅仅是某些主体的利益。

（一）利益相关者的三种类型

根据该理论的相关研究，利益相关者被划分为三类：确定型利益相关者、预期型利益相关者和潜在型利益相关者，如表6.1所示。

表6.1　利益相关者的三种类型

类型	定义	举例
确定型	与企业有直接、明确合同或法律关系，对企业有明确权利和义务的个体或群体	股东、员工、供应商、客户等
预期型	可能受到企业行为影响，但没有直接合同或法律关系的个体或群体	社区成员、竞争对手、潜在客户等
潜在型	当前尚未与企业建立联系，但未来可能因企业行为受到影响的个体或群体	未来员工、新一代消费者等

领导力作用于人际关系，具体来说，作用于领导者与不同利益相关者的互动过程。通过识别和理解不同类型的利益相关者，可以帮助领导者在沟通中保持"道"的不变和"术"的应变。

（二）利益相关者视角的领导沟通

组织追求高质量发展，从利益相关者视角来看，影响组织高质量发展的主要

[1] 王辉：《辩证领导行为：基于中国传统文化的领导理论与实践》，北京大学出版社2021年版，第10页。

因素包括：地方政府的管理服务能力、组织内部的资源整合和信息沟通效率、外部监管力度、客户的参与心理等。

因此，领导者要更好地整合组织内外的资源，解决不同利益相关者之间的信息不对称问题，引导利益相关者互动交流、信息共享，加大组织运作透明化，推动组织高质量发展。

三、打造沟通过程中的"沟通神器"
（一）"沟通神器"的内涵
1. 不确定时代沟通需要"沟通神器"

不确定性是当今社会面临的客观状态，领导者需要运用智慧，理解和驾驭不确定性，努力还原不确定性的本质，消解人们因不确定而产生的恐惧和焦虑。这就对领导者在不确定背景下的沟通提出了新的要求。

（1）需要展现强烈的同理心。

技术的高速发展虽然增强了我们认识和理解不确定性的能力，但也带来了更多的复杂性和多样性。在这样的环境下，领导者需要展现出强烈的同理心，换位思考，理解利益相关者的压力和挑战。领导者必须用心倾听、真正理解，而不是简单地强调自己的观点。

（2）需要平衡多元化的诉求。

AI时代，企业内外部的利益相关者越来越多元化，诉求也更加多样化。领导者要在沟通中努力寻求利益的平衡点，创造多方共赢的局面，而不是一味强调自己的利益诉求。

（3）需要同步重视两种契约约束。

越是在不确定性中达成共识，越需要来自规则的约束。通过规则要求下的行为，习惯成自然，就能逐步形成共识。

规则体现为制度契约和心理契约。制度契约是指外显的、受法律保护的制度条款。无规矩不成方圆。心理契约是指存在于组织和成员之间的一系列无形、内隐、不能书面化的期望，是在组织中各层级间、各成员间任何时候都广泛存在的、没有正式书面规定的心理期望。在确定性背景下，制度契约是领导者沟通强调的重点；在不确定背景下，领导者需要重视心理契约的作用。

（4）需要重视新工具、新方式。

AI时代，沟通的渠道和方式日新月异，领导者要学会运用社交媒体、短视频、数字分身等新兴沟通工具，创新沟通形式，提升沟通效率，扩大影响力。同时，领导者要根据沟通目的和对象，灵活选择线上或线下沟通方式，将二者有机结合。

> 制度是企业的良知，规则是群体的智商。

因此，提高AI时代的有效沟通，与利益相关者达成深度共识，需要领导者打造属于自己的"沟通神器"。

2."沟通神器"的内涵

"沟通神器"的内涵是：

沟通神器＝同理共情（全力支持领导者做正确的事）＋共赢利他（持续全力支持领导者做正确的事）＋"不为清单"（制约领导者不做不正确的事）

（二）"沟通神器"的打造

1."充分发声"的沟通基础

共识的前提是：所有人都能发声，并且所有人的声音都能被听到。因此，打造"沟通神器"首先需要建立"充分发声""都能听到"的沟通基础。员工是否"充分发声""都能听到"，主要受领导者领导风格、企业氛围两个因素的影响。

（1）领导风格。

研究表明，民主型领导、变革型领导、服务型领导、魅力型领导等类型具有支持性或包容性风格，更能激发员工畅所欲言。而权威型领导、交易型领导，因其对命令、任务的关注，弱化了员工的参与感，影响员工积极发声。

（2）组织氛围。

组织氛围用来描述在一个特定的工作环境中，成员共同感受到的总体气氛和情绪。研究发现，组织氛围对员工的工作满意度、动机、忠诚度、生产力及绩效水平均有显著影响。积极、健康、支持性的组织氛围，可正向影响员工行为和心理，促使员工积极献言；反之，消极、充满亚文化、内耗严重的组织氛围，则较少产生建设性的员工意见，取而代之的是员工以抱怨为情绪出口。

贝索斯：讲真话的机制

人类并不是追求真理的动物，人类是社会性动物，往往不想听到真相，因为真相可能会让人感到不舒服、尴尬或筋疲力尽，但任何高效率企业或组织都必须拥有支持讲真话的机制。可以做的小事有很多，例如在每次公司会议上，我都是最后一个发言。经验告诉我，如果我先发言，即使是意志非常坚定、非常聪明的员工也会忍不住怀疑自己，也有可能是我错了，但他们不敢坚持自己的观点。所以，如果你是房间里资历最高的人，不妨最后一个发言，让资历浅的先说，这样你就可以听到每个人未经过滤的意见，事实上，很有可能我们就会在听的过程中改变了观点。

2."三者匹配"的沟通要求

在打造"沟通神器"的过程中，沟通场景、沟通工具、沟通艺术的三者匹配尤为关键。领导者需要根据不同的沟通场景，选择合适的沟通工具，并灵活运用沟通艺术，才能达到最佳的沟通效果，实现沟通目标。

（1）沟通场景：指组织沟通中具体的情景。需要考虑在什么场合，面对什么样的沟通对象，以及沟通什么主题。

（2）**沟通工具**：指具体使用的沟通方法，尤其要关注与 AI 的融合。

（3）**沟通艺术**：指将人文精神和哲学思考艺术性地融入沟通。

下一章将展开这三者的具体内容以及如何匹配。

3. 自我学习的沟通过程

共识力不仅是一种重要的领导能力，更是一个重要的学习过程。

领导者在组织内的沟通行为，通过自我学习机制影响共识力的发挥。自我学习的沟通过程是一个持续的循环，体现在沟通行为的过程前、过程中、过程后三个阶段。

（1）过程前的自我学习。过程前的自我学习包括设定沟通目标、评估沟通对象、设计沟通场景、选择沟通工具以及准备沟通策略。

（2）过程中的自我学习。过程中的自我学习包括：通过积极倾听来理解他人的观点和需求、根据沟通情况实时调整自己的表达方式和策略，以及做好情绪管理。

（3）过程后的自我学习。过程后的自我学习包括：获取反馈、反思分析、制订改进计划。

百度——用目标对齐机制实现"自我学习"[1]

百度内部为了达成深度共识目标，有着非常完善的目标对齐机制，确保上下同欲、使命必达。

自 2023 年年初起，"全员强化使命感，坚持做正确的事，清理不动脑筋的唯 KPI 行为"就写进了 CEO 李彦宏的年度、季度 OKR（目标与关键成果）中。在百度的集团高管会上，各位高管对使命感行为化的逻辑达成了共识。

3 月初，百度内部推送了《关于使命感行为化的对齐和要求》，对各级管理人员提出管理要求。在 3 月 22 日集团内部的简单之约战略对齐会上，CEO 号召一线员工"每个百度人都要有使命感"。

"为什么选择来百度工作？""你是一个有使命感的人吗？""当第四次工业革命浪潮到来的时候，作为百度一分子，我们的使命感是什么？"在一次使命感文化研讨会中，简单的问题唤起员工加入百度的初衷记忆——认同百度的价值观、看好人工智能的发展、对于技术的追求和信仰……种种缘由背后是对在百度工作的自豪感和追求卓越的自驱力。

文心一言早期开发场景中，一位研发人员为了快速学习生成式 AI、建立行业研究架构，凭着使命感和兴趣，竭尽所能地通过各种方式了解一手

---

[1]　复旦大学 EMBA 2022 级肇岩。

的行业信息。像一块拼图一样快速补齐认知，研究了几乎 ChatGPT、GPT4、newbing、GoogleBard 和国内的 moss、minimax、清华智源在内的所有大模型和近 800 个 GPT 产品 demo。助攻大模型主线投研，迅速链接创投市场、设立创新机制、助力文心对接应用生态。这就是一名普通百度员工对于企业使命感的理解和追求。

有收获认可和人生价值的感动瞬间，有翻过高山后看到广阔风景的豁然时刻……这些故事记忆横跨多年时间，融于大家的成长之中，伴随企业与团队的发展而历久弥新，汇聚成了一张张使命地图。

第三节｜领导力沟通行为的底层逻辑

修炼领导力沟通行为需要三大底层逻辑支撑：同理共情，共赢利他，不为清单。

一、同理共情

（一）同理共情是有效沟通的必要条件

没有同理心，沟通就没有了基础条件。同理心，是指一种能够设身处地体验他人处境、感受和理解他人的情感的能力。

人、组织和社会，都在不断追求新能量、新理念、新连接和新突破，在"技术激流"以"前所未有之势"颠覆的新世界里，同理心比以往任何时候都显得珍贵！

以同理心为基础，以诚相待，才能真正与他人共情。

（二）同理共情的关键是认知相通

同理共情的关键是认知相通。认知相通建立在价值观一致的基础上。

共识是在一个核心价值体系基础上形成的，具有延续性的共同的认知系统（形成组织效能的群体意识形态）。价值观影响我们的行为，是企业的 DNA，是游戏规则，是让人们团结在一起的力量，是战胜挑战的关键成功因素。

大多数经历了"野蛮生长"的企业，领导者的眼里被各种目标、结果占据。其领导行为的关注点多在目标导向这个维度上，而对关系导向维度的关注相对比较少。

当领导者意识到同理共情的重要性时，沟通行为就会发生变化，也能够看到随之而来的效果改善。曾有一位 EMBA 学员，在自己的企业里推行的一个做法很值得借鉴。

"咸蛋黄早餐会"[1]

2021 年年底，由于各股东对企业未来的结构性改革思路不统一，迟迟未能定论，同时企业又进入了持续的审计过程。企业员工士气低迷，工作状态大打折扣，业绩也一路下滑。

课程中，我意识到作为领导者，我需要再次凝聚起员工的共识。

课程结束回到公司后，我把每周一的晨会做了一个创意的调整，一改往常枯燥的工作汇报，办公室开创了一个新的会议形式——"咸蛋黄早餐会"，意为日落之后第二天一早的早餐。由办公室准备早餐后，大家畅聊内心想法和日常工作与生活。

在第一期早餐会中，我也聊起了一些我生活里的琐事以及坎坷，分享感受。管理团队再次将公司创立时我们的初心，我们的方向，以及现在我们面临的难处和我们现在要做的事做了分享和讨论，员工也互相分享工作生活和热点感受，碰撞出许多新的创意点以及许多公司文化和团队建设的好点子。

因为效果较好，该学员就将其作为重要的沟通机制，定期举行，目前仍在继续中，并成为团队"仪式感"的一部分。

二、共赢利他

（一）共赢利他是有效沟通的动能和保障

1. 共赢利他是有效沟通的动能

共识的核心是要共赢。只有共赢，共识才可能持久。

共识力的核心就在于创造共赢的解决方案，让所有的核心利益相关者实现共赢。领先企业会在战略上形成一个利益共同体。有了利益共同体，才可能有事业共同体、命运共同体。利益共同体的各成员利益越相近，合作就越可能成功。

苹果公司在相当长时间里成为全球市值第一的上市公司，关键是创造了一个利益相关者共同受益进而成为命运共同体的共赢生态圈。

2. 共赢利他是有效沟通的保障

共赢利他不仅是有效沟通的动能，更是有效沟通的保障。

在企业实践中，与员工建立共识尚且不易，与上司达成共识更难。有人说，我的想法非常好，但就是无法与我的上司达成共识，达不成共识，就无法得到更多的资源支持，就不能把我的想法实现出来。这种现象在中国企业中并不鲜见，形成了一个真实存在的"怪圈"。这个怪圈的解决方案还是要回到对共识的核心认识上来。

在实践中，我们也看到企业中有些人很努力，也有才气，但往往得不到重

> 如果想说服别人，你必须诉诸利益，而非诉诸理性。
> ——本杰明·富兰克林

---

[1] 复旦大学 EMBA 2022 级潘婷。

用，经常牢骚满腹。究其原因，很多情况下不是领导不明白，而是这些人考虑自己太多，考虑企业长远发展、主动担当、自觉奉献太少。这些人总是把自己的个人利益放第一位，总觉得领导看不到、看不明。其实，好的追随者，是内心坚信"为企业考虑，敢于担当，即使暂时个人受损失，甚至重大损失，长远发展也一定是越来越好"。

（二）共赢利他的实现路径

1. 3W+1 与社会共赢

3W，指做任何生意要想明白 3 个 Win（赢）。第一个赢必须是客户，做任何事情，第一，客户要赢；第二，合作伙伴一定要赢；第三，自己要赢。

3W 少了任何一个"赢"，这个生意没法做下去。

3W+1，即在 3W 基础上再加上社会利益的考量，离开与社会的"共赢"，企业谈不上可持续发展。

义乌企业家的"出六进四"

"出六进四"源自义乌土话"出六居四"。早期的义乌挑货郎挣一百，会把六十给到别人（合作伙伴、朋友，或者帮助过他的人），自己只拿另外的四十。后来成了义乌企业家精神的一种象征。

义乌企业家认为：做生意要为合作伙伴，为客户多考虑一点，利不可一人独占。多给别人一些，先想别人，让别人占点便宜，别人才会愿意和你长期做生意，生意才会越做越好。

2. 战略决策时的"三问"

领导者在进行战略决策时，可以通过三个问题来检验是否做到"共赢利他"。

（1）这个决策对于利益相关方都意味着什么？

（2）他们都会如何接受这个决策？

（3）多大程度的接受，合力最可能的结果是什么？

如果不考虑共赢利他就没有第一步，就没有可持续发展。今天的企业是你中有我，我中有你。现在社会上的资源非常多，关键是这些资源怎么能够成为你的资源，这中间的纽带就是共赢利他。但如何在众多目标当中进行选择，是选择短期的获利，还是长期的共赢，以及对社会是否有利。

三、"不为清单"

（一）"不为清单"是有效沟通的催化剂

"不为清单"，就是"不做不对的事情"或者立刻停止做那些不对的事情。

"不为清单"可以大大提高沟通效果，在"不为清单"之内的事，一律禁止；在"不为清单"之外的事，都可以商量、可以讨论、可以探索。

有 EMBA 学员总结说：不靠谱的人管理公司的风险很多时候是难以控制的，公司很可能因此垮掉。"道"的东西确实难教，必须要靠自己悟。心中无道的人你怎么说也是没用的。

如果能尽量"不做不对的事情"，同时又努力地把事情做对，长时间沉淀（10 年、20 年）后的区别是巨大的。

（二）"不为清单"的内容

"不为清单"的内容集中在组织可能遇到的陷阱以及必须遵守的自律清单上。

1. 组织可能遇到的陷阱

"不为清单"也是组织的"陷阱警示"清单。2021—2024 年，我们在至少 15 个 EMBA 班超 1 000 名学生中，做过专题讨论"当下组织可能遇到的陷阱"。同学们提到的陷阱有 80 多个，归纳起来，最主要的是以下 7 个：

（1）负债率太高，短债长投。许多企业倒闭、崩盘都是高负债引发的。资金链断裂，企业必死无疑。

（2）盲目多元化。在盲目自大的驱动模式下，许多企业家在多元化时就会非常急躁、草率、冲动和业余，甚至会犯许多"低级错误"，让人扼腕叹息。

（3）在产能过剩、库存多的行业去打仗。君子不立于危墙之下，而此举就是将企业直接放到了危墙下。

（4）战线太长、四面出击。许多企业的衰败不是没有创新，而是创新能力太强，什么都想尝试一下，以致力所不能及，顾此失彼，导致衰败。

（5）做人力资源配备跟不上的创新项目。因为很多岗位没有称职员工，导致企业衰败。

（6）投机取巧，做击鼓传花的事。搞投机最终没有好的结果。

（7）参与融资性贸易，试图赚"快钱"，结果都是"赢时赢一块糖，输时输一幢房"。

2. 组织必须遵守的自律清单

"不为清单"也是组织的自律清单。

成立于 2003 年的百联集团旗下拥有 6 家知名上市公司，其发展远景为：中国第一、世界一流的流通产业集团。百联集团针对高级管理人员必须杜绝的行为和思维模式，开出了"不为清单"，明确"六个不做"（见二维码 6.4）。

（三）"不为清单"的实现

1. 明确规定不做不正确的事

企业在经营中面临两条底线：一条是企业的道德和价值底线，另一条是法律底线。

很多企业的失败往往源于在诱惑面前，没有坚守住自己的原则和底线，做了

6.4：百联集团高管的"不为清单"

不该做的事情，触碰法律或道德的底线。因此，企业要明确自己的"不为清单"，并严格执行，以防止失控。

2. 立刻停止做已发现是不对的事情

企业在发展过程中难免会走一些弯路，关键是要及时修正。一旦发现某件事是错误的，就要立即停止，不管当时付出多大代价，从长远看都是最小的代价。很多企业就是因为错了不肯改，执迷不悟，最终导致灾难性后果。

3. 学会战略性的撤退和放弃

领导者要学会主动放弃一些过去的成功业务，才能腾出资源去开拓未来。战略撤退和放弃看似损失，但如果能更好地配置资源，反而是一种进步。

2010年，英伟达凭借优秀的运算能力成为安卓系统的合作伙伴，在手机市场取得成功。然而，面对竞争对手的涌入和公司使命的召唤，英伟达做出了艰难决定：从巨大的手机市场撤退，再创造一个不知道市场规模的机器人市场。现在，英伟达已拥有了价值数十亿美元的自动驾驶和机器人技术事业，并开创了一个新的产业。英伟达的黄仁勋认为：战略性撤退和放弃是迈向成功的关键核心。

在"沟通神器"中，同理共情是有效沟通的必要条件；共赢利他是有效沟通的动能和保障；"不为清单"不仅能提升沟通效果，而且可有效降低沟通成本。

> 不要怕吃亏，不要只看眼前。人生是马拉松，不是百米赛场。
> 看不懂趋势，把不准底线，自作聪明式的做法，并不少见。
> 敢担当，靠谱，值得托付,机会自然就会轮到你。

第七章

领导力沟通行为的操作

第一节 | 领导力沟通行为的操作思路

一、领导力沟通行为流程图

（一）沟通行为影响因素

影响领导力沟通行为的主要因素有沟通场景、沟通工具及领导者的沟通艺术。

1. 沟通场景

企业组织中重要的领导沟通场景总结如下，见表 7.1。

表 7.1　企业重要的领导沟通场景

场景	沟通对象		
	确定型利益相关者	预期型利益相关者	潜在型利益相关者
领导者就职演说时	√	√	
企业确定新战略、新目标或推进重大项目的过程中	√	√	

场景	沟通对象		
	确定型利益相关者	预期型利益相关者	潜在型利益相关者
企业启动变革或开始进入新赛道时	√	√	
企业启动文化重塑，管理提升时	√		
企业商务谈判时	√		
企业协调政企关系时	√	√	√
企业日常管理协调时	√		
企业日常管理培训时	√		
企业突发危机状态时	√	√	√
企业年底工作总结或年初工作布置时	√		

2. 沟通工具

领导者要根据不同的沟通场景，选择适合的沟通工具。常用的沟通工具（系人脑与机脑融合的工具）如下：

（1）换位思考法。

（2）成长叙事法。

（3）头脑风暴法。

（4）复盘学习法。

（5）反面教材法。

（6）制度优化法。

（7）利益共享法。

（8）命令模式法。

3. 沟通艺术

沟通能力修炼到一定的境界，就体现出了艺术特质。高水平的领导者，都拥有高超的沟通艺术。

（1）深入人心的沟通是潜意识的沟通。

不成功的沟通是因为没有深入人心，仅仅停留在意识层面，沟通是理性的，是用大脑进行逻辑推理和理性思维；而深入人心的沟通是与对方的潜意识在对话。潜意识层面的沟通是感性的，集中在本能、情感和灵魂里，这种沟通最为高效，最为深刻，能够在不经意间引起共鸣，触动心灵。

"你是想卖一辈子糖水呢，还是想抓住机会来改变世界?

乔布斯就是一位深谙潜意识沟通的高手。创立苹果公司初期，他看中了百事可乐总裁约翰·斯卡利，希望邀请他加盟，但当时的斯卡利尚有犹豫。后来乔布斯带着刚问世的 Mac 电脑样机来见斯卡利，他说"我希望你成为苹果公司以外第一个见到它的人"，并趁热打铁发出邀请"你是想卖一辈子糖水呢，还是想抓住机会来改变世界？"这次沟通让斯卡利放弃了自己打拼多年的事业和高薪生活，毅然跳槽到了创立初期前途未卜的苹果。据斯卡利后来回忆，当时他感觉"像是有人向自己的肚子上狠狠揍了一拳"，可想而知乔布斯沟通中直击灵魂的功力。

（2）人文底蕴和哲学思考构成了沟通的艺术性。

沟通艺术反映了领导者深厚的人文底蕴和深邃的哲学思考，是领导者对沟通"道"的把握。缺少这种道，领导者就无法掌握激励人心、使众人行的钥匙。

人文底蕴能帮助领导者进行文化理解和情感共鸣，展现对不同文化背景的理解与尊重，这在跨文化交流和团队合作中尤为重要。

哲学思考则帮助领导者展现批判性思维，在组织内进行价值观引导。当领导者通过沟通传递愿景，形成奋斗精神和信仰力量时，就能够更好地引导员工的决策和行为，激发创新。

（3）沟通的技术体现在精准的人机匹配和语言表达上。

高水平的领导者不仅掌握着丰富的沟通技巧，更懂得在适当的情境中展现适宜、精练的行为。他们能够运用同理心理解别人的观点，也懂得从不同的角度看事情。

怎样让机器更好地帮助你？同样的话怎么说？说多少？用什么声调说？用什么语气说？都是一门学问，这门学问不仅体现了沟通的技术，更映射出领导者的水平。

7.1：赵启正的沟通艺术

国务院新闻办公室原主任赵启正老师深谙沟通的艺术。在多次公共外交场合的问答环节中，他展现了卓越的沟通艺术，不仅生动地向世界阐释了中国的文化、历史和政策，还能够通过答疑获得理解，化解对立情绪（见二维码 7.1）。

🔧 **工具箱**

有效沟通的"八要""八不要"

在沟通中，通过"八要""八不要"，帮助你有效地传递你的信息，理解对方的感受，达成共识，建立信任，促进合作。

（1）在指出对方的问题时，要用行为而不要涉及人格来批评；

（2）在表达你的信息时，要用积极而不要用消极的语言；

（3）在提出你的要求或建议时，要用建议而不要用命令的方式；

（4）在寻求解决方案时，要用合作而不要用竞争的思维；

（5）在表达你自己的想法和感受时，要用"我"而不是"你"的陈述；

（6）在沟通过程中，如果你感觉到情绪过于激烈或紧张，要用暂停而不要用中断的方式；

（7）在给对方提供反馈时，要用反馈而不要用评价的方式；

（8）在结束沟通时，要用感谢而不要用抱怨的方式。

（二）领导力沟通行为流程图

1. 沟通行为流程图

领导力沟通行为流程图如图 7.1 所示。

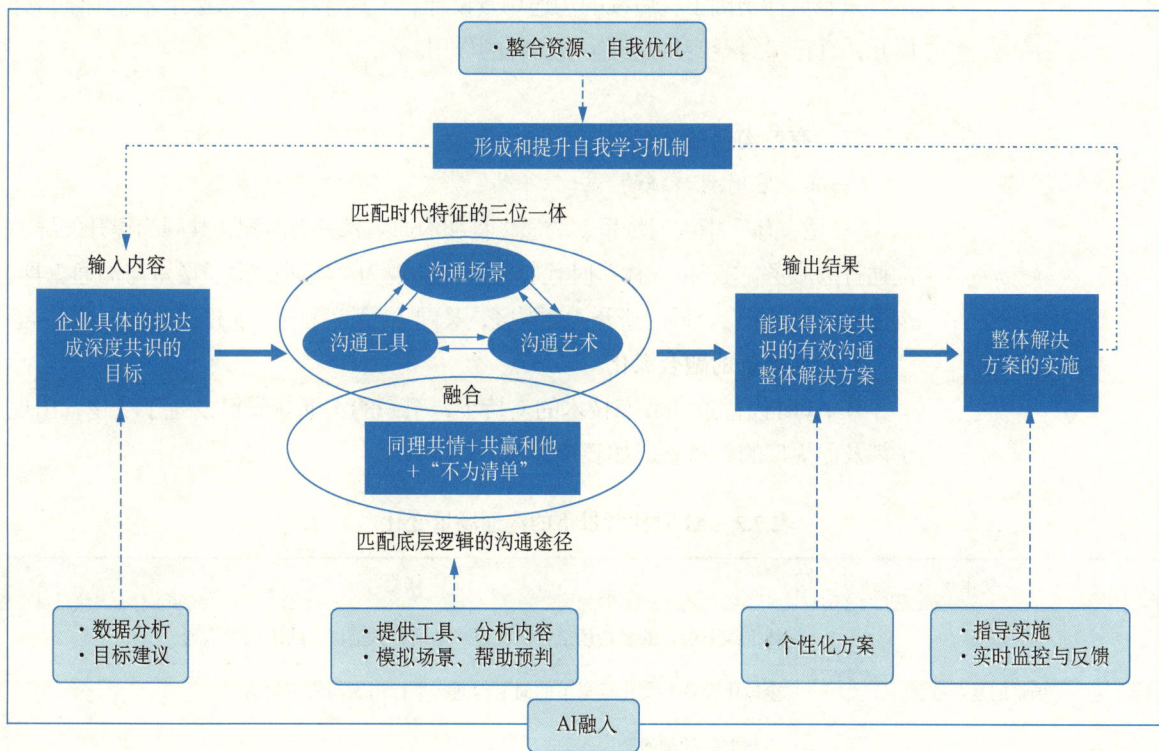

图 7.1　领导力沟通行为流程图——人机共治模式

具体流程包括：

（1）确定沟通要达成的目标以及形成怎样的共识；

（2）为三者做匹配：沟通场景、沟通工具、沟通艺术；

（3）融合"沟通神器"的三大底层逻辑；

（4）输出自己的沟通方案并进行实施；

（5）形成和提升"自我学习"机制。

在以上流程中，AI 融入帮助领导者实现人机共治模式，具体示范见第五章第一节。

2. 沟通行为的起点

沟通行为的起点，是确定企业具体的需要达成深度共识的目标。深度共识一定是发自内心的，体现为：发自内心的理解、发自内心的认同、发自内心的拥护、发自内心的追随。

在企业中，不同的情形需要设定具体的需要达成深度共识的目标。无论是一对一沟通（如工作沟通、绩效沟通等），还是一对多（会议、培训等），多对多沟通（研讨等）都需要领导者带着深度共识的目标开始。要明确沟通的目标是什么？希望达成怎样的共识？

只有目标明确了，后续的沟通场景设计、工具选择、艺术运用才能围绕目标展开，真正起到凝聚共识、实现目标的作用。

二、有效沟通的关键

（一）适应时代特征的"三位一体"

"三位一体"指沟通场景、沟通工具和沟通艺术三者匹配，共同为提升领导力沟通行为服务。"三位一体"时代特征具体体现为：实时的沟通场景与沟通工具、沟通艺术紧密融合，同时避开沟通误区，又同 AI 深度融合，实现最佳的沟通路径。

1. 沟通场景的融合深化

在 AI 时代背景和数字技术的支持下，组织的沟通场景已发生了变化，出现了涉及面更广的新场景，如表 7.2。

表 7.2　AI 时代背景下的沟通场景变化

变化	场景
场景的复杂融合	线上线下融合的复杂场景：需直播、微信、微信群、线下同时沟通
	全球化企业多文化场景下的向上沟通、平行沟通与向下沟通
	不同群体的沟通
场景的具体细化	商务对象更具体：客户、用户、平台方、品牌方、商家、厂家、第三方……
场景的重新定义	从竞争演变为共生，同行间、竞品间的沟通
场景的载体创新	企业通过公众号、视频号、直播号沟通

2. 沟通工具的融合使用

在数字技术深度影响人们工作、生活的当下，数字化沟通平台正在影响传统的沟通工具使用。移动应用使人们能够随时随地保持联系，在提高了沟通的即时性和便捷性的同时，也对人们工作与生活的边界产生了重要的影响。多种沟通工具的融合使用已成为新常态。

3. 沟通艺术的情感融入

随着 AI 融入人类沟通世界，不仅改变了人们的沟通方式，也对领导者的沟通艺术提出了更高要求，如增加透明度和真诚、强化倾听和同理心。在 AI 背景下，情绪智能[1]在沟通中的作用变得更加显著，故事讲述型的沟通展现了在情感共鸣方面的不可替代性。

（1）坚持诚信和增加透明度。

在 AI 的辅助下，信息的透明度得到极大提升。领导者的言行更容易受到监督和评估。因此，领导者需要坚持诚信原则，确保他们的沟通不受质疑，建立信任感。真诚不仅体现在言语上，更体现在行动和决策中，言行一致，才能赢得团队的信赖和尊重。

（2）强化倾听和同理心。

AI 可以分析大量的数据，提供基于数据的洞察，但难以取代人类的情感理解和共鸣。领导者必须通过倾听来理解团队成员的需求和期望，通过同理心来感受他们的挑战和压力。这种深层次的情感交流能够促进更紧密的团队合作，激发团队的创造力和凝聚力。

（3）发挥情绪智能的作用。

AI 技术虽然能够通过数据分析预测趋势，但面对不确定性，情绪智能能够帮助领导者更好地理解团队的情绪状态，调整沟通策略，以积极的情绪引导团队应对挑战。情绪智能使领导者能够在沟通中展现出关怀和支持，增强团队的韧性和适应力。

（二）匹配底层逻辑的沟通路径

1. 匹配底层逻辑的具体体现

关于沟通场景与沟通工具的匹配，本书提供如下建议，见表 7.3。使用时可根据具体情况灵活应用。

表 7.3　沟通工具与沟通场景的匹配

场景	适用的主要方法
领导者就职演说时	换位思考法、成长叙事法
企业确定新战略、新目标或推进重大项目的过程中	换位思考法、头脑风暴法、成长叙事法、制度优化法
企业启动变革或开始进入新赛道时	换位思考法、成长叙事法、头脑风暴法
企业启动文化重塑，管理提升时	换位思考法、成长叙事法、制度优化法、复盘学习法

[1] 情绪智能：指个体有效管理和利用情绪的能力，这种能力能促进个体的思维和行为优化。

续　表

场景	适用的主要方法
企业商务谈判时	利益共享法、换位思考法
企业协调政企关系时	利益共享法、换位思考法
企业日常管理协调时	换位思考法、制度优化法、利益共享法
企业日常管理培训时	成长叙事法、头脑风暴法、复盘学习法、反面教材法
企业突发危机状态时	命令模式法、换位思考法
企业年底工作总结或年初工作布置时	复盘学习法、成长叙事法、头脑风暴法

2. 底层逻辑 + 时代变量 = 新沟通方法

领导力沟通行为的底层逻辑是：同理共情 + 共赢利他 + "不为清单"。

领导者需要在此基础上，根据时代变量的变化，创新沟通方法，具体表现为：

（1）针对复杂的沟通场景，匹配合适的沟通工具和沟通艺术。

（2）面对多元化的沟通对象，平衡不同主体的沟通诉求。

（3）利用新媒体工具，提升组织内外的沟通效率和影响力。

（4）在沟通中更多展现同理心，站在对方立场思考问题。

（5）学会使用领导力 AI 数字人，与自己展开高质量的领导力对话。

第二节｜领导力沟通行为的有效工具

一、换位思考法

换位思考法，是在沟通中能站在他人角度为他人着想，寻求共赢以达成深度共识的一种工具。使用换位思考法，能形成推心置腹的沟通，更能获得对方持久的信任。

大量研究发现，情绪智力，又称情商（EQ）对于换位思考的影响作用明显。高 EQ 的领导者更擅长理解和影响他人的情绪，也更擅长控制自己的情绪，因此，他们更容易做到换位思考。体现在行为上，这样的领导者更关注周围的人而不是自己，尤其在困难时期，相比关注员工的工作表现、绩效，他们更关注员工的情绪、心情和压力状态。

非暴力沟通

非暴力也被称作"爱的语言"，是借用圣雄甘地所指暴力消退后自然的爱——即非暴力。也许我们并不认为自己的谈话方式是"暴力"的，但我们的语言确实常常引发自己和他人的痛苦。

非暴力沟通倡导：在交流过程中，通过专注于自己和他人的感受及需要，可以减少争辩和对抗，培养彼此的尊重与爱；这样，通过建立双方的感情联系并促进理解，矛盾就能以非暴力的方式解决。

非暴力沟通有四个要素：观察、感受、需要和请求，记住这个公式"我观察到……我感觉……是因为……我请求……"在日常生活中，我们难以避免矛盾和争论，但我们可以选择使用非暴力沟通的方式，可以选择爱的言语，来取代指责、嘲讽、否定、说教、随意评价等暴力言语。

（一）换位思考的体现

1. 跨代际沟通

跨代际沟通，几乎是现代领导者面临的共同挑战之一。这一挑战源于不同年龄段人群在价值观、生活方式、技术能力、教育背景及文化认知上的差异。

年轻一代更倾向于个人主义和自我表达，更重视工作与生活的平衡，而老一代可能更重视集体主义和社会和谐，更看重工作稳定性和忠诚度。年轻一代通常更容易适应新技术，他们追逐新潮、奇特与小众；而老一代可能在使用智能设备和互联网服务方面相对保守。

在语言和表达方式上，每一代人都有其独特的语言和表达方式，这可能导致沟通的障碍。年轻人不断地创造和使用新的俚语和网络术语，在虚拟世界里构建起自己的价值主张。

人们习惯用60后、70后、80后、90后、95后、00后等标签来区分不同年龄群体。随着90后、95后逐渐成为职场的中坚力量，00后也开始步入职场，领导者们面临着与这些年轻群体沟通的挑战。

要有效减少跨代际沟通的冲突，领导者就需要采用换位思考法，站在不同年代员工的视角来理解问题。通过这种沟通方式，领导者能够更好地理解每个世代的独特需求和期望，建立更为和谐的职场环境。

🔧 工具箱

与00后员工沟通的"四真三宝三问法"[1]

与00后沟通的"四真"线路图：

（1）用心倾听，真正了解；

（2）换位思考，真正理解；

[1] 高蕾，资深人力资源领域专家，曾任多家全球知名人力资源服务公司大中华区总裁。

（3）结果导向，真正触达；

（4）同频共振，真正影响。

实现同频共振的"三宝"：

（1）语言体系共振；

（2）名词概念共振；

（3）可视工具共振。

实现真正影响的"三问"：

（1）能否重复一遍要完成什么样的任务？

（2）能否告知为什么要完成这一任务？

（3）能否建议是否有更好的方法去完成这一任务？

2. 跨文化沟通

结合包季鸣教授在海外工作和项目投资多年的经验与教训，本书总结了跨文化沟通的四个原则：相互尊重、谨慎交往、求同存异、学习适应。

20 世纪 90 年代初，中国开始在海外投资建项目。作为走出去的第一批中国企业，包季鸣教授和他的团队特别想通过自己的努力建立起中国在海外的新形象，提高中国的影响力。2004 年，上海实业在俄罗斯圣彼得堡拿到 2 平方千米的优质地块后，给这个项目起名叫"新中国城"。想法很好，结果就是因为这个名字带来了一系列的问题，并差点引起全民公决，后更名为"波罗的海明珠"才平复了争议。

当年，一些俄罗斯人不相信中国人能在俄罗斯做好"波罗的海明珠"项目。这是海外拓展经常碰到的问题，其根源往往在于文化差异，相互之间缺乏了解和沟通。因此，在与俄罗斯人谈判的时候，包教授做足了功课，深入去了解对俄罗斯人有影响力的名人、文人及其作品。多年来喜欢读书、读好书、读经典书的习惯让他在外国文学功底上的积累有了用武之地。

在与俄罗斯各方人士的交流中，包教授经常能够恰当地吟诵普希金等人的诗词、名言，还与他们一起唱俄罗斯歌曲，一下子拉近了双方的距离。

文化入手获支持，中国商人靠"普希金"拿下俄工程

2004 年 7 月 15 日第一次见圣彼得堡市市长玛特维延科女士，包季鸣就引用了普希金题为《十月十九日》的诗。普希金原来读书的地方叫"皇村"，而"波罗的海明珠"则位于红村，包季鸣说，"我把普希金的诗改一个字，将其中的'皇村'改为'红村'"，并马上背给了市长听："不管幸福向何处指引，也不顾命运将我抛向何方，其他一切都是异乡，我的母国只有红村。"市长一下子激动起来，立即表示："我的手机每天 24 小时为你们开着。"

——中国新闻网 2006 年 8 月 28 日文章，摘录编辑：王海波

一位 EMBA 学员[1] 曾被外派到海外工作，他的这段经历就是非常好的跨文化沟通实例（见二维码 7.2）。

3. 领导者要防止被异化

被异化，就是指当一个人取得了一些世俗意义上的成就的时候，很容易被过度神化。慢慢地，他自己也沉醉于光环之中，自我膨胀，开始犯一些非常基础的错误。这种现象在一些知名企业家身上表现得尤为明显。

"权力使人腐败，绝对的权力导致绝对的腐败。"没有约束的权力是最危险的权力。权力的腐蚀性不仅在于它可能诱发道德的堕落，更在于它能够令人变得迟钝，丧失换位思考的能力。当领导者无法感受到他人的情绪和需求时，他们就会变得麻木不仁，认为这一切都是理所当然的。

这种现象并非只存在于实际权力拥有者身上。心理学实验表明，即使是让实验对象想象自己拥有很大的权力，他们的大脑中负责换位思考的部分也会进入一种休眠状态。当人们长期拥有并行使真正的权力时，这种影响会更为严重，导致他们在某种程度上变得"脑死亡"。

因此，领导者必须警惕被别有用心者所"围猎"，时刻保持谦逊，时刻自我反省，养成换位思考的习惯，与团队保持紧密的联系，这些方式能有效防止被异化。

（二）换位思考的操作

领导者的换位思考能力是组织最宝贵的资源之一。换位思考法在操作中，要把握三个要点：置身事内、宽人严己、对方逻辑。

1. 置身事内

这个"事"具体而言就是对方的情境。换位思考的第一步是将自己置于对方的情境之中，深入理解对方的立场。领导者需要放下自己先入为主的观点，积极地去了解团队成员的背景、价值观、需求和挑战。通过倾听和观察，从内心深处去设想自己处于他人所处的情境时会怎样，从而更全面地理解对方的观点和行为。置身事内还要求领导者在沟通时展现出真诚的关心，这样才能打开对方的心扉，建立起真正的连接。

曾有位学员谈及自己的老板，他经常和员工说：我的生活只有工作一件事，我所有的时间都在工作。也时常旁敲侧击地提示员工还需要更拼命一些，以至于员工有时因家中有事要向他请假都有些胆战心惊。这位学员说，员工也明白需要奋斗，只是有时难免会想：老板工作有秘书，出门有司机，家中有保姆，拥有公司 95% 的股份。如果有这些条件，他们甚至可以 24 小时只为工作。

我们常常以自己的视角去评判事情，却忽略了他人的感受和处境。通过换位

7.2：来自 EMBA 学员的跨文化沟通

> 你对一个人有多尊重，就对一个人有多了解！

[1] 复旦大学 EMBA 2022 级林耿扬。

思考，我们可以更好地理解他人，从而建立更加和谐的人际关系。

换位思考中，真诚永远是必杀技[1]

2020 年新冠疫情暴发，我们还是比较乐观的。2003 年 SARS 病毒，半年时间就结束了，2003 年 12 月携程在美国纳斯达克成功上市。因此，我们乐观认为新冠疫情过后，旅游行业必然会更加繁荣昌盛。

2021 年世界的大门仍然关闭，我们继续为团队描绘未来美好蓝图，让团队坚信这是一次行业大洗牌，疫情过后，我们能获得更大的市场份额。

2022 年，这是 3 年疫情最糟糕的一年，有些人产生了动摇，觉得旅游恢复遥遥无期，开始考虑自己的去向。在我得知一位大区总也有离开的想法后，我和他面对面做了半小时谈话，我深知这个时候，任何话术都是苍白的，唯有真诚。我和他聊了他在公司这些年我们之间的点点滴滴，到了谈话尾声，我说："我希望你能再坚持一下，最后再陪我们等一年，明年再不行，我绝不留你，让你飞。"他说："好！"之后，我们俩的眼眶都红了，是那种壮志未酬的黯然神伤。

2023 年，3 年疫情终于画上句号，国内旅游终于全面恢复，出境旅游也部分恢复，我很庆幸的是，我们保留了完整的团队编制，2023 年的业绩超过了疫情前最好的 2019 年，游侠客终于挺过来了，团队欢欣鼓舞。

人与人之间的相处，一切的别有用心，都抵不过真诚相待。唯有真诚，才能打动人心，才能以心换心。

2. 宽人严己

换位思考法强调沟通时站在对方角度考虑问题，这种同一角度衍生出的是不同标准。在换位思考的过程中，领导者应该对他人展现出宽容的态度，对自己则应保持严格的要求。

在面对团队成员的不足或错误时，领导者应以理解和支持的心态去帮助他们成长，而不是简单地批评或指责。同时，领导者也需要对自己的行为和决策进行反思，确保自己在沟通中始终保持公正和尊重，以身作则，树立良好的榜样。

不要认为下属都和你想得一样，如果他们能有你的格局、境界，那这个位置上为什么是你？

3. 对方逻辑

一个有效的沟通永远不是站在对立面，而是站在同一边，在同一个立场上，让对方觉得多一个队友、少一个对手。

换位思考法强调用对方的逻辑进行沟通，解决对方的认知困惑，找出对方逻

---

[1] 复旦大学 EMBA 2023 级林丽娜。

辑中不能自洽的地方，在此基础上，实现沟通目的。

这不仅包括对团队成员的观点表示认同，更重要的是能够在决策和沟通中融入这些观点。通过用对方的逻辑来沟通，领导者可以更有效地解决冲突，促进团队合作，并推动创新解决方案的产生。

当年在操盘波罗的海明珠项目早期，上海实业的领导层和当地政府就项目推动的速度产生了分歧，上实主张尽快，而当地政府出于第一次合作持相对谨慎态度。在与圣彼得堡市长玛特维延科的沟通中，包季鸣教授就采用了对方的逻辑来进行换位思考的沟通。

通过对俄罗斯文化的深入了解，他知道了当时的俄罗斯人最崇拜彼得大帝和普希金。玛特维延科女士是一位非常有魄力的女性领导者，言行举止尽显霸气。为推进项目进度，他在沟通中对市长说："彼得大帝说过，拖延就意味着死亡。"这样的沟通迅速将双方的关注点拉近，取得了令双方都满意的结果。

二、成长叙事法

有人曾经问通用电气前 CEO 杰克·韦尔奇：你拥有的最重要的品质是什么？韦尔奇回答说："真正重要的是我是爱尔兰裔，所以我知道怎么讲故事。"其实不仅是爱尔兰人爱讲故事，也不仅是韦尔奇在通用电气讲故事，所有的人、所有的组织，都需要讲故事。讲故事是不可替代的增强情感共鸣的沟通方式。故事能够跨越逻辑和理性，直接触及人的情感。

成长叙事法就是一种讲故事的新工具，将叙事与反思联系在一起，叙说故事也是审视自己。

（一）成长叙事法的特点

1. 关于人成长的艺术表达

人类的深层共识是信念价值观的共鸣。成长叙事法，是领导力在沟通领域最重要的研究和实践成果，是现代语境下关于人成长、发展的艺术想象与艺术表达。

故事对于现代人的学习非常重要。好的故事会把我们带入特定的处境、特定的关系、特定的挑战之中。作为读者，我们不再是路边看热闹的旁观者，而是参与其中的行动者。这样，人生就拥有了多重体验的舞台，我们可以随时穿梭其中，获得心灵感受和人生经验。当我们回到现实，遇到现实生活中的难题，故事中获得的感受经验就成为了我们战胜强敌的盔甲和武器。

2. 用叙事方式进行沟通

成长叙事法，鼓励领导者和团队之间的反思、分享、对话、共创，发掘适合自身的领导力行为，并以叙事方式进行沟通。

这种叙事的沟通方式能给人们提供一种崭新的观察世界、生活、人生的角度和方式：不把事情当成理所当然，从不可能里看到可能。让人们发现生命的意义比问题本身更重要，从而唤起勇气并自己寻找解决问题的办法。

西门子的领导力 4.0 方法论：成长叙事法

西门子成长叙事一改传统企业自上而下的传达式宣贯，鼓励领导者和团队之间的反思、分享、对话、共创，发掘适合自身的领导力行为，并以叙事（Storytelling）方式进行传播。这种有柔性、更有人性的方式也与西门子的人才观不谋而合。因此，在西门子，你不会看到无处不在的"领导力行为"口号或展物；真正触动和鼓舞西门子员工，是一个个真实而鲜活的故事；它们源自亲历者的讲述，活跃在朴实但多元的传播渠道，更沉淀在西门子员工心里。

西门子的成长叙事方法论从"成就客户、科技有为、赋能于人和成长型思维"四个战略重点出发，鼓励员工围绕这四个维度，并结合实践经历讲述生动多元的领导力故事（见二维码 7.3）。正如"一千个人眼里有一千个哈姆雷特"一般，每一位员工都能对这四个重点有自己的诠释。以"成就客户"为例，针对不同的场景，成就客户的方式也有所不同。对于成熟业务，成就客户应强调对客户的价值发掘，共创客户生态以实现多方共赢；而对于开拓型业务，成就客户考验的是对客户需求的敏锐洞察，先于客户思考，从而获取订单并构建忠诚的客户关系。

7.3：西门子 OEC 团队关于"科技有为"的成长叙事

（二）成长叙事法的操作

1. 对领导力帮助本人成长的清晰叙述

使用成长叙事法进行沟通时，首先需要通过生动的故事，对领导力帮助本人成长进行清晰的叙述。核心是回答"我是谁到我们是谁"的问题。

"我是谁"，讲述领导者个人成长中重要的经历，这些经历是如何帮助自己形成了重要的价值观，这些价值观如何塑造了今天的自己。

"我们是谁"，讲述领导者个人价值观是如何塑造一个独特的组织，这是组织成员拥有归属感的真正源泉。个体从来都不是归属于某家企业，而是归属于某类价值观。只有打通从"我是谁"到"我们是谁"之间的连接，组织才具有真正的系统动力。

领导力的体现就是领导者能够把自己的价值观传播开来，让更多人相信并加入实践的队伍。

2. 对企业愿景、使命、目标的清晰叙述

领导者的一个重要任务是定义组织的愿景和使命，但是这还不够。领导者还需要将愿景和使命变成故事，这就是"我们向何处去"的故事。"我们是谁"的故事强调的是组织按照什么样的价值观行事。"我们向何处去"的故事强调的是组织的愿景、使命和目标。

3. 对变革紧迫性及变革思路的清晰叙述

对变革紧迫性及思路的清晰叙述，核心要回答两个问题。

（1）我们为什么要改变？

变革故事与"我们向何处去"的故事不同。"我们向何处去"的故事侧重于讲述愿景和使命，呈现一个美好的未来；"我们为什么要改变"侧重讲述严峻的现状，坚定听众改变现状的决心，即使还没有明确未来的方向。

（2）我们如何实现新目标？

"我们如何实现新目标"的故事，要在战略层面讲清楚实现新目标的路径。重在对员工进行启发，通过提供正能量，鼓励他们在道术结合的层面积极寻找解决问题的思路。

运用成长叙事法来讲故事，能够深化听者的情绪反应，使故事具有感染力。人们很容易被真实存在的目标感染，从而改变自己的行为。领导者的终极使命就是让自己成为团队目标的传播源，利用共情效应，将自己描述的目标体系用故事的方式传播给整个团队，从而强化凝聚力、向心力和战斗力。

> 做企业，既要有数字，也要会讲故事！有数字，有故事，故事就是强大的"发动机"。

一位 EMBA 学员[1]的创业故事就是一个典型的成长叙事案例。作为企业的创始人，他分享了自己的创业历程，展现了一个年轻企业家如何通过不断学习和反思来推动企业发展的过程（见二维码 7.4）。

三、头脑风暴法

头脑风暴法作为一种集体沟通工具，被广泛应用于创新、问题解决和决策过程中。通过汇集不同个体的想法和见解，激发创意和灵感，从而提升团队的整体智慧和决策质量。

（一）头脑风暴法的原则

1. 在畅所欲言中听到各种声音

使用头脑风暴法时，与会者通常围绕一个主题，畅所欲言，各抒己见，集思广益，从而形成共识。为实现在畅所欲言中听到各种声音，需要把握四项原则。

（1）公开谈原则。

保障畅谈需要引导参与者的注意力始终集中在场上，不能进行私下的交谈。任何私下的交谈都会破坏畅谈的场域。

（2）不评判、无偏见原则。

过程中参与者只能表达自己的意见，不能对他人的意见进行评判，包括是否恰当及可行。

---

[1] 复旦大学 EMBA 2020 级黄逸涵。

（3）自由畅谈原则。

鼓励参与者尽情发挥，从不同视角甚至突破常规视角进行思考。

（4）追求数量原则。

头脑风暴会议的参与者都被告知追求数量是首要目标，从而导向过程中参与者的关注点集中在多思考，多提设想上。

2. 在激烈碰撞中形成重要共识

畅所欲言体现在行为上，激烈碰撞体现在思想上。没有思想的激烈碰撞，就不可能有行为上的畅所欲言，更不可能形成重要共识。

在头脑风暴过程中，激烈的思想碰撞来自对问题解决的紧迫感和对企业信仰的检视。领导者在其中的作用，就是要激发出参与者的紧迫感，并不断依据企业初心分析面临的分歧，从而在反复的碰撞中形成重要共识。

好战略是"争论"出来的[1]

德拓信息成立于 2011 年，是一家致力于"数据智能"科学研究和实践的高科技企业。

在新的竞争环境下，公司战略的重新定位迫在眉睫。学完领导力课后，我在公司进行了一次"新战略定位共识"的有益实践，取得了非常不错甚至有些出乎意料的结果（见表 7.4）。验证了课堂上包季鸣教授说的"激发危机感和荣誉感；可能会发现好主意；队伍更容易成长；最重要的是容易达成共识"。

表 7.4　新战略定位共识沟通对比

	之前	本次
参与者	核心管理团队	全部高管及挑选部分比较有思想的中层干部和基层员工
形式	参与者商量	三天，正式闭门会
会前准备	常规会议通知	在邮件的通知中给所有参会人员布置了一个任务："每一个人站在董事长的角度（当作公司所有的股份都是自己的）分析一下公司现在面临的问题和决定下一步公司应该怎么做"
会议规则	各部门大多讲问题，等上级决策	强调每个人既要讲问题也要讲解决方法
董事长个人行为	以说为主	1. 赋予意义：选择临港开会的原因有两个，一是远离公司，专心讨论；二是临港是上海这个城市新的发展和未来，希望我们公司也是 2. 做好倾听：只做记录少说话，只在话题扩散得没边的时候把大家拉回主线，拉回主线的时候也只是用提问题的方式，不做任何的解释和评判，充分尊重每一个发言人是董事长这个角色 3. 同理心感受：十多年的创业，个中滋味每个人都需要一个宣泄的出口，并且公司的前途和大部分人是紧密相连的，毕竟十多年的青春都奉献给了公司

---

[1] 复旦大学 EMBA 2022 级吴新野。

续 表

	之前	本次
会议效果	面上说得多，真实想法表达不够多	这种形式的务虚会是第一次举行，所以刚开始的发言人还是有些拘谨，但是毕竟是公司的重要转型时刻，慢慢地大家开始进入状态，讨论越来越激烈甚至发生各种争吵，晚上集体聚餐互敬一杯泯恩仇，然后第二天继续……
会议成果	主要是董事长的想法	1. 总结了对公司未来发展有建设性的十几条决议 2. 总结出公司三条竞争优势 3. 根据优势，定下新的发展方向
评价	执行结果偏差很大	1. 参与者：在三天的会议结束后，大家发现这种形式很有效也很过瘾 2. 领导者：此次会议过程中现场解决的问题以及最后形成的很多重要的决议如果换做平时，争议和阻力是很大的（尤其是涉及重大组织架构变革），但在共识力的作用下，此次三天就初步达到了效果，后面就是执行和不断地完善了

3. 在回顾总结中提升团队素质

头脑风暴法也是一种汇集各方智慧并进而提升干部素质的好工具。

现实工作中，很多企业的头脑风暴，有畅所欲言，有归纳总结，也有共识形成，但缺少执行后的经验、教训以及中间重要规律的总结。

1995 年，上海实业刚刚进入香港市场时，面临着诸多挑战和机遇。公司领导层通过组织"头脑风暴"形成了以资本运作为核心的上市战略。这一战略不仅使上海实业在香港资本市场成功上市，还引发了所谓的"上实效应"和"红筹风暴"，对整个中资企业在香港的发展产生了深远影响。

公司领导层及时组织团队总结经验教训，归纳总结了资产经营的六个放大效应：结构放大效应、交易放大效应、市场放大效应、融资放大效应、时间放大效应、效益放大效应。通过这样的方式，极大地提升了整个干部队伍的综合素质，为公司的长远发展奠定了坚实的人才基础。

以下以结构放大效应举例，其他见二维码 7.4。

> 资产经营跳出了传统的只对产品进行生产经营或提供劳务的模式，对经营对象做了极大扩展，它把整个企业的一切资源，如厂房、设备、产品、货币、债券等有形资产，以及商标、专利、技术、人才、商誉、管理、营销网络等无形资产，全部利用起来，通过在资本市场上的运作实现资源的优化配置和资产的快速增值。

7.4：上实总结的资产经营的六个放大效应

（二）头脑风暴法的操作

头脑风暴法的操作程序包括：

（1）准备阶段：确定主题（一般一次 1 个最佳）、参加人员（5～10 人为宜）、时间、地点（干扰性少的私密环境），以及提供必要的辅助资料。

（2）预热阶段：正式开始前，需要主持人引导营造自由、开放、坦诚的氛围，帮助参与者迅速破冰，进入状态。

（3）导入阶段：对主题进行再次明确，并说明过程中的规则。

（4）畅谈阶段：围绕主题，参与者畅所欲言，现场专人记录。

（5）整理阶段：共同对发言内容进行归类整理。

（6）筛选阶段：由领导者与专家小范围进行筛选，确定最佳方案。最佳方案不一定是某一个人的意见，也有可能是多人意见的组合。

（7）总结提炼阶段：方案通过实践论证，从中总结出规律性的指导性原则，再召集的会议，范围可扩大一些，使更多的相关人员从实践的经验、教训中，得到理性的认知的提升。

四、复盘学习法

复盘学习法是一种结构化的反思过程，通过回顾事件的发生过程，评估决策和行动的效果，从中学习并制定优化改进措施。

（一）复盘学习法的特点

1. 一种有效机制

过去的成功不是未来的可靠向导。企业家精神的核心基因是忧患意识，而复盘是拥抱忧患意识的有效机制。要想避免"重复交学费"，让整个组织快速分享个人或某个单位的经验教训、提升组织整体智商，离不开这种机制。

> 一位 EMBA 学员深有体会：每一个项目结束之后，都要进行自我复盘，此复盘不仅仅是对做过的事梳理一下或是过一遍，需要真正地从头到尾重新思考一遍，在脑海中重新做一遍，达到真正经过了自己的思考。

2. 一种思维方式

作为经验学习法的一种形式，复盘也是连接过去和未来的跨时间思维方式。

想要不做低水平的重复，就需要复盘。不但对过去进行总结，还要对没有发生之事的可能性进行推演和审视，这有利于探索创新方法的实施。

对于成功，应及时复盘，总结经验，推广复制，将个体经验变成组织经验。对于失败，应将其视作一个组织最好的老师，开诚布公地客观谈论失败，分析问题所在，从中学到关于决策和组织行为的新规则，并将典型案例普遍宣传教育，使组织在未来避免失败。

此外，我们还可以通过复盘他人，从别人的经历中汲取营养。比如，吴晓波的《大败局》就是对"企业为何失败"这一主题进行复盘的一次经典尝试。芒格也喜欢复盘别人的失败，他认为"只有知道自己将在哪里摔倒，你才能知道避开哪些坑"。

想要避免低水平的重复，就需要不断复盘。
不懂复盘，再努力都是低水平勤奋。

错误＋反思，比取得成绩还贵重。

3. 一个完整闭环

复盘是通过回顾、评估、分析、总结、洞见规律、改进和实施等步骤，形成一个完整的闭环，以实现持续优化和提高的过程。任何一个环节出了差错，都会导致复盘失去效果。

通过完整闭环的复盘，才会知晓企业运营的实际情形，才能明确有没有出现问题，才能客观看待满不满意的指标，才能洞悉发展规律，才能更好地调整以后的运营策略。没有完整闭环就做出行动的复盘，只是肤浅的流于形式，徒劳无功，甚至会被市场淘汰出局。

（二）复盘学习法的操作

1. 传统复盘操作流程图

传统复盘操作的重点关注从回顾评估到转化应用，注重找到根本原因，得出经验教训后，形成具体的行动计划，如图 7.2 所示。

2. GPIF 复盘新流程

GPIF，是回顾目标（Goal）、重演过程（Process）、洞见规律（Insight）和远见卓识（Foresight）的四个英文单词首字母缩写。随着 AI 技术的发展，使用 AI 辅助，可进行更为真实的过程重演及推演。因此，复盘应被赋予更为全面和丰富的内涵，在传统复盘流程的基础上，对未发生的可能性进行推演和审视，将复盘的步骤延伸至洞见规律，从而帮助领导者建立远见卓识（见图 7.3）。

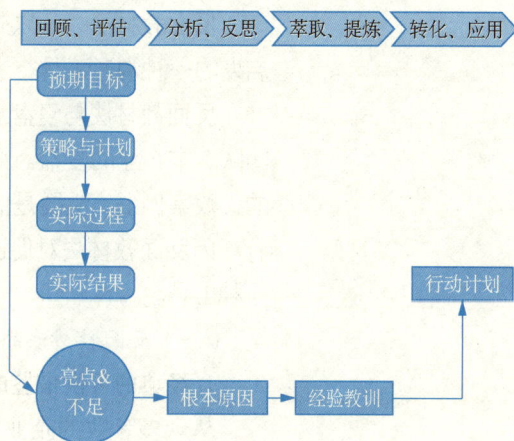

图 7.2
传统复盘操作流程图

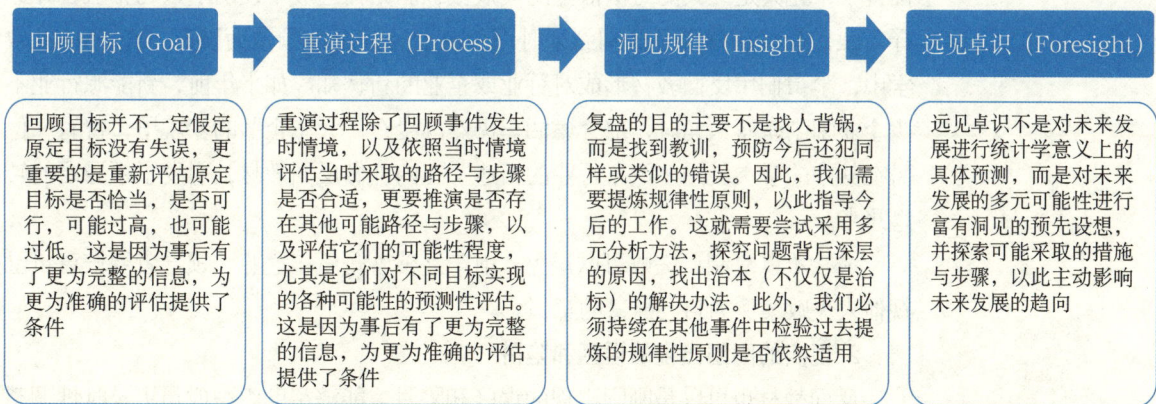

回顾目标（Goal）	重演过程（Process）	洞见规律（Insight）	远见卓识（Foresight）
回顾目标并不一定假定原定目标没有失误，更重要的是重新评估原定目标是否恰当，是否可行，可能过高，也可能过低。这是因为事后有了更为完整的信息，为更为准确的评估提供了条件	重演过程除了回顾事件发生时情境，以及依照当时情境评估当时采取的路径与步骤是否合适，更要推演是否存在其他可能路径与步骤，以及评估它们的可能性程度，尤其是它们对不同目标实现的各种可能性的预测性评估。这是因为事后有了更为完整的信息，为更为准确的评估提供了条件	复盘的目的主要不是找人背锅，而是找到教训，预防今后还犯同样或类似的错误。因此，我们需要提炼规律性原则，以此指导今后的工作。这就需要尝试采用多元分析方法，探究问题背后深层的原因，找出治本（不仅仅是治标）的解决办法。此外，我们必须持续在其他事件中检验过去提炼的规律性原则是否依然适用	远见卓识不是对未来发展进行统计学意义上的具体预测，而是对未来发展的多元可能性进行富有洞见的预先设想，并探索可能采取的措施与步骤，以此主动影响未来发展的趋向

图 7.3　GPIF 复盘新流程图

联想的方法论——复盘

联想的柳传志不仅将复盘应用于企业，还将复盘放入联想三大方法论中

（联想三大方法论：极强的目的性、分阶段实施、复盘），要求团队小事及时复盘，大事阶段性复盘，事后全面复盘。

复盘可以考察一个人的学习能力，也是选拔干部的重要参考标准——做任何事情，除了看结果好坏，也要看做事的人能否从中学到东西。

联想内部实施复盘时，强调"一把手"以身作则，通过复盘改变个人行为，影响整个公司的工作氛围和方法。为将复盘形成组织的习惯和文化，联想之星从第四期开始把复盘方法论作为单独的课程，以让创业者有意识地使用复盘工具。

五、反面教材法

反面教材法，是以外部发生过的负面事件作为切入口，联系实际带来警示与启发的一种沟通工具。

反面教材法与复盘学习法在操作层面的不同在于：复盘较多是针对本人、本团队、本企业的复盘。而反面教材法，侧重在对本企业未来发展有直接借鉴作用的失败案例上，主要是借鉴外单位的失败案例。

因反面教材法对促进企业深度共识能起到非常重要的作用，故本书单列作为一种工具。

（一）反面教材法的特点

1. 经典的可供借鉴的失败教训

从众多衰败的企业中，不难发现一种规律：越大的企业越容易败于政商关系、盲目多元；中等企业多容易败于集资；而小微企业往往容易败于商业竞争。

更多时候，知道是怎么失败的，要比想着如何去成功更重要。反面教材是一面镜子，尤其是经典的可供借鉴的失败教训。如柯达最早发明了数码相机，却选择雪藏，最终在移动互联网到来时因传统业务完全被颠覆而破产。在 EMBA 教学中，学员们用反面教材形成对行业或企业的新认知。如十年前，新能源行业不少企业刚刚崭露头角时，部分燃油车仍然沉浸在"大车企"的梦境里，曾有一位身在其中的学员就用"汽车行业的柯达"在内部做反面教材，引发了领导层的转型思考。

成功难以复制，失败可以避免。前车之覆就是后车之鉴，领导者要培育自己视他人失败案例为自己财富的意识。

2. 现实的刚刚出现的误区和陷阱

反面教材也可以是刚刚出现的误区和陷阱，能够帮助组织成员更及时地调整当下的行为。

自媒体快速发展的今天，反面教材几乎随处可见，这也是与员工达成共识的最佳时机。

这几年风头正劲的直播行业出现了一些头部主播，他们在直播间的一言一行随时可能被放大，在网络发酵成"直播事故"。这些例子作为反面教材，能给出更鲜活深刻的警示。

（二）反面教材法的操作

反面教材法的操作要点如下：

（1）找合适的反面教材，做合适地剖析。

（2）总结出该类失败的根本原因。

（3）总结出预防该类失败的主要方法。

（4）总结出对本企业操作该类项目的"新的规则"。

🔧 **工具箱**

建立本企业的"反面教材库"

（1）建立本企业的"反面教材库"；

（2）理出本产业、本行业、本企业相关的反面教材清单；

（3）思考反面教材的使用时间、地点以及方法；

（4）总结梳理使用反面教材的经验和教训。

六、制度优化法

制度优化法，是将传统的权威的制度沟通方式，优化为以奋斗为本的、能产生正能量，并进行工具化实施的有温度的沟通工具，有助于有效影响员工思维、指引员工行为。

（一）制度优化法的特点

1. 领导力靠制度来发力

过去的领导模式是靠领导者个人的能力、魅力、魄力、权力来开展领导活动，其领导力是领导者直接发力。

现在的领导力需要靠制度来发力。领导者将不再直接发号施令，而是通过制定制度、规则来影响人们，使人们在一定的规则下活动，从而实现领导意图。

制度体现了领导者的价值观和理念。一个企业的制度设计，往往反映了领导者的治理理念、经营哲学和价值追求。领导者重视什么，企业的制度就会侧重什么。好制度是设计出来的，制度设计需要领导者从战略高度思考组织运行的规律，需要洞察人性，平衡各方利益。

2. 在实践中不断优化制度

制度的设计和制定不是一劳永逸，尤其是在充满不确定性的当下。领导者需不断拓展认知，完善对组织成长的思考框架，并在实践中不断优化完善制度从而使之落地。

华为、海底捞、胖东来等企业，都是在实践中不断优化制度的。通过一系列规章制度，领导者把愿景、使命、价值观传递给全体员工，引导和规范员工的行为，使之与组织目标保持一致。以胖东来为例：

胖东来的愿景，是"培养健全的人格，成就阳光个性的生命"。胖东来员工入职时，会拿到两本手册——《岗位实操手册》和《人生规划手册》。

以《岗位实操手册》为例：详细列明什么水果需要喷水，何时喷，喷多少；地面保洁员的岗位手册，会教保洁员如何擦拭地砖，用什么洗洁精，如何和水配比，如何擦拭，按照手册的方法做，最容易积污垢的地砖缝儿都白白净净。胖东来的标准化操作文件多达 8 万多页，员工只要按照《岗位实操手册》去学和去做，都会是行业最优秀的，不仅不会失业，都会是业内高手。胖东来也给员工很高的收入，一般都比同行高出 50%～100%。

另一本《人生规划手册》更是出人意料，会教员工如何租房子、装修房子，如何买鲜花，如何提升生活品位，以及如何教育孩子、赡养老人，甚至教员工如何立志、如何做人、如何学习，等等。

（二）制度优化法的操作

制度优化法在操作时，需要注意三个要点。

1. 匹配新战略的制度优化

制度是战略的保障，没有与之相匹配的制度，战略就难以真正落地。

（1）以战略为导向，进行定期制度审视。

制度优化要以战略为导向，要对内提供行为指引和正向激励，对外适应环境变化，并在实践中不断完善，以保障企业战略目标的达成。

企业的战略调整后，原有的制度体系可能已经不再适用，需要重新审视和优化，使之与新的战略方向保持一致。大多数企业在操作中，会进行年度目标复盘，在年度目标复盘时，制度复盘也是不可缺少的一个部分。

（2）建立制度执行的有效沟通渠道。

制度执行的过程中需要建立反馈机制，以根据实施过程中的问题及时进行优化改进。通常企业会提供"员工意见通道""合理化建议信箱"等正式沟通渠道。

一位 EMBA 学员[1]分享了她所在的企业在制度建设中的经验：

浅深集团用 26 年时间从一家小企业成长为拥有近 20 家分公司，近 5 000 名员工的集团型企业，离不开企业完善的制度建设和有力的制度执行。

---

[1] 复旦大学 EMBA 2016 级于继伟。

26 年里，为适应环境变化，企业经历了多次战略变革。新战略的确定与新制度的建立会同时以多种形式沟通到基层员工。其中，深具企业文化特色的"辩论赛"是员工参与度最深也最有效的一种形式。

"辩论赛"为员工提供展示的舞台，辩论内容是"制度的理解与执行"。参赛者来自不同团队的管理者和一线员工。通常在集团比赛前，各团队内部已进行了全体动员，共同为团队荣誉建言献策；观赛者是集团全员，包括高层领导。台上辩手们从不同视角，不同立场，带着真实体验与案例进行辩论。台下员工有机会站在不同视角理解企业的制度，增强了执行的意愿和效果。同时，领导层和制度制定部门也有机会全面了解制度执行中的反馈，以进行适时优化。

2. 提供正能量的制度推进

制度推进要以正面价值引领为主，以奋斗者为本，为组织提供正能量。

（1）要体现企业的价值准则。

好的制度设计要以企业文化为底座，将企业的愿景、使命、价值观等内化于制度之中。这样制度才能成为引领企业发展方向、规范员工行为的指南针。

（2）要用正向激励的方式引导行为。

不能只是一味地约束和惩罚，更要善于激励和鼓舞。通过设置积极的目标，提供成长的机会，肯定进步和成绩，制度可以唤醒员工心中向善向上的一面。

（3）要能彰显人文关怀。

制度不是冷冰冰的条文，要体现对员工的理解和关爱。人性化的制度更容易被员工所接纳。胖东来的《人生规划手册》不仅教授员工工作技能，还关心其生活的各方面，引导员工提升生活品位，这是将员工视为生命个体的表现。

（4）领导者以身作则。

行动的表率比语言的宣传更为有力。再好的制度，如果领导者不能以身作则，就难以服众。领导者要做制度执行的表率，用行动展现对制度的尊重。同时要虚心接受制度的约束，不搞特权，才能形成良好的制度文化。

3. 工具化的制度实施

制度优化要体现工具化和可操作性。制度条款要细化到可执行的程度，并配套相应的实施细则、监督机制等，使之成为指导日常工作的有力工具。

王品集团的工具化执行

王品集团的使命是：以卓越的经营团队，提供客户优秀的餐饮文化体验，善尽企业公民的责任。以此为基础，成为最让客户、同仁、股东满意的餐饮集团。

- 任何人不得接受厂商 20 元以上的好处，否则予以开除。

- 同仁的亲戚禁止进入公司任职。
- 公司不得与同仁的亲戚做买卖交易或业务往来。
- 不做本业以外的经营与投资。
- 奉行"客户第一、同仁第二、股东第三"之准则。
- 每月至少召开一次中常会，集体决策。

同时，工具化执行在王品是常见的管理手段，举例如下：

龟毛家族：

- 迟到者，每分钟罚 20 元。
- 公司没有交际费（特殊情况需提前申报）。
- 王品人应完成"3 个 30"（一生登 30 座山岳，一生游 30 个国家，一年吃 30 家餐厅）。
- 每天需步行 10 000 步。
- 过年不需向上司拜年。
- 上司不得接受下属为其举办的庆生活动。
- 购车车价不超过 35 万元。
- 不崇尚名贵品牌。
- 不使用仿冒品。

家人有约：

- 合法纳税。
- 不行贿。
- 不发展吃到饱类型之餐饮品牌。
- 受保护或稀有的动植物不入菜。
- 鼓励同仁进入公司后个人学历再升级。
- 公司高阶主管以完成设置一个个人奖助学金回馈社会为目标。
- 各品牌不得于地下室展店经营（百货商场除外）。
- 厨房同仁的逃生口与外场客人的逃生口一样重要。

七、利益共享法

利益共享法是指在企业内外部沟通中，以共赢利他为理念，发现并共享共同利益，从而更好地实现高效协同的一种沟通工具。

（一）利益共享法的特点

1. 在目标共识基础上实现利益共识

目标共识是利益共识的基础。只有在组织成员对组织目标达成共识的基础上，才有可能进一步实现利益共识。利益共识需要在目标共识的指引下，平衡短期利益与长远利益。为了组织的长远目标，有时需要成员牺牲眼前利益。只有目标共识作为前提，成员才会心甘情愿为了共同目标而牺牲当下利益。

2. 在利益共识基础上实现高效协同

有了目标的共识，领导者才能充分考虑不同利益相关方的利益诉求，通过换位思考，在目标的基础上找到利益的契合点，促成高效协同，实现多方共赢。

（二）利益共享法的操作

利益共享法，也是商务谈判的重要原则，政企关系处理的重要方式，更是完善经营机制的基本出发点。

1. 商务谈判中的操作要点

（1）全面系统思考，守住原则和底线；

（2）赢得最重要的，适时进攻与妥协；

（3）有理、有利、有礼、有节。

2. 政企业关系中的操作要点

（1）发现共同利益、努力追求双赢；

（2）善于分层思考，用心"加分"；

（3）懂政治、讲政治、不介入政治。

3. 共赢机制中的操作要点

（1）发现共同利益；

（2）善于移情换位；

（3）打造共赢机制。

八、命令模式法

命令模式法是组织突发危机状态下的唯一有效的沟通工具。

（一）命令模式法的特点

1. 命令模式，控制事态

当危机发生时，领导者最重要的事是：控制事态发展，不让事态进一步恶化。

企业的危机时刻通常包括：

（1）真正陷入危机或进入紧急状态时；

（2）要开启转折之阀门，决心扭转局面时；

（3）群体突发事件，其他措施都无效时。

2. 敢于担当，有效引领

命令模式要求领导者敢于担当，有效引领。

面对危机，领导者要勇于承担责任，运用权威和影响力，带领组织成员共克时艰。这种担当精神有助于稳定人心，凝聚力量。

3. 将危机、恐惧转化为企业的战斗力和凝聚力

"危机是最好的团建。"命令模式的最终目的，是要将危机、恐惧转化为企

> 危机处理得当，能产生巨变，创造是遭遇的结果。

业的战斗力和凝聚力。通过果断有力的命令，激发组织的潜能，调动一切积极因素，化危为机，开创新局。

（二）命令模式法的操作

1. 要求服从指挥，立刻实行

命令模式具有权威性和强制性。命令的核心就是掌控，要求被管理者服从指挥、立即执行、严格监控，以达到预期效果。

当组织面临突发事件、重大危机时，命令模式可以最大程度发挥领导者的权威，快速做出反应。领导者发出指令后，下属必须立刻执行，不能有任何质疑或拖延，这是命令模式高效的关键。

命令模式的有效实施，需要组织有一个清晰的等级体系，下属对上级有绝对的服从，这需要通过组织文化的塑造和制度的保障来实现。

2. 命令模式的五个核心步骤

命令模式有五个核心步骤：

第一步，根据所获得的信息，迅速判定事情的轻重缓急；

第二步，迅速做出周密的决策；

第三步，发出清晰的、简要说明理由的指令；

第四步，对执行的速度和准确度进行监控；

第五步，对违反命令者严惩不贷。

⚒ 工具箱

"命令模式法"起效与失败的判断

表 7.5　命令模式法起效或失败的特征

起效	失败
立即服从命令	命令遭到抵触
危机关头大家的恐惧感得到缓解	危机关头人人满怀怨恨和愤怒
轻重缓急的次序得到遵守	分不清轻重缓急
面临危机，大家愿意不计个人损失，争相付出	不服从领导，发生破坏性行为

经营企业难免会出现危机，危机时的沟通是做领导的基本功。包季鸣教授回顾自己在上海实业工作的十四年间，他们曾面临多次重大危机。

（1）抵御亚洲金融风暴带来的四波巨大冲击：

第一波是个别国际媒体舆论的冲击；

第二波是酒店注资引起的冲击；

第三波是向银行借贷连连遭拒的冲击；

第四波是股变债和银行提前抽资的更大冲击。

（2）化解高架道路项目清理引发的重大风险。

（3）消除"南烟事件"的影响。

在这些关键时刻，上海实业的领导层采用了恰当的命令模式进行沟通，不仅有效控制了局面，还取得了显著成效（见二维码7.5）。

7.5：上海实业的
管控危机、浴火
重生

第三节｜形成自我学习的操作机制

一、打造自我学习的操作机制

有效沟通源于组织的学习力，组织持续强大的学习力，源于有效的自我学习机制。

（一）自我学习

人类的学习模式是一个启发式的过程，将经验总结成技能或概念，并利用这些技能或概念来解决新任务。

在传统的学习场景里，一个问题对应一个答案，构成一个固态的学习资源库。

在AI领域，机器在没有人类干预的情况下，可通过对海量数据的阅读，自行生成对指令的反馈。它们能够推断使用者的意图，根据意图进行个性化的合理输出。机器的这种学习就是一种自我学习。

在AI技术的辅助下，人类的学习过程也具备了自我学习的可能性。通过对环境的观察与信息的动态获取，适时从个人经验及他人经验中学习，并动态做出合理的表现。

作为AI技术的应用，大模型的能力取决于机器的自我学习能力。在组织中，领导者的学习能力对组织发展至关重要，而领导者学习能力的核心就是自我学习。

（二）打造自我学习沟通机制

1. 用"沟通神器"提升组织情商

共识从某种程度来讲，需要提升整个组织的沟通能力，也就是提升组织的情商。提升组织情商的过程，也是提升组织学习能力的过程。

"沟通神器"的底层逻辑对于组织成员提升个人情商，进而促进组织情商的提升至关重要。

（1）同理共情：倾听、表达关心、尊重、建立信任。

（2）共赢利他：找到利益的交集、实现共赢。

（3）"不为清单"：避免沟通中的"雷区"。

通过匹配底层逻辑的沟通场景与沟通工具、沟通艺术的完美融合，掌握大变局背景下高效沟通的新途径和新方法，形成和提升企业的自我学习机制，最终达成提升组织情商的目标。

2. 持续反馈、调整、优化

在打造个人或组织的"沟通神器"的过程中，持续的反馈、调整和优化都是不可或缺的环节，需要领导者率先垂范，引领这一持续学习的旅程。

（1）建立反馈机制。

设立正式或非正式的反馈渠道，鼓励成员提供对沟通方式和效果的真诚反馈。正式的反馈渠道，如会议、专门的邮箱或指定的线上工具；非正式反馈渠道，如非正式场合下的即时交流等。

（2）调整三者匹配。

"沟通的有效性取决于听者的反馈"，因此，有反馈就要有调整。根据反馈情况，领导者需要动态地重新匹配沟通工具、艺术和场景，以实施下一次沟通。这个环节对确保沟通机制的活力和有效性非常关键。

（3）优化沟通机制。

通过将实践中的有效经验和做法提炼成新原则、新规定和新方法，并作为新制度要求坚决执行，组织就能够不断融入和更新其沟通策略。同时，随着技术的进步，探索新工具以提升沟通质量，强化组织的自我学习能力，使沟通机制更加灵活，提升组织情商，促进有效协作和创新。

例如，一位 EMBA 学员[1]抓住企业内发生的典型案例，优化了公司的沟通机制（见二维码 7.6）。

7.6：用典型案例优化沟通机制

二、自我学习沟通机制的"误区规避"

在组织领导实践中，构建"自我学习"的沟通机制是提升组织共识力的关键。在这一过程中，领导者需要警惕认知和操作层面的误区，并防范虚假共识的产生。

（一）认知层面的主要误区

（1）固化思维：将沟通机制视为一成不变，忽视了持续优化的重要性。

（2）表面化倾向：过分关注表面沟通技巧，忽视深层次理解和共鸣的建立。

（3）忽视组织情商：仅关注个人能力提升，忽视整体组织沟通能力的培养。

---

[1] 复旦大学 EMBA 2022 级吴纪融。

（4）局限性思维：将自我学习局限于领导层面，未能实现全员参与。

（二）操作层面的主要误区

（1）价值认知偏差：未能正确认识沟通对象间的价值对等性。

（2）关系深浅失衡：过分追求人际网络广度，忽视关键关系的深度建立。

（3）情绪管理不当：职场与私人领域情绪管理失衡，影响长期职业发展。

（4）评价倾向偏误：过于倾向正面或负面评价，反映自身认知局限。

（5）界限感缺失：人际交往中缺乏适度分寸，影响长期职业关系维护。

（三）防止虚假共识

因从众心理、群体思维等原因会形成"虚假共识"。

在反复磋商、形成共识的过程中，有时会因为被群体接纳认同的需要，而倾向于与他人保持一致，避免被排斥和孤立；有时在面对不确定的情况，需要将他人的行为视为有效信息来源，依赖他人的决策和行动来指导自己的决策，从而出现因"羊群效应"而产生虚假共识。

例如，在制定绩效指标的时候，只要"领头羊"式的人物喊出十倍速增长，其他跟随者便很难提出只有百分比两位数的增长。此外，当企业内聚性越高，越容易导致群体思维的错误。如果群体成员在讨论之前，对某个议案已有赞同的倾向，则在会议期间，赞同程度会更加强烈。同样地，如果在讨论之前，就有部分人反对，则在会议期间，会反对更加强烈。

三、领导力沟通行为的"不为清单"

通过发展领导力沟通行为来提升共识力，领导者也需要一份沟通行为的"不为清单"来明确不能做什么，如表 7.6 所示。

表 7.6　领导力沟通行为的不为清单

类型	不当行为	典型例子
沟通中的行为习惯	高高在上，缺乏换位思考	办公室训人，不听事情原委，一顿猛批
	习惯性给答案或建议，而没有先去理解对方的处境和诉求	权威型领导，只要求听话照做
	言谈浮夸，过分肯定和赞誉对方，试图收买人心	"哄着"员工做事，时间长了威信全无
	缺乏时间和规则观念	议程表写着发言半小时，结果 1 小时还在讲
	只做语言的承诺，不做行动的兑现	员工一听其讲话，就说"又开始画饼了！"
	不主动适应新组织的习俗、语言/行为习惯、文化	进入民企、国企，沟通却仍时不时夹杂英文单词
沟通中的语言习惯	马前炮：在事情发生之前，就开始批评挑剔	"这件事我觉得不行……"
	马后炮：在事情发生之后，显示自己有先见之明	"看吧，我早就说过……"

续　表

类型	不当行为	典型例子
沟通中的语言习惯	遇到成绩说"是我的"，遇到问题说"是你的"	"不是我的问题……"
	将自己的观点一般化至大家，却并非事实，无助于事情的解决	"我们都认为……"
	口头禅太多	"啊""那"……
组织沟通机制	会议管理混乱，会议效率低下	会前不准备，会中不聚焦，会后没决议
	重要场景的沟通不做设计与预演，随意发挥	
	没有固定的沟通机制，不培训共同的沟通语言	

　　运用领导力沟通行为理念和实操，能够帮助领导者在正确的时间，凝聚正确的人，共同去做正确的事。领导者打造组织的"沟通神器"，也是在打造组织情商提升的载体，最终在组织内形成自我学习的沟通机制。

推 荐 书 单

1.《影响力》——［美］罗伯特·西奥迪尼，闾佳译，北京联合出版公司 2021 年版。
2.《共识：同心组织的核心竞争力》——石真语、黄钰茗，中国电力出版社 2010 年版。

复 习 思 考 题

1. 共识力与领导力沟通行为的关系是什么？
2. 如何理解 AI 背景下的"深度共识"？
3. 联系实际，谈谈如何打造自己的"沟通神器"？
4. 如何在组织中打造自我学习的沟通机制？
5. 你认为还有哪些不当行为可以加入领导力沟通行为的"不为清单"？

7.7：有效沟通工具集

领导力决策行为打造"定海神针",为组织找到激动人心和富有吸引力的创新的组织目标;领导力沟通行为打造"沟通神器",生动描绘这一目标的画面,让利益相关者形成强大共识从而全情投入;接下来,如何围绕新的目标,有效整合所需资源,找到最佳发展路径,就需要领导力生态行为为组织绘制出"生态地图",指导企业生态化发展。

本篇要点:

在任何时期的经济环境中,资源总是稀缺的,资源配置的合理与可持续发展是当代企业家最重要的能力。当下及未来的企业,越来越强调共同体,从利益共同体到事业共同体再到命运共同体,是对当代领导力的紧迫要求和巨大挑战。

本篇探讨领导力生态行为的理念和操作。旨在帮助读者理解在 AI 时代背景下,企业的资源配置方式和发展模式起了怎样的革命性变化,通过绘制本企业的生态地图,指引企业创造或融入共赢生态圈,并形成"自我组织"的生态机制。

第四篇
领导力生态行为

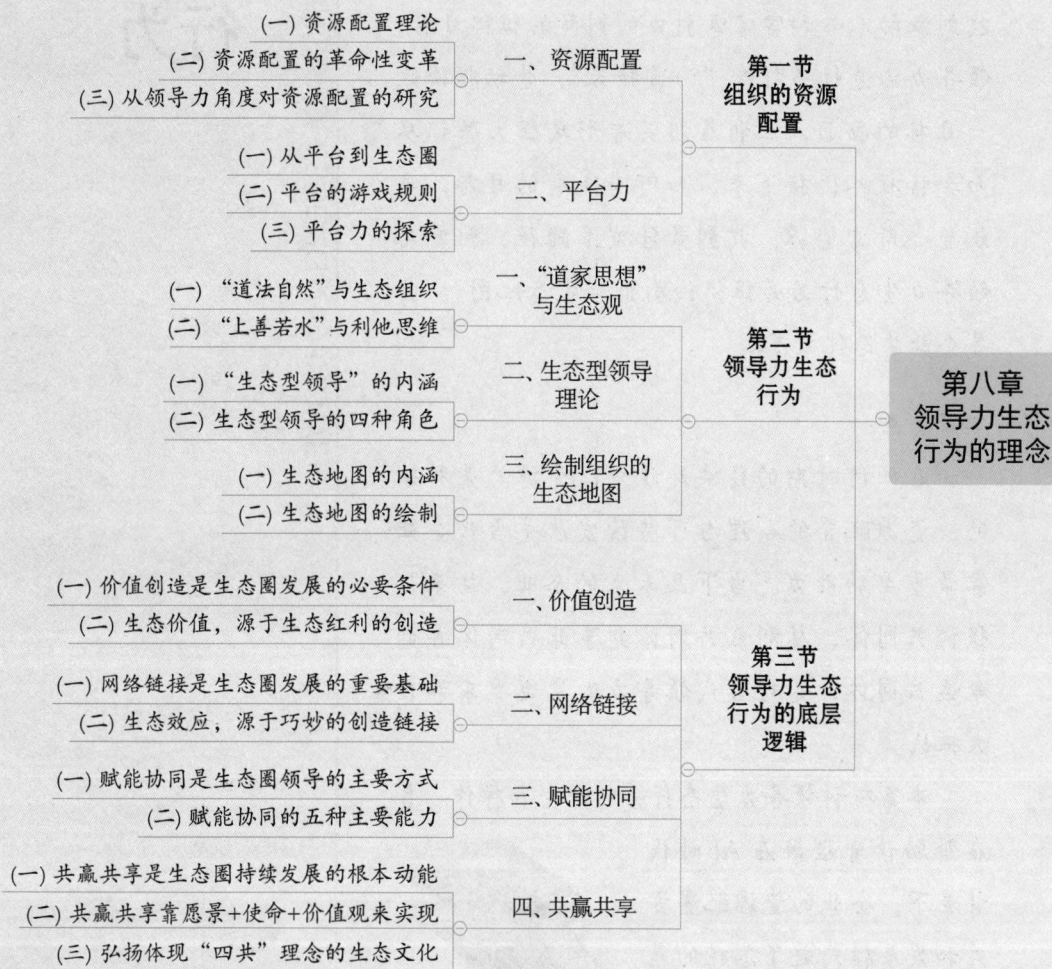

（一）资源配置理论
（二）资源配置的革命性变革
（三）从领导力角度对资源配置的研究
　　　　一、资源配置

第一节
组织的资源
配置

（一）从平台到生态圈
（二）平台的游戏规则
（三）平台力的探索
　　　　二、平台力

（一）"道法自然"与生态组织
（二）"上善若水"与利他思维
　　　　一、"道家思想"
　　　　与生态观

第二节
领导力生态
行为

（一）"生态型领导"的内涵
（二）生态型领导的四种角色
　　　　二、生态型领导
　　　　理论

（一）生态地图的内涵
（二）生态地图的绘制
　　　　三、绘制组织的
　　　　生态地图

第八章
领导力生态
行为的理念

（一）价值创造是生态圈发展的必要条件
（二）生态价值，源于生态红利的创造
　　　　一、价值创造

（一）网络链接是生态圈发展的重要基础
（二）生态效应，源于巧妙的创造链接
　　　　二、网络链接

第三节
领导力生态
行为的底层
逻辑

（一）赋能协同是生态圈领导的主要方式
（二）赋能协同的五种主要能力
　　　　三、赋能协同

（一）共赢共享是生态圈持续发展的根本动能
（二）共赢共享靠愿景+使命+价值观来实现
（三）弘扬体现"四共"理念的生态文化
　　　　四、共赢共享

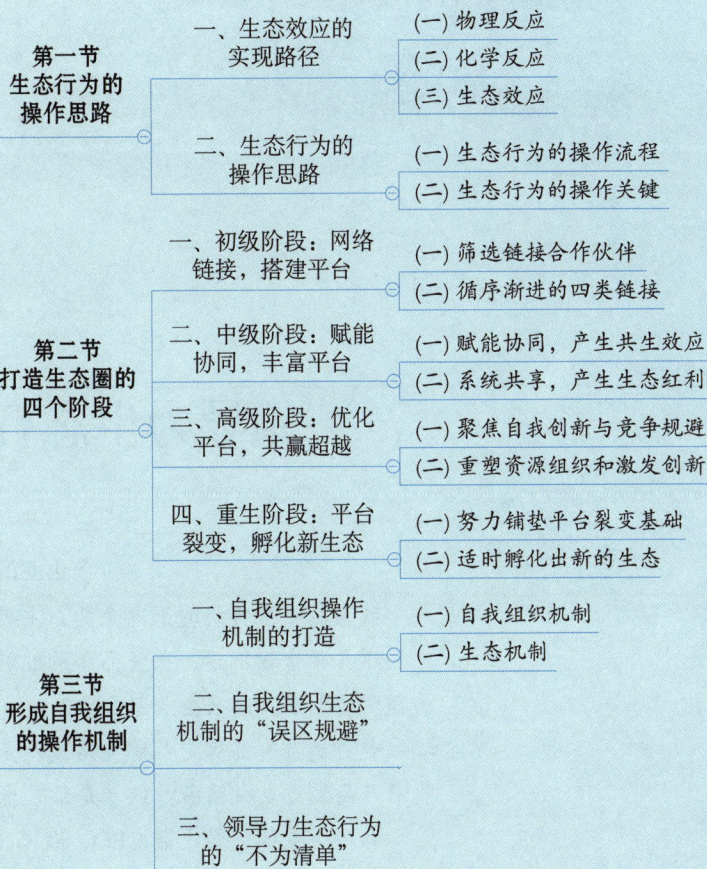

第四篇
领导力生态
行为

第九章
领导力生态
行为的操作

第一节
生态行为的
操作思路

一、生态效应的
实现路径
（一）物理反应
（二）化学反应
（三）生态效应

二、生态行为的
操作思路
（一）生态行为的操作流程
（二）生态行为的操作关键

第二节
打造生态圈的
四个阶段

一、初级阶段：网络
链接，搭建平台
（一）筛选链接合作伙伴
（二）循序渐进的四类链接

二、中级阶段：赋能
协同，丰富平台
（一）赋能协同，产生共生效应
（二）系统共享，产生生态红利

三、高级阶段：优化
平台，共赢超越
（一）聚焦自我创新与竞争规避
（二）重塑资源组织和激发创新

四、重生阶段：平台
裂变，孵化新生态
（一）努力铺垫平台裂变基础
（二）适时孵化出新的生态

第三节
形成自我组织
的操作机制

一、自我组织操作
机制的打造
（一）自我组织机制
（二）生态机制

二、自我组织生态
机制的"误区规避"

三、领导力生态行为
的"不为清单"

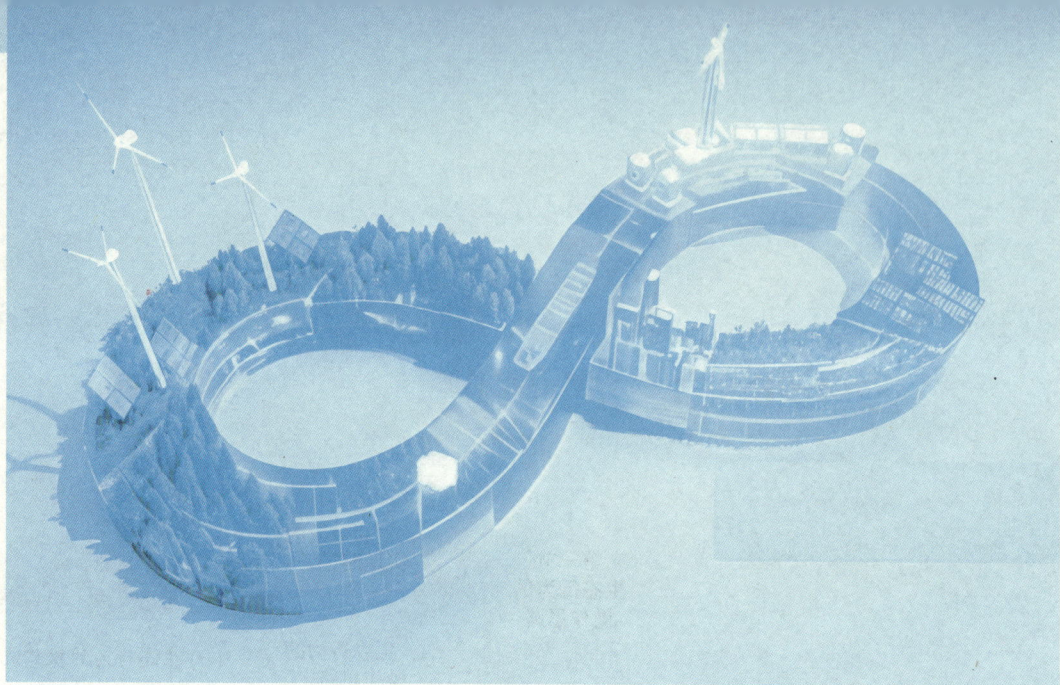

第八章

领导力生态行为的理念

传统企业的未来之问

我们是一家传统的家电企业，主要做国外高端小家电的国内总代理。

近几年市场低迷，外资品牌的红利在消失，国内市场竞争激烈，公司销售额明显下滑。未来企业怎么办？

是打造自有品牌走品牌化路线？是在原有业务上进行数字化转型？还是收窄产品线重点做精品？或者是加入现在大平台的生态系统？

作为企业的创始人兼CEO，我陷入了迷茫。

第一节 | 组织的资源配置

一、资源配置

（一）资源配置理论

1. 从科斯之问说起

亚当·斯密（Adam Smith）最早提出了较为系统全面的资源配置理论。作为经济学的基础问题——如何配置资源使效率达到最优状态，是近 200 年来众多学者讨论的重点。

在企业层面，有效的资源配置可以降低交易成本，提高资本利用效率，对企业保持特有的竞争优势起到关键性作用，有助于企业取得良好的绩效，使企业成长。

1937 年，新制度经济学的鼻祖、诺贝尔经济学奖得主罗纳德·哈里·科斯提出了两个关键问题：企业为什么会存在？企业的规模由什么因素决定？

这两个问题直指企业本质，也为我们理解现代企业的资源配置方式提供了重要视角。科斯通过这两个问题的回答，提出了著名的科斯定理[1]。他认为企业本质上是一种资源配置机制，与市场一样，都是资源配置的方式。企业作为一种组织形式，是对市场价格机制的替代。

2. 经典理论的启示

受科斯定律的启示，本书将平台定义为：一种将两个或多个具有明显差异但又相互依存的利益群体整合在一起的制度安排形式。这种形式为各方提供共同的解决方案，旨在降低交易成本并提高网络价值。

平台实质上是一种替代市场配置资源的机制。它利用网络信息技术，在特定规则和撮合下，使相互依赖的多边主体能够交互，从而共同创造价值。这种商业组织形态正在重塑我们的经济结构。

纵观过去 30 年的商业实践，我们发现：凡是做得比较成功的企业，共同做对了一件事，那就是用平台的方式整合资源，用生态的方式发展企业。

在当前的大变局时代，企业的核心竞争力不再仅仅体现在其拥有的资源数量上，而是更多地体现在其整合和利用资源的能力上。关键问题在于：企业能够整合和使用多少资源？如何通过这些资源促进企业的适时应变和持续发展？这些问题直接关系到企业在复杂多变的环境中的生存和发展能力。

> 交易成本决定资源配置方式；大变局背景下，平台是最好的资源配置方式。

（二）资源配置的革命性变革

资源配置的能力，与资源配置方式密切相关。今天的资源配置方式发生了很多变化。传统企业过去就是靠"买买买"，买下与自己业务相关的周边小企业，把它们整合成一个垂直类行业的巨无霸，而现在更多是技术整合、数据整合、资本整合。

现在的跨界整合，不再像以前一个"村子里"整合资源，而是跨越不同的边界来整合资源。最新的典型例子，就是茅台酒和瑞幸咖啡跨界联合推出的"美酒＋咖啡"。可以说，今天的企业是你中有我，我中有你。

---

[1] 主要阐述了产权的明确界定和交易成本对资源配置效率的影响。科斯定理的核心观点包括了产权界定，交易成本角色，及政府干预的作用等。科斯定理对经济学的影响深远，特别是在产权理论和企业理论方面。它挑战了传统的福利经济学观点，即市场失灵需要政府干预来纠正。

1. 资源配置方式的革命性变革

传统的企业资源配置，是立足于自身的现有资源，在价值链上进行纵向整合或横向整合。当今的企业资源配置，已经起了革命性的变化，是将现有的自身资源作为杠杆，撬动外部其他资源，跨界进行平台整合。

本书用希尔顿酒店集团和爱彼迎（Airbnb）的案例来说明，见表 8.1。

表 8.1　希尔顿与爱彼迎的对比

对象	成立时间	房间数	经营状况	市值
希尔顿酒店集团	1919 年	在全球 122 个国家和地区拥有 7 500 家酒店，超过 110 万间客房	2022 年年报，希尔顿总营收为 88.11 亿美元，净利 12.55 亿美元 2023 年年报，希尔顿总营收 102.4 亿美元，净利 11.51 亿美元 2024 年年报，总营收 111.74 亿美元，净利 15.35 亿美元。	594.61 亿美元
爱彼迎（Airbnb）	2008 年	爱彼迎在全球已经拥有超过 700 万套房源，房源数量超过全球七大酒店连锁集团的房间总量，覆盖全球 10 万余个城市	2022 年爱彼迎总营收为 83.99 亿美元，净利 18.93 亿美元 2023 年年报，爱彼迎总营收 99.17 亿美元，净利 47.92 亿美元 2024 年年报，总营收 111.02 亿美元，全年净利 26.48 亿美元。	835.02 亿美元

市值计算时间：2025 年 3 月 7 日。

表 8.1 引发我们的思考：爱彼迎是后起之秀，为什么他们能在不具有任何传统意义上支持生存的必要资源，也不具有市场主导地位的情况下，在很短的时间内入侵并攻克一个大产业？为什么这类故事仍在不断上演，正在颠覆一个又一个的产业？

答案是——平台的革命性力量。不同的资源配置方式，其结果是完全不一样的。希尔顿是传统的资源配置方式，而爱彼迎是用平台来配置资源。

如今，以平台方式配置资源的例子已遍布各行各业（见表 8.2），平台经济的时代已经到来。平台经济作为一种生产力新的组织方式，赋能平台可以在产业层面提供供需之间的智能协同，让业务场景通过新技术应用产生高效、智能的协同，实现产业生态整体的降本、增效、提能。

表 8.2　平台经济在不同行业的例子

产业	例子
农业	Farmers Business Network、John Deere、Intuit 的 Fasal 农夫平台、Tulaa
网络通信	Clubhouse、微信、LinkedIn、Facebook、Twitter、Tinder、Instagram、Snapchat

续　表

产业	例子
消费性产品	SHEIN、飞利浦、Mccormick Foods 食品公司的 Flavor Print
教育	Khan Academy、Udemy、Skillshare、Coursera、edX、Duolingo
能源与重工业	超级高铁 HTT、安乐居实验室（Nest Labs）、特斯拉充电系统公司（Tesla Powerwall）、奇异集团、安能（EnenNOC）、GE Predix
金融	人民币数字货币、比特币、Lending Club、Kickstarter、陆金所、Traive
医疗保健	迈瑞医疗，Cohealo、SimplyInsured、凯撒医疗机构（Kaiser Permanente）
游戏	Minecraft（我的世界）、任天堂、XBOX、PlayStation
人力资源与顾问服务	Upwork、Fiverr、99designs、Sittercity、Legal Zoom
物流	海尔集团、Munchery、Foodpanda、菜鸟网络
媒体	字节跳动、快手、bilibili、维基、Kindle、Medium、YouTube
操作系统	鸿蒙 OS、Windows、IOS、Android、Mac OS
零售	拼多多、小红书、社区团购、阿里巴巴、Walgreens、Amazon、Burberry、Shopkick、京东
交通运输	滴滴、Uber、Waze、Blablacar、Grabtaxi、Ola cabs
旅游	去哪儿、Airbnb Trip Advisor、携程、同程

2. 企业发展路径的革命性变革

传统的企业发展模式一般有专一模式、特色模式和联盟模式，都是企业集中资源于某一项自身具有竞争优势的产品或服务，或推出与众不同的但符合客户需要的产品或服务，或壮大自身力量而与相关企业进行纵向或者横向的联合。共同点都是通过企业自身的强大逐步形成垄断优势，成为跨国公司。如今，这一模式已被替代乃至颠覆。

2008 年 1 月，全球市值前十大企业中，平台企业仅有微软一家，市值比重仅为 8.8%，总市值 3 283.5 亿美元。2021 年 12 月，前十大企业中平台企业占据 7 席，总市值达 9.11 万亿美元，市值比重上升至 74.43%，是 2008 年 1 月的 27.74 倍。到了 2024 年 12 月 31 日，前十大企业的市值总和已达 22.5 万亿美元，平台生态体公司市值占比 78%。平台生态体公司还都是"青壮年"，并非"百年老店"。

2024 年全球市值前十大企业（见表 8.3）中，除了排名第 6 的沙特阿美、第 9 的博通和第 10 的伯克希尔哈撒韦外，其余公司均是来自科技行业的平台生态体。

表 8.3　2024 年全球市值前十大企业[1]

排名	公司名称	市值（亿美元）	成立时间
1	苹果	37 853	1976 年
2	英伟达	32 888	1993 年
3	微软	31 338	1975 年
4	Alphabet（谷歌母公司）	23 235	2015 年（Alphabet 成立年份，谷歌成立于 1998 年）
5	亚马逊	23 069	1994 年
6	沙特阿美	18 087	1933 年
7	Meta（Facebook 母公司）	14 781	2003 年（Facebook 成立于 2004 年，Meta 为其母公司）
8	特斯拉	12 964	2003 年
9	博通	10 867	1991 年
10	伯克希尔·哈撒韦	9 780	1955 年

以上数据解读了企业发展路径的革命性转变。传统的做大、做强、向跨国公司发展的模式正在被平台生态系统所取代。

哈佛商学院教授马尔科·扬西蒂对此有两个重要的判断：

第一，但凡在事业上取得持续辉煌的企业和组织，绝不是仅靠一己之力去谋求自身的发展，而是平衡地利用关联组织的能量和价值组成一个新的竞争平台。

第二，未来的竞争不再是个体公司之间的竞赛，而是商业生态系统之间的对抗。与自然生态系统中的物种一样，商业生态系统中的每一家企业最终都要与整个商业生态系统共命运。

由此，企业资源整合方式和企业发展模式已发生了革命性的改变。谷歌、亚马逊、微软、百度、阿里巴巴和腾讯，平台生态是目前这些规模最大、成长最快速、最具颠覆力公司的资源配置之道。

（三）从领导力角度对资源配置的研究

面对资源配置的革命性变革，要求领导者认知平台配置资源与生态发展的特点，从传统领导行为升级到生态领导行为。

1. 平台企业与传统企业的区别

当今时代，平台已成为主导经济增长的重要力量之一。我们将平台企业与传统企业的区别归纳为表 8.4。

[1]　排名数据来自新浪财经 2025-01-09 发布，成立时间采自公开网络。

表 8.4　平台企业与传统企业的区别

维度	传统企业	平台企业
资源载体	企业	平台
资源来源	自有资源	社会资源
资源使用	封闭性	开放性
资源链接	人	人工智能＋网络科技与平台规则
资源特性	传统资源	传统资源＋数字资源

　　如表 8.4 所示，平台企业相较于传统企业的优势，主要体现在资源整合和利用方面。平台企业以平台为核心，能够广泛调动和开放共享社会资源，而不仅仅依赖自有资源。通过网络科技和平台规则，平台企业实现了资源的智能匹配和高效协同，大大提升了资源配置的范围和效率。此外，平台企业将传统资源与数字资源有机结合，创造出新的价值增长点，这是传统企业难以企及的。

2. 生态发展与传统发展的区别

　　生态发展代表了未来企业发展的大趋势。我们对生态发展与传统发展的区别归纳如下，如表 8.5 所示。

表 8.5　生态发展与传统发展的区别

维度	传统发展	生态发展
发展路径	个体企业→企业集团→跨国公司	个体企业→平台企业→生态企业
心智思维	突出自我	强调利他
战略逻辑	封闭和控制	开放和赋能
经营逻辑	产品管理	价值共生
资源特征	传统资源	传统资源＋数字资源
技术特征	机械化、标准化、自动化等	人工智能、区块链、云计算和大数据等
发展结果	零和博弈、有限游戏	共生共享、无限游戏

　　如表 8.5 所示，相较于传统发展，生态发展通过平台化走向生态化，它以"生态"思维取代"自我"中心，强调利他，采用开放和赋能的战略逻辑，追求价值共生，而不仅仅是单一企业的利益最大化。生态发展注重利用传统资源和数字资源，广泛应用人工智能、区块链、云计算和大数据技术。这种模式通过平台整合多方资源，实现共同发展，最终达成共生共享的无限游戏，而非传统发展模

式中的零和博弈。

3. 生态领导与传统领导的区别

生态发展，要求领导者具备平台思维和生态领导力。

AI 背景下，领导的生态行为更加智能化、数据驱动和开放共享，同时需关注伦理合规和可持续发展。因此，传统领导与生态领导在适应环境、对利益相关者的认知、领导行为等方面存在明显的区别，见表 8.6。

表 8.6　传统领导与生态领导的区别

维度	传统领导	生态领导
适应环境	传统工业企业	平台生态企业
对利益相关者的认知	客户是消费者 员工是打工者 供应商是原材料供应者	客户是产消者 员工是创业者 供应商是产业伙伴
领导行为	目标导向 权力控制 成王败寇 利益独享	使命导向 创智赋能 快速迭代 共赢发展

二、平台力

（一）从平台到生态圈

1. 不确定背景下的平台演化

平台起源于数字经济的解构。根据科斯定理，交易成本决定资源配置方式。随着互联网技术的飞速发展，平台作为一种新型的资源配置机制应运而生，成为大变局背景下最好的资源配置方式。

平台的核心特征在于其"五全信息"：全空域、全流程、全场景、全解析和全价值。其演化至今经历了三个阶段，见表 8.7。

（1）平台 1.0 阶段：实现交易和信息的线上化，打通互联网与人的链接。

（2）平台 2.0 阶段：赋能平台各主体，提供各类互联网工具及数字化服务。

（3）平台 3.0 阶段：通过数字化改造产业环节，带来全面在线、全面链接和全面协同三大新趋势。

表 8.7　平台演化的三个阶段

特征	平台 1.0 阶段	平台 2.0 阶段	平台 3.0 阶段
核心职能	匹配，将互联网与人的链接打通，实现了交易、信息线上化	赋能，将各类互联网工具及数字化服务赋能给平台各角色主体	新平台经济通过数字化改造产业环节

特征	平台 1.0 阶段	平台 2.0 阶段	平台 3.0 阶段
催生模式	催生了如 B2B、B2C 等互联网平台模式	出现了 B2B2C 等平台模式	通过数字化服务赋能产业角色，以网络化协同重构产业生态，推动了全面在线、全面链接、全面协同的全面产业变革，将实现信息全面对称、资源高效配置与产业的价值再造
典型企业	如淘宝网线上交易平台连接商家与消费者	阿里数字化营销赋能商家	如 GE 工业互联网平台、贝壳找房平台、拼多多 C2M 平台、阿里犀牛工厂

目前，平台正进入 4.0 阶段，即 AI 赋能的全面在线、全面链接和全面协同的新阶段。

一位 EMBA 学员[1]分享了他所在的企业走向平台 3.0 的实践（见二维码 8.1）。

8.1　犀牛智造与平台 3.0 的实现

2. 从平台到生态

生态（Ecology）概念源自古希腊，最初描述生物及其相互关系。1866 年，德国生物学家恩斯特·海克尔将生态学定义为研究生物与环境互动关系的科学。1993 年，哈佛大学教授詹姆斯·穆尔首次提出商业生态系统（Business Ecosystem）概念，将其描述为由相互作用的组织和个人构成的经济共同体。

商业生态系统包括为客户提供价值的所有参与者，如供应商、生产商、竞争对手及其他利益相关者，而客户本身也是生态系统的重要组成部分。这一理念逐渐成为现代企业战略的核心，反映了企业对复杂商业环境的适应与创新。

从平台到生态的演进反映了商业生态系统的发展。平台与生态的关系可从三个方面理解：

（1）平台是要素，生态是组合。

平台是现代商业活动的基础性"要素"，提供技术、服务和规则的集合，使得各种商业活动能够在其上进行。例如，电子商务平台提供了在线交易的空间，社交媒体平台提供了信息分享和交流的场所。

生态系统则是由多个相互作用的平台、参与者和过程组成的复杂"组合"，形成动态的价值创造网络。

（2）平台是选项，生态是结果。

平台作为一种"选项"，提供了特定的服务或功能，使得用户可以根据自己的需求进行选择。用户可以选择加入某个平台，利用其提供的服务来实现特定的目标，如销售产品、获取信息或进行社交。平台的成功取决于吸引力和满足需求的能力。

---

[1]　复旦大学 EMBA 2023 级高翔。

生态是平台、用户和其他参与者之间长期互动的结果，反映了活动的演变及其对系统结构和行为的影响。

（3）平台是平面，生态是立体。

将平台视为"平面"强调了其作为一个单一层面或维度的特性。平台通常关注于特定的服务或市场，提供一个二维的交互空间，如在线市场的买卖双方交互平台，或是社交平台上的信息分享和交流。

生态系统则是一个"立体"的结构，它包含多个层面和维度的交互和影响，涉及多方参与者及其复杂关系。

3. 生态圈

平台上不同物种聚集后产生的新的均衡，就是生态圈。

生态圈可以是凑合、聚合，或者是融合；能产生正向或负向的化学反应。我们追求的是正向化学效应，是高质量融合，是具备了强大的连接新物种、改造新物种、孵化新物种的共赢生态圈。

（二）平台的游戏规则

1. 美国众议院司法委员会的建议

平台经济在发展的过程中，诸如跨界扩张、数据高度集中、新模式新业态层出不穷、技术创新与滥用相伴而生等特征越发明显化。数据安全风险、劳动者保障不到位、大数据"杀熟"，乃至资本无序扩张等带来一系列的问题，引起监管部门的高度重视。

过去曾有平台企业宣称它们颠覆了监管，现在轮到监管颠覆平台企业了。以美国众议院司法委员会《2020 年数字市场报告》为例来分析这一趋势。该报告提出六项建议：

（1）禁止主导平台在相邻业务线中运营，或对其进行分拆；

（2）禁止主导平台在自己的产品其他互补者的产品之间采取歧视政策；

（3）加强跨平台互操作性和数据可移植性以促进创新；

（4）平台需要提供足够合理的依据，否则禁止并购整合；

（5）保障新闻出版自由和新闻多样化；

（6）禁止滥用优势议价能力，保护依赖平台的个人和企业。

2. 我国已出台的若干法条

坚持促进发展和监管规范并重、强化反垄断和防止资本无序扩张、推动平台经济规范健康持续发展，在我国正在成为社会共识。

"十四五"时期，我国已出台若干法规（见二维码 8.2）。从立法到细则陆续出台再到法律修订，可以清晰地看到，平台的游戏规则的制定完善，正在路上。社会主义市场经济是法治经济，法治也是促进平台健康发展的保障和动能。

8.2 "十四五"
时期我国出台的
平台监管法规

1. 对平台力内涵的探索

平台力，指领导者运用平台配置资源和发展企业的能力。体现为企业家经营或进入平台打造生态圈，也就是绘制和运用"生态地图"可持续发展的能力。

平台力是生态型组织的核心竞争力。而共赢生态圈是打造平台的根本目的。

2. 平台力的四项关键能力

平台力体现为四项关键能力。

（1）用平台思维网络链接的能力。

领导者要具备跨界整合资源的能力，不局限于自身企业内部，而是要善于连接不同领域的资源，核心问题是"你创造了谁与谁的链接？"

（2）正向反馈、创造价值的能力。

领导者要善于捕捉市场机会，通过正向反馈不断优化产品和服务，为用户持续创造价值。核心问题是"增加或减少了什么，就能带来整个价值链的正向反馈？"

（3）有效赋能、高效协同的能力。

领导者要善于激发生态伙伴的能力，通过有效赋能，让他们能够自主地采取行动，并实现彼此间的高效协同。核心问题是"什么是生态圈共同需要，又只有你才可以发挥的最大的优势？"

（4）打造合作共赢生态圈的能力。

领导者要秉持共赢共享的理念，善于经营生态伙伴关系，构建互利共赢的生态圈。具体体现为三个坚持：坚持平台的赋能增值，坚持平台的公正分享，坚持平台的高效协同。核心问题是"这是谁的生态圈？"

生态圈的繁荣不仅取决于各方的互动参与、共创共赢，更取决于平台力。平台力又通过领导力生态行为来实现。

第二节｜领导力生态行为

平台力是领导力生态行为的认知基础。领导力生态行为，指领导者通过绘制生态地图，找到新的发展路径，带领企业进入共赢生态圈，并形成和完善自我组织的生态机制。

生态行为可追溯至中国道家思想，当代生态型领导理论又为生态行为提供了现实指引。

一、"道家思想"与生态观

道家，起源于先秦时期。代表人物包括老子、庄子、管子等。

《道德经》是一部伟大的领导学著作，他站在自然之道的高度，推演出"人道"，最终以"君道"为落脚点。老子时代的君道和现代的领导艺术有相似之处。

"道"就是事物运行的规律，"德"就是掌握了事物的规律，"道德"就是指认识事物的规律，并遵循事物的规律。

（一）"道法自然"与生态组织

道家强调"天人合一"，认为宇宙与人类是一个整体，以"道"为核心，主张遵循自然法则，顺其自然。

1. 人类中心主义已不可持续

现代工业文明时代深受"人类中心主义自然观"的影响，将人以外的其他生命和自然界视为客体进行认识、利用和改造。伴随着人类物质财富的极大丰富，地球生态系统原有的循环和平衡被打破，造成人类赖以生存的自然环境日益恶化。

2. 生态系统的平衡需要"无为而治"

与儒家"人与义理合一"的思想不同，道家"天人合一"的宇宙观主张人与万物一体同源，蕴含着人与自然万物共生共荣，共同维持整个生态系统的平衡。

"天地有大美而不言，四时有明法而不议，万物有成理而不说。圣人者，原天地之美而达万物之理。是故至人无为，大圣不作，观于天地之谓也。"[1]这句话既包含了道家以整体视角观察世界的立场，又反映了其将得出的规律运用于自身行为的主张。

随着经济、科技的发展，平台、生态组织应运而生，也是道经济之法，顺科技之自然。

（二）"上善若水"与利他思维

"上善若水"是道家的核心思想之一。"水善利万物而不争，处众人之所恶，故几于道。居善地，心善渊，与善仁，言善信，政善治，事善能，动善时。夫唯不争，故无尤。"[2]

水滋养万物而不争功，是为无私；水流向低处而不居功，是为谦逊；水随遇而安而能适应，是为包容；水柔和有力却能克刚，是为力量；水乐意停留于人所不愿之处，是为近道。因无争，亦无罪过。

水所具有的德性，也是上善之人的人格特征。使万物得到它的利益，而不与万物争。这是利他思维的极致体现。

社会发展已到了生态组织的新阶段，生态演化顺应了上善若水的原则。

---

[1]《庄子·知北游》。
[2]《老子·八章》。

二、生态型领导理论

"生态型领导"这一概念最早由美国学者彼得·圣吉提出。他认为：相比传统领导模式，生态领导模式更能适应复杂多变的知识经济时代。本书归纳的生态型领导理论，系将彼得·圣吉的观点与詹姆斯·穆尔的"商业生态学"作了总结与融合。

（一）"生态型领导"的内涵

"生态型领导"的内涵，是将组织的发展与变革寄托在所有组织成员身上，激发出他们的主观能动性，让处于不同职位的人们都参与到组织变革之中。那些在组织中拥有职位和权力的少数"英雄人物"则为组织成员提供指导、服务和帮助，从而不断提高组织的整体创新能力，使之具有持久的生机和活力。

对于平台企业而言，生态系统战略成功的关键在于：

（1）必须保证生态系统具有足够的生存力和竞争力，能在激烈的竞争中胜出；

（2）必须有能力对生态系统保持最终的控制，以保证自己能从生态的繁荣中受益。

这两点与"生态型领导"的核心理念高度契合。

生态型领导主要经由："愿景＋使命＋价值""巧妙布局＋网络组织""无限游戏策略＋在线赋能干预"来实现其作用。领导的根本目标是创造"生态（共享＋共生＋系统）红利"，推动生态系统的可持续发展。

1. 生态系统的本质是命运共同体

生态型领导是让生态系统中的每个人、每个企业都能找到与未来的连接，获得创造性张力和丰富而有意义的事业发展，追求生态系统的整体繁荣是其根本目标。

生态系统的本质是共生的"命运共同体"。

2. 生态型领导的战略逻辑是"利他"

传统的领导以自我为中心，将企业自身的利益最大化设为根本目的。

生态型领导的战略逻辑则不同，心智思维由原来的"自我"升级为"生态"，利益分配机制由"利己"升级为"利他"。

生态思维和利他机制共同构成了生态型领导的核心特征。

3. 商业生态系统有四个独特的阶段

这四个阶段是：开拓、扩展、领导和更新。

（1）开拓生态系统，这个阶段主要是寻找有特殊生存力的新的商业生态系统，这是头脑风暴的阶段。

（2）生态系统的扩展，从协作关系的核心开始，在不断地增长规模和范围中投资，建立核心团体。

（3）对生态系统的领导，在生态共同体的中心集中精力作出贡献。保持在商业生态系统中的权威，这是商业生态系统的活力所在。

（4）自我更新和死亡，属于重生阶段。这个阶段必须要继续努力，在现存的生态系统中最大限度地改进性能，或创造新的生态系统。

（二）生态型领导的四种角色

与传统领导不同，生态领导扮演催化者、赋能者、发明者和共创者四种角色，并具备相应的能力，采取相应的行动，以应对生态管理的核心挑战。

1. 催化者：从目标导向转变为使命导向

催化作用主要通过从目标导向转变为使命导向的领导行为着手。

在催化者看来，在数字基础设施的支持下，价值要素变得可发现、可流动、可利用、可创造，由此生成各种商业模式创新的可能性与机会。这个过程就像一连串的、奇妙的化学反应—生成新物质—产生新化学反应，其中，生态领导者起着催化作用。这是生态领导与传统领导最本质的区别，也是生态型领导的基础。

生态型领导的使命导向，通过领导者的人格来体现。领导者人格，即品牌，领导者的使命感降低合作过程中的交易成本，形成平台影响力。领导者人格，又可通过以下四个方面来体现。

（1）领导者人品。

德鲁克认为：如果领导者缺乏正直的品格，那么，无论他是多么有知识、有才华、有成就，也会造成重大损失——他破坏了企业中最宝贵的资源（人），破坏了组织的精神，破坏了工作成就。

（2）领导者思路。

思路决定出路。真正活下来的企业，都有一些极具思想力的企业领袖在操控管理，从长而论，利剑总是败在思想手下。

没有一位成功人士是站在原地等待被人发掘或成功来敲门的，他们共同的特点就是：为自己创造机会，将主动权掌握在自己手里。若原地等待就能获得赏识，那自然是幸运；但不幸的是，世界从来不会按这个套路运行，如果你想要得到某些东西，你就要想尽一切办法让它发生。

（3）领导者资源。

眼界、境界是最稀缺的资源。只要你是"稀缺资源"，你就不缺少资源！没有稀缺性，就可以随时被取代，自然就没有议价能力。做事的多少最多不过是几倍的差异，但做事的质量以及随后带来的影响力可以达到量级之差。

张瑞敏说：当你手上有了别人想要的资源的时候，你就可以整合、调动、利用别人的资源了。

> 没有机会，这永远是弱者的推托之词；有机会上，没有机会创造机会上。

"波罗的海明珠"项目的四次开工仪式

上海实业在进行海外项目开发的中企中属于先行探路者，初期做得非常辛苦。几乎也没有什么资源。

上实海外投资的成功关键在于运用共赢利他理念。在合作中，总是把怎么为他人创造价值，为这个城市、为这个国家创造价值放在重要的位置。上实深知，关键资源创造关键结果。

在圣彼得堡的波罗的海明珠这个项目上，光是开工仪式上实就举行了四次，开工仪式就是上实的重要资源。

第一次开工，叫奠基；第二次开工，叫动土；第三次开工，叫一期工程开工；第四次开工，叫第一栋建筑开工。

这四次开工给上实的海外项目带来了非常重要的资源。

在项目定位上，上实明确了这是中国改革开放二十几年的成果在国外的集中展示，从而将项目上升到了国家战略合作的高度。同时，上实聘任了一批高级别顾问，在项目的关键短板上找到了最精准的突破口，包括上海世博会园区总规划师、绿地集团一批擅长项目管理的高管、世界顶级设计大师。此外，从政府层面邀请俄罗斯有影响力的杜马议员考察上海，化解他们对中国工程项目开发的误解；多位俄罗斯高级官员亲临项目现场视察等。

（4）领导者的经历。

人们不但关注领导者想做什么，更关注他过去做了什么？结果又是怎么样的？一个优秀的领导者在做事之前，会梳理出一个做事清单，按照重要性和影响力的量级排序，然后集中资源把最重要、影响力最大的事情先做完。

一个人成就的大小，至少取决于三个因素：做事情的速度或做事情的数量；每一件事的影响力；做事的成功率。

据此，可形成公式：成就＝成功率 × 影响力 × 速度

一个人做了多少事不是最重要的，关键是做出了一两件有影响力的事，有影响力就是有稀缺性。

> 眼界、境界，是最稀缺的资源！

2. 赋能者：从权力控制转变为创智赋能

创智赋能，是生态型领导行为的关键。

催化者有力地提升了人们对生态愿景的理解，提升了利益相关者的格局。但是，要使生态成为有机整体，必须化解一系列复杂的政治、社会、文化、心理和认知上的矛盾。因此，能否创智赋能就成了生态型领导行为的关键。

迄今为止，绝大部分的平台型企业都擅长于赋能消费者，并进行了一系列的技术创新。然而，更进一步的境界，是赋能生产者。在这个生态圈中，平台自身也将同时被消费者、生产者所赋能。在这个生态圈中，生产者、消费者、平台三者将同声相应，同气相求，兴利除弊，合作共赢。

> 共赢机制的设计是难度极大的技术活，需要领导科学和艺术的高度统一。

3. 发明者：从成王败寇转变为快速迭代

生态系统的价值不仅体现在创造商业利益和竞争优势上，更在于其能让各方受益并推动社会进步。真正成功的生态系统超越了在商言商，实现了更广泛的社会价值。因此，发明和构建这样的生态系统，是在 AI 时代背景下最值得实现的新可能性。

为实现这一目标，领导者应改变传统的成王败寇思维，培养发散性思维，摒弃固有偏见，勇于行动、敢于试错。要善于从失败中学习，特别是从可控的失败中汲取经验。在这个过程中，快速迭代成为关键。

在整个生态系统的构建和优化过程中，要快速迭代、在试错中前行，有四个核心要点：单点切入、小步快跑、不断试错、快速迭代。

4. 共创者：从利益独享转变为共赢发展

从利益独享转变为共赢发展，是生态型领导行为的目标。

发展是企业的硬道理，共赢发展是生态圈发展的硬道理。

生态领导者在催化、赋能、发明的过程中，面临一系列的悖论难题，比如控制与自主、开放与封闭、竞争与合作、适应与塑造、交易与创新、稳定性和演化性、经济价值与社会价值、浪漫主义与物质主义等等。这一切，都需要生态领导者发挥共创思维的能力，提出创造性的解决方案。

图 8.1
波罗的海明珠项目的"共赢（集成）思维"

波罗的海明珠项目的开发建设就充分发挥了领导者的共创者角色，通过共赢（集成）思维设计（见图 8.1），强调多个投资主体合作共赢，包括商务谈判共赢、规划策划共赢、区域功能共赢、开发建设共赢、营运管理共赢。各主体在项目中扮演不同角色并最大程度发挥贡献，从而实现项目的整体效益最大化。

三、绘制组织的生态地图

（一）生态地图的内涵

从未来看企业，要么进入生态，要么自建生态。无论是进入还是自建，最后都殊途同归为打造共赢生态圈。

领导力生态行为的目标就是打造共赢生态圈。如何打造，领导者需要什么样的认知、思考与行为，就体现在生态地图中。

生态地图回答三个问题：

（1）要进入生态，需要什么条件，如何进入？

（2）要自建生态，需要什么条件，如何自建？

（3）打造共赢生态圈，共同需要做什么？怎么做？

生态地图是生态行为的指导理念和作战方法。生态地图为企业应对不确定性、保持竞争优势提供了一个系统性的解决方案。它代表了企业家基于生态思维对传统商业逻辑的突破和超越。

（二）生态地图的绘制

领导者需要基于目标、基础、运行、功能四个方面绘制生态地图，引领企业生态化发展。

1. 生态地图的目标

生态地图的目标指向做生态是为什么？生态凭什么为你而来？

这个问题的回归还是价值创造。实现价值创造，是生态地图的目标，也是生态圈建设的根本目标。这里强调的价值是生态价值。

2. 生态地图的基础

实现网络链接是生态地图的基础。

梅特卡夫定律（Metcalfe's law）告诉我们，网络的价值与网络节点数的平方成正比关系。这种非线性成长模式对经济有巨大的影响。网络效应扩大使得市场在短期内就能得到规模化增长。一旦形成网络效应，会给企业带来更高速的发展。

梅特卡夫定律

梅特卡夫定律是一个关于网络的价值和网络技术的发展的定律。由美国科技先驱，发明了以太网，成立 3Com 公司的罗伯特·梅特卡夫于 1993 年提出。

网络的价值 $V=K\times N^2$（K 为价值系数，N 为用户数量）

网络的价值与网络规模的平方成正比。具体表现是网络价值与网络节点数的平方，与联网用户的数量的平方成正比。

根据该定律，网络使用者越多，价值就越大。

3. 生态地图的运行

生态型组织基本都是多元化的、相对开放的。多元、开放要求组织从传统的管控为主的领导方式转向以赋能协同为主的新模式。

管控与赋能，这两种领导范式的关键区别在于，对人性不同动机的激励。

线性思维对人性的假设是非黑即白，要么是好人，要么是坏人。生态思维对人性的假设是人性是复杂的，善恶交织，人无完人，优点突出的人缺点也突出。强调人是一种自由的生物，人和人的能动性的转变，是从尊重人开始的。

管控思维针对的是人性的黑暗面：恐惧、贪婪、嫉妒、好色。使用"大棒加胡萝卜""绩效导向"等方式激励人。

赋能针对的更多的是人性的光明面：良知、好奇、成就、创造与自我实现。从而采取激发、点燃、尊重、自由等激励方式。

4. 生态地图的动能

共赢、共享是生态圈持续发展的最重要动能。

当人们懂得，除非利益相关者成功，否则自己无法成功，或至少知道只有通过共同努力才能获得成功时，人们就有了相互依存的意识。任何长期有效的关系中都必须有互惠意识。如果一方总是给予，而另一方总是在索取，给予的一方会感到在被利用，而索取的一方则有优越感。在这样的氛围下，协同是很难持续的。

卓越的领导者着眼于建立发展利益相关者的胜任能力和自信的环境，在胜任和自信的氛围中，生态圈中的所有利益相关者将毫不犹豫地承担自己的责任，并对结果持有很强的主人翁意识。

在"双碳"目标成为社会各界共识的当下，工业领域碳达峰成为备受关注的领域，一位 EMBA 学员[1]从"开发区"这个"切口"进入，在新的场景下实践出了绿色双碳园区的"生态地图"（见二维码 8.3）。

8.3：修炼产业园区"生态地图"，打造公司领导力

🛠 工具箱

打造生态地图的操作指引

（1）生态布局，精准定位；
（2）数据驱动，平台运营；
（3）培育物种，繁荣生态；
（4）领导赋能，高效协同；
（5）独立核算，分布经营；
（6）共识共创，共担共享。

第三节｜领导力生态行为的底层逻辑

修炼领导力生态行为需要四大底层逻辑支撑：
价值创造＋网络链接＋赋能协同＋共赢共享。

---

[1]　复旦大学 EMBA 2022 级王萍。

一、价值创造

（一）价值创造是生态圈发展的必要条件

价值创造是生态圈发展的必要条件，也是生态圈建设的终极目标。"以终为始"就体现在生态圈发展的第一步以价值创造为出发点。

离开价值创造，生态圈就是无源之水，无本之木。价值创造促进资源在生态圈中的流动和循环，带来生态圈的健康与活力。

生态系统——人才蓄水池的价值创造[1]

PHIRST 工作室于 2021 年 5 月设立，目标是通过团队在专业领域的知识研究、方法论储备和管理经验积累，以及工作室自身在做的管理体系研究课题，为中国高潜质的民营企业系统性打造企业专属的"企业健康"管理持续提升解决方案。我们正在构建"人才蓄水池"的生态系统。

我们选择去做难而正确的事情，也正是期望从源头上能够尽自身能力以及周围各种的力量，作为学生和企业之间的桥梁，为在校学生（主要是财税专业及人力资源专业的学生）提供专业维度、方法论维度的持续性指导，并有针对性地为企业输送符合企业需求标签的人才，而工作室因自身也有对管理体系的深度研究，企业又可以将员工放回蓄水池做"持续深造"，形成"人、知识、体系"的生态系统循环，在不断复制、扩大和高校的合作，加大"蓄水池入水量"的同时，将生态系统逐步扩大，从区域扩张至全国，甚至全球，为企业不断输送合格人才的同时，为社会培养全球化人才，产品可以全球销售，人才也可以全球发展。

（二）生态价值，源于生态红利的创造

1. 生态价值源于创造了生态红利

生态价值的创造，源于创造了生态（共生＋共享＋系统）红利。

价值创造是维系生态圈良性运转的关键。只有通过不断创造价值，才能吸引更多参与者加入生态圈，形成网络效应和规模效应，推动生态圈的繁荣发展。反之，如果生态圈无法持续创造价值，就会导致参与者流失，生态圈走向衰败。

2. 生态红利源于系统共生加系统共享

对企业领导者而言，当今最大的经营红利是生态红利。

生态圈是一个有机的系统，整体大于部分之和。生态红利正是这种系统性优势的体现。它不是简单的利益相加，而是通过生态成员之间的协同与互补，激发出整个生态圈的创新活力和发展潜力，创造出更大的价值。

系统性优势体现所产生的价值，在生态圈成员中实现共享，产生更大价值，

---

[1] 复旦大学 EMBA 2022 级丁喆。

这就是生态红利。

二、网络链接

（一）网络链接是生态圈发展的重要基础

1. 网络效应带来组织的高速成长

很多新商业模式的诞生都得益于网络效应，这些商业模式充分利用了网络效应的特点，通过连接海量用户，快速做大规模，创造了巨大价值，成为推动组织高速成长的新引擎。

在网络化的组织中，不同背景和专业的人才可以充分交流和碰撞，激发创新的火花。同时，网络效应带来的用户规模，为产品和服务创新提供了广阔的应用和实验场景。创新反过来又进一步推动组织的成长。

2. 网络链接是生态圈发展的重要基础

网络链接，是生态圈发展的重要基础。网络链接产生的效应对扩大生态圈规模、提升生态圈效率、促进生态圈创新、强化生态圈竞争优势均发挥着重要作用。

网络效应若形成正反馈循环，先发优势明显。率先形成网络效应的企业，会吸引更多的用户和合作伙伴加入，网络规模越大，企业的市场地位就越难以撼动，从而构筑起强大的竞争壁垒。

（二）生态效应，源于巧妙的创造链接

1. 生态效应源于巧妙的创造链接

生态效应，源于巧妙地创造链接。

双边市场（一边是生产者，另一边是消费者）形成网络效应：正向同边效应、负向同边效应、正向跨边效应、负向跨动效应。成长的平台生态必须巧妙地创造链接效应，如图 8.2 如示。谷歌实现了人与信息的链接，苹果实现了人与应用程序的链接，微信实现了人与人的链接，东方财富网也正在依据这种思维，实现人与财富的链接。

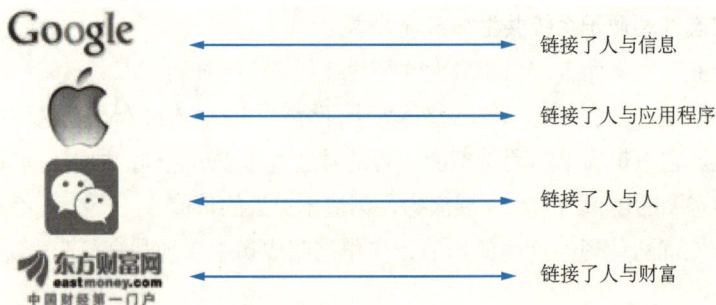

图 8.2　网络链接举例

大众点评网，一边链接商户，一边链接用户，制造跨边链接。评论的用户和信息阅读的用户又构成同边的链接。

生态型领导的特点，就是具有极强的网络链接能力。具备这种能力的领导者从一种需求或一个具体的应用场景入手，根据价值网络，迅速撬动相关资源，吸引潜在伙伴，缔结产业互联网，并构建产业生态，以营造新产业或促进已有产业的转型、升级和创新。

2. 网络效应的发展趋势

随着人工智能技术的赋能，网络效应将继续作为推动经济增长和创新的关键力量。网络效应的发展趋势呈现如下特点：

（1）从同质化向差异化升级。

早期的网络效应主要是基于同质化的用户群体，比如社交网络把相似属性的人链接在一起。但随着网络的发展，差异化的网络效应开始凸显，比如跨边网络效应把买家和卖家这两类不同的群体链接起来，创造了更大的价值。AI技术实现了更广泛的链接，加快了差异化的升级。

（2）从单一领域向多领域延伸。

早期的网络效应往往局限在单一领域，比如游戏平台的网络效应。但现在越来越多的企业开始打造综合性平台，实现多领域的链接。比如阿里巴巴从电商起家，逐步延伸到金融、物流、云计算等领域，规模和影响力大大提升。

（3）从线上线下到全场景融合。

网络效应最初主要存在于线上，随着移动互联网和物联网的发展，线上线下的界限正在模糊。从线上到线下的网络效应正在显现，比如滴滴和美团都在努力链接线下的交通和本地生活服务，网络效应正从线上向线下渗透，形成全场景融合。

（4）从消费领域向产业领域延伸。

网络效应在消费互联网领域已经得到充分验证，产业互联网正在成为新的风口。产业领域存在大量的信息不对称和效率低下问题，亟须用平台的方式来重构。忽米网就是一个典型的案例，它借鉴消费互联网的连接思维，将其应用于工业制造领域，通过平台化模式实现了产业链的深度整合。

（5）从国内到全球布局。

中国的互联网平台"走出去"如抖音、拼多多、快手等都在加快全球化布局，中国企业"出海"已成新热潮。

中国企业"新出海"的四条路径

第一条出海之路，是打好"空差"（指相对"时差"而言的空间形成的差距）。比如，在美国复制一个"拼多多"。当前看，AliExpress、SHEIN、Tik Tok Shop和Temu已经明显搅动整个跨境电商以及外贸江湖。

第二条出海之路，是传统制造产业向东南亚转移。

第三条出海之路，是通过加强"一带一路"共建国家的工业化、信息化、城镇化建设，充分消化国内的过剩产能。

第四条出海之路，中国的高端产业，尤其是以新能源为领军的龙头企业，正在向欧洲大举进发。

三、赋能协同

（一）赋能协同是生态圈领导的主要方式

1. 管控与赋能的区别

传统的领导模式强调管控，生态型领导模式强调赋能。

管控是监督、检查工作是否按既定的计划、标准和方法进行，发现偏差，分析原因，进行纠正，以保证组织目标实现的过程。管控是面向组织中的人员、财务、作业、信息、组织绩效等对象进行控制。

赋能是组织或领导者通过提供资源、权力和支持，增强员工的自主性、责任感和能力，使他们能够自我激励、自我管理，从而有效完成工作、达成目标的过程。

2. 赋能协同是生态圈领导的主要方式

早在 20 世纪 20 年代，被誉为管理学先知的玛丽·福列特就提倡"共情"和"整合"式的企业管理方式。在福列特的思想中，如果一个管理者想要调整目标，那么就需要对这个目标进行改造。这个改造本质上是员工共同参与进行再造的过程。虽然有一些管理者愿意将员工吸纳到目标调整的过程中来，但在行为层面上却看不到员工参与的过程和痕迹。组织绩效与责任不是单人绩效与责任的叠加，而是相互联结、有效协同。

组织绩效来源于有效协同。传统组织中出现的流程不顺畅、人进不来、缺乏创新、责权不匹配等问题，因有效协同而得以解决。传统企业存在的四大毒瘤：山头主义、官僚主义、惰怠、腐败，也就没有了生存空间。

因此，生态圈领导的主要方式就是赋能协同，通过赋能激发生态伙伴的潜力，通过协同，成为彼此生长的杠杆，共同创造更大价值。

（二）赋能协同的五种主要能力

1. 洞察市场机会

传统的洞察市场从供给驱动的角度来考虑问题，而赋能协同是从需求引领的角度来考虑问题。从客户视角开始，先要去理解要服务的客户场景，理解客户需求，再从客户一侧反推，需要构建一个什么样的生态。这个过程，是从产品与服务对生产、生活的应用场景满足来洞察机会，从而提供整体解决方案来满足需求。

2. 筛选生态伙伴

满足场景需求的整体解决方案，需要包括硬件、软件等多个细分行业的多家企业共同参与实现。生态圈由此构成。如诚品书店的场景，不只是买书、看书功能，而且融入美食、娱乐、艺术等多种形式于一体的人文生活空间。

在生态圈中，选择合适的合作伙伴至关重要。生态合作与维系需要投入大量人力、物力、财力。因此，无论是生态圈核心企业，还是生态圈的后进入者，都在相互筛选。

生态伙伴的筛选通常有三个标准，缺一不可。

（1）产品是不是能高度匹配；

（2）应用场景是不是高频；

（3）看原有市场占有率是不是足够。

3. 达成价值共识

生态不是简单集合，也不是协议驱动，而是全方位的价值驱动。生态合作需要价值趋同的合作伙伴，需要共同导向为客户提供更好的服务，创造更大价值的目标。这需要生态圈的所有参与者形成深度共识。

4. 提升生态协作

生态圈内，一荣俱荣，一损俱损。生态圈的企业都是围绕客户需求和场景搭建生态的，不仅要在自己的领域做精做专，完善自身的护城河，形成一个领域、行业的竞争力；同时，也需要关注生态协作能力的提升，相互赋能协同。

5. 重塑资源和组织

赋能协同下的生态组织，是无边界的组织群，企业作为个体的生态伙伴，被纳入整个生态圈的组织群中。

生态并不是独立的，生态既需要对外部链接，又需要和内部联动。资源不再是封闭地在个体组织中流动，而是转向开放地在组织群内流动，组织也被要求必须具备高度的敏捷自驱性。

四、共赢共享

（一）共赢共享是生态圈持续发展的根本动能

1. 生态圈具有多样性和协同性

生态圈内聚集了各种不同的"物种"，即各类企业、社会组织、个人等不同的参与主体。它们在生态位、资源禀赋、能力特长等方面各有差异。

这种多样性不仅可以帮助生态圈更好地应对不确定性环境带来的竞争压力，有效缓解环境变化的冲击，而且有利于生态圈整体价值的创造，形成不同的产业链或产业集群。尽管生态圈内部成员千差万别，但它们并非独立存在。通过合作与竞争，生态圈成员能够协同发展，从"企业生态位"的角度看待自己和他人，最终实现共生共赢。

2. 共赢共享是生态圈发展的根本动能

共赢共享的理念有助于调动和激发生态圈成员的积极性，推动价值的共创和分享。生态圈领导者应树立全体利益相关方共同的愿景，让合作伙伴相信参与生态圈能让自己变得更好。要形成与之匹配的文化氛围，鼓励创新，宽容失败，让成员敢于尝试，持续为生态圈注入新的活力。

（二）共赢共享靠愿景＋使命＋价值观来实现

生态圈的动能靠愿景＋使命＋价值观来实现。弘扬共赢共享的生态文化，需要坚持长期主义，走大道，走正道。

（1）生态圈不应该只衡量利润，还应该以生态圈发展目标来度量价值。

（2）生态圈领导层不应该只建立面向个别员工或公司的愿景，而应该建立面向全体合作伙伴的愿景。因此，建立行业发展前景以及如何帮助合作伙伴是非常重要的。这是传统公司较难理解的，因为它们通常不会为它们的合作伙伴创造一个愿景，它们只会为自己的公司创造愿景。

（3）生态圈的文化对看待组织中的创新有不同视角。如果想要打造一个成功的生态业务，在建立起一个稳定的利润中心的同时，还需要很多额外的创新，哪怕它们可能无法立即带来利润，甚至可能永远不会带来利润。但必须有这些创新，否则整个生态圈将无法找到下一个发展的大机会。

"共赢共享"正在逐渐成为企业生态建设的重要理念。以一位 EMBA 学员[1]为例，他所在的企业以"客户、员工、伙伴、公司、股东，合作多方共赢"为文化核心理念之一，并进行了生态的共赢共享设计（见二维码 8.4）。

（三）弘扬体现"四共"理念的生态文化

生态文化是和谐共生的文化，生态文化体现在"共识、共创、共享、共担"四个理念上。

生态中的组织在形成共识的基础上，要共担风险、共享价值、共同创造，以合伙人机制，成立更加精干的、独立的体系和团队去做新领域、新赛道。新希望正是这种理念的先行者。其掌门人刘永好认为："在共识和新机制的加持下，找准市场机遇，选择好的、适合的赛道，加上集团的综合赋能，这些结合起来，创业成功率就会大大提高。人们常说创业都是九死一生，成功率不会超过 10%，而我们这个体系孵化的企业创业成功率超过 50%，甚至有 60%。其原因，就是它既具有小微企业、创新创业的优势，又有大企业、大品牌的赋能和支持。这就是我们总结出的经验，用年轻人，用新的理念，用新的合伙人机制，从分配的角度、制度的角度、组织的角度进行变革。"

8.4：工智道生态的共赢共享设计

---

[1] 复旦大学 EMBA 2022 级陈浩。

第九章

领导力生态行为的操作

第一节 | 生态行为的操作思路

一、生态效应的实现路径

企业生态化发展，实现生态效应是一个过程。通过对一些先行企业的考察、研究，我们将这个过程分为三个阶段，见图9.1。

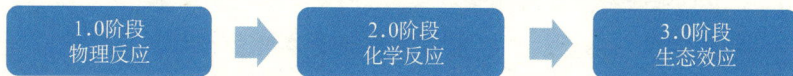

| 1.0阶段 物理反应 | → | 2.0阶段 化学反应 | → | 3.0阶段 生态效应 |

图 9.1 实现生态效应的三阶段

（一）物理反应

生态系统中各种要素之间初步建立起链接，形成松散的、不稳定的生态雏形。这个阶段更多体现的是网络效应，通过将不同主体链接在一起，搭建起交互的平台，但这种链接是比较表面和脆弱的，容易受到外界环境变化的冲击。这个阶段没有新物种的产生，价值创造也只是算术级量的累加。

> 物种决定生态，生态赋能物种。

（二）化学反应

随着链接不断加强，生态系统内部的协同程度加深，参与者之间建立起更为紧密的合作关系，朝着共同目标努力。这个阶段平台开始为参与者赋能，提升其能力，使其获得实实在在的收益，但参与者之间的博弈和利益捆绑尚不牢固。这个阶段已有新物种产生，价值创造也因化学反应产生乘数效应。

（三）生态效应

生态效应是生态系统发展的最高阶段。参与者之间充分认同生态的愿景和价值观，形成"命运共同体"，愿意为生态的整体利益作出贡献和牺牲。创新不断涌现，生态版图不断扩大，生态红利涌现，系统性效应生生不息、持续进化。生态红利的涌现有时会带来指数级别的增长。

生态系统的发展是一个逐步演进的过程，从物理反应的初步链接，到化学反应的协同合作，最终达到生态效应的共同体形成。理解这三个阶段有助于领导者和参与者更好地导航生态系统的发展，实现长期的成功和可持续发展。

复星在生态化三个阶段的好物种标准[1]

复星是一个创新驱动的家庭消费产业，客户是核心，产业是物种。

好的产业能生产好产品、好内容、好场景，能实现 FC2M。

1. 物理阶段好物种的标准

有没有会员系统：客户有分类分级。

有没有好的产品：看两个指标——高毛利和高毛利额。

有没有好的供应链：可控和柔性。

基础层：由复星统一打造，基础层代表了轨道，面对不同产业如果不是同一个轨道，未来没办法化学反应。

智慧层：实现客户兼容。就是你的会员可以变成我的会员，我的会员可以变成你的会员，并且相互反馈。

应用层：产业各有不同，允许各有差异。

2. 化学阶段好物种的标准

平台有客户流量，平台生态流量还是各自的，化学阶段就看如何把流量互相交叉做乘数，互相导流。不是在内部的小生态做交换，而是全球接入。

3. 生态阶段好物种的想象

客户畅游在生态中。系统是开放的、利他的。物种有迭代，甚至有灭绝，一切都在进化中。

图 9.2
数字化可控的三个层次

（应用层 / 智慧层 / 基础层）

---

[1] 内容整理于 2024 年 4 月 4 日包季鸣教授与徐晓亮的交流。

二、生态行为的操作思路

（一）生态行为的操作流程

1. 确定生态化的路径

生态化是大势所趋，是所有企业的必经之路，或自建生态、或融入生态、或自建生态为主其他生态融入。

（1）自建平台，创造生态。

适用于新的创业者、企业的全新业务单元、大集团或特大集团转型至生态圈发展。一般以构建信息化平台的方式，以外来者的姿态进入，颠覆或者整合某个产业，如复星、滴滴出行、科大讯飞等。

自建平台要找准行业的痛点和机会点，以解决实际问题为导向，而不是为了建平台而建平台。基于一个场景解决所有利益相关方的痛点，就能形成一个好的生态。

自建平台创造生态是一个复杂的系统工程，需要在战略选择、伙伴建设、机制设计、创新驱动、管理平衡、文化塑造等方面统筹考虑，最终形成共生共荣、持续进化的生态系统。自建平台，创造生态需把握六个原则。

① 选准切入点和发力点。

② 吸引合适的合作伙伴。

③ 构建开放共享的机制。

④ 保持创新驱动和快速迭代。

⑤ 平衡好管理与放权。

⑥ 构建信任与认同。

（2）参与平台，融入生态。

所有不具备自己打造独特生态圈的，都应设法进入有利自身更好发展的生态圈，依托大平台，成为平台生态的成员。例如，紫米公司之于小米的智能硬件生态平台。

参与平台融入生态是一个深度融合、协同进化的过程，不能把平台只当成可利用的资源，而要真正融入其中，与平台共荣辱、共进退，这样才能获得长久的发展动力。

参与平台不能盲目跟风，要有选择性地参与。要基于自身的核心能力和资源禀赋，找准在生态圈中的位置。要发挥自身的独特价值，成为生态中不可或缺的一员。参与平台、融入生态也需要把握六条原则。

① 找准自身定位和生态位。

② 注重能力的互补性。

③ 遵循平台的运营规则。

④ 保持创新和进化的动力。

⑤ 协同共生而非简单竞争。

⑥ 维护平台生态的健康。

（3）既自建生态，又融入其他生态。

生态圈发展是一种全新的探索中的经济发展模式，会出现有些企业，一方面自建生态，另一方面又融入其他生态圈，以获取更好发展。例如同程旅行，本身自建了在线旅行平台，构建了自身产业链的生态圈，又融入了腾讯大生态圈。

2. 生态行为的流程图

领导力生态行为流程图（见图 9.3）。

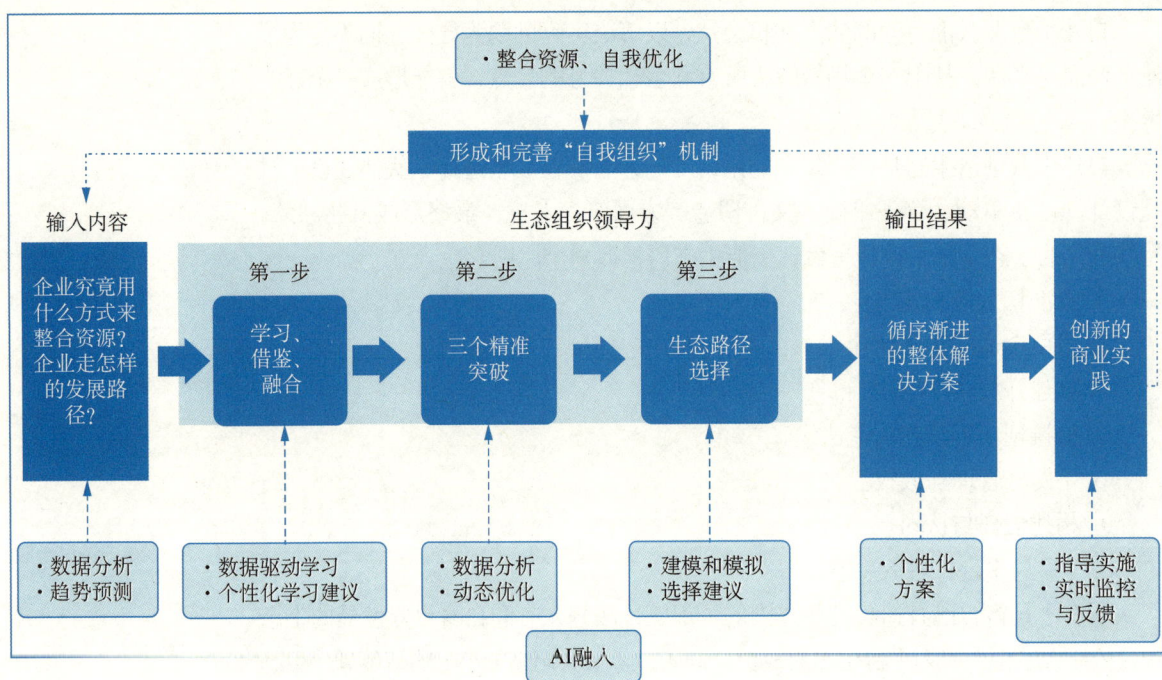

图 9.3 领导力生态行为流程图——人机共治模式

首先，输入内容：企业究竟用什么方式来整合资源？企业走怎样的发展路径？

第一步：如何学习、借鉴、融合。

第二步：如何实现三个精准突破。

第三步：如何创造生态或融入生态。

输出结果：以体现"生态地图"底层逻辑的解决方案。

实践并反馈：形成和完善"自我组织"的生态机制。

在以上流程中，"AI 融入"帮助领导者形成人机共治模式（具体示范见第五章第一节）。

（二）生态行为的操作关键

1. 学习、借鉴、融合

第一步要求学习领导力生态行为的底层逻辑，借鉴先行企业的经验和教训，融合生态地图的要求。

（1）学习底层逻辑的认知提升。

领导者通过理解"道家思想"中的生态智慧，如"天人合一，上善若水"等，实现认知的提升。同时要学习当代"生态型领导"理论，了解其内涵，即让生态系统中的每个主体都能找到与未来的链接，追求生态系统的整体繁荣。

（2）借鉴先行企业的经验教训。

可借鉴复星、海尔、华为、美的、腾讯等企业在构建生态中的成功经验和教训。例如，复星从平台经营到生态经营的演进过程中，理解"物种决定生态，生态赋能物种"的实施思路。

（3）融合生态地图的作战要求。

领导者要跳出固有思维，进行系统性的顶层设计。要将学习到的生态理念、借鉴到的先进实践与企业自身的战略目标、资源禀赋、组织文化相融合，绘制出独特的"生态地图"。

2. 实现三个精准突破

企业向数字化、平台化转型，是适应生态的必要条件。

在此基础上，要求领导者带领组织实现三个层面的精准突破。

（1）认知层面：从竞争到共生的认知突破。

需要在认知层面突破"你输我赢"的零和博弈思维，树立生态意识，善于链接资源，打造利益共同体，实现多方共赢。

（2）组织层面：从分工到融合的组织突破。

组织需要从"机械式"向"有机式"转变，从科层制向扁平化、网络化转变。

（3）运营层面：从各自为政到即需即供的运营突破。

传统运营模式是各环节、各主体各自为政，缺乏协同。而生态运营要求供需精准匹配，实现敏捷高效。运营需要从"推式"向"拉式"转变，从大规模库存式生产向个性化定制转变。要求组织运用数字化手段，实现信息流、资金流、物流的全链条打通，提升运营效率。

3. 寻找最佳"生态位"

"生态位"本是一个生物学概念，用来研究物种之间的竞争关系，即在一个生态系统中，每个物种都有自己的角色和定位，占据一定的空间，发挥一定的功能，后来才延伸到了商业领域。"生态位"既是自然生态进化的原因，也是社会生态进化的动能。

在资源有限的情况下，物种处在同一生态位就会产生"内卷"，于是有些物种就去寻找新的"生态位"，以规避竞争和天敌。

衡量"生态位"是否优势，重点看以下三个方向。

（1）市场空间是不是足够大。

不要在螺蛳壳里做道场，市场空间的大小决定企业未来成长空间的大小，决定企业在这个市场空间里有没有腾挪空间。如果在能力构建上做不到规避竞争，那至少在市场空间上要能提供这种可能性。

（2）是不是刚需。

不是刚需极可能就是伪需求，在伪需求上建立商业大厦，容易坍塌。

（3）是不是唯一。

在战略无人区，人无我有，才容易成功。

4. 赋能培育"新物种"

在商业生态系统中，物种是指参与系统解决方案并直接面对客户的品牌和企业。

物种要健康可持续，要拥有强劲经营性现金流和经营性利润。没有利润的物种难以为生态提供价值。因此，物种的核心竞争力离不开高毛利率、高毛利额的爆款产品。爆款产品从偶然变必然的根本在于对 C 端客户需求的精准挖掘和满足，以及供应链的支撑。

物种的打造离不开数字化底盘的支撑。通过数字化手段，实现客户会员化、会员体系化，供应链柔性化，以及 C2M 模式。

打造强大、健康的头部物种，是构建生态的关键所在。复星集团在这方面的实践非常具有借鉴意义（见二维码 9.1）。

9.1：坚韧致远，厚积薄发——复星的生态之路

第二节 | 打造生态圈的四个阶段

一、初级阶段：网络链接，搭建平台

生态圈的网络效应，源于巧妙的创造链接。

网络效应创造了 21 世纪的企业巨人。截至 2025 年 3 月，Facebook 的月活跃用户数已超 31 亿名，微信的月活跃用户数超 13 亿名，在网络世界，生态系统已是竞争优势和主导市场的新源头。

（一）筛选链接合作伙伴

网络链接的核心是筛选链接合作伙伴。建立强有力的生态关系的前提，是识

别和筛选在能力和核心资源方面具有强互补性的合作伙伴。企业在发展中的合作伙伴可能有高校、科研机构、客户和投资方。

在生态系统构建的不同阶段，对合作伙伴的选择也有所侧重。不同时期需要不同的合作伙伴。

科大讯飞筛选链接合作伙伴[1]

在初创期，科大讯飞主要是跟高校和科研机构合作，在保持一个自主创新者身份的同时，也成为语音核心技术的资源整合者。

随着科大讯飞的发展，在不同领域与更多的高校和科研机构合作，并取得在创新联盟中的核心地位。

因此，来自科研机构的源头技术资源是科大讯飞构建生态系统不可或缺的要素之一。

（二）循序渐进的四类链接

领导力生态行为的发展取决于领导者的网络链接力。这种链接力体现在循序渐进地内容链接、技术链接、生态链接、心智链接上。

1. 内容链接

内容链接是指通过创造和提供消费者可感知的价值，来建立与消费者之间的联系。这种价值可以是有形的产品，也可以是无形的体验。内容链接的核心在于创造原创、稀缺、个性化、有亲和力与信任感的内容，以吸引消费者的注意力并建立品牌认知。

无论是"所见即所得"的购物方式不断推陈出新，还是玲娜贝儿、冰墩墩以及肯德基联名玩具"可达鸭"等备受追捧的盛况，都体现了内容链接的力量。

2. 技术链接

"技术链接"是一种创新的连接方式，旨在通过技术手段实现不同设备、平台和应用之间的无缝衔接和交互，从而提升用户体验和操作便利性。这种技术的核心在于打破传统壁垒，实现数据和功能的互通有无，让消费者在跨平台、跨品类使用各种产品时，越来越方便。

例如，通过智能家居系统，用户可以使用手机应用控制家中的灯光、恒温器、安全摄像头等设备。

3. 生态链接

生态链接是跳出单一企业思维和固有的产品线思维，打造热带雨林式的共生共荣的大生态，"天下为我所用，我为天下所用"。

---

[1] 复旦大学 EMBA 2022 级李平。

在宣布进军元宇宙时，扎克伯格说，元宇宙不会由一家公司创造，它将由创作者和开发者构建，开启一个更大的创意经济。"Meta 源于希腊语，意思是'超越'。……它将超越屏幕的限制，超越距离和物理的限制，走向每个人都可以相互陪伴、创造新机会和体验新事物的未来。"

4. 心智链接

心智链接是指品牌通过持续的创新和价值传递，在消费者心中建立强烈的联想和认知，从而形成品牌生命力的核心。它体现为消费者对品牌的自发联想和优先选择，是品牌价值的最终体现。

苹果通过不断推出让消费者惊艳的新产品，如 iPhone、iPad 等，建立了"非同凡响"（Think Different）的品牌形象。这种持续的创新使得消费者在想到智能手机或平板电脑时，很容易首先联想到苹果品牌。即使在没有明确提及品牌的情况下，许多消费者也会优先考虑购买苹果产品。这种强烈的品牌联想和优先选择，就是苹果成功建立心智链接的体现。

二、中级阶段：赋能协同，丰富平台

（一）赋能协同，产生共生效应

1. 赋能协同的目的

赋能协同的目的是发挥生态圈资源的集聚效应，产生生态红利。

组织的本质是人的协同行为关系，没有协同就不会产生组织。领导者需要通过赋能协同，让生态系统的成员们在合作与竞争中协同发展，以"企业生态位"的思想来看待自己和对待他人，最终实现生态系统整体的共生共赢。

2. 赋能协同的方法

（1）高效赋能的方法。

① 赋能社会、客户和利益相关者。

A. 采取行动，以使利益相关者感到很有能力，完全掌握自己的环境。

B. 让利益相关者对如何做好工作，服务好客户有选择的权利。设计好工作内容，使利益相关者有机会运用自己的判断力。提供必要的资源（尤其是信息），使利益相关者高效地工作。采取行动，提升用户的消费体验。

C. 根据利益相关者的工作找到他们技能与挑战的平衡点。

D. 让利益相关者了解企业发展蓝图，促进新技术与行业发展的结合。

E. 表现出你对利益相关者的能力充满信心。

F. 抽出必要的时间锻炼利益相关者。

G. 只提出问题，让利益相关者自己找到答案。

② 赋能个体的方法。

A. 看到所有人的潜力。

B. 在别人面前褒奖他们。

C. 邀请他们帮助你实现愿景。

D. 注意他们做好的地方，赞美他们。

E. 感谢他们，确保他们知道自己是有价值的。

（2）有效协同的方法。

① 提供刚需性质的服务：如菜鸟网络，虽然投资周期较长，但因为物流是社会的基础设施，属于刚需性质的服务。

② 提供引发互动增值的服务：如美国通用电气公司把卖发动机变成"提供空中动力"的服务，通过对客户购买的飞机引擎的数据跟踪、分析和反馈，帮助用户规划航程、节省航油、提升效率和安全能力。

③ 提供强化核心网络效应的服务：如阿里巴巴的金融服务衍生于买方与卖方的交易链，当交易状态良好的时候，不仅是给利益相关者赋能，还是给用户赋能。

（二）系统共享，产生生态红利

1. 系统共享产生生态红利

系统共享是指在商业生态系统中，各参与方共享资源、知识、技术和市场机会等，以实现共同的目标和价值最大化。系统共享已成为产生生态红利的关键驱动力。

（1）资源共享：包括物质资源、财务资源、人力资源和信息资源的共享。

（2）知识共享：涉及技术、经验、最佳实践和学习的知识共享。

（3）技术共享：共享专利、软件、工具和平台等技术资源。

（4）市场共享：共享市场信息、客户洞察和销售渠道等。

例如，腾讯广告，其生态的逻辑是：建立以客户为中心的包容性全域生态，以交易能力、科学营销、工业智能、品牌效应四大能力为共享，持续发力，让生意百路皆通，实现生态红利。

2. 生态红利的具体体现

在生态化的中级阶段，产生生态红利，具体体现为：

（1）物种多样。

平台上聚集了各种不同类型的参与者，如供应商、制造商、分销商、消费者等，形成了一个多样化的生态系统。物种越多样，平台就越丰富。

（2）互动频繁、创新活跃。

平台参与者之间有着频繁的交互和协作，通过平台实现资源共享、价值创造和交换。互动越频繁，平台的活跃度就越高。开放、繁荣的平台生态可以不断涌现出层出不穷的创新成果。创新是平台发展的原动力，创新越活跃，平台就越有生命力。

（3）网络效应明显，共生关系形成。

平台的价值随着参与者数量的增加而提升，体现出明显的网络效应特征。网络效应越强，平台的吸引力就越大。平台参与者可以实现优势互补、互利共赢，形成一种共生关系。

三、高级阶段：优化平台，共赢超越

在高级阶段，平台生态应该通过共赢共享，聚焦自我创新与竞争规避。

（一）聚焦自我创新与竞争规避

1. 找到能够驱动创新的指标

从自我创新的角度来看，平台生态需要找到能够驱动创新的指标，提供可为使用者创造价值的新功能。这些指标包括：

（1）用户参与度：反映用户对现有功能的兴趣和需求，该指标可保持监测。

（2）用户反馈和满意度：用以识别用户需求和改进点，可定期收集。

（3）市场趋势：关注市场趋势及技术发展，以及时调整创新方向。

（4）新产品 / 功能的采纳率：可通过跟踪新产品或功能的市场表现数据，评估创新效果。

（5）研发投入与产出比：分析研发活动的投入与产出，确保创新活动的有效性。

2. 辨别来自竞争者的威胁

从竞争规避的视角来看，平台生态必须能够辨别来自竞争者的策略性威胁，使平台生态及早应对。这些策略包括：

（1）市场份额变化：通过监测市值份额的变化，评估竞争者的影响。

（2）竞争者动态：跟踪竞争者的新产品发布、价格变动及市场策略。

（3）用户流失率：分析出因竞争者吸引而产生的用户流失数据。

（4）品牌声誉：通过社交媒体或其他渠道进行监测品牌声誉，及时发现负面信息的来源。

（5）法律和监管的变化：关注可能影响竞争格局的法律和监管变化。

（二）重塑资源组织和激发创新

1. 从效率第一到价值第一

从"效率第一"到"价值第一"，是"价值共生"平台生态的主旋律。

在平台生态的早期，更多强调的是通过资源整合、流程优化等手段提升效率，快速做大规模，抢占市场。这个阶段应该以"效率第一"为宗旨。

随着平台的不断成熟，单纯追求效率已经不足以支撑可持续发展。这时需要从战略高度重新审视平台的定位和发展方向，真正聚焦在为用户、合作伙伴乃至

整个社会创造价值上。这个阶段应该以"价值第一"为宗旨。

2. 从个体价值到生态价值

在命运共同体中，个体价值与企业价值相互融合，企业价值与生态价值相互融合。为了实现这一战略目标，生态型企业需要重塑组织、重塑客户、重塑领导和重塑激励。

重塑资源和组织的能力体现在组织的重新设计和创新模式的选择上。

在组织设计方面，组织扁平化可带来快速的纵向信息流动和低管理成本，激发创新活力。创新的模式包括与人工智能以及其他龙头企业强强联合，或是扶持新兴的中小企业，或是与国外其他企业链接。

生态的发展是步步递进的关系，初级阶段搭建平台，中初阶段强调共生→共享，高级阶段需要共享→共赢，进而自我超越，实现生态优化。

科大讯飞的生态化高级阶段

科大讯飞的企业使命是：让机器能听会说，能理解会思考，用人工智能建设美好世界！

经过 25 年的发展，科大讯飞已建成国家新一代人工智能开放创新平台，拥有"语音及语言信息处理国家工程研究中心""认知智能全国重点实验室"；在语音识别、语音合成、智能翻译等关键技术领域持续保持创新引领，近三年累计获得 30 余项世界冠军。

讯飞开放平台自 2010 年成立以来，已面向全球开发者提供"云 + 端"方式的 AI 技术与服务，汇聚了百万开发者，累计终端用户达 40 亿。2024年 6 月 27 日，对标 GPT-4 Turbo 的"讯飞星火 4.0"发布。

在生态化高级阶段，科大讯飞以人工智能技术赋能千行百业，以创新方式为不同领域的企业提供人工智能解决方案。重塑资源和组织，保证了科大讯飞灵活地适应不断变化内外部环境，更好地实现与生态伙伴的共赢共享。

1. 广泛的行业应用

科大讯飞的技术广泛应用于教育、医疗、城市、政法、汽车、金融、交通、家居等多个领域，提供行业专家知识和数据支持，推动了这些行业的数字化转型和智能化升级。

2. 多样化、个性化的产品与服务

科大讯飞提供包括智能语音、语音评测、声纹识别、语音合成、语音识别、语义理解、机器翻译、文字识别等多种产品和解决方案，满足不同用户和场景的需求。

通过星火 App/Desk，科大讯飞提供工作、学习、健康、生活等个人空间的智能化服务，打造懂你的 AI 助手，提升了用户体验和生活质量。

科大讯飞的 AI 人格技术能够为用户与 IP 建立情感链接，提供个性化陪伴和沉浸式交互体验，拓展了人工智能在情感交流和个性化服务中的应用。

不仅在技术和产品上不断创新，科大讯飞持续、积极构建生态合作伙伴关系，推动 AI 技术在社会各领域的应用和普及，以提升整个社会的智能化水平。

四、重生阶段：平台裂变，孵化新生态

（一）努力铺垫平台裂变基础

1. 平台、生态也有生命周期

企业有生命周期，平台、生态同样如此。

为了有效预防生态圈走向衰落，平台生态必须预测新一波的平台革命将发生在哪个产业？用什么指标来判断平台革命的速度？未来最可能受平台革命冲击的产业的赛道有哪些？在此基础上裂变重生，孵化出新的生态。

2. 铺垫平台裂变基础的最新探索

平台裂变的要素，是为创新、创意的集中式爆发铺垫平台基础。裂变的核心是开拓思路，用存量的用户找增量的需求，高频带高频，让用户数量达到持续性爆发增长的效果。铺垫平台裂变基础的最新探索体现在"热带雨林公理 14 条"上（见二维码 9.2）。

9.2：热带雨林公理 14 条

（二）适时孵化出新的生态

1. 孵化新生态的必要条件

（1）平台基础。

以用户需求和体验为中心的创新平台是孵化新生态的基础，通过这个平台，可以实现与用户的深度交互和需求捕捉，确保新生态紧密围绕用户价值进行创新。

平台是以数字化重构为基座，已形成目标、组织、流程、机制的全流程重构，使得围绕新生态的营销、物流、服务、员工、用户和客户都能在平台上适时交互。

（2）生态文化。

共赢共享的生态文化可以为新生态提供合作共赢的土壤。如海尔赋能的衣联网平台，仅基于智慧阳台一个场景生态，海尔便可以吸引 100 余家晾衣架、窗帘、洗衣柜等企业参与，一方面不断优化用户体验，另一方面所有生态攸关方均得到增值共赢，就得益于海尔的共赢共享的生态文化。

（3）资源整合能力。

新生态从萌芽到成熟，需要大量的投入。早期需要资金提供、风险承担、供应链支持、品牌支持等，需要生态体具有强大的资源整合能力。

2. 孵化新生态的最新探索

海尔的链群合约是孵化新生态的最新探索。

为适应海尔生态化发展的需要，以及对敏捷、用户需求驱动的生态系统构建的追求。海尔于 2019 年基于"人单合一"理念提出了"链群合约"的新模式。这一模式旨在通过小微企业的协同合作，快速响应市场变化，提升用户体验。

海尔链群合约的本质是信息化、动态性的多方对赌契约，连接内外部各方（海尔小微模式），围绕用户需求协同商议价值创造目标、利润分配等各方面内容，体现企业员工契约范式的内涵。

海尔提出"链群合约"的新生态，完全颠覆了科层制的组织结构，创造了积极均衡的、新的、动态平衡的生态。

张瑞敏喜欢引用凯文·凯利的一个说法："所有的公司都难逃一死，所有的城市都近乎不朽。"为什么？因为公司总是企图自成一个自闭系统，目标是做成一个帝国，而帝国没有不垮的。而所有的城市都近乎不朽，是因为所有城市都是生态系统。这就引出了张瑞敏的生态系统思维，这种思维使海尔能够创建按单聚散的、动态的、响应迅速的组织，以满足不断变化的用户需求。重点是协作和吸引新资源来解决用户的痛点，而不是试图自己发明、创造和拥有一切。

（1）与用户合一，不断创造用户需求；

（2）与目标合一，各个合作方连接成一个生态，共同创造出用户体验的生态系统；

（3）与价值合一，人的价值都体现在为用户创造的价值中，把产品价值打造为生态价值。

这三个"合一"汇成物联网时代的商业模式，创造出传统商业模式无法创造的终身用户、用户体验生态系统和生态价值。

> 让每个人都为用户创造价值负直接责任，让每个人都成为自己的 CEO。
>
> ——张瑞敏

海尔"先行者"系列空调的案例[1]

2019 年 5 月 19 日，海尔智家体验云平台上的"先行者"系列空调开始首发预售。这款产品是多个小微企业并联组成的"链群"共同打造的。每个小微企业在产品开发、设计、营销、物流等环节中发挥了独特的价值。

"用户小微"在其中扮演了协调者的角色，通过海尔智家体验云平台上的"需求宝"系统与用户进行持续交互，捕捉用户需求，并将这些需求转化为产品特性。

通过"量价对赌"机制，链群中的小微企业共同商议解决方案，通过提升销售量降低全流程成本，并进行增值分享。

"设计小微"围绕用户价值来设计产品和解决方案，同时也让用户全流程参与产品的定制与开发。

"用户小微"和"营销小微"在产品预售环节，利用网络进行话题交互，

---

[1] 根据曹仰锋相关资料整理。

刺激产品热销。

最终，从识别需求到产品上市，历时 2 个月，海尔为用户定制出了"先行者"系列空调，实现了零库存，并且从用户下单到产品送达并安装完成仅需 3 小时。

第三节｜形成自我组织的操作机制

一、自我组织操作机制的打造

（一）自我组织机制

1. 自我组织的内涵

自我组织是指企业依据平台，根据生产任务及生产环境，灵活、协同、开放的组织各类资源进行生产活动的过程，包括企业间供应链自我组织以及企业内部的物流系统、生产系统、信息系统自我组织。

2. 自我组织的趋势

在 AI 时代，自我组织的趋势日益显著。这种趋势强调了企业需要利用数字技术来加强网络效应，促进合作伙伴和消费者之间的互动与合作，以实现共同演化愿景。

在这个背景下，自我组织的双元性变得尤为重要。双元组织能力要求企业不仅要对外部环境保持敏捷且有韧性，还要智能地利用和探索公司现有资源，包括提高数据管理能力和员工素质。

随着共同演化愿景，未来的自我组织可能涵盖多个利益主体，集成了多种商业模式，通过商业模式间的协作、互补以及演绎，作为多种商业模式的集成的新颖商业模式，弱化局部利润而更注重整体利润。

3. 自我组织的实现

自我组织是一个动态的进化过程，需要在过程中实现不断完善。

生态圈之所以有这么高的工作效率，除了有各种开发技术、数据中台和协作工具的支持外，最重要的是系统背后以领导者为核心的自我组织行为的涌现——当有需求时，跨团队的生态圈合作可以用一种效率极高的方式快速封装来自不同业务单元的资源，对具体任务做出响应。

生态圈在充分利用各类工具资源的基础上，通过与圈内成员全方位交流和协作，相互影响、相互促进、相互结合，形成自我组织，最终产生乘数效应，使组织不断自我优化。

小胜靠机遇，
中胜靠人才，
大胜靠平台，
长胜靠生态。
——马明哲

形成和优化自我组织机制[1]

萌宝工厂有娱文化，致力打造青少年儿童影视发展平台（选角平台、明星赛事、演员成长、艺人经纪）。目前平台规模：童模演员总量超 6.5 万名、覆盖全国 30 多省级区域 500 多城市，文娱领域囊括平面、影视、综艺、秀场、广告等，目前市面上每 10 部上映的热播影视剧，萌宝工厂选角合作占比达 70%。

首先，我们明确了企业用什么方式整合资源。

通过将演绎资源授权给儿童摄影做童模演员选拔，由其链接当地教育机构推荐孩子，再由摄影店为孩子提供童模演员 Casting 模卡，制作好资料提交给我们，我们再链接到剧组。

第一步，学习、借鉴、整合。

通过这一步，我们形成了两个共识。

（1）生态地图目标：成为演艺界的阿里巴巴。

（2）从城市联盟切入：共创、共享、共赢。

第二步，三个精准突破。

第三步，生态路径选择。

最后，得出循序渐进的整体解决方案。包括：

（1）先从 B1 儿童摄影加盟开始合作。

（2）再到 B2 教育机构通过当地城市联盟合作，给予资源的赋能。

（3）五年目标 100 个城市，40 万家庭，入驻童模演员平台。

（二）生态机制

生态系统的开放性、协同性、共生性，通过生态机制来实现。具体包括以下四个方面。

> 生态系统的本质，是"命运共同体"。

1. 围绕共同愿景协同进化

生态圈是一个有生命力的组织，愿景则是这个生态系统的心灵和模因。如果没有愿景，平台生态系统的所有企业和所有参与者都不能健康发展。所以，愿景是平台生态系统成员企业共同进化、生生不息的牵引力。打一个比喻，愿景是平台生态系统的"太阳"，如果没有太阳，生态系统中的万物不能生长；生态系统的成员们就像是"向日葵"，需要"向阳而生"，尽管生态系统中的成员企业可能分布于不同的产业，但它们都需要紧紧围绕着生态系统的共同愿景来调整自己的战略和方向，协同进化和发展。

2. 价值共创与分享机制设计

要致力于构建"价值导向"的文化和机制，包括价值创造、价值实现和价值分配三个核心环节，目的是构建共同繁荣的"命运共同体"。在这样的价值共同

---

[1] 复旦大学 EMBA 2022 级余雨。

体中，个体价值与企业价值相互融合，企业价值与生态价值相互融合。

3. 网络化组织与运作方式

生态机制强调通过网络化的方式，将生态系统中的各个主体链接起来，实现资源的优化配置。组织形态要更加扁平化，信息流动更加顺畅，有利于激发创新活力。

4. 开放性的平台架构与赋能机制

生态机制的核心是通过开放性的平台架构设计，鼓励多方参与、促进价值共创。通过平台赋能，促进生态伙伴的能力提升，实现共赢发展。

在 AI 时代下，AI 可深度参与赋能，具体体现在：AI 技术高效解决生态圈内各种问题；AI 助力构建全方位、多层次的生态链；AI 通过智能匹配，提升资源配置效率，优化生态圈内的结构；AI 技术推动生态圈的科技更新和产业升级，为生态圈的发展注入新的活力。

二、自我组织生态机制的"误区规避"

1. 误认为自我组织就是放任自流

事实上，自我组织并不意味着无序和混乱，而是一种更高层次的秩序。它需要在明确的愿景和目标指引下，通过科学的机制设计和必要的约束，实现资源的优化配置和高效协同。

2. 忽视自我组织的动态优化过程

自我组织是一个持续演进的过程，需要在实践中不断总结经验教训，批判性审视，持续改进，形成良性循环。如果把自我组织看成一蹴而就的结果，缺乏动态优化的意识，就难以适应内外部环境的变化。

3. 低估自我组织对组织文化和个体心智的要求

自我组织不是单纯依靠制度和流程就能实现的，它对组织文化特别是个体的心智模式提出了更高要求。没有合适的文化土壤和个人素养，盲目推行自我组织，可能带来适得其反的结果。

4. 把自我组织等同于组织扁平化

虽然自我组织通常会带来组织扁平化的趋势，但二者并非简单的因果关系。过度追求扁平化而忽视必要的领导和垂直协同，可能导致组织陷入无序状态。

5. 期望自我组织能解决所有管理问题

自我组织并非万能灵药，对于某些领域和场景，传统的科层制管理模式可能更为有效。管理者需要审慎判断，因地制宜地采用适合的组织管理范式，避免教条主义。

总之，自我组织是一把双刃剑，运用得当可以激发组织活力，提升创新力和应变力；但如果对其内涵缺乏全面认识，生搬硬套，就可能带来管理混乱，得不偿失。组织需要在实践中不断学习，提高自我组织的成熟度。

三、领导力生态行为的"不为清单"

领导力生态行为的"不为清单"如表 9.2 所示。

表 9.2　领导力生态行为的"不为清单"

不当行为	具体描述
为短期利益牺牲长远发展	生态行为要着眼长远，不能只顾眼前利益。即使短期内付出更多，也要坚持可持续发展的原则，不做损害生态系统长期健康的事情
为一己之私损害利益相关方	生态理念强调利他而非利己。领导者要从生态系统整体利益出发考虑问题，不能只顾自身利益最大化而损害其他参与者的正当利益
为追求速度而忽视质量	生态的发展需要一个过程，不能操之过急。要坚持有节奏、高质量的发展，不能为追求速度而忽视产品和服务的质量，那样反而会破坏生态
为控制一切而扼杀创新活力	生态依靠各方协同创新，领导者要善于放权赋能，营造开放包容的氛围，不能为控制一切而限制他人发挥才智，扼杀创新活力
为追求均衡而抹杀差异	生态的活力在于多样性，各参与者应在优势领域发挥所长。领导者制定规则时要尊重差异，不能为追求表面的均衡而抹杀差异，那样会导致创新动力不足
为眼前的困难动摇信念	生态的培育需要定力和韧性。领导者要对生态发展充满信心，不能因一时困难就动摇信念、放弃努力，那样很难成就生态的长期繁荣

　　面向未来，找到高效的组织资源配置的方式，用正确的方法将正确的事做好，是领导力生态行为的重要目标。领导者通过绘制组织的生态地图，引领组织向生态化演进，并在此过程中，形成自我组织的生态机制。

推 荐 书 单

1.《平台战略：正在席卷全球的商业模式革命》——陈威如、余卓轩，中信出版社 2013 年版。
2.《硅谷生态圈：创新的雨林法则》——［美］维克多·W. 黄、［美］格雷格·霍洛维茨，诸葛越、许斌、林翔、志鹏、王霞译，机械工业出版社 2015 年版。

复 习 思 考 题

1. 平台与生态有什么区别，有什么联系？
2. 从企业发展路径的选择来看，为什么要强调生态化？
3. 联系企业实际，谈谈领导者如何绘制生态地图？
4. 结合一家具体企业的案例，谈谈如何培育新物种？如何寻找最佳生态位？
5. 你认为还有哪些不当行为可以加入领导力生态行为的"不为清单"？

领导力决策行为打造"定海神针"，为组织找到激动人心和富有吸引力的创新的组织目标；

领导力沟通行为打造"沟通神器"，生动描绘这一目标的画面，让利益相关者形成强大共识从而全情投入；

领导力生态行为，围绕新的目标，有效整合所需资源，绘制"生态地图"，指导企业生态化发展；

接下来，就需要研究如何使生态系统丰富、优化、裂变乃至重生。

本篇要点：

创新，是企业生生不息的原动力！

领导力创新行为，是推动企业向生态化发展的催化剂。

本篇重点探讨领导力创新行为的理念和操作，旨在帮助读者把握 AI 时代下创新力的内涵，联系实际，通过领导力创新行为提升组织的"创新格局"，引领开放式创新，形成组织不断优化的"自我创新"机制。

第五篇
领导力创新
行为

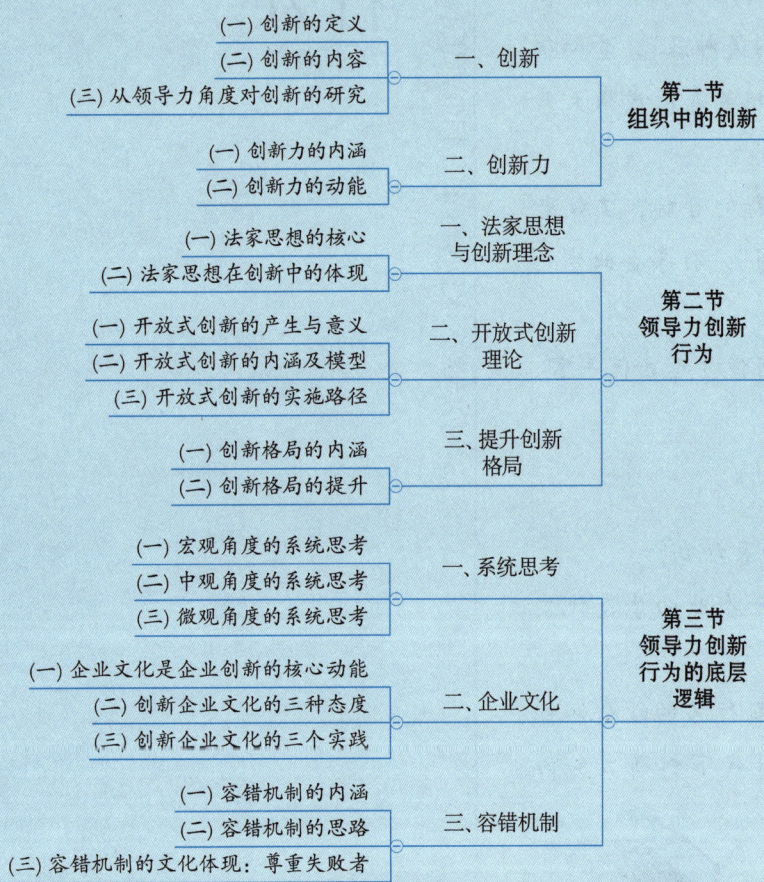

```
(一) 创新的定义 ──┐
(二) 创新的内容 ──┼── 一、创新 ──┐
(三) 从领导力角度对创新的研究 ──┘        ├── 第一节
                                        │   组织中的创新 ──┐
(一) 创新力的内涵 ──┐                     │                │
(二) 创新力的动能 ──┴── 二、创新力 ──┘     │                │
                                                         │
(一) 法家思想的核心 ──┐                                    │
(二) 法家思想在创新中的体现 ──┴── 一、法家思想              │
                               与创新理念 ──┐              │
(一) 开放式创新的产生与意义 ──┐              ├── 第二节      │
(二) 开放式创新的内涵及模型 ──┼── 二、开放式创新  领导力创新    ├── 第十章 ──── 第五篇
(三) 开放式创新的实施路径 ──┘    理论 ──┤   行为          │   领导力创新     领导力创新
                                     │                │   行为的理念      行为
(一) 创新格局的内涵 ──┐              │                │
(二) 创新格局的提升 ──┴── 三、提升创新  ──┘              │
                         格局                        │
                                                    │
(一) 宏观角度的系统思考 ──┐                            │
(二) 中观角度的系统思考 ──┼── 一、系统思考 ──┐          │
(三) 微观角度的系统思考 ──┘                  ├── 第三节  ┘
                                          │   领导力创新
(一) 企业文化是企业创新的核心动能 ──┐         │   行为的底层
(二) 创新企业文化的三种态度 ──┼── 二、企业文化  逻辑
(三) 创新企业文化的三个实践 ──┘              │
                                          │
(一) 容错机制的内涵 ──┐                      │
(二) 容错机制的思路 ──┼── 三、容错机制 ──────┘
(三) 容错机制的文化体现：尊重失败者 ──┘
```

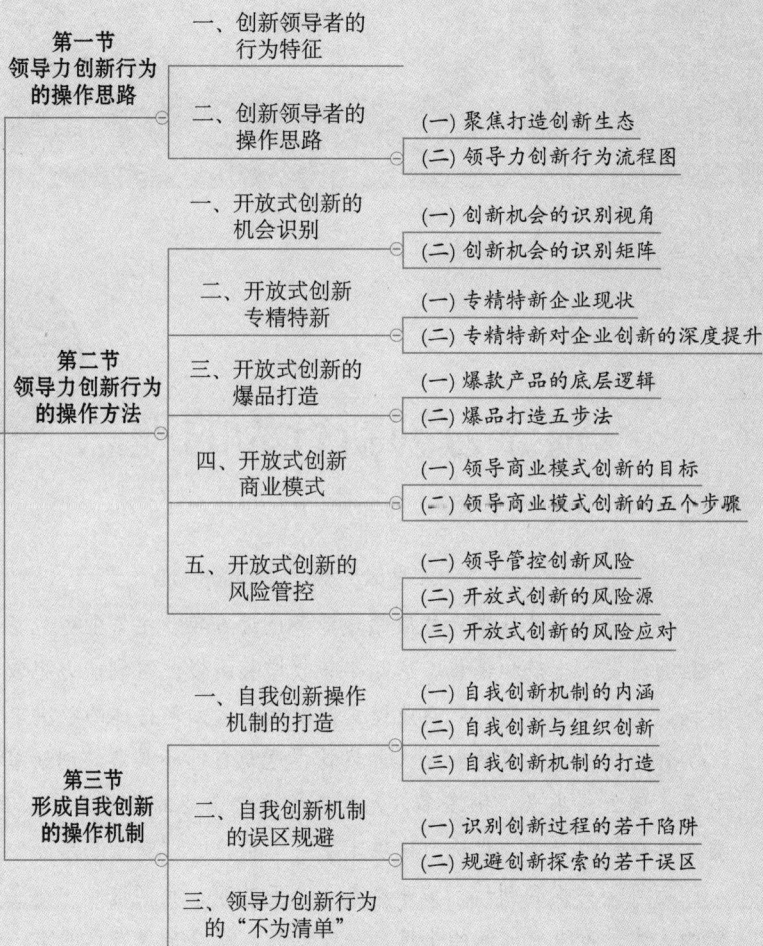

第十一章
领导力创新
行为的操作

第一节
领导力创新行为
的操作思路

一、创新领导者的
行为特征

二、创新领导者的
操作思路

（一）聚焦打造创新生态

（二）领导力创新行为流程图

第二节
领导力创新行为
的操作方法

一、开放式创新的
机会识别

（一）创新机会的识别视角

（二）创新机会的识别矩阵

二、开放式创新
专精特新

（一）专精特新企业现状

（二）专精特新对企业创新的深度提升

三、开放式创新的
爆品打造

（一）爆款产品的底层逻辑

（二）爆品打造五步法

四、开放式创新
商业模式

（一）领导商业模式创新的目标

（二）领导商业模式创新的五个步骤

五、开放式创新的
风险管控

（一）领导管控创新风险

（二）开放式创新的风险源

（三）开放式创新的风险应对

第三节
形成自我创新
的操作机制

一、自我创新操作
机制的打造

（一）自我创新机制的内涵

（二）自我创新与组织创新

（三）自我创新机制的打造

二、自我创新机制
的误区规避

（一）识别创新过程的若干陷阱

（二）规避创新探索的若干误区

三、领导力创新行为
的"不为清单"

第十章

领导力创新行为的理念

"非技术"就"无创新"吗

我创立的企业从事大健康领域业务已近6年，主营业务包括了大健康类产品的研发、生产和销售。这几年营收增长缓慢，盈利能力也较低，一直没有找到大健康产品的创新商业模式，以及爆款如何打造的解决方案。

作为非技术背景的创始人，我觉得这与自己不具备"创新基因"的优势有关。例如，小米、拼多多，元气森林这些企业的创始人要么有技术基因，要么具有营销背景，我认为这决定了一个企业的"创新基因"。

而且，一提到创新，似乎都是大企业的事，我们这种中小企业既没有创新的人才，也没有创新的土壤。一谈创新，就全是我自己的事……

第一节 | 组织中的创新

一、创新

（一）创新的定义

1. 经典理论的视角

创新，在经济学意义上是"生产函数的变动"，即生产过程中引入新的产品、新的生产方法、新的市场、新的原材料来源或新的组织形式。这个概念由美国经济学家熊彼特在 1912 年提出。其他关于创新的经典定义见表 10.1。

表 10.1　部分创新的经典定义

学者	创新的定义	提出年份
彼得·德鲁克	创新是赋予资源以新的能力，创造新的生产或服务，创新是组织发展和经济增长的关键因素	1950 年
埃德温·曼斯菲尔德	技术创新是新技术在商业上的应用，包括新产品和新工艺	1961 年
理查德·福斯特	创新是创造新市场和价值网络的过程	1980 年
克莱顿·克里斯坦森	在"破坏式创新"理论中，提出破坏性创新，即通过简化产品或服务来满足未被满足的市场	1997 年
阿玛蒂亚·森	创新是提高个体实质自由和发展能力的过程，创新是提升个体能力和社会福祉的手段	1999 年

2. 创新的本质是价值创造

创，是一个切口，创新，是开一个新切口，纳入新资源，建立新的循环，产生新的结果。在中国的本土实践中，多做要素组合才有更多机会创新。

（1）创新的本质是价值创造。

真正的创新深植于客户需求的土壤之中，它以价值型创新的形式存在，致力于解决客户的痛点，提供独特的价值。这种创新不仅仅是技术或产品的进步，更是对客户深层次需求的深刻理解和满足。

（2）创新的三个层面。

创新在三个层面体现不同的价值，见图 10.1。

第一层：企业价值。企业价值是企业通过提供产品和服务来满足客户需求，并实现自身的商业价值和利润。这个层面体现的企业价值，通过客户购买产生的收益实现，是客户为企业贡献的利润。

第二层：客户价值。客户价值是客户从企业的产品和服务中得到

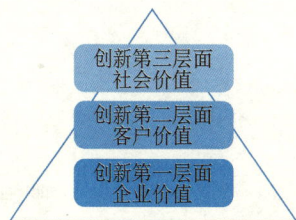

创新第三层面
社会价值

创新第二层面
客户价值

创新第一层面
企业价值

图 10.1
创新的三个层面

🎤 $Vc = Fc - Cc$（Vc：客户价值，Fc：客户感知利得，Cc：客户感知成本）
——肖恩·米汉 [1]

的满足。这个层面的价值体现为客户通过比较得到满足。即客户将从企业提供的产品或服务中所能获得的总利益，与其在购买和拥有时所付出的总代价进行比较。

第三层：社会价值。社会价值是反映个体与社会之间相互作用和影响的多维度价值体系，涵盖物质、精神、制度、环境等各个方面，是社会关系和人类活动意义的体现。

在 AI 时代背景下，企业的创新不是单一层次的，更多是三个层次的统一。本书提倡和追求的，是企业、客户和社会三个层面价值的共享。

（二）创新的内容

创新的内容包括新产品、新方法、新市场、新供应源和新的组织方式。

1. 新产品

新产品，通常指开发全新的产品或对现有产品进行显著改进，以满足消费者需求或创造新的需求。也可以理解为创造消费者还不熟悉的产品，或一种产品的一种新的特性。

以我们生活中熟悉事物为例：咖啡与巧克力混合之后产生了摩卡咖啡；泡沫牛奶加咖啡形成了卡布基诺；这些既是一种技术创新又是一种产品创新，也是一种产品形态的创新。

2. 新方法

新方法，指采用新的技术或工艺流程，也指创造一种新的生产方法，即使这种新的方法尚未建立在科学新发现的基础上。舒立兹啤酒就是一个采用新方法的经典营销策划案。

> 1919 年，在相同的德国工艺、德国口味，相同的以"纯度"为宣传点的营销中，美国舒立兹啤酒无法摆脱行业同质化严重的危机。直到创始人在火车上偶遇著名广告人霍普金斯。
>
> 霍普金斯受邀去了舒立兹的啤酒工厂实地参观后，很惊讶地问舒立兹的老板："为什么你不比别人更强调你的啤酒是纯的以及原因？"霍普金斯认为如果把这些写出来，必定会让每个人吓一跳。
>
> 他回去后就写了这个广告语："每一瓶舒立兹啤酒，在灌装之前，都要经过高温纯氧的吹制，才能保证口感的清冽。"当时的报纸广告标题的原则就是一句话说清楚整件事。

当"在灌装之前，都要经过高温纯氧的吹制"被视为技术上的创新，舒立兹啤酒赢得了市场的机会。几个月的时间，舒立兹啤酒就从美国市场的第五名上升

---

[1]《只需更好：如何赢得并留住客户》的作者之一。

到与第一名并驾齐驱的位置。

3. 新市场

新市场指开辟一个新的市场。新市场可能是通过发现或创造出来的，是原来没有的；也可以是通过地理扩张或开放新的客户群体来实现的。

当下众多企业在探索和实践的新出海，就是一种新市场创新。与过去的"走出去"不同，新出海更加注重创新和技术驱动。我们看到像 SHEIN[1]、TikTok Shop[2]、速卖通[3]和 TEMU[4]这样的"出海四小龙"正在全球范围内掀起风暴。这些企业不是简单地将产品销往海外，而是带着中国成熟的互联网模式、强大的供应链和创新的管理方式，在全球市场中开拓新天地。

4. 新供应源

新供应源，是指开辟原材料或半成品的新供给来源，或者改进原材料的获取和加工方法，以降低成本或提升质量。

茅台之所以只能在茅台镇生产，不仅是因为独特的生产方式，而且对地方的水质有严格的要求，茅台因此创造了一个独特的供应源。

5. 新的组织方式

新的组织方式，是指在组织内部或整个行业中引入新的管理方法、组织结构或商业模式。企业可利用新的组织方式提高竞争力。

海尔的"链群合约"、丰田的"精益生产"，都是一种独有的创新的组织方式。

（三）从领导力角度对创新的研究

1. 创新是经济发展的核心动力

熊彼特认为创新是经济发展的核心动力，是资本主义经济不断完善的"灵魂"。创新不仅推动了技术进步，提高了生产效率，还加速了经济结构的变革，促进了新产业的诞生，加快了旧产业的淘汰。他提出的"创造性毁灭"（creative destruction）概念，描述了新企业如何通过创新来取代旧企业，从而推动经济的持续发展。

在 AI 时代背景下的全球经济中，创新是国家竞争力的关键，也是企业生存和发展的核心要素。

2. 领导力决定创新水平的高低

众多研究发现，一些领导特质、能力和领导行为，对组织的创新能力均有显著影响，领导力影响着创新水平的高低。部分研究总结如表 10.2 所示。

> 新的产品必然是来自科学的原创的发现和发明，而科学原理的发现则必须来自在基础科学领域里面持久不懈的长期艰苦的努力。如果一个国家的基础科学知识依赖于他国，那么这个国家的产业的竞争力和他整个经济贸易的竞争力必然是非常虚弱的。
> ——《科学：无尽的前沿》

---

[1] SHEIN，一家专注于时尚服饰的跨境电商平台。

[2] TikTok Shop，字节跳动旗下的跨境电商平台。

[3] 速卖通，阿里巴巴旗下的跨境电商平台。

[4] TEMU，拼多多旗下的跨境电商平台。

表 10.2　领导力对创新的影响的部分研究

领导力因素		影响过程及结果
领导特质、能力	正直	提升员工对领导的信任，进而提升创造力
	幽默	员工感知宽容失败与鼓励创新，进而提升创造力
	创业精神	领导者自身具有充沛的创业精神，为员工树立榜样
	认知技能	高认知技能体现高创造力，通过被员工模仿影响员工创造力
	情商	领导者的情商水平促进和支持员工创造力的产生与发挥
	积极情感	积极情感提升团队信息共享，促进知识和想法的交流，增强团队整体创新能力
领导行为	变革型领导行为	通过心理授权、组织支持、创新文化感知、人际信任建立，增强组织承诺等多维度促进组织创新能力 • 对员工提供个人化的支持并关怀员工的职业发展 • 积极配备资源帮助员工实现创意 • 把员工的错误和失败当作学习的代价，不予惩罚 • 把创新作为考核标准去要求员工 • 下放权力，让员工有足够的自主空间去实现创意
	双元领导	通过增强员工的自我效能感和建立高水平的领导-成员关系，正向影响个体的创新水平

3. 创新活动中的领导力通过创新力体现

创新活动需要领导者的一系列能力，而这些能力均要以创新力为基础，包括：营造创新文化的能力、识别创新机会的能力、打造爆款产品的能力、创新商业模式的能力、管控创新风险的能力。

二、创新力

（一）创新力的内涵

创新力，是领导者带领企业在市场中将生态圈内的要素资源进行创新的整合，驱动平台生态创造新的更大的价值的能力。

在 AI 时代背景下，创新力体现为提升"创新格局"，克服创新障碍，有效引领开放式创新。

（二）创新力的动能

创新力从何而来？创新力的直接动能源于五个方面。

1. 企业愿景的强大激励

共启愿景是创新的出发点。创新的首要任务是愿景创新，即敏锐感知周围世界的变化，并创造引人注目的未来愿景的能力和行为。从愿景出发，思考创新路径，并持续创新。

苹果和微软创新底层逻辑的启示

苹果和微软的业务逻辑不同，但创新底层逻辑颇为相似。微软是一家主要面向政府和企业客户的软件公司。苹果是一家主要面向大众消费者的硬件公司。技术、市场、客户对两家公司提出的要求完全不同。

但这两家公司都有系统思考和长远目光。比如，都以5～10年为周期执行战略。不管是微软的"渐进式转型"、苹果的"不变应万变"，两家公司应对市场变化一些共同特点：

其一，业务扩张步步为营，新旧业务环环紧扣。长期专注核心竞争力。企业内部较少有延续性差、破坏性强的组织、战略调整。

其二，始终把利润、现金放在重要位置。充足的现金、利润可以让企业及时抓住机遇，或是足以抵御寒冬。

微软过去十年像是步步为营的林中猎人，一次次顺应市场变化调整方向，精准捕捉猎物。苹果更像是精于园艺的大师，在瞬息万变中并不急于追逐风向，而是坚守园地，精心让产品创新、用户体验、生态系统无缝融合。

微软和苹果的成功经验对于中国科技公司来说，更显弥足珍贵。

2. 市场需求的强烈推动

企业一定要面向市场、面向客户，而非面向领导。面向领导是"大企业病"形成的根本原因。市场的需求、客户的参与，才是推进创新的重要动力。

面向客户，体现在强调以客户为中心、强调客户参与、强调客户定制三个方面。

（1）强调客户中心。以客户为中心的价值创造体系，一切服务于客户。

（2）强调客户参与。企业不能独立创造价值，使客户参与设计、创造、生产等全环节，从单方向的互动变为多维互动，并导向立体创造。

（3）强调客户定制。面对客户需求碎片化、个性化，按需定制C2B等运营模式成为创新的趋势。

3. 人工智能的强烈拉动

AI通过数据分析、自动化、个性化服务等方式，强力拉动了企业在产品、服务、商业模式等多方面的创新，也有效提升了企业的竞争力和市场适应能力。

4. 反馈迭代的强大促进

创新过程会有很多失败和挫折，要尽可能规避连续性创新的失败，颠覆性创新的失败则需要保护、鼓励和学习。通过不断地迭代试错，反馈试错的结果，从而能够有效自我调整，使创新朝正确的方向进行。

很多公司非常注重对失败的学习和迭代。宝洁公司前CEO雷富礼说："从失败中我们学到的东西，比从成功里得多得多！"

5. 资本化的杠杆效应

资本是企业家用于创新的杠杆。

资本能为研发活动提供必要的资金支持，加速技术从构想到实现的转化过程。通过资本的投入，企业能够吸引人才、购买先进设备、进行市场调研，覆盖创新过程中的试错成本。资本的杠杆效应能够在一定程度上放大创新的规模和影响力，促进技术进步和产业升级。

成功的投资人的投资筛选标准如下：

（1）公司团队具有国际化视野以及很强的执行力；

（2）市场规模大增长迅速；

（3）行业有一定的壁垒和护城河；

（4）有能力成为行业细分领域前三名。

选好赛道后，就是选人。投资人普遍的共识是"千金易得，一将难求！"

然而，资本的逐利本质也要求创新活动必须考虑回报，这会在一定程度限制创新的方向和速度。短期内难以产生经济效益的长期研究可能因资本的压力而被忽视。此外，过度依赖资本杠杆会导致创新活动偏离其初衷，从追求技术突破转向追求快速回报，从而影响创新的质量和可持续性。

因此，领导者需要智慧地运用资本，平衡短期利益与长期发展，促进创新生态的健康发展。

第二节 | 领导力创新行为

创新力是领导力创新行为的认知基础。领导力创新行为指领导者通过引领开放式创新，提升组织的"创新格局"，在组织内形成"自我创新"机制的过程。

中国法家思想与西方开放式创新理论，对领导者的创新认知有着深刻启示。

一、法家思想与创新理念

（一）法家思想的核心

法家思想是春秋战国时期特定的社会历史背景下的产物，这一时期诸侯争霸、战乱频发，各诸侯国亟须强化君主集权，实现各自国家的统一和秩序的稳定。法家的代表人物有商鞅、韩非、李斯、慎到、申不害等。

法家思想在战国时期发挥了极其重要的作用。商鞅变法为秦国的统一奠定了基础，韩非的思想对后世的君主专制制度产生了深远影响。法家思想虽源于战国时期的治国方略，但其对秩序、效率、变革的强调，对当代企业领导者的领导创新仍具有深刻启示。

（二）法家思想在创新中的体现

1. 坚定创新信念

法家提倡"疑事无成，疑行无功""言必有信，法必得行"，认为成功的统治者必须对自己的决策和方向有坚定的信念，并果断采取行动。

在现代企业中，创新与变革密不可分。创新意味着领导者需要有勇气面对未知，有决心推动必要的改革，即使这些改革可能会遭遇阻力和挑战。同时，领导者需要用自己的行动来证明创新的决心，以身作则，用自己的表率行动带动组织创新。

2. 打破路径依赖

《战国策·赵策二》提到"观时而制法，因事而制礼。"此句表达的主张是：要根据时代的变化和实际情况来制定和调整法律，以适应不断变化的社会环境，而不是单纯依赖古代的成规。

在现代组织中，创新最大的阻力来自路径依赖，因为改变意味着放弃已有的投入和习惯，面临新的不确定性和成本。

法家思想启示现代领导者，在面对不断变化的商业环境时，应具备前瞻性和适应性，通过创新思维和灵活策略，摆脱路径依赖，才可以更有效地引导组织走向成功。

3. 与包容创新失败

《韩非子·二柄》提到："明主之所导制其臣者，二柄而已矣。二柄者，刑、德也。曰：杀戮之谓刑，庆赏之谓德。"

法家认为，下属都期待奖励、惧怕惩罚。赏罚的目标是鼓励正面的行为，控制负面的行为。赏罚不当或者有赏无罚，就会出现负面的效果。

法家精于赏罚的原则对现代领导者在创新中包容失败具有启发意义。领导者既要打造一个安全的创新环境，让成员不惧怕因尝试新事物而失败；同时，要平衡创新的风险与失败的损失。为此，领导者需要明确行为赏罚标准，将那些为创新而努力的失败定义为学习和成长的机会，以此培育成长融合型思维模式。

二、开放式创新理论

（一）开放式创新的产生与意义

封闭式创新和开放式创新是企业在追求创新过程中采取的两种不同策略。

1. 封闭式创新的局限

封闭式创新是一种传统的创新策略。在技术相对稳定、市场需求可预测的环

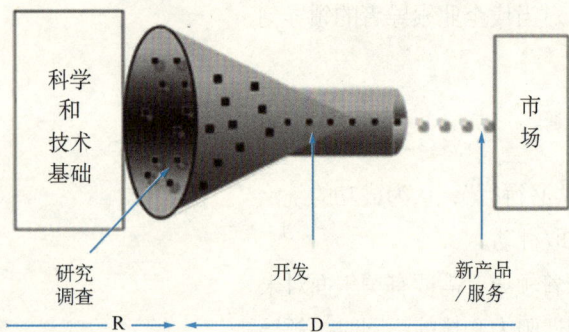

图 10.2
封闭式创新体系

境下，企业拥有自己的研发团队或实验室，通过内部研发推动新产品的开发。这种创新过程企业可以完全控制，创新成员完全归企业所有。封闭式创新体系见图 10.2。

企业在封闭式创新模式下，通常需要对研发进行大量投入，对创新成果进行严格控制和管理。在 20 世纪 80 年代之前，许多知名企业如施乐、IBM 等都通过封闭式创新取得了一定的成功。随着研发的深入，封闭式创新的两大弊端也日益明显。

（1）"假阴性"的错误。

通过一系列的商机扫描、概念开发、商业转化等等，最后研发的成果不能为市场所接受。

（2）"假阳性"的错误。

在商机扫描、概念开发等一系列环节中，最终未能通过、未能走向市场，但事实上有强大的生命力，属于被错误淘汰。

2. 开放式创新的意义

相对于封闭式创新，开放式创新是一种新兴的创新模式。

开放式创新是在技术复杂性提升、市场需求多样化、产品生命周期缩短和新型商业模式层出不穷的环境下提出的。它是对封闭式创新模式的反思，特别是在面对技术快速发展和信息高速流通的挑战时，企业开始意识到单打独斗的局限性。

（二）开放式创新的内涵及模型

1. 开放式创新的内涵

开放式创新理念最早由加州大学伯克利分校哈斯商学院亨利·切萨布鲁夫教授在 2003 年提出，其本质是关注企业与外部环境的互动如何影响其创新活动。

（1）开放式创新的概念。

开放式创新可以定义为一个分散的创新过程，使用财务和非财务指标，与组织的商业模式保持一致，通常基于管理知识流跨组织边界。开放式创新有三个过程，即外部进程、内部出路过程和耦合过程。外部进程着重于通过整合泛社区（供应商、客户和其他外部知识来源）参与者的资源来提高公司的创新性。内部出路过程包括公司内部知识的外部使用。耦合过程指的是与互补公司的网络合作，如战略联盟。这些也是商业生态系统的核心概念。

开放式创新强调企业应该拓宽创新来源与商业化途径，开放企业的创新边界，实现内外部资源的整合与价值创造。

（2）开放式创新的结构。

开放式创新的结构包含三个层次五个维度，见表 10.3。

表 10.3 开放式创新的层次及维度

层次 / 维度		描述
思想文化开放		企业拥有开放、合作、共享、包容的价值观、思维理念、文化氛围和行为方式
创新活动开放	内向型开放	企业通过搜寻、购买等方式整合外部创意和知识
	外向型开放	企业将内部创意和知识输出到外部进行商业化
	双向型开放	企业通过合作等方式实现内外部资源的共同创新
组织支撑开放		企业具备开放性的组织架构、网络平台、管理机制等，为开放式创新活动提供支持

2. 开放式创新模型

开放式创新强调引用知识的内外流通加速内部创新及扩大市场。其过程被描述为一个横向漏斗模型，见图 10.3。

开放式创新模型将企业从新技术的选型和优化，到原型开发，再到最终上市过程分为三个端：输入端、过程端和输出端。

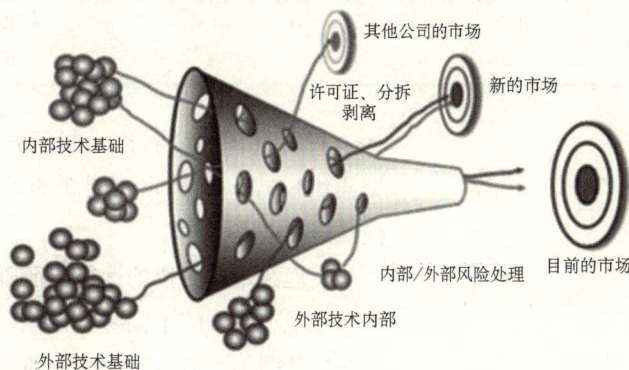

图 10.3 开放式创新模型

（1）输入端：是创新采用的基础，开放式创新在这个漏斗上开了个缺口，以吸引外部知识参与创新，使得企业的输入端从单一的内部技术基础，增加至内 / 外部两类技术基础。

（2）过程端：是在漏斗中实现的创新管理过程，包括外部技术在企业内转化、内 / 外部技术风险处理（许可证、分拆、剥离）。

（3）输出端：是创新成果的流向，分为"我们目前的市场"（原有市场）、"新的市场"（新兴市场）以及"其他公司的市场"（跨界市场）。

在开放式创新模型的引领下，大量内部、外部技术作为原始输入，通过内部的技术风险评估以及外部技术的企业内部转化，最终成果体现在三类市场份额的变化上：夯实原有市场份额；提高潜在新兴市场份额；进入跨界市场取得份额。

一位 2000 年创业的 EMBA 学员[1]，受到开放式创新模型的启发，设计了效率提升能力模型图，有效领导了本企业的创新（见二维码 10.1）。

[1] 复旦大学 EMBA 2022 级袁舟。

10.1：效率提升能力模型

（三）开放式创新的实施路径

1. 开放式创新的认知特征研究

领导者的认知和思维模式对组织的创新能力具有决定性影响。

研究发现，开放式创新和封闭式创新本质上是两种不同的思维模式（见表10.4）。思维模式决定了组织的创新模式选择。

表 10.4　封闭式创新与开放式创新在思维模式上的对比

封闭式创新	开放式创新
• 我们这个领域的聪明人为我们工作 • 为了从研发中获利，我们必须自己探索、开发并交付 • 如果我们首先发现，我们将率先推向市场 • 如果我们第一个将其商业化，我们就会赢 • 如果我们创造最多和最好的想法，我们就会赢 • 我们应该控制我们知识产权，因此竞争对手不会从我们的想法中获利	• 并非所有聪明人都为我们工作 • 外部研发可以创造价值；需要内部研发来获得该价值的某些部分 • 我们发起研究的目的不是获利 • 建立更好的商业模式比率先进入市场重要 • 如果我们充分利用内部和外部的想法，我们就会赢 • 我们应该从别人对我们知识产权的使用中获利，我们应该在推进我们的业务时购买其他知识产权

从表10.4可以看出，封闭式创新的组织领导者，其思维模式更偏向固定型思维模式。而开放式创新的领导者，其思维模式是典型的成长融合型思维模式。

2. 匹配不同阶段的运行特征研究

企业在发展的不同阶段，呈现出的开放式创新的运行特征是不同的。领导者要充分掌握不同阶段的特征，通过不断学习、适应和引领变革，更好地推动组织创新。

（1）初创阶段。

初创阶段侧重于内向型开放式创新。在这个阶段，企业主要通过搜寻和引入外部的知识、信息、技术、产品创意等来加速产品开发，适应市场。企业可通过购买外部知识产权，将外部资源嵌入自身技术或产品研发中。

（2）成长阶段。

在企业发展的成长阶段，需要平衡内向型和外向型开放式创新。在这个阶段，企业不仅要继续进行内向型开放式创新活动，还要将内部有价值的创意、知识和技术成果输出到外部进行商业化，以此扩大市场份额和影响力。

（3）成熟阶段。

在企业发展成熟阶段，需要注重双向型开放式创新。在这个阶段，企业要通过深化内外部合作来维持竞争优势和创新能力。企业不仅要继续内向型和外向型的创新活动，还需要通过战略联盟、合资等形式与外部组织共同开展新技术、新产品的研发以及商业化。

（4）创新生态体系阶段。

在企业创新生态体系阶段，需要构建全要素协调的开放式创新生态系统，包括企业内部的协调与组织间的协调。企业创新体系由单一研发体系、协作研发体系、企业创新体系逐步发展成为创新生态系统，涉及的对象由少到多，关系由简单到复杂，创新模式由封闭走向开放。

3. 知名企业先行经验的借鉴

开放式创新的实践已成为推动企业持续成长的关键策略。随着第四次工业革命的到来，数字科技产业通过开放式创新实现了爆炸式的增长，成为数字经济发展的核心动力。

谷歌和宝马通过举办创新大赛和成立实验室，积极构建开放的创新生态，这些平台不仅向大学开放，还利用资金和技术优势吸引全球创新人才和项目。在移动互联网和5G通信领域，华为通过建设开放的移动服务创新生态，为开发者提供全面的赋能服务，推动技术进步和应用创新。任正非曾公开表示：华为公司是开放的，愿意和世界各国的伙伴加强合作，只有开放与合作才能保证我们产品的先进性。

人工智能领域也见证了微软、脸书（Meta）、谷歌等公司采纳互联网开放标准，促进知识的共享与创新。字节跳动的今日头条则通过开放自媒体创作者模式，支持个人品牌成长和内容变现。

三、提升创新格局

当前社会中创新呼声很高，但有些企业对创新也存在顾虑，觉得创新是天才的专利，做起来不容易；也有人盲目创新，承担了不必要的风险。企业不创新是"等死"，但盲目创新会"找死"，而且"死"得更快。创新并非个别人的奇思妙想，创新是可以学习的，有规律可依，有方法可循。

从领导力角度而言，当今创新力修炼体现为提升创新格局，克服创新障碍，有效引领开放式创新。

（一）创新格局的内涵

格局，是一个人对事物的认知深度和广度的体现。它不仅包含时间维度（格），还涵盖在特定时间内所做的事及其结果（局）。格局的差异源于不同个体在相同时间内的行为和成果的不同。

格局并不等同于知识储备。格局的高低主要取决于认知水平，并非单纯的知识积累。认知是对知识的理解、运用和升华，是一种更高层次的智慧。简而言之，格局体现了"小道理服从大道理"的智慧，其本质在于持续提升认知。

创新格局，是指领导者在创新过程中所展现的宏观视野和战略布局能力，它融合了开放式创新理念与战略规划等，以构建和推动一个组织持续创新和适应变化的整体架构。

DeepSeek 的脱颖而出有多种原因，最重要的是主要领导者梁文锋高屋建瓴的"创新格局"引领。从梁文锋在不同场合有关创新的言论中，便可"窥一斑而知全豹"。

（1）我们创新缺的肯定不是资本，而是信心，以及不知道怎么组织高密度的人才，实现有效的创新。

（2）创新不完全是商业驱动的，还需要好奇心和创造欲。

（3）把价值沉淀在团队上，形成可以创新的组织和文化。

（4）美国最赚钱的公司，都是厚积薄发的高科技公司。

（5）中国和美国在 AI 上的最大差距，是原创和模仿之差。如果这个不改变，中国永远只能是个追随者。

（6）我选人的标准一直都是热爱和好奇心。

（7）不强制分工而是自然分工，但当好的创意显现，就自上而下地配置资源。

（8）创新需要自信，这种信心在年轻人身上更为显现。

（9）是既要、又要，还是只要？现在最重要的是参与全球创新浪潮，走到技术前沿，去推动整个生态发展。

（10）硬核技术创新将更重要，这是中国产业结构调整的要求。

（11）过去习惯搭便车，今天要成为贡献者。

（12）以后硬核创新会越来越多，只是需要一堆事实和一个过程。

在领导力创新行为中，创新格局的内涵是：

创新格局 = 系统思考 + 企业（创新）文化 + 容错机制

（二）创新格局的提升

1. 角色再造

当前，敏捷、创新和数字技术已成为商业世界竞争力的关键驱动要素。创新不是一次性行为，而是组织全员经常性的、普遍性的行为。哈佛商学院教授、领导力研究中心主席琳达·希尔认为：创新来自共创与跨界，它需要另类的领导力。另类领导能够在组织内部和外部以及生态系统之间激发创新的综合能力，需要领导者发挥好三种新的角色。

（1）创新活动的"建筑师"。

创新工作不是一个人"灵光乍现"的突发奇想，而是不同专业个体之间的协作，不同个体会带来不同观点和经验，这对创新至关重要。创新领导者需要释放组织的能量，释放这些不同的天赋基因片段，用好它们，为组织共同的创新目标服务。因此，需要领导者作为建筑师角色，建立起鼓励组织中每个人都愿意且能够创新的文化氛围。

（2）创新组织的"架桥者"。

领导者不但要让组织成员知道"我们要做什么"，而且要知道"我们能做什么"。当组织内部无法提供需要的人才和工具，尤其是数字化程度日益深化的当下，个体和组织镶嵌在互相依存的网络中。创新需要跨界，需要与其他数字化领先的组织合作，领导者作为"架桥者"，系统性地获取在单个部门或本公司范围无法获得的人才和工具。

（3）创新生态的"催化剂"。

领导者作为"催化剂"，需要鼓励和加速在生态系统中人与团队独立于组织进行联合创新。例如，一个组织要加强自身企业的网络安全，如果能帮助客户实现安全的网络系统，这也会有助于组织，这就是催化剂的作用。同时，领导者实际上又发挥了"架桥者"作用。因此，这三个角色内在强关联。

2. 生态思考

生态思考要求领导者从宏观角度审视创新，将企业视为创新生态系统的一部分，通过整合内外部资源，构建创新价值网络，实现共创共赢。

生态思考使企业能够超越单打独斗的局限，通过合作与共享，充分利用外部资源和能力，加速创新步伐。这种思维方式强调经济、社会和环境价值的平衡，在推动企业在追求经济效益的同时，关注社会责任和可持续发展。

3. 科创驱动

科创驱动是指企业以科技创新为核心，积极拥抱和应用新技术，如人工智能、大数据等，推动产业升级和转型。

科技创新是推动企业发展的关键力量。通过科创驱动，企业能够探索新的创新机制，构建类似硅谷的"创新热带雨林"生态系统，将数据和科技转化为直接推动力，促进企业的跨越式发展和行业引领。

领导力创新行为要求领导者跳出条条框框，不断突破思维局限，提升创新格局。以开放包容的心态拥抱变化，以系统生态的视角谋划创新，以科技为翼助推企业腾飞。

上海实业的"破门论"

> 本来没有这扇门，造一扇门，然后一脚将它踢开。
> ——"破门论"

上海实业在1996年上市之前，香港证券市场有两种股票，一种是本地的股份（H股），另一种是内地的股份。而上实上市时是既有香港资产又有内地资产。在高人的指点下，1996年5月，上海实业在香港既不是"买壳"也不是"借壳"，而是"造壳上市"。

1996年在香港市场融资超过100亿港元，超过了当年上海A股市场融资的总和。1996年5月30日，由上海实业控股的上实控股有限公司在香港联合交易所正式挂牌上市。上市第一天股价就有较大升幅，收市报9.15港元，比发行价上升25.69%，成交额也占当日港股总成交量的8.95%。上市后，上实控股交投活跃，股价平稳攀升，市场表现良好。

在上实控股上市基础上，在 1996—2008 年这 13 年间，又先后创立和孵化了 12 家境内外上市公司，除了上实发展、上实医药、上海家化和光明乳业 4 家在境内上市外，上实控股等公司在境外上市，进入了良性发展的循环。

在"破门论"指引下，上实集团不断创新资本运作方式，为资本市场创造了 20 多项第一。例如：

上实控股，成为内地企业在香港红筹上市造壳上市第一股；

上实医药科技，成为香港创业板四家第一批上市公司之一；

上实集团收购"浦东不锈"并重组，成为中国证券开业以来资产大规模整体置换第一例；

上实集团启动香港创业板私有化和收购内地主板上市公司控制性股权，创下沪港资本市场大规模联合重组第一例；

上实集团推动投资企业上市，上海家化成为国内第一家化妆品上市公司，光明乳业成为内地实行核准制以来中外合资企业上市第一股，联华超市成为内地零售连锁企业中第一家在香港发行 H 股的公司。

回看当年的这些创举，还有野蛮生长的痕迹。与时俱进的新"破门论"，就要求在不触碰红线、底线的前提下，持续"破门"，这就需要创造条件，需要领导者的思维认知突破，重塑领导力的创新行为。

第三节 | 领导力创新行为的底层逻辑

要提升领导者的创新格局，就需要注重领导力创新行为三大底层逻辑的修炼：系统思考、企业文化、容错机制。

一、系统思考

创新首先是一个系统工程。如图 10.4 所示，系统创新工程包含认知、体制、技术、产品、管理、文化、人才等一系列重要因素。

领导者可以从宏观、中观、微观三个视角来实现系统思考。

（一）宏观角度的系统思考

宏观角度要思考大变局背景下企业创新的新逻辑，以及企业创新与科技发展如何更紧密结合。在 AI 时代，企业创新的逻辑发生了新的变化。

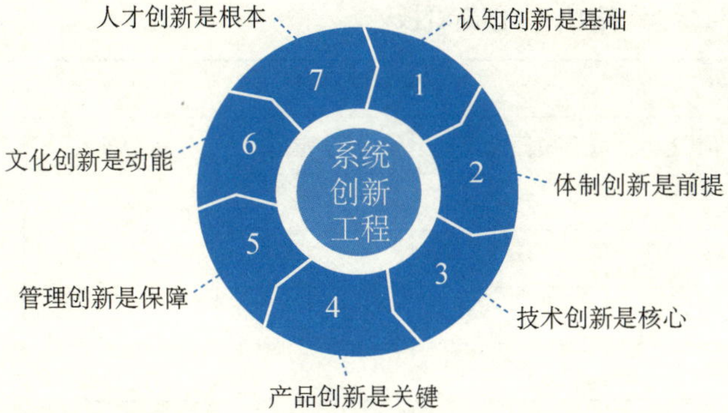

图 10.4　企业创新的系统工程

1. 合作逻辑的变化

企业间的合作逻辑发生了变化：从企业间合作转向生态圈合作。一方面，企业能够在整个生态系统中选择创新合作对象；另一方面，生态系统的领导者与其他组织成员能够以共创的方式与机制形成创新价值网络，以生态圈为基础形成创新合作主体的网络效应，进而实现对传统创新范式合作逻辑的优化与升级。

2. 价值逻辑的变化

企业创新的价值逻辑发生了变化：从经济价值主导走向生态价值实现。这意味着在企业创新的过程中，不是某一价值长期主导，而是关注生态圈内经济价值、社会价值与环境价值等多重价值的相互融合与动态平衡。

3. 共享逻辑的变化

企业创新的共享逻辑发生变化：从股东中心的利润共享走向利益相关方价值共享。价值共享包括企业个体、企业所处的创新链、企业所处的商业生态系统以及企业所处的社会生态系统等多种层次，是多层次、全方位的价值共享。

4. 人本逻辑的变化

企业创新的人本逻辑发生变化：从关注企业家走向关注创客型员工与员工企业家。要鼓励企业形成创客文化，打造员工创新平台（如海尔的"链群合约"等），实现以人本逻辑为核心的创新逻辑重塑。

同时，我们必须看到：如果说前 25 年，全球企业创新大的突破都与互联网发展紧密相关；那么，未来的 25 年，全球企业创新的重大突破，将都与人工智能发展紧密相关。

（二）中观角度的系统思考

"创新看板"，是利用数字化技术、AI 工具形成的可视化管理工具。借助"创新看板"（见表 10.5）可以帮助领导者有效提升中观视角的思考。

表 10.5　创新看板

创新	业务 1		业务 2		……	
	资源投入	竞争雷达	资源投入	竞争雷达	资源投入	竞争雷达
渐进式						
颠覆式						
开辟式						
商业模式						
客户体验						

1. 看清创新资源布局

创新看板可以帮助领导者更好地看清企业创新资源的布局。不同业务处在不同周期，创新模式的分布要错落有致。

2. 看清竞争态势

在创新看板中，企业可以更准确地看清竞争的态势。当竞争雷达出现了重要业务的颠覆性创新，必须第一时间拉响警报，切换认知，启动内部赛马。

3. 提供支持工具

创新看板为内部创新者提供一个挖掘机会、展示价值、赢得支持的工具。例如，如果当年斯蒂夫·沃兹尼亚克拿着 Apple Ⅰ图纸，以有效的沟通来说服他在惠普的主管，获得认可的概率或许增大不少。假如惠普接纳了 Apple Ⅰ，那么，很可能就没有苹果这家公司了。

（三）微观角度的系统思考

1. 创新项目需强大支持系统

创新需要在内部形成一个强大的支持系统，从战略到执行，从人才到激励，从组织到品牌，全方位配套，才能为创新提供持续动力。

领导者要高度重视创新系统的打造。任一环节都会影响企业在微观层面的创新效果。

2. 支持系统通过配套措施实现

从微观视角来思考，必须要考虑创新项目的配套措施，现实中很多企业创新失败，就是因为配套措施不到位，参考表 10.6。在具体操作时，可对其重要程度、创新优先级进行排序。表 10.6 中列出了创新内容和适应大变局时代的要求。

表 10.6　创新项目的配套措施

创新内容	适应大变局时代的要求	企业现状	创新思路	重要性排序	时间排序
企业战略创新的目标	从核心竞争力到更新核心竞争力				

续　表

创新内容	适应大变局时代的要求	企业现状	创新思路	重要性排序	时间排序
企业模式创新的目标	从流水线到供应链，再到生态圈				
企业组织创新的目标	从科层制到 DDO 或生态组织				
企业人才发展的创新	从外在驱动到内在驱动				
企业激励机制的创新	从宽带薪酬、KPI 到 OKR 或智能合约				
企业品牌发展的创新	从传统品牌、平台品牌到生态品牌				
企业产品发展的创新	从只有产品到产品与服务，到赋能场景价值，努力打造爆款产品				

以一位 EMBA 学员[1]所在的公司为例，可示范配套措施的思考与运用（见二维码 10.2）。

10.2：青芯公司创新格局的"微观思考"

二、企业文化

（一）企业文化是企业创新的核心动能

1. 创新的多种动能

推动企业创新活动发生和发展的因素众多，可分为外部动能和内部动能两大类。外部动能包括：技术进步、市场需求、政策和法规、资本投入；内部动能包括：人才与知识、企业文化等。在众多要素中，企业文化是最核心的动能。

2. 企业文化是核心动能

企业文化是一个企业形成习惯的精神价值和工作方式，反映了企业大多数成员共同的思维模式和行为习惯。

企业文化包括三个层面的内容：愿景、使命、核心价值观。

（1）愿景：我们要去哪里？

（2）使命：为什么成立？

（3）核心价值观：哪些事情是对的，哪些事情是不对的？

伦敦商学院拉杰什教授对 17 个国家不同行业的 759 个公司研究后指出：

> 在推动公司创新的因素中，人们惯常认定的关键动因并未起到重大作用。最大的创新动力在每一家公司中都存在：那就是企业文化。创新的公司都是相似的，落后的公司各有各的落后。而且，创新公司的企业文化与地理位置或国家文化没太大关系。例如，尽管各国家文化不同，美国的创新公司

---

[1] 复旦大学 EMBA 2022 级姜祖韵。

与英国、德国、印度或中国的创新公司却颇为相似。

彼得·德鲁克有句名言：文化能把战略当早餐吃掉。要想推动企业前行，我们必须充分利用和改造现有文化环境，即引导它、在发展中保持一致、培养和增加任何改进带来的价值、展示其与业务成功开展的关系。这称为"文化一致"。

3. 人工智能与批判性思维

人工智能对企业文化的增强有极大的影响，它在为我们带来便利和效率的同时，也正改变着我们对企业文化的认知和期待。我们需要调整自己的心态，接受这种人机合作之间产生的新的创新方式，并从中寻找成长和进步的机会。

创新离不开批判性思维。批判性思维是一个有目的、有规则的判断过程，促使我们进行合理的反思，帮助我们决定相信什么或采取什么行动。

真正的创新需要我们跨越从学习到创新的鸿沟，批判性思维就在创新过程中承担桥梁作用。批判性思维与人的开放性、超越性紧密联系，是人类文明进步重要的主体性条件。倘若没有批判性思维，人们一味相信权威和他说，人类社会就很难进步，也很难接近科学真相。

批判性思维与好奇心密不可分。好奇心激发我们探索未知，提出问题，而批判性思维则为我们提供了解决问题的工具。这两者的结合，点燃了创新的火花。

企业文化中培养批判性思维，不仅是为了推动创新，更是为了培养一种持续改进、勇于挑战现状的精神。

（二）创新企业文化的三种态度

从实践来看，那些优秀的创新的企业文化，在三种态度上呈现高度一致性。

1. 聚焦目光，关注未来市场

创新的核心特征在于始终聚焦于未来市场。创新型企业需持续洞察市场和技术的发展趋势，主动创造并引领市场需求。然而，一项统计数据显示，大型公司的首席执行官平均仅将 3% 的时间投入对未来的思考上。这揭示了企业在培养前瞻性文化方面存在不足。

2. 愿意牺牲现在，换取未来

创新型企业往往愿意为了未来的增长而推陈出新，它们不惧怕降低现有投资的价值。在确保企业生存的基础上，这些公司更倾向于聚焦长远发展，愿意为了未来的成功牺牲短期利益。

3. 容忍风险，避免灾难风险

创新公司的领导者通常更能容忍一定程度的风险，他们也会采取措施避免那些可能对企业造成灾难性影响的风险，这是推动创新所必需的。

（三）创新企业文化的三个实践

来自创新企业的实证研究表明：在创新文化的实践上，优秀的公司有三个共同点。

1. 有影响力的倡导者

在创新的企业中，产品和流程的倡导者都是十分活跃的。有影响力的倡导者发挥着关键作用，他们具备以下核心特质。

（1）矛盾的个性：创新领导者兼具理想主义者的激情与现实主义者的自律，巧妙融合这两种看似矛盾的特质。

（2）拥抱不确定性：他们勇于接受风险与失败，展现出探险家的精神和奉献牺牲的勇气。

（3）激情的传播者：作为梦想的传播者，他们激发团队的热情，吸引忠诚的追随者共同探索和创新。

（4）资源整合者：他们擅长利用现有外部资源和技术，避免不必要的重复劳动，体现了创新的智慧。

（5）果断决策者：在项目启动和终止上展现出超凡的胆识，敢于在关键时刻做出决策。

（6）人才发掘者：创新领导者擅长发现和培养创新人才，构建团队和机制，确保创新项目的成功。

这些领导者通过其独特的特质和行为，推动企业不断创新，适应并引领市场变革。

2. 不对称的激励手段

创新公司的激励手段本质上是不对称的，突出了"高风险高回报"的理念。

（1）成功的回报远要高于失败的惩罚。

创新活动本身就存在很大的不确定性和风险，创新型企业需要建立良好的容错机制。对于创新人才，要给予更多的宽容和鼓励，成功了给予丰厚回报，失败了也不要惩罚太重。这样能够调动员工的创新积极性，让他们放开手脚去尝试。

（2）创新贡献的回报要高于一般贡献。

企业要把有限的激励资源更多地倾斜到创新人才身上。对那些在创新岗位上做出突出贡献的员工，要给予远高于其他岗位的激励。通过这种差异化的激励力度，可以吸引和留住企业最需要的创新型人才。

3. 内部自主权和竞争

在创新驱动的公司，特别是大型企业中，推崇内部自主权与内部竞争至关重要。这种文化构建了一个内部的"点子市场"，员工和团队被鼓励提出并实施创新想法。这样的环境确保了即使某些管理者可能对冒险持保守态度，总有其他富有进取心的个体或团队愿意接受挑战。这种内部动力机制不仅激发了员工的创造力，还促进了新想法的快速实施，从而推动公司整体创新能力的提升。

内部自主权是指组织内部各团队或个人拥有一定的自主决策权和行动自由。

内部竞争是指组织内部不同团队之间存在一定的竞争关系，比如在资源分配、项目争取等方面的良性竞争。适度的内部竞争有利于优胜劣汰，激励团队不断进步。

自主权和竞争并不矛盾，关键在于平衡。过度的内耗性竞争会损害组织整体利益；缺乏竞争又容易导致创新不足、效率低下。组织应在统一的战略框架下，为内部竞争设置合理的规则和边界。

作为一个鲜活的例证，一位 EMBA 学员[1]分享了他所在企业的企业文化如何成为推动企业持续创新核心动力的实践（见二维码 10.3）。

10.3：助力安踏
高速成长的创新
企业文化

三、容错机制

（一）容错机制的内涵

容错机制，指的是某种系统控制在一定范围内的允许或包容犯错情况的发生。

容错不等于无限度宽容，更不等于可以胡来。创新是在未来领域进行探索，有太多不确定性，而认知是在实践中一步步提升的。没有容错机制，就没有勇于面向未来的探索者，企业将难以避免"赢了今天，输掉明天"的结局。因此，领导者要建立、健全激励和容错机制，让真正的创新者在放手闯、大胆干的同时吃一颗"定心丸"。

与成功同样重要的就是失败的经验。失败与成功不同，人们无法无视它，但失败很少被视为机遇的征兆。如何把失败转化为创新的火花，是德鲁克教给我们的重要一课。

> 发明和创造也不像一般人所认为的那样，充满着浪漫色彩，"灵光乍现"也是非常少见的。更糟糕的是，我所知道的"灵光乍现"还没有一个转变为创新，它们只是一直停留在聪明的创意阶段。目标明确的创新源于周密的分析、严密的系统以及辛勤的工作。
>
> ——德鲁克

德鲁克认为，企业对外部世界的变化认知是滞后的。第二次世界大战结束后，美国许多企业都成功利用了婴儿潮导致的人口年龄结构变化、高等教育的普及、两性关系的发展带来的市场变化。机遇就在那里，但运气和直觉不够，机遇更需要企业去寻求，积极加以组织和加强管理，好的容错机制才能更好地用好机遇。

（二）容错机制的思路

实践证明，凡是创新做得好的企业，一定有一个好的容错机制，一定要有对在探索中遭遇失败人员的尊重。好的容错机制不仅能够激发员工的创新精神，还能在失败中吸取教训，为企业创新提供持续进步的动力。

以下是企业如何建立好的容错机制的三个思路。

1. 三个严格区分

企业要构建一个有效的容错机制，首先需要明确三个区分原则。

（1）**经验与故意**：区分因缺乏经验导致的先行先试失误与明知故犯的行为。

---

[1] 复旦大学 EMBA 2023 级郑伟。

企业需要对员工的失误进行细致地评估，以判断其是否出于对新领域的探索和尝试。

（2）**探索与违规**：区分在国家尚无明确规定时进行探索性试验与国家明令禁止的不合规行为。企业应鼓励在法律框架内的创新尝试，杜绝明知故犯的违规行为。

（3）**改革与私利**：区分为推动改革而无意造成的过失与为个人或小团体谋取私利的故意行为。企业应保护那些出于改革目的不慎犯错的员工，对那些出于私利动机的行为持零容忍态度。

2. 合规免责清单

为了确保创新活动在合规的轨道上进行，企业需要建立科技创新合规指引与合规免责清单，明确具体免责事项、范围、标准、实施程序。

（1）**明确指引**：制定详细的合规指引，为员工提供清晰的创新行为准则，包括哪些行为是被鼓励的，哪些是被禁止的。

（2）**免责事项**：明确列出在创新过程中可能免责的具体事项，例如在特定条件下的失败尝试或探索性项目。

（3）**范围与标准**：设定免责的范围和标准，确保员工在规定的框架内进行创新尝试，减少因不确定性带来的风险。

（4）**实施程序**：确立免责的申请和审批程序，确保在创新失败后能够快速、公正地进行责任评估和处理。

3. 必要制度保障

企业要通过制度的方式确保所有创新活动都在法律允许的范围内进行，避免因违法而导致的不必要损失。制度要明确每个员工在其职责范围内的权利和责任，确保权责对等，鼓励员工在职责范围内大胆创新。在依法依规、权责匹配、勤勉尽责，未谋取不正当利益的前提下，对未达到预期目标，造成资产损失或其他不良后果的，免予追责。

例如，有公司设立了专门的创新实验室或试点项目，让员工在相对安全的环境中进行实践和试错，从而减小风险并提高成功率，同时还会从反面给予员工每年个人及项目一定范围内的试错金额。

一位EMBA学员分享了腾讯云对于创新的制度保障：腾讯云通过鼓励员工提出创新想法、支持内部创业、提供创新基金和奖励制度等方式，成功地激发了员工的创新热情。腾讯云还鼓励内部竞争，允许不同团队在同一领域进行竞争，以激发创新活力。同时，通过建立创新项目孵化机制，腾讯云快速地将创新想法转化为实际产品和服务。此外，腾讯云还建立了完善的知识产权保护机制，确保创新成果得到有效保护。

（三）容错机制的文化体现：尊重失败者

管理学发展至今，大多总结成功经验，少有研究失败案例、总结失败经验的。

20 世纪 90 年代，美国创业学教育和研究的领袖人物之一杰弗里·蒂蒙斯教授写了一本书——《创业学》。20 世纪 90 年代末我们去美国访学，与当年的美国创业学会的轮值主席希斯瑞克（Robert D. Hisrich）教授有过一次畅谈。提到东方社会的创业时，希斯瑞克教授表达了对东方社会创业相对更困难的观点，理由有两点。

（1）所有的创业都要有信用环境，创业者没钱但需要钱，需要社会形成信用体系；相较西方社会，东方现代社会的信用体系更弱。

（2）传统东方文化认为"成者为王，败者为寇"，95% 以上的创业者会失败，但社会不给失败者以尊重。

这个观点放到今天，依然能够解释我国创业成功率不高的根本原因。

1962 年，由我国自行设计和研制的"东风二号"导弹在升空后不久解体坠毁。这对刚刚起步的中国航天事业来说是巨大的打击，当时的中国几乎举全国之力发展航天事业。但在失败面前，国家领导人仍坚持"科学研究就有失败的可能"，不是追究责任而是强调先把失败原因调查清楚。钱学森带领科研人员在这种"容错"机制的鼓舞下，历经 2 年时间，分析原因、总结经验，不断改进和多次试验，"东风二号"最终发射成功，震惊世界。如果当时没有好的容错机制，没有对失败者的尊重，我国的航天事业不可能短短几十年就取得从跟跑到并跑再到当下部分领域进入领跑的发展成就。

通过对系统思考、企业文化、容错机制的理念修炼，企业领导者在领导企业创新时，能从更高的格局出发，在实践中有效发展领导力创新行为。

> 在创新的世界里，失败是成功之母。
> ——乔布斯

第十一章

领导力创新行为的操作

第一节 | 领导力创新行为的操作思路

一、创新领导者的行为特征

在组织中，创新有不同的类型，领导不同类型的创新需要领导者扮演与之匹配的领导角色，从而更好发挥创新领导者的行为特征。

1. 五种常见的创新领导角色

企业创新要求领导者具备多样化的角色扮演能力，这是一种非凡的才能，需要科学修炼才能驾驭。以下是几种关键的创新领导角色。

（1）体育教练型领导者：他们擅长激发团队潜力，推动团队不断超越自我。

（2）风险投资人型领导者：他们具备敏锐的风险意识和深远的洞察力。他们勇于做出大胆的决策，具备在众多选择中把握关键机遇的智慧和胆识。

（3）建筑规划师型领导者：他们敢于挑战传统，勇于塑造独特的企业风格。他们的创新精神和设计能力能够为企业带来突破性的变革，创造出全新的产品或开拓新的市场。

（4）乐队指挥型领导者：他们能够整合各种资源，协调团队中的每个成员，发挥各自的特长。他们像指挥家一样，将不同的元素和谐地融合，创造出客户无法在其他地方获得的独特体验。

（5）创业者型领导者：他们紧跟科技发展趋势，能敏锐地发现市场中未被满足的需求。他们擅长整合各种资源，将创新想法转化为实际的解决方案。

2. 三种常见的企业创新形态

企业创新有多种形态，但本质上归结为三种：

（1）无中生有（0→1）；

（2）推陈出新（1→N）；

（3）移花接木（N→无穷大）。

企业创新的这三种形态和新质生产力的产生方式，有惊人的对应关系。其中，无中生有对应"技术的革命性突破"，推陈出新对应"产业深度转型升级"，移花接木对应"生产要素的创新配置"。

3. 五种常见的企业创新类型

企业创新包括五种类型。

（1）渐进式创新：或者叫微创新，比如日本人最擅长精工细作，不断对一个产品做改善。

（2）颠覆式创新：又叫破坏性创新，是一种能在市场上引起重大变革的创新方式。比如苹果的智能手机、特斯拉的电动汽车、佳能的数码相机，都是这一类创新的代表。

（3）开辟式创新：开辟式创新者"需觉察出市场潜在的甚至连用户都不自知的需求，创造一种商业模式，为用户提供能够负担得起的产品和服务，继而开辟出一个前所未有的、潜力巨大的市场"。亨利·福特锻造的 T 型车辉煌就是明证；拼多多也是如此。

（4）商业模式创新：例如小米手机，在发展初期采用互联网营销模式，通过减少中间渠道环节，极大地降低了营销成本，迅速占领市场和客户的心智，从而取得商业上的成功。

（5）基于客户体验的创新：通过要素组合，创造出一种全新的产品与服务。比如微软的 Office 系统，就是把不同的应用组件集成在一起，为客户创造特有的价值与服务。

4. 创新领导角色与企业创新类型的匹配

为了实现创新，企业必须注重创新类型与领导角色的匹配，具体见表11.1所示。

表 11.1　领导类型与创新类型的匹配

创新类型	匹配的领导者类型	举例
渐进式创新	体育教练型	日本丰田汽车公司的精益化管理模式，就是最极致的渐进式创新的代表；这种创新模式并不简单，不是因为"想不到"，而是因为"做不到"
颠覆式创新	风险投资人型	高瓴资本投资腾讯和京东，而当年这两家公司都不被大多数人看好
商业模式创新	建筑规划师型	阿里巴巴的电商模式作为一种全新的商业模式，向传统实体超市发起挑战
开辟式创新	创业者型	黄峥创立了"拼多多"，雷勇创立了"好食期"
基于客户体验的创新	乐队指挥型	华为手机的城市中心体验店

操作中需要注意的是，不是一种创新只用一种领导方式，强调更为匹配的使用，有时各种领导角色需结合使用以取得更好的效果。

二、创新领导者的操作思路

（一）聚焦打造创新生态

企业在打造创新生态时，应遵循以下五个重要原则。

1. 从核心优势出发

创新应从企业的核心优势出发，找到自己的生态位，不去与别人的核心领域竞争，避免盲目跟风或进入眼前很热但缺乏后劲的市场。这是确保创新活动与企业核心竞争力相匹配的基础。

最优秀的创新者往往是从核心优势开始的。当他开始创新时，首先会问自己三个问题：

- 我的公司在哪些方面做得比其他任何人都要出色？
- 我的团队拥有哪些人才？
- 有哪些专业技术或工艺是我所独有的？

如果能立足于自己的核心竞争力并充分发挥，那么，成功的机会要远大于在一个没有专业知识或者优势的领域中进行创新。

2024 年，比亚迪依靠创新跻身全球第 5 大车企。比亚迪的创新（见二维码 11.1）带给我们的启示是：市场竞争的规则，关键靠核心技术。在新能源汽车领域，掌握核心技术的不只有比亚迪。只有将独特核心技术发挥到极致，才能分到大蛋糕。

比亚迪的理念是：技术为王、创新为本。他们崇尚技术，认为技术可以让企业家变得更聪明，眼光变得更远，看得更深。只有掌握核心技术，企业才能在激烈的市场竞争中脱颖而出；只有战略上先人一步，跨入高门槛行业，才能赢得发

11.1：比亚迪：从垂直整合到开放平台

展优势。

在风平浪静的时候，管理是重要的；在风云突变的时候，技术进步才是行业的最大推动力。

2. 明确创新资源配置原则

资源的有效配置是创新生态可持续的关键。创新需要投入，而且需要持续投入，如果没有明确的配置原则，不合适的项目没有及时叫停，真正好的项目反而难以推进。因此，领导者要从企业实际情况出发，明确创新资源的投入原则和比例，一旦发现违背原则，就能及时止损。

很多稳健经营的企业，背后都设有一个资源配置比例，如"333 法则"或类似的法则。上海实业的"333 法则"是针对利润来源设置的底线：1/3 来自固定回报，如隧道、公路的投资这是固定回报；第二个 1/3 来自稳定增长，如香烟、化妆品；还有 1/3 来自创新收益。为保证 1/3 利润来源于创新，又对创新投入作了相应安排。

创新活动需要既大胆又审慎，收益结构的合理性就体现在：有固定回报的，有稳定增长的，还有创新收益的。

3. 找准具有超车机会的前沿科技

在快速变化的技术领域中，企业需要精准识别，找准具有弯道超车机会的前沿科技，在这些科技生态里做重点布局。通过建立技术监测机制、参与行业论坛、与科研机构合作等方式，企业能够及时发现并把握新兴科技带来的机遇。

4. 掌握生态培养型的新打法

在 AI 时代背景下，开放式创新要求领导者掌握生态培养型的新打法。

新打法要求企业转变传统的单打独斗模式，转向更加协作和网络化的创新方式。企业需要建立跨部门、跨组织的协作机制，鼓励知识共享和协同工作。同时，企业应利用数字化工具和平台，促进内外部创新资源的有效整合和利用。此外，企业要高度关注"新出海"。企业"抱团出海"已成为生态新特征。

2023 年的"出海热"，并不是横空出世，一些企业在 2019 年就开始布局海外市场，2023 年终于让等了三年的出海计划落地了。

2023 年 11 月 29 日，拼多多的市值超过阿里巴巴，被市场认为具有极大的象征意义。背后的原因有很多，其中一个重要原因是拼多多激进地全球化，打开了更大的想象空间。

TikTok Shop 的出海新思路

从 2023 年 10 月 4 日正式退出印度尼西亚市场，到 69 天后的 12 月 11 日重返印度尼西亚市场，TikTok Shop 提供了一个中国企业海外市场本土化的典型案例。

它解决的办法是以 8.4 亿美元收购当地企业 GoTo 旗下电商平台 Tokopedia 75.01% 的股份，TikTok Shop 从"外来者"摇身一变成了印度尼西亚合资电商平台，借助 Tokopedia 的背景加强了与印度尼西亚中小企业部门的关系，印度尼西亚官员纷纷改口支持 TikTok 与本地企业合作，而东南亚本土电商 Shopee 反倒因其新加坡国籍和华人背景成了印度尼西亚市场里的"外来者"。

5. 探索科技创新机制

科技创新机制的探索是构建创新生态系统的核心。

企业应借鉴硅谷等创新高地的成功经验，如"热带雨林生态"。建立灵活的创新管理体系，包括风险投资、孵化加速、知识产权保护等。另外，企业还应注重培养创新文化，鼓励员工的创造性思维和实验精神，为创新活动提供肥沃的土壤。

（二）领导力创新行为流程图

领导力创新行为流程见图 11.1。

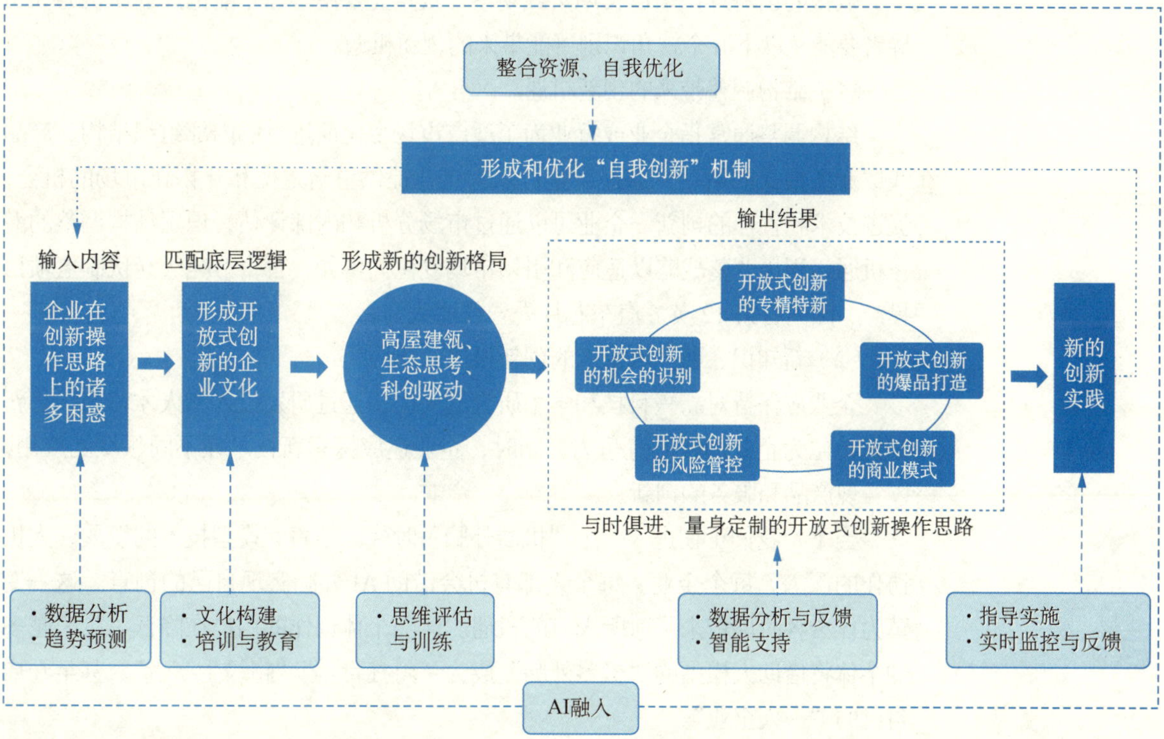

图 11.1 领导力创新行为流程图——人机共治模式

如图 11.1 所示，领导力创新行为的主要操作包括五点：

（1）开放式创新机会的识别；

（2）开放式创新的专精特新；

（3）开放式创新的爆品打造；

（4）开放式创新的商业模式；

（5）开放式创新的风险管控。

在实际操作中，AI 融入可帮助领导者实现人机共冶模式。

第二节 │ 领导力创新行为的操作方法

一、开放式创新的机会识别

（一）创新机会的识别视角

1. 识别创新机会的五个视角

敏锐的创新意识来自长期实践观察，做企业要用心，才能把握创新机遇。领导者要能从以下五个视角识别可能带来的创新机遇。

（1）结构调整带来的创新机遇。

结构调整通常指企业或行业为了适应市场变化而进行的内部组织结构、产品线或业务模式的调整。通过调整可以为企业提供重新定位和开拓新市场的机会，促进技术和管理的创新。企业可以通过市场分析和内部评估，识别结构调整的潜在机遇，积极调整战略以适应和引领市场变化。例如，首个万吨级光伏制氢项目投产、国内首条 12 英寸汽车芯片先导线通线等。

（2）新知识、新技术带来的创新机遇。

企业应保持对新兴科技和学术研究的关注，通过研发投入和人才培养，将新知识转化为企业的核心竞争力。同时，企业还应探索新技术在不同领域的应用，以实现产品和服务的创新。

当下，我们正在进入一个"机器外脑"时代。随着大模型技术的发展、人机协作的深入，每个企业、每个人都有机会借助 AI 外脑实现自己的创意。这一变革为社会各阶层带来了前所未有的机遇。伴随个体创作的门槛在降低，越来越多的个体将借助大模型的"机器外脑"成为"斜杠青年""超级生产者"，甚至开启自己的"一人企业"。

（3）市场需求带来的创新机遇。

市场需求的变化直接关联到企业的产品和服务。企业需要通过市场调研深入了解消费者的需求和偏好，从而发现未被满足的市场空白或潜在需求。通过快速响应市场变化，企业可以开发新的产品或服务，满足消费者的期待，实现差异化竞争。例如，疫情期间，Zoom 凭借其易于使用的视频会议平台，满足了全球远程工作和在线教育的需求，实现了用户基数的爆炸性增长。

（4）未来能源结构调整带来的创新机遇。

随着全球对可持续能源和环境保护的重视，能源结构调整成为推动经济发展的新趋势。企业可以通过投资清洁能源、提高能源效率或开发新能源技术，来抓住这一机遇。例如，远景能源通过投资智能风电技术，优化能源管理，积极响应全球可持续能源趋势，通过绿色发展策略，抓住了政策支持和市场需求带来的机遇，成为中国清洁能源领域的佼佼者。

（5）时尚化带来的创新机遇。

时尚化是企业通过结合流行趋势和时尚元素，来吸引年轻消费者的策略。这一策略不仅体现在产品设计上，也包括品牌形象和营销策略的更新。

例如，传统运动品牌安踏和李宁，通过时尚化战略迎来了新的增长。它们通过与时尚设计师合作，推出限量版产品；参与国际时装周，将中国元素与运动时尚相结合，成功吸引了年轻消费者的关注，也提升了品牌的国际影响力。

2. 识别创新机会的两个层面

领导者还可通过两个层面进行创新机会的识别，如图 11.2 所示。

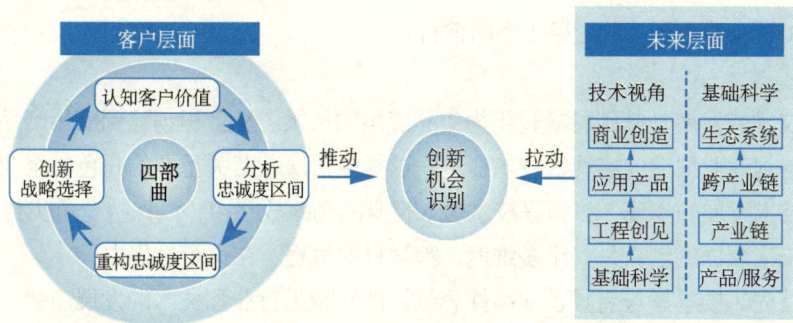

图 11.2 两个层面的机会识别图

（1）客户层面。客户层面的机会识别，本书称为"四部曲"。

① 认知客户价值。

第一步是认知客户价值。通过市场调研、客户反馈和行为分析，企业可以深入了解客户的需求和期望，评估他们对产品或服务的满意度，从中发现未被满足的需求，为企业创新提供方向。

② 分析忠诚度区间。

第二步是分析忠诚度区间。通过客户关系管理系统追踪客户的购买历史和反馈，来评估客户的忠诚度水平，识别不同忠诚度区间的客户群体。了解忠诚度区间有助于企业识别哪些客户群体最有可能成为品牌倡导者，哪些需要更多的关注和投入。

③ 重构忠诚度区间。

第三步是重构忠诚度区间。它是指根据分析结果调整客户关系策略，包括改进产品或服务、提供定制化体验或优化客户服务，以此来提高客户忠诚度。

④ 创新战略选择。

第四步是创新战略选择。它是基于前三个步骤的洞察，制定创新的业务战略，包括开发新产品、进入新市场或采用新技术。创新战略的选择应与客户价值和忠诚度区间分析相匹配，确保创新能够满足客户需求并提升客户体验。

这四个步骤是循环往复的过程，企业通过不断地认知客户价值、分析和重构忠诚度区间，以及选择创新战略，能够持续地发现并把握创新机会，推动企业的持续发展和市场竞争力的提升。

（2）未来层面。客户层面的洞察推动了企业对创新机会的识别；未来层面则为企业引领创新提供了先驱视角。

① 基础科学。

在商业领域，基础科学的发展不仅仅是知识的源泉，更是推动企业创新的原动力。它促使企业从单一的产品或服务创新，向产业链创新、跨产业链创新，乃至整个生态系统的创新演进。基础科学的前沿探索为企业发展提供了无限的可能性，引领企业在创新的道路上不断前行。

② 技术视角。

技术的发展是基础科学转化为实际应用的桥梁。从工程创建到应用产品的开发，再到商业创造的实现，技术在这一过程中扮演着至关重要的角色。企业必须紧跟技术发展的步伐，将新兴技术融入自身的创新战略中，以保持竞争优势。

未来层面的创新是一个多维度、跨学科的过程。在这个过程中：

首先，要求领导者具备前瞻性思维，能够预见行业和技术的发展趋势，提前识别并抢占市场先机。例如，字节跳动通过算法驱动的内容推荐、短视频平台创新、社交媒体互动和全球化战略，引领了信息传播和用户互动的新潮流。

其次，要求企业探索跨界融合的新视角和可能性。通过将不同行业的技术、理念、模式相结合，催生出全新的创新方向。例如，智能手表就是一个很好的例子。它将健康监测、通信、娱乐、支付等多种技术与理念结合，使得智能手表成为健康生活和便捷通信的重要工具。

最后，领导者需要具备全球视野，借鉴和学习不同市场的先进经验和做法，为本土创新提供启发。例如，张亮麻辣烫将中国传统美食麻辣烫带出国门，已先后在澳大利亚、日本、新加坡、美国、加拿大、英国、新西兰等十几个国家建立了 50 多家品牌门店，开创了"美食出海"的新模式。

客户层面聚焦"以客户为中心"，从现有客户的需求出发，不断优化产品和服务；未来层面则强调"以变应变"，从行业变革和技术进步的角度，开拓创新的新蓝海。两个层面相辅相成，共同构成了企业开放式创新的重要方向和路径。

两位 EMBA 学员[1] 在各自企业通过两个层面识别出了自己的创新机会（见二维码 11.2、11.3）。

11.2：传统物业
服务的创新机会
识别

（二）创新机会的识别矩阵

1. 识别矩阵的特点

作为创新机会识别的工具，识别矩阵提供了一个结构化的分析框架，帮助企业在不断变化的市场环境中捕捉创新机会（见表 11.2）。

表 11.2　创新机会识别矩阵

类别	可接受的最低价值	可获得的最高价值	可想象的最高价值
产品 / 服务 （提供给客户的核心解决方案）			
支持服务 （履行及增加核心承诺的服务）			
关系管理 （传递差异化客户体验的能力）			
形象 / 声誉 （相关联的三个词语）			

该工具特点如下：

（1）多维度价值分析。

矩阵工具通过三个层次的价值（可接受的最低价值、可获得的最高价值、可想象的最高价值）来分析产品 / 服务、支持服务、关系管理、企业的形象和声誉，为企业提供了一个全面的视角来识别创新机会。

（2）层次化目标设定。

层次化的目标设定有助于企业不断挑战自我，实现持续创新。因此，鼓励企业不仅要满足基本需求，还要追求更高的价值创造。

（3）客户中心导向。

矩阵强调以客户为中心，通过理解客户的需求和期望来识别创新机会，有助于企业更好地满足客户需求，提高客户满意度和忠诚度。

另外，该工具还体现了创新的连续性，也可在跨部门头脑风暴中使用，激发集体创意，形成创新共识。

11.3：惠普 AI
PC 的创新机会
识别

---

[1]　复旦大学 EMBA 2022 级徐炜；复旦大学 EMBA（台大班）2019 级吕佳翰。

2. 三个层次的价值标准

识别矩阵中的三个层次的价值标准为企业提供了一个从基础到高级再到创新前沿的框架，帮助企业识别和实现不同层次的创新机会。三个层次的价值标准说明见表 11.3。

表 11.3　三个层次的价值标准

价值层次	定义	示例
可接受的最低价值	客户对产品或服务的基本期望水平，企业必须满足的最低标准	确保产品具备基本功能，满足行业标准或客户预期的下限
可获得的最高价值	当前技术、资源和市场条件下，企业能够提供的最大价值	通过技术创新和流程优化，提供高性能、高品质的产品或服务
可想象的最高价值	通过前瞻性思维和突破性创新所能提供的最高价值	探索颠覆性技术，创造全新的商业模式或革命性用户体验

3. 识别矩阵的应用

以美国西南航空与捷蓝航空为例：西南航空成立于 1971 年，定位于美国内部航线，后通过收购深耕北美市场。西南航空采用低成本扩张战略，创造连续盈利纪录，是全球低成本运营的行业典范。捷蓝航空成立于 1998 年，创始人大卫·尼尔曼在公司成立之初，便将捷蓝定位于低价优质的航空公司，以此切入市场。捷蓝不仅继承了西南航空的成功经验，同时又对低成本航空的服务有所创新。

我们应用识别矩阵来看捷蓝航空的创新机会把握，见表 11.4。

表 11.4　捷蓝航空的创新识别矩阵

类别	可接受的最低价值	可获得的最高价值	可想象的最高价值
产品 / 服务	保证安全、准时的航空运输服务，满足基本航空法规和标准要求	提供全新的飞机、舒适的座椅和充足的腿部空间，以及免费个人娱乐系统，增加客户旅行的舒适度	免费卫星电视、可预订座位
支持服务	基础的客户服务，包括标准化的航班信息更新和登机手续	结构简单的低价票；提供"蓝"莓松饼、"蓝" M&M 巧克力、"蓝"玉米片等各种小吃，汽水、果汁	乘客可随意享用
关系管理	建立基本的客户反馈系统，确保客户意见得到收集和处理	借助幽默感为客户增加价值	表现 / 产生工作热情，把消极情况转化为积极的客户体验
形象 / 声誉	维护正面的品牌形象，确保透明度和诚信度	安全、关爱、诚信、乐趣、激情的价值观	尊重同事，尊重客户，对社会负责
运营效率	确保航班正常运行和合理的飞机周转时间	引入无纸化操作，只出售电子机票；安装安全监视系统	客户参与，双向服务，缩短飞机地面时间

在一系列以价值创造为核心的创新引领下，以 2003 年为例，捷蓝平均每班收益 14 089 美元，远超西南航空的平均水平。2012 年，捷蓝航空以行业第六的成绩进入美国财富 500 强。

一位 EMBA 学员[1]分享了他服务的荔枝集团是如何应用该矩阵来识别自己的创新机会的（见表 11.5）。

表 11.5　荔枝集团创新机会识别矩阵[1]

类别	可接受的最低价值	可获得的最高价值	可想象的最高价值
产品/服务 （提供给客户的核心解决方案）	1. App 运行基本不卡顿 2. 内容多样、界面友好 3. 产品及服务基本免费	1. App 使用体验十分顺畅 2. 内容覆盖所有品类 3. 产品及服务完全免费	1. 用户自我定制 App 2. 内容打通元宇宙 3. 用户能获取费用
支持服务 （履行及增加核心承诺的服务）	1. 产品升级更新及时 2. 创作者助手工作到位 3. 用户运营助手效率高	1. 产品每周至少升级 1 次 2. 每位创作者配有助手 3. 每个区域用户配助手	1. 产品升级全自动化 2. 创作者助手智能化 3. 用户智能私人助手
关系管理 （传递差异化客户体验的能力）	1. 用户留存率达到 60% 2. 主播上线率达到 50%	1. 用户留存率达到 80% 2. 主播上线率达到 70%	1. 所有用户完全忠实 2. 所有主播每天上线
形象/声誉 （相关联的三个词语）	1. 音频互联网行业前三 2. 技术壁垒 3. 音频业务优秀示范	1. 音频互联网行业第一 2. 音频智能技术引领者 3. 音频业务模范代表	1. 全互联网行业前五 2. 互联网技术引领者 3. 互联网业务代表者

🔧 工具箱

扼杀创新的错误提问

1. 投资回报率有多少？

这个问题意味着，比起这项投资本身，提问者更在乎明确的数据。

2. 在这之前有先例吗？

通常团队会用这个问题来评估风险，但有时对比了太多先例，反而无法创新。

3. 我们怎么证明它一定会成功？

对于这个问题，当你想"证明"时，就是扼杀创新的第一步，因为唯一可以证明的方式就是让它走向市场。

🔧 工具箱

引领创新的开放式问题

可将以上问题转换为能够引领创新的问题：

---

[1] 复旦大学 EMBA 2021 级傅珉。

1. 哪些项目消费者会喜欢，哪些消费者会讨厌？

企业永远都要把焦点放在客户身上，从客户的角度出发，可以帮助团队更聚焦。

2. 出现什么样的行为会让我们成功，并且刺激公司发展？

要去事先评估项目推行后可能出现的反应，这样就可以知道项目到底该如何推动。

3. 我们怎么才能走得更快？

或者，如果我们今天就要推动某个项目，会怎么样？这个问题可以让团队直接关注到项目推进中最重要的事：把事办好。

二、开放式创新专精特新

在新一轮的创新机会下，专精特新企业日益成为我国国家创新系统中不可或缺的力量，为国家创新系统注入新的活力。

（一）专精特新企业现状

2013 年工信部发布《关于促进中小企业"专精特新"发展的指导意见》，提出"百万家创新型中小企业、十万家专精特新中小企业、一万家专精特新'小巨人'企业和一千家单项冠军企业"的梯度型企业培育体系。

专精特新企业已在中国经济转型升级中扮演着关键角色。据 2024 年 12 月 1 日召开的"2024 专精特新中小企业发展大会"发布的信息：我国已累计培育专精特新中小企业超 14 万家，其中，专精特新"小巨人"企业 1.46 万家。

（二）专精特新对企业创新的深度提升

我国民营企业贡献了 50% 以上的税收，60% 以上的 GDP，70% 以上的技术创新，80% 以上的城镇劳动就业，90% 以上的企业数量。

在民营企业中，中小企业占了绝大多数。充满活力的中小企业是我国经济韧性的重要保障。专精特新企业的发展提升了我国企业的创新深度，主要体现在以下两个方面。

1. 以科技驱动创新

以科技驱动创新的企业，普遍制定以创新为核心的发展战略，大力支持研发投入和技术创新，构建企业的技术专利和知识产权体系，打破原有国外厂商垄断的核心原材料、零部件，实现进口替代。

宁波纬诚科技股份有限公司成立于 2006 年，是一家专业从事智能安全防护系统研发、制造、销售的国家高新技术企业。纬诚科技围绕客户痛点展开所有研发和创新，拥有 35 项发明专利，123 项实用新型技术和 20 项软著等，是国家级专精特新"小巨人"，也是国家标准的起草单位。纬诚科技将科技创新战略总结为图 11.3。

	现有产品	新产品
现有市场	**市场渗透** ➤ 积极参与机械安全国家标准制定，提升品牌影响塑造专业形象 ➤ 深耕数据中心、食品机械、智慧物流、汽车制造行业，培育细分行业专家并加深行业协会合作，针对客户安全痛点制作细分行业解决方案 ➤ SKA/KA客户分级体系建设，匹配的订单服务、团队支撑、满意度管理、账期管理机制 ➤ 推出经济款的产品，提高市场占有率	**产品开发** ➤ 基于AI的危险源及危险行为机器视觉识别自研安全预警产品开发 ➤ 工业安全风险评估及风险预警平台研发 ➤ 全面推进联锁保护权限管理体系产品开发与集成 ➤ 尝试拓展通道防护等至少3类安全产品线
新市场	**市场开发** ➤ 细分行业打法复制：四大成长行业：光伏、新能源、橡塑、化工，播种四大新细分行业 ➤ 与时俱进的电商升级，社媒推广矩阵建立及私域流量挖掘 ➤ 大力开拓海外线下销售市场，布局产能出海及代理商发展	**多元经营** ➤ 产学研合作，探索数字孪生、云边协同、神经网络、MR混合现实、大语言模型等技术储备 ➤ 高净值外贸出口安全软硬件新产品供应链整合

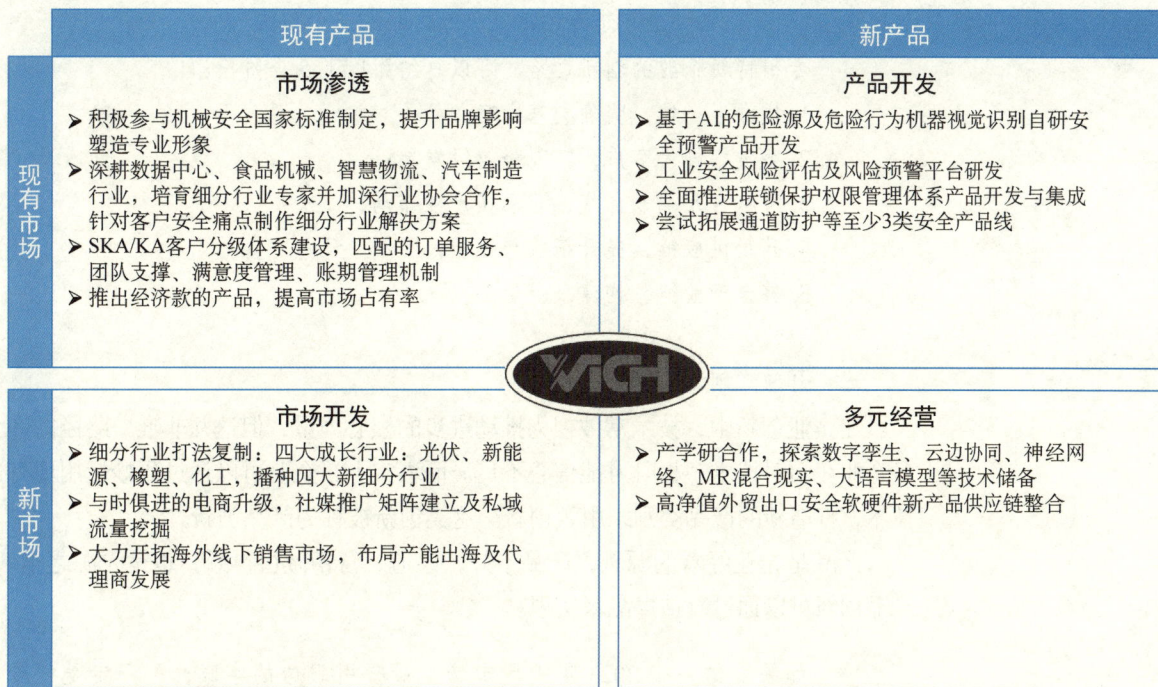

图 11.3 纬诚科技的科技创新战略总结

2. 依托产业集群创新

产业集群是一种空间积聚的产业形态，有利于突破单一企业与产业的边界，加速资本、技术、劳动力等要素的有效流动。产业集群也是推动地方区域经济增长的重要方式。

当前，各地加紧推动特色产业集群建设。很多专精特新"小巨人"依托当地的产业集群，也带动着当地的产业集群。

例如，宁波有数家生产模具的"小巨人"，株洲有数家轨道交通相关的小巨人，珠三角有数家智能机器人领域的"小巨人"。江西省已建设认定省级（培育）产业集群 110 余个，涵盖光电、通信、汽车及零部件、医疗器械等多个领域。

这一模式对创新的提升体现在两个方面。

（1）优势互补，融通创新。

产业集群模式有利于支持集群内专精特新企业实现优势互补、降本提效、融通创新与精准受惠，有助于进一步活用特色资源、强化特色创新、对接特色主体、发展特色品牌，形成特色发展优势。

（2）生态发展，提升效率。

虽然依托产业集群发展，专精特新企业也要认识到赋能企业发展的是集群资源而非集群本身、推动企业成长的是集群生态而非龙头企业，建设企业壁垒的是企业自身而非外部环境，规避影响持续发展的不利因素，从而提升创新效率。

走专精特新创新之路的五个阶段

专精特新企业的创新之路，可以总结为以下 5 个阶段：

1. 找准生态位，明确利基战略；
2. 突破标杆大客户，实现跨量级发展；
3. 跨越 S 形增长曲线，推动多产业布局；
4. 升级供应链，提升精益与效能；
5. 整合产业链，构建平台生态。

三、开放式创新的爆品打造

在企业创新中，技术常被视为推动进步的核心力量，但这并非唯一路径。许多企业在面对技术短板时可能信心不足。而事实上，企业可以通过巧妙运用现有技术，打造新的产品类别来引领创新。这类创新被称为产品创新。

产品是企业经营的源头，产品不好，渠道、营销做得再好，也是无源之水。产品创新可以通过打造爆品来实现。

如果总结一个 2023 年消费市场上最吸引眼球的字眼，那一定是"爆款"。从年初到年末，从奶茶、饮料、游戏，到汽车、手机、药品，每个行业几乎都是爆款不断。就连城市都层出不穷，从 4 月的淄博到 8 月的天津，2023 年末哈尔滨又爆火出圈了。

哈佛商学院安妮塔·埃尔伯斯教授在《爆款：如何打造超级 IP》中强调："一切行业皆有爆款。"

（一）爆款产品的底层逻辑

在高度激烈的市场竞争中，爆款产品成了企业追求的目标，它们不仅能够迅速占领市场份额，还能为企业带来巨大的品牌影响力和经济效益。

在一个充满爆款的社会里，从领导者的视角看，要么成为爆款，要么被爆款消灭。产品创新是制造爆款尤其是长青爆款的核心基本盘。当下的任何爆款，多少都是因为它击中了客户在特定的时间、空间里的特定情感需求，产生了链接和共振。

打造爆款产品需要遵循四个原则。

1. 少而精

传统产品开发是"以量取胜"，量多但很难有突出的产品。爆款产品打造强调"以质完胜"，只有少数几款产品，但都能在市场中脱颖而出，成为头部资源。

通过专注于少数产品，企业能够更深入地理解市场需求，提供更加精细化和差异化的解决方案，从而提高产品的市场竞争力。餐饮行业的新晋"顶流"——湖南长沙的"费大厨"，正是凭借"辣椒炒肉"这一个爆品，一年卖掉 500 万份，在餐饮一片"红海"中找到了自己的"蓝海"。

2. 把产品做成 IP

将产品打造成为 IP（intellectual property），意味着产品不仅仅是商品，更是一种文化现象和品牌象征。这与传统的产品管理思维也不同，传统的产品投入市场有一定收益了，企业就转投下一个产品，而爆款思维是产品得到市场验证后，进一步对产品进行持续投资，让产品自身成为 IP。通过持续投资和培养，产品能够积累深厚的品牌价值和忠实的粉丝群体，从而在市场上形成独特的竞争优势。复星在快乐板块打造文旅 IP 时就坚持一个观点：真正的 IP 是能够穿越周期的。

3. 好产品是赛出来的

爆款产品往往是在激烈的市场竞争中自然形成的，它们通过消费者的自然选择和口碑传播，而非单纯的营销推广。这种方式能够更真实地反映市场的需求和偏好，确保产品能够持续满足消费者的期望，并在市场中保持领先地位。抖音上每天都有很多的爆款视频，这些爆款不是硬推出来的，就是用这种机制赛出来的。

4. 产品即媒介

爆款产品不仅是品牌战略的体现，还应具有高度的辨识度，使消费者能够在众多选项中立即识别并选择。例如，迪士尼的周边产品，即便在众多的同类产品中，客户也能立即辨别出它们。这些爆款产品本身就成为了品牌传播的媒介。

爆款不只是一个产品，更是一个文化符号、社交媒介和体验创造者。它们不是通过硬广告，而是通过产品力量本身，在消费者心智中建立品牌联结，引发自传播，最终成为一种文化现象。

（二）爆品打造五步法[1]

在企业实操中，可参考爆品打造五步法，如图 11.4 所示。

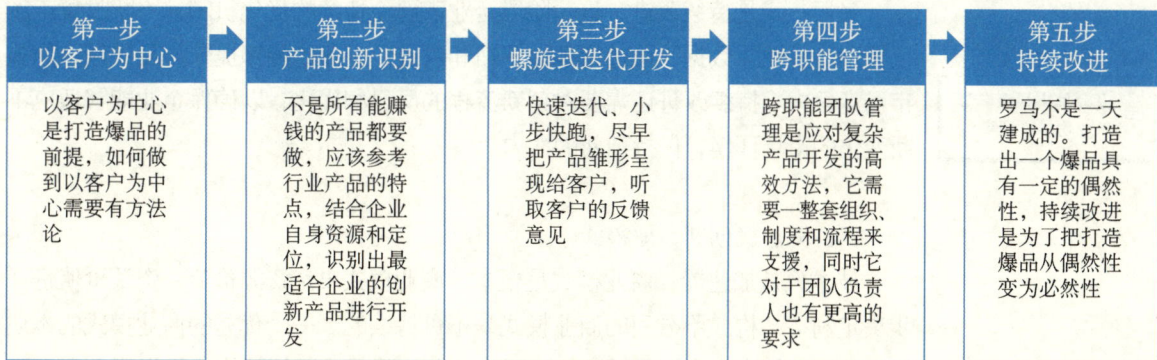

第一步 以客户为中心	第二步 产品创新识别	第三步 螺旋式迭代开发	第四步 跨职能管理	第五步 持续改进
以客户为中心是打造爆品的前提，如何做到以客户为中心需要有方法论	不是所有能赚钱的产品都要做，应该参考行业产品的特点，结合企业自身资源和定位，识别出最适合企业的创新产品进行开发	快速迭代、小步快跑，尽早把产品雏形呈现给客户，听取客户的反馈意见	跨职能团队管理是应对复杂产品开发的高效方法，它需要一整套组织、制度和流程来支援，同时它对于团队负责人也有更高的要求	罗马不是一天建成的。打造出一个爆品具有一定的偶然性，持续改进是为了把打造爆品从偶然性变为必然性

图 11.4 爆品打造"五步法"

---

[1] 揭应平，曾是中兴通讯国内高级技术专家。目前国内第一个提出适用于中小型企业的精简型产品研发流程 IPD 体系（LIPD 体系）的产品研发管理专家。《一本书讲透产品研发》作者。

1. 第一步：以客户为中心

以客户为中心是打造爆品的前提。企业需要通过市场研究和绘制用户画像，精准定位客户需求和偏好。同时，积极收集用户反馈，通过客户评价分析来识别提升体验的机会。在此基础上，快速迭代产品，确保产品开发紧密贴合市场变化。

2. 第二步：产品创新识别

在这一步骤中，要求企业建立一套系统的创新识别机制，确保能够持续产生并筛选出有潜力的创新概念。

首先需要识别和筛选出具有市场潜力的创新点子，通过分析行业趋势、技术发展以及客户反馈，发掘出新的产品机会。创新不仅限于产品功能，还包括设计、用户体验和商业模式。

3. 第三步：螺旋式迭代开发

在这一步骤中，企业通过快速原型制作和小规模测试，不断迭代和完善产品。这种方法允许产品在开发过程中接受市场的实际检验，及时调整适应客户需求和市场变化。每次迭代都应基于客户反馈和性能数据分析，以确保产品逐步接近最终的市场需求。

4. 第四步：跨职能管理

打造爆款产品是一个需要跨部门协同、持续创新迭代的系统工程。企业要在产品、渠道、品牌、供应链等方面形成合力，才能实现产品爆款化。因此，必须推动组织内跨部门团队协同工作，共同推进产品开发。这要求打破部门壁垒，实现资源共享和知识整合。有效的跨职能管理能够加快决策过程，提高响应速度，确保产品开发团队能够快速应对挑战和市场变化。

5. 第五步：持续改进

最后一步是持续改进，这一阶段企业需建立持续的优化机制，不断收集市场反馈和产品性能数据。通过持续地评估和改进，企业才能够提升产品质量，增强市场竞争力。持续改进还需要对创新流程的反思和优化，以确保企业能够适应不断变化的市场环境，保持创新的活力。

> 失败早来快来，等于成功早日到来。

四、开放式创新商业模式

技术只是加速器，商业模式是根本。商业模式决定资源价值，资源价值进一步决定利益结构。不盈利的商业模式是不可持续的。一个优秀的商业模式的本质在于能够持续产生利润和正向的净现金流，构建起难以超越的竞争优势。

（一）领导商业模式创新的目标

1. 领导商业模式创新的目标

商业模式创新就是要适应时代变革，重塑商业格局。在此背景下，领导商业模式创新要以 NICE 为目标。

（1）新颖性（Novelty）：能够打破常规，创造出全新的产品、服务或价值主张，吸引用户的注意力。

（2）留存性（Inertia）：能够持续为用户创造价值，形成用户黏性和转换成本，让用户难以轻易流失到竞争对手那里。

（3）互补性（Complementarities）：通过产品、服务、渠道等多方面的互补，形成完整的解决方案，满足用户的多元化需求。

（4）效率（Efficiency）：数字化转型和 AI 融入是提升效率的重要手段，通过优化流程来降低成本、提高效率。

2. 适应平台生态的商业模式

企业的成功不仅取决于其自身的产品或服务，还取决于其在整个商业生态系统中的位置和作用。适应平台生态的商业模式是一种为了在互联、协作的环境中取得成功而设计的商业策略和运营方法。这种模式强调动态化、数字化和生态化，具有以下几个关键特征。

（1）开放式创新：强调群体创造，通过开放合作整合资源，构建生态平台，促进创新。

（2）价值共生：转向合作共赢，构建价值导向的文化和机制，实现共同繁荣的"命运共同体"。

（3）场景营销：以消费者和社群为中心，通过场景化营销实现品牌传播，替代传统广告投放。

（4）数据驱动：将数据作为企业发展的核心动力，实现数据与产业的深度融合。

（5）网络化组织：从传统的科层制向网络化结构转变，模糊组织边界，增强灵活性和互联性。

（二）领导商业模式创新的五个步骤

商业模式创新的核心前提是将商业模式看作价值创造的过程。由此，就会产生众多的商业模式类型。商业模式重在规定公司在价值链中的位置，形成特有的运作系统，明确公司开展什么样的活动来创造价值，如何选取价值链中上游和下游伙伴中的位置，以及与客户如何达成收益目标及安排。

企业家都有这样的体会，在很多情况下，"怎么做"比"做什么"更加重要。"怎么做"就是商业模式的创新。

商业模式的创新有五个步骤，如图 11.5 所示。

1. 自我评估

自我评估是为了清晰了解自身商业模式的现状。自我评估是商业模式创新的基础。借助商业模式画布（见图 11.6），可以帮助企业进行自我评估。

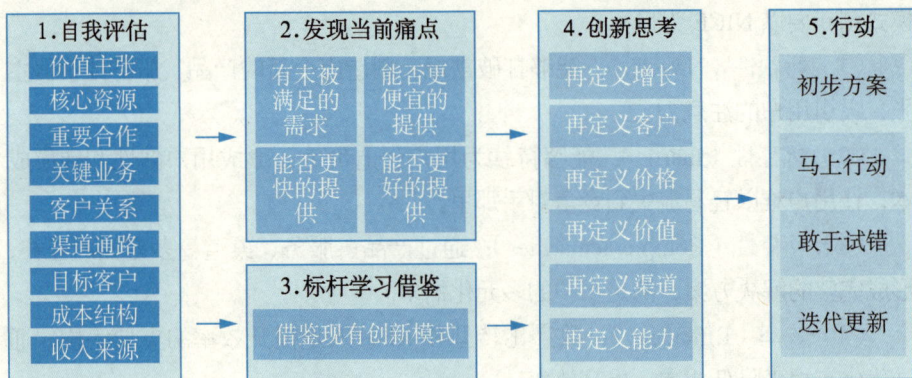

图 11.5 商业模式创新的五个步骤

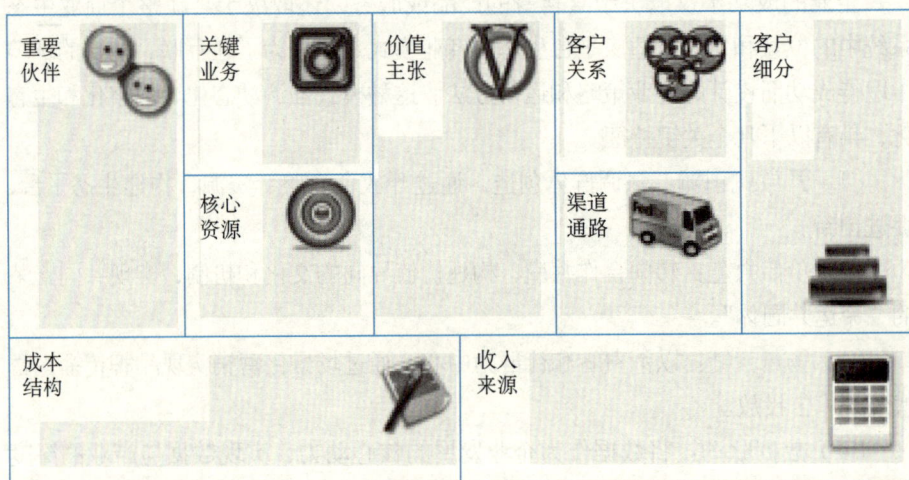

图 11.6 商业模式画布[1]

商业模式画布涵盖了四个主要方面：客户、提供物（产品／服务）、基础设施、财务生存能力，细分为九个构造块，在每个构造块，企业可通过核心问题进行自我审视与评估。

（1）价值主张。

在价值主张这个构造块，有四个核心问题：我们该向客户传递什么样的价值？我们正在帮助我们的客户解决哪一类问题？我们正在满足哪些客户需求？我们正在提供给客户细分群体哪些系列的产品和服务？

以苹果和诺基亚为例：

苹果的价值主张是：手机是个终端！主导美好的未来数码生活；形象

---

[1]［瑞士］亚历山大·奥斯特瓦德、［比利时］伊夫·皮尼厄，《商业模式新生代》，黄涛、郁婧译，机械工业出版社 2016 年版。

化、简单化人机互动；集于一身，化繁为简，超级触控体验。

乔布斯认为：终端的关键是敏锐感知！于是，真正让 iPhone 成功的，并不是颜值、性能，甚至功能，而是让 iPhone 能感知到人存在的东西——传感器。通过这些传感器，iPhone 把感知到人的世界数字化，深度融入了人们生活。甚至可以打个比喻："手机变成了人的另一个外在器官。"

诺基亚的价值主张是：手机是个手机！威图——奢华的身份象征；智能手机——所有的应用服务于手机的传统功能而非其他；低端手机——耐用、抗摔、便宜。

（2）客户细分。

核心问题：企业正在为谁创造价值？谁是最重要的客户？

（3）客户关系。

核心问题：每个客户细分群体希望我们与之建立和保持何种关系？哪些关系已经建立了？这些关系成本如何？如何把它们与商业模式的部分进行整合？

（4）渠道通路。

核心问题：通过哪些渠道可以接触客户细分群体？现在如何接触他们？渠道如何整合？哪些渠道最有效？哪些渠道成本效益最好？如何把渠道与客户的例行程序进行整合？

（5）关键业务。

核心问题：价值主张需要哪些关键业务？渠道通路需要哪些关键业务？客户关系呢？收入来源呢？

（6）核心资源。

核心问题：价值主张需要什么核心资源？渠道通路需要什么核心资源？

（7）重要伙伴。

核心问题：谁是重要伙伴？谁是重要供应商？从伙伴那里获取哪些核心资源？合作伙伴都有哪些关键业务？

（8）收入来源。

核心问题：什么样的价值能让客户愿意付费？他们现在付费买什么？他们如何支付费用？他们更愿意如何支付费用？企业的每个收入部分占总收入的比例是多少？

（9）成本结构。

核心问题：什么是我们商业模式中最重要的固有成本？哪些核心资源花费最多？哪些关键业务花费最多？

表 11.6　苹果与诺基亚的对比——除价值主张外的八个构造块

构造块	苹果	诺基亚
客户细分	一款产品引导不同的客户需求，中高端用户追求美好的数码生活品质	多款产品适应不同的客户需求 高端奢侈品——威图手机（Vertu）； 中端客户——塞班智能手机； 低端客户——平板传统手机
客户关系	活跃的移动互联网系统 手机售出，是客户关系的开始 与应用开发商形成的生态圈，使得客户关系一直处于活跃状态，并为苹果带来持续盈利	单次买卖，即告终结 手机售出，即表示客户关系的状态终结 缺少移动网络的支持来保证活跃的客户关系
渠道通路	与经销商分享利润，授权经销商 严格审核标准	经销诺基亚，无利润可言 传统的厂商—代理商—分销商通路
关键业务	基于未来的移动互联网时代 手机终端＋应用平台	传统的手机通信时代，即手机硬件
核心资源	持续创新；后续服务；应用平台	手机硬件
重要伙伴	合作者，创造新价值 通过应用服务提供者，创造移动互联的生态圈；为消费者提供持续不断的服务；从中获得最大的利润分成	只为降低不必要的浪费 即供应商降低成本、提高质量、完善供应链
收入来源	凭借硬件，依靠软件，可持续的收入滚动。包括手机销售收入；与运营商的分成收入；应用软件下载收入；收费音乐下载收入；配件的收入	单纯硬件收入，也就是手机销售收入
成本结构	手机硬件成本仅占20%，通过软件，创造新价值	手机硬件占总成本的70%以上，主要是硬件成本，无异于制造业

11.4：连锁口腔医疗服务的商业模式画布

通过八个构造块的简要对比分析，我们可以比较清楚地看到苹果取胜、诺基亚败北的主要原因。EMBA 学员在小组讨论中采用该方法画出了"连锁口腔医疗服务的商业模式画布"（见二维码11.4）。

2. 发现当前痛点

第二步：深入剖析，找出原有模式的痛点。痛点的本质是客户未被满足的刚性需求。

寻找用户痛点，可以从如下四个方面切入：

（1）有没有未被满足的需求：同行业目前没有人解决，但用户依然非常需要。这就是所谓的蓝海，并不是每个人都能发现蓝海，也不是每一个"蓝海"都是真的蓝海。

（2）能不能更便宜：能不能把满足用户需求的成本压低，能不能提供更便宜的产品和服务，甚至能不能提供免费的产品？

（3）能不能更快：能不能把满足用户需求的效率提高？提高效率意味着为客

户节省时间，提升了用户体验；提升效率也意味着单位时间生产的产品更多，降低成本。另外，用户最讨厌的是复杂。

（4）能不能更好：能不能把满足用户需求的品质提高，也就是能不能大幅度提高产品的用户体验？

3. 标杆学习借鉴

第三步：借鉴现有创新模式的亮点。成功的商业模式既呈现高度的一致性又体现出明显的差异性。

（1）高度一致性。具体表现在：创新性地将内部资源、外部环境、盈利模式与经营机制等有机结合，不断提升自身的营利性、协调性、价值、风险控制能力、持续发展能力与行业地位等。

随着移动互联网而崛起的、指数型增长的商业模式都具有三个特征：杠杆资产、社交型、即需即供。

① 杠杆资产，一个企业如果自有的资源能够能撬动更多的外部利益相关方的资源能力，称为杠杆资产。如果杠杆资产比较大，就更容易进入指数型增长的渠道。

② 社交型，未来企业的商业模式，用户和用户之间，用户和企业之间，企业内部，企业和供应商之间，都应该以社交化的方式来交往，将来的组织一定是社交型的。这种组织呈现的网络特征会指数级放大企业的影响力。

③ 即需即供，不管哪一个利益相关方有需求，供给方都会及时响应这个需求，这是非常重要的商业模式特征。

（2）明显差异性。具体表现为在一定条件、一定环境下的成功，更多地具有个性，不能简单地复制，而是通过不断修正保持企业持久的生命力。

榜样的力量是无穷的。积极的领导楷模更能激励员工努力工作。借鉴现有创新模式的亮点，可以帮助企业少走弯路。部分借鉴再创新实例如表 11.7 所示。

表 11.7　借鉴再创新的实例

领域	中国典型	对标对象	再创新
即时通信领域	QQ、微信	WhatsApp	多场景的通信功能、支付功能、购物功能
搜索技术领域	百度	谷歌	中文搜索、信息流、短视频
电子商务领域	阿里巴巴、京东	eBay、亚马逊	打通交易、物流、金融云计算和大数据技术，构建大生态系统
金融科技领域	蚂蚁、众安保险	PayPal, oscar	基于大数据的精准算法，全场景的金融服务体系
大众出行领域	滴滴、摩拜	Uber	多出行方式综合解决方案 比如滴滴首先推出快车、顺风车等业务 摩拜首创 toC 的大规模共享模式

续　表

领域	中国典型	对标对象	再创新
新兴媒体领域	优酷	YouTube	流媒体技术、移动化从视频平台到媒体平台
智能硬件领域	小米	苹果	开放的生态化布局

4. 创新思考

第四步：商业模式创新思考的逻辑就是六个再定义：

（1）再定义增长：明确驱动性变化、行业规则、资源能力。

（2）再定义客户：明确客户定位、需求与客户决策链。

（3）再定义价值：明确产品/服务，价值主张与价值组合。

（4）再定义价格：从成本结构、收入来源、价格/价值三个维度明确定价策略。

（5）再定义渠道：明确连接客户与价值的通道。

（6）再定义能力：明确壁垒、关键能力、主要业务活动。

企业就如生命一样，经受不住一项业务衰落和另一项业务兴起之间的一个时间间隔。因此，要在核心业务衰退之前必须果断创造新业务。

总结一下，通过四个维度来开展商业模式的创新：

（1）可以新增加或减少商业活动；

（2）可以增加更多的合伙人来进行商业活动；

（3）可以通过新方法来联系以往的商业活动；

（4）可以采用新的收入模式。

目前较好的商业模式有个特点：模式不轻不重。中小企业进入一个行业，如果企业做得太重，肯定风险相对较大，因为企业没有太多的资源。但如果做得太轻，也不行。尤其是一些比较新的业务，供应链、品控等核心环节还是要自己控制。另外，创新型的中小企业非常有必要形成一个试点、样板或一个闭环，这需要一定的资金投入。这也有助于增强客户和商业伙伴对企业的信任。例如，连锁组织的信息系统要适度超前投入，这也需要一定资金投入。

5. 行动

第五步：形成初步创新方案，马上行动，敢于试错，迭代更新。商业模式的创新是一个迭代更新的过程。

例如，微信就是通过快速迭代，从一个通信工具发展成了一个生态平台。自2011年1月发布以来，经历了无数次迭代和更新，推出了数十个版本。微信的迭代非常频繁，几乎每个月都会有小的更新，每年都会有几次较大的版本更新，以增加新功能、改善用户体验和修复问题。随着其功能的不断完善和市场推广，用户数迅速增长。当前，微信的月活跃用户数超 13 亿人。

成功企业的失败，往往是因为在这个瞬息万变的时代，一直使用适合于已知经验的创新管理方式来进行新产品的开发，殊不知数字化已改变了一切。在这个变化速度加快的市场，强烈的不确定性，使我们难以预测新产品的消费者对产品的最终认知。除非每一个新产品、每一项技术卖点、每一个差异化特征、每一例市场方案都走出办公室，在消费群体中进行改善性的测试，不停地反馈循环，创新的成功率会提高很多。

谷歌的快速失败、勇敢决策、拥抱错误、事后"鞭尸"[1]

1. 快速失败、勇敢决策

通过数据驱动决策和对创新项目的里程碑评审，当实际效果偏离预期目标时，立刻决策 Go/No-Go。

谷歌的创新产品成百上千，而那些实际效果不好而被放弃的会高出一个数量级。舍九取一，勇于放弃，这是避免在错误的创新道路上过度投资的一个策略，当然也是谷歌被诟病很多产品会被"轻易"放弃的原因。

2. 拥抱错误、事后鞭尸

谷歌认为错误是公司的财富，不会因为员工的错误而惩罚。谷歌内部还有个趣称：如果有员工对公司业务造成百万美元以上的损失，会获得"百万富翁俱乐部"的头衔。

谷歌有个流程被称为"鞭尸报告"（Postmortem）。每当发生事故后，谷歌会通过"鞭尸"报告复盘和总结，一般包括几个方面：事故现场及处理重述、根源分析、处理经验总结（做得好的和可以做得更好的）、预防措施，以及跟进计划，尤其跟进计划都会有领导层负责并保证落地。

谷歌创新失败或出现错误并不会得到惩罚，甚至由此暴露问题反而会被表扬，但对错误的总结、复盘和避免出现类似错误的反思是风险管理和容错机制的重要部分。

五、开放式创新的风险管控

（一）领导管控创新风险

创新有风险。领导管控创新风险需要注重以下三方面。

1. 提升创新风险管控认知

领导者没有风险意识是组织最大的风险。机会主义是最大的敌人。一窝蜂、走捷径创造的大多是伪奇迹，创新只能脚踏实地，厚积薄发，一砖一瓦盖长城。别在风险出现时才想起防风险。

---

[1] 复旦大学 EMBA 2022 级邹飞。

2. 学习创新风险管控理论

领导者必须学习科学的风险管理理论并以此指导创新实践。

例如，借鉴集成风险管理的思想，它包括两层意思：

一是风险的集成，即风险管理的内容是纯粹风险和投机风险的集成；

二是管理的集成，包括管理要素、管理过程、管理功能、管理技术与方法的集成。

在创新实践中，对集成风险管理的实施过程，则包括风险识别、风险评估、风险预警、风险应对、风险监控与管理改进五个环节。

3. 建设创新风险的管控系统

领导者要从系统角度研究，建设创新风险的防范、监控和释放系统。

（1）创新风险的防范系统。

创新风险的防范系统需要领导者对以下几方面进行系统思考。

行业发展之趋势：研究行业发展趋势，预测未来变化，为创新决策提供方向。

竞争对手之动向：监控竞争对手的策略和行动，及时调整自身的创新计划。

商业模式之"软肋"：识别并强化商业模式中的薄弱环节，预防潜在的业务风险。

可能引爆之"黑洞"：发现并评估可能导致严重后果的风险点，提前制定应对策略。

定性定量之体系：建立定性和定量相结合的风险评估体系，全面分析风险概率和影响。

未雨绸缪之"网络"：构建预警网络，提前感知风险信号，采取预防措施。

细水长流之培训：持续不断地进行员工培训，提高对创新风险的认识和应对能力。

（2）创新风险的监控系统。

创新风险的监控系统包括四个方面的结合。

与目标管理相结合：将风险管理与企业目标管理相结合，确保风险控制与业务目标一致。

与激励手段相结合：通过激励机制鼓励员工参与风险管理，提高风险意识。

与现代工具相结合：利用现代信息技术工具监控风险，提高风险管理的效率和准确性。

与"外脑"相结合：借助外部专家或顾问的智慧，获取更全面的风险管理视角和建议。

（3）创新风险的释放系统。

创新风险的释放系统包括应急系统、应急演习、日常化解三个部分。

应急系统：建立应急响应机制，确保在风险发生时能够迅速有效地应对。

应急演习：定期进行应急演习，检验和提高应对风险的实际能力。

日常化解：通过日常管理和调整，逐步释放和化解潜在风险，避免风险积累至不可控制。

（二）开放式创新的风险源

开放式创新过程中的风险由不确定性引起，主要的风险源来自能力、技术、项目和市场，具体如表 11.8 所示。

表 11.8　开放式创新过程的风险源

风险源	特征
能力不确定性	涉及创新参与者的能力，企业搜集和转化创新资源的能力，以及产品销售能力
技术不确定性	包括技术的领先程度、复杂性、更新换代速度，以及互补性技术与替代性技术的发展情况
项目不确定性	涉及对项目价值的判断，区分有价值的项目和无价值的项目，以及如何科学评价项目的价值
市场不确定性	涉及创新产品的客户定位、市场容量和客户需求，以及市场接受度和市场趋势的不确定性
综合不确定性	上述因素中的几种出现或全部出现

（三）开放式创新的风险应对

开放式创新是把双刃剑，机遇和风险并存。关键是要建立完善的风险管控体系，在开放合作的同时，加强风险管控，提高风险防范能力，最大限度规避和化解各类风险，推动创新有效落地。

1. 不同风险源的风险应对策略

表 11.9 列出了不同风险源导致创新风险的应对策略。

表 11.9　不同风险源导致创新风险的应对策略

风险类型	应对策略	操作思路
能力不确定性	风险考核合作伙伴、强化知识产权管理	对合作伙伴进行全面考核，选择稳健合作者；增强知识和技术保护，获取报酬
技术不确定性	加强商业潜力评估、建立风险投资部门	提升早期评估能力，与专业机构合作；内部成立风险投资部门管理创意流
项目不确定性	管理"假阴性"项目、反思和革新商业模式	持续评估项目价值，利用衍生企业揭示项目潜在价值；优化商业模式提升技术市场化
市场不确定性	改善人力资源管理、加强商业潜力评估	通过改善人事制度和激励机制稳定人才；提升对研发成果商业价值的评估能力
综合应对策略	建立缓冲地带、不断反思和革新企业的商业模式	为创意流建立缓冲机制，如风险投资部门；持续优化商业模式以适应市场变化

2. 来自实践的总结

结合实践，本书总结了不同行业的企业在开放式创新实践中遇到的实际问题以及他们的解决方案，如表 11.10 所示。

表 11.10　来自实践的企业风险问题及应对

具体风险	风险的问题	企业的应对
知识产权风险	在与外部合作伙伴开展创新合作时，如何保护自身的核心技术和知识产权	通过签订严格的保密协议，明确知识产权归属，建立知识产权管理体系等措施来应对
文化融合风险	开放式创新需要企业与外部主体进行深度合作，双方在文化理念、工作方式等方面存在差异，容易产生文化冲突	通过加强沟通交流，开展文化融合活动，建立统一的价值观来化解文化风险
管理复杂性风险	开放式创新涉及多方主体，项目管理的复杂性大大提高，如何有效协调各方资源推动项目进展	建立跨部门的创新项目管理机制，明确各方职责，优化流程，加强过程管控，提高管理效率
创新效果不确定性风险	开放式创新的结果具有很大不确定性，投入产出无法准确预估，存在创新失败的风险	采取小步快跑、快速迭代的方式开展创新，通过原型设计、小规模试点等及早验证创新效果，降低失败风险

3. 创新风险管理流程

以一位 EMBA 学员所在的集团为例，该集团通过系统思考、创新文化和容错机制的实践，为员工提供积极的创新环境，鼓励从全局思考问题，提供宽容的氛围，允许尝试新想法；并用创新风险管控流程（见图 11.7）管控创新风险，从而提升了公司的创新能力和竞争优势。

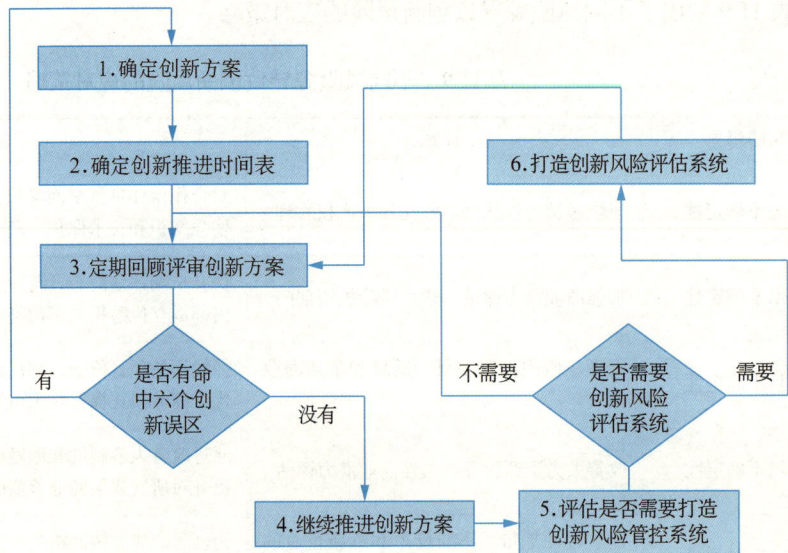

图 11.7　某集团的创新风险管理流程

第三节 | 形成自我创新的操作机制

一、自我创新操作机制的打造

学习是个体最重要的能力，每个人都有不足，大多数人的智商和情商都差不多，但慢慢差别就出来了，差在哪里？关键在于会学习，不断完善自己，形成动态适应的自我创新机制是领导力创新行为的关键点。

（一）自我创新机制的内涵

自我创新机制是指企业内部个体或团队主动进行创新，并通过企业的创新环境和机制，使个体创新能力得以发挥和扩散的过程。

自我创新机制将企业内外部创新驱动力进行有机结合，是实现企业可持续发展的关键。通过自我创新机制，员工的个人成长与企业的长远发展相辅相成，共同应对市场的挑战和机遇。

在实践操作中，自我创新机制包括以下三个层面。

1. 领导层面

自我创新机制的关键是激发组织中每个个体内在的创新动力。领导层面的自我创新又表现为两个方面。

（1）认知方面。

领导者，除了需要形成对企业创新逻辑的四个新认知，还需围绕克服影响企业创新的四大弊端：组织架构官僚化、利益群体固定化、技术路径刚性化和经营行为短期化。

（2）行为方面。

领导者需要身先士卒，同时赋能员工，调动其主观能动性，让创新成为员工的自觉追求，唯有如此，员工的创新热情才能被点燃，企业的创新源泉才能充分涌现。

科大讯飞的董事长刘庆峰在创业之初就提出"要把中文语音技术做到全球第一"。这种绝不服输、勇争第一的精神刻在了科大讯飞的基因里。20多年里，科大讯飞践行"顶天立地"的技术理想，用长期主义精神踏踏实实做源头的技术创新，一个难关一个难关攻克，从语音合成到语音识别再到语义理解，从中文到英文再到多语种，从语音到图像再到多模态感知多维表达，赢得一个又一个第一。

2. 组织层面

组织层面要建立支持创新的环境，包括鼓励员工提出新想法、提供必要的资源和培训。例如，谷歌的"20%时间"政策，允许员工将部分工作时间用于个人兴趣项目，这种做法激发了员工的创造力，也孕育出了许多创新产品。

同时，需要适时调整组织结构以适应快速变化。创新领导需要顶层设计和底层需求相结合，既通过创新管理制度积极引导全员创新、全域创新，又吸收基层探索的试点经验，高度概括以实现更大推广，在不断循环优化的过程中建立一个自上而下的动态管理和自下而上有效互动相结合的双向通道。

3. 员工层面

任何一个生命体，如果缺少自我创新的意识或行为，就失去了进化的能力。员工层面的自我创新要求员工对现有工作流程、产品或服务改进，面向市场、贴近用户，保持对创新机会的敏锐洞察。同时，员工要有不断学习新知识、新技能的愿望和行动，促进自我成长融合型思维的完善。

（二）自我创新与组织创新

个体自我创新和组织创新是一个相互促进、螺旋上升的过程。

个体的自我创新指的是个体在认知、技能、态度等方面的自我更新和提升；而组织创新则是指整个组织在结构、流程、产品、服务等方面的创新活动。

个体的创新思维和能力，能促进组织流程优化、产品服务创新、商业模式变革等。正是组织成员源源不断的创新活力，推动着组织不断进化发展。反过来，组织创新反哺自我创新。组织在创新过程中积累的经验教训、能力提升，又会反馈到个体，帮助其迭代升级自身的认知模式和实践能力。同时，组织成功的创新实践能提升个体的成就感和组织认同感，为个体提供新的挑战和机遇，激发个体的自我创新动力。

因此，组织要重视个体的创新潜能，营造有利于创新的生态；个体也要主动提升创新意识和能力，为组织创新贡献价值。

（三）自我创新机制的打造

自我创新机制可解构为：变异信息感知与获取能力（变异感知能力）、信息意义与价值诠释能力（信息诠释能力）、创新决策能力与创新的实施实现等四个能力模块（见图 11.8）。

1. 感知

感知代表变异信息感知与获取能力。

创新机会往往是以外部环境和内部运作中的微小变化和趋势的形式存在。因此，组织需要保持高度的市场敏感性，以便捕捉新技术、消费者行为变化、政策变动等信息，并将其转化为创新的机会。

2. 诠释

诠释代表对信息意义和价值的诠释能力。这种能力能够帮助组织对收集到的信息进行深入分析和解释，评估其对组织的潜在意义和价值，从而为创新决策提供依据。

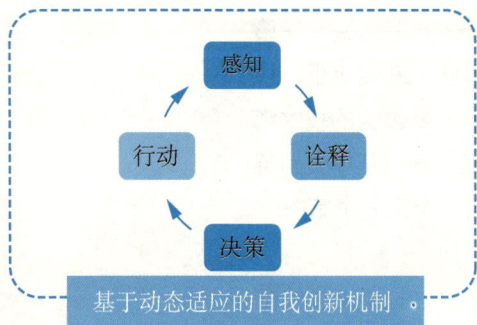

图 11.8
基于动态适应的自我创新机制

3. 决策

创新活动中的决策具有关键作用。当组织理解了信息的意义和价值后，需要迅速做出关于创新的战略决策，包括哪些创新想法值得投资、如何分配资源、如何平衡风险和回报等。

4. 行动

行动是创新实施的能力。这要求将创新决策转化为实际的行动，要求组织能够有效地执行创新计划，包括新产品开发、市场推广、流程改进、持续监控、迭代反馈等。

自我创新机制强调以技术和市场导向，确保创新活动既符合技术发展的趋势，又满足市场需求。通过这种解构和应用，组织可以更系统地培养和提升自身的创新能力，从而在不断变化的市场中保持竞争力。

三维创新格局的自我创新机制实践[1]

"创新格局"可以理解为一套能够帮助企业领导者提高创新能力和执行力的工具和方法论。可形成"创新格局"立体图（见图 11.9）。

第一个维度，从入眼、入脑、入心、入手等由浅及深的层面构筑企业创新价值宽度，夯实企业领导力创新发展由形到神的转变。例如，企业管理中的周例会轮值创新管理，从假设、论证，到最终实践，成效越发显著。

第二个维度，从产品、文化、管理、行为等角度出发锻造企业创新价值高度，丰富企业领导力创新发展由点及面的转变。例如，公司 2023 年推出新一代数智后勤平台——"荣家后勤"，产品的创新带动了相关领域产业链，激发了企业团队战斗力，积极地影响了员工行为。

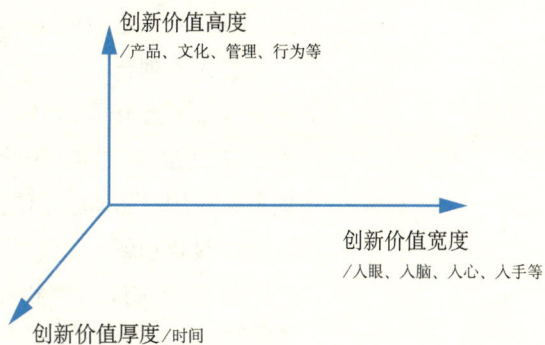

图 11.9
"创新格局"立体图示

第三个维度，用时间沉淀企业创新价值厚度，实现企业领导层面长期的创新发展。如成立 18 年的荣科科技于 2023 年开启了上市第二个十年的新篇章，时间积淀的远不止产品价值、产业价值、文化价值，还有诸多无形价值，如人才价值、市场价值、品牌价值等。

这三个维度共同形成企业立体的"创新格局"，进而打造企业专属的自我创新机制。

---

[1] 复旦大学 EMBA 2022 级王功学。

二、自我创新机制的误区规避

（一）识别创新过程的若干陷阱

总的来说，企业创新过程中的陷阱有以下三种。

1. 业绩陷阱

业绩陷阱是企业创新陷阱中最主要的表现形式，它通常发生在企业成熟期，当企业业绩非常优秀，核心业务增长较快时，领导层往往缺乏危机感，更关注资源满足现有客户需求，忽视创新对企业未来利益增长的贡献。

2. 范围陷阱

企业在发展过程中，领导层本着多元化经营与风险分散，无限增加企业业务边界，导致企业资源分散，核心业务被削弱。因此，明确创新的边界是企业成功创新的重要环节。

3. "技术至上" 陷阱

在自主创新过程中强调技术的优势无可厚非，但对技术优势的过分关注可能使企业忽视对市场需求的研究和技术转化的有效管理，反而影响了技术的有效应用。

（二）规避创新探索的若干误区

在创新探索中也存在若干误区，常见的主要有如下九种。

1. 过早创新

企业在市场需求尚未成熟时推出创新产品，导致产品未能被市场接受。例如，在 2021 年元宇宙概念爆火时，催生了一批元宇宙应用公司，因技术发展需时间，应用产品体验不佳，导致不少企业经营陷入危机。

2. 过快创新

忽视技术成熟度和经济周期，导致产品无法满足用户的实际需求。乐视在 2004 年从视频网站开始扩展到多个领域，包括硬件、内容、终端和应用等多方面。然而，由于其生态模式过于复杂且缺乏市场需求的支撑，乐视最终未能成功。

3. 过度创新

创新超出了组织的适应能力，导致组织无法有效实施创新。一位互联网医疗公司的创始人在项目失败后说："我发现实际上我们没有客户，因为没有人对我们开发的产品感兴趣。医生需要更多的病人，而不是一个效率更高的办公室。"

4. 封闭创新

缺乏开放合作的创新，忽略差异化维度，导致企业错失外部资源和市场机会，成为市场的"先烈"。

5. 执行条件不足的创新

即使创新理念再好，如果没有考虑实际的执行条件，就会失败。例如，一些初创公司推出的创新产品由于缺乏足够的资金支持和市场渠道，最终无法实现商业化。

6. 忽视企业主导地位的创新

企业在创新过程中应发挥主导作用，而不是被动跟随市场。例如，将小众市场搬上荧幕的一些综艺节目，最终因独特的小众文化在市场的规律下，为迎合大众逐渐变味而从火爆到黯然退场。

7. 资源错配的创新

将创新简单等同于创业可能会导致资源错配。例如，一些创业者在没有充分市场调研的情况下盲目推出新产品，结果产品不符合市场需求，导致创业失败。

8. 科研与经济脱节的创新

科研成果转化率低，导致科研成果与经济发展需求不匹配。例如，一些高校投入很多科研项目，然而成果转化非常惨淡。

9. 夸大金融杠杆作用的创新

过分依赖金融资本而忽视创新的其他要素，影响创新的质量和可持续性。例如，一些初创企业在获得风险投资后，盲目过度扩张，最终导致失败。

三、领导力创新行为的"不为清单"

"不为清单"是领导力创新行为修炼中的"镜子"，可以帮助领导者避免错误的做法，聚焦做"对的事"。典型的不当行为如表 11.11 所示。

表 11.11　领导力创新行为的"不为清单"

类别	不当行为表现
不做短视者	只关注短期利益，忽视长远发展 满足于现状，不思进取，缺乏创新意识 抗拒变革，抓住既得利益不放
不做独行侠	高高在上，不愿意与他人沟通交流 独断专行，不尊重团队的集体智慧 只相信自己，排斥不同观点，缺乏包容性
不做形式主义者	创新流于表面，敷衍了事 重形式轻实效，搞花架子工程 不注重创新的落地实施和转化
不做机会主义者	投机取巧，急功近利，不负责任 盲目跟风，没有清晰的创新战略 过度承诺，缺乏风险意识和底线思维
不做封闭者	固守已有认知，不愿学习新知识新技术 墨守成规，不敢突破思维定式 缺乏开放的心态，不善于整合内外部资源

续　表

类别	不当行为表现
不做冷漠者	对创新缺乏热情，消极被动 不愿意投入时间精力，得过且过 不关心创新进展，不给予必要支持 不考虑创新伦理，不关心社会价值

　　领导力创新行为是一个系统工程，在新一轮科技革命背景下，领导者需要在理念、文化、机制、资源、战略等方面统筹谋划、精准发力，不断优化迭代，提升创新格局，从封闭自主创新转向基于自主、开放、协同、全面的融合创新，调整自身愿景、使命和战略定位，以加快实现颠覆性技术突破，提高企业持续创新能力和全球竞争力。

推 荐 书 单

　　1.《创新者的基因》——［美］杰夫·戴尔、［美］赫尔·葛瑞格森、［美］克莱顿·克里斯滕森，曾佳宁译，中信出版社 2013 年版。

　　2.《商业模式新生代》——［瑞士］亚历山大·奥斯特瓦德、［比利时］伊夫·皮尼厄，黄涛、郁婧译，机械工业出版社 2016 年版。

　　3.《开放式创新》——［美］亨利·切萨布鲁夫，唐兴通，王崇锋译，广东经济出版社 2022 年版。

复 习 思 考 题

　　1. 开放式创新在企业的不同阶段如何体现？
　　2. 如何在企业里重塑创新的企业文化？
　　3. 联系实际，谈谈领导者如何提升"创业格局"？
　　4. 领导开放式创新有哪些关键点，如何实现？
　　5. 你认为还有哪些不当行为可以加入领导力创新行为的"不为清单"？

领导力决策行为打造"定海神针"，为组织找到激动人心和富有吸引力的创新的组织目标；

领导力沟通行为打造"沟通神器"，生动描绘这一目标的画面，让利益相关者形成强大共识从而全情投入；

领导力生态行为绘制"生态地图"，指导企业选择生态化发展路径，进入共赢生态圈；

领导力创新行为提升"创新格局"，通过开放式创新领导生态系统丰富、优化、裂变乃至重生；

接下来，如何在组织内形成强大执行力，就需要在组织内打造"高效机制"，让组织生态充满活力。

本篇要点：

企业卓越的领导力要靠强大的执行力来体现，靠与时俱进的保障系统来保障。

本篇探讨领导力保障行为的理念和操作。旨在帮助读者理解在 AI 时代，企业保障机制的科学内涵。以华为作为标杆企业，从打造领导力保障行为着手，探索通过高效机制的打造，形成和完善组织自我优化的保障机制。

第六篇
领导力保障
行为

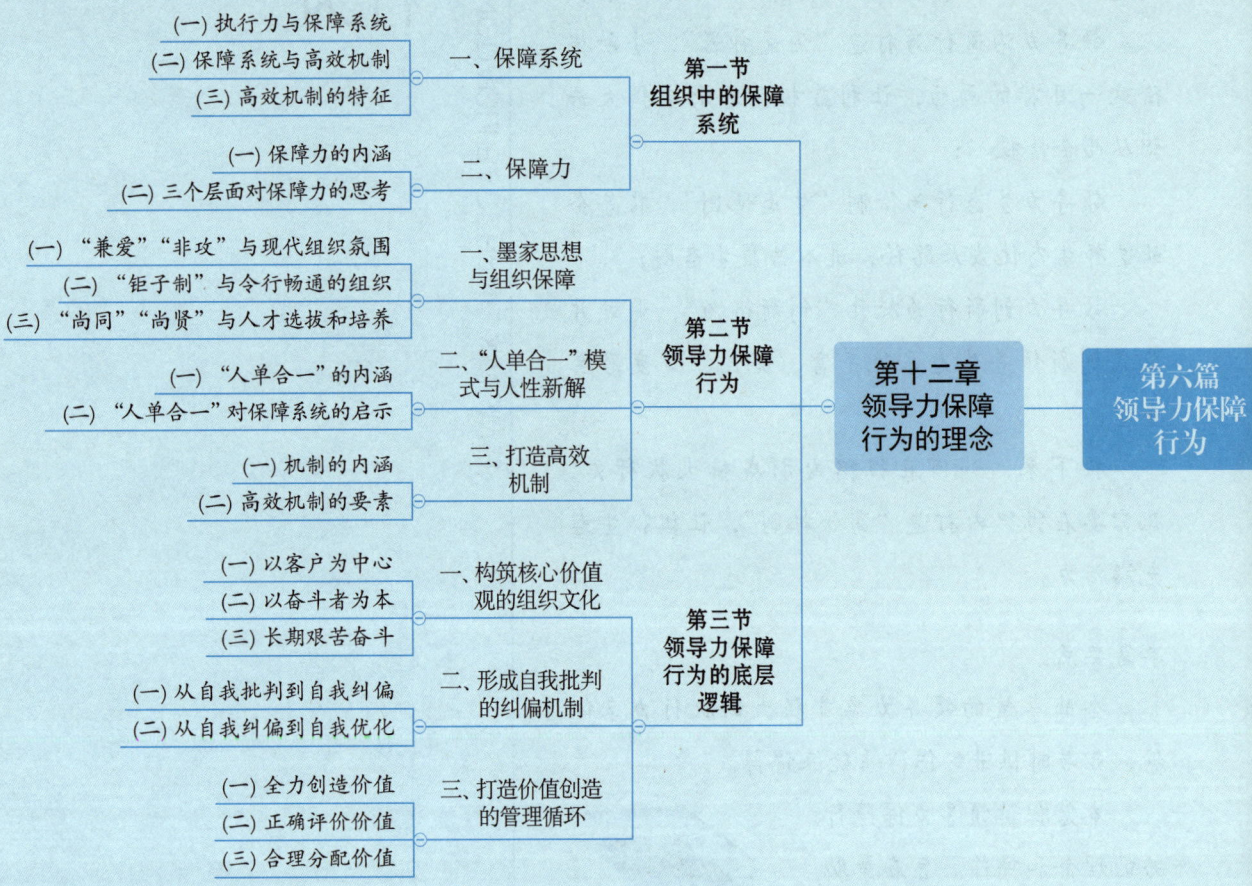

（一）执行力与保障系统

（二）保障系统与高效机制　　一、保障系统

（三）高效机制的特征

（一）保障力的内涵　　二、保障力

（二）三个层面对保障力的思考

第一节
组织中的保障
系统

（一）"兼爱""非攻"与现代组织氛围　　一、墨家思想
与组织保障

（二）"钜子制"与令行畅通的组织

（三）"尚同""尚贤"与人才选拔和培养

（一）"人单合一"的内涵　　二、"人单合一"模
式与人性新解

（二）"人单合一"对保障系统的启示

第二节
领导力保障
行为

（一）机制的内涵　　三、打造高效
机制

（二）高效机制的要素

第十二章
领导力保障
行为的理念

第六篇
领导力保障
行为

（一）以客户为中心　　一、构筑核心价值
观的组织文化

（二）以奋斗者为本

（三）长期艰苦奋斗

（一）从自我批判到自我纠偏　　二、形成自我批判
的纠偏机制

（二）从自我纠偏到自我优化

第三节
领导力保障
行为的底层
逻辑

（一）全力创造价值　　三、打造价值创造
的管理循环

（二）正确评价价值

（三）合理分配价值

第十三章
领导力保障
行为的操作

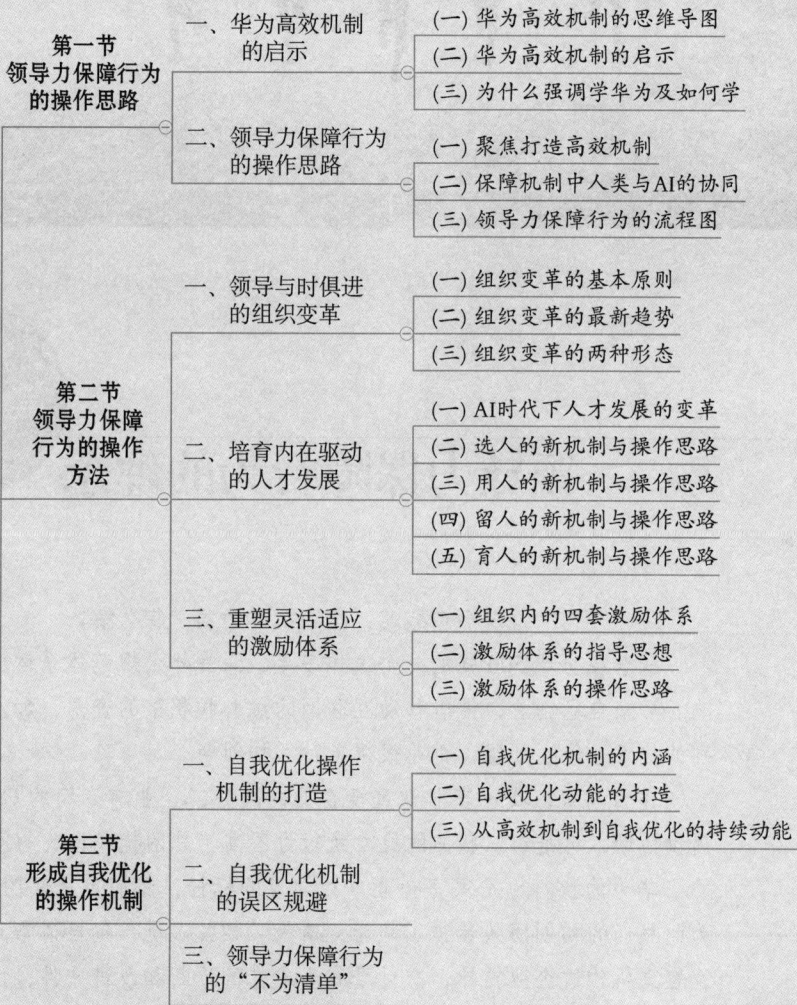

第一节
领导力保障行为
的操作思路
├─ 一、华为高效机制
│   的启示
│   ├─ (一)华为高效机制的思维导图
│   ├─ (二)华为高效机制的启示
│   └─ (三)为什么强调学华为及如何学
└─ 二、领导力保障行为
    的操作思路
    ├─ (一)聚焦打造高效机制
    ├─ (二)保障机制中人类与AI的协同
    └─ (三)领导力保障行为的流程图

第二节
领导力保障
行为的操作
方法
├─ 一、领导与时俱进
│   的组织变革
│   ├─ (一)组织变革的基本原则
│   ├─ (二)组织变革的最新趋势
│   └─ (三)组织变革的两种形态
├─ 二、培育内在驱动
│   的人才发展
│   ├─ (一)AI时代下人才发展的变革
│   ├─ (二)选人的新机制与操作思路
│   ├─ (三)用人的新机制与操作思路
│   ├─ (四)留人的新机制与操作思路
│   └─ (五)育人的新机制与操作思路
└─ 三、重塑灵活适应
    的激励体系
    ├─ (一)组织内的四套激励体系
    ├─ (二)激励体系的指导思想
    └─ (三)激励体系的操作思路

第三节
形成自我优化
的操作机制
├─ 一、自我优化操作
│   机制的打造
│   ├─ (一)自我优化机制的内涵
│   ├─ (二)自我优化动能的打造
│   └─ (三)从高效机制到自我优化的持续动能
├─ 二、自我优化机制
│   的误区规避
└─ 三、领导力保障行为
    的"不为清单"

第十二章

领导力保障行为的理念

老板有战略，组织执行力弱，怎么解？

我曾在全球 500 强的外企工作多年，深受外企规范体系运作的熏陶和影响。后来自己创业，借着移动互联网的红利和积累的资源，加上邀请到高级别的技术合伙人加盟，企业很快走过了初创期。

作为老板，我一直非常重视企业的战略，企业有专门的 CEO 在战略上提供协助，但是组织整体的战略执行力不高仍是困扰我已久的问题。

华为的执行力是很多企业争相学习的标杆，我们也曾试图向华为学习，为此我们的初创团队参访了华为，请教了相关人员，包括请华为内部人员以及咨询机构进企业辅导，交付了相当丰富的诊断和改进文件，但真正在企业落地的较少。

我深知机制很重要，但是企业越来越大了，觉得哪里都需要抓，抓不到机制的重点。健全的机制背后是大量人力、物力、财力。直接借鉴有匹配性问题，如果自己探索呢？值不值？该如何入手？

第一节 | 组织中的保障系统

> 优秀的领导者，源于时代和优秀追随者的造就；优秀的追随者，源于机制和优秀领导者的培养。

一、保障系统

保障系统是组织高效运转、目标达成的保证。没有好的保障系统，再好的战略也是一纸空文。

（一）执行力与保障系统

1. 卓越的领导力决定强大的执行力

领导者影响力的真正发挥，体现在实现创新的组织目标，而这有赖于强大的执行力。

从领导特质、行为、风格、领导—成员交换关系等角度，有研究提出了领导力对组织执行力的影响机制。具有积极人格特质（如诚信、决断力、情绪稳定性和开放性）的领导更容易获得员工的信任和支持，从而提升保障系统的信任度和执行力；变革型领导行为、魅力型领导、高水平的领导—成员交换关系，通过提高员工的积极性和忠诚度，提升组织执行力。

2. 强大的执行力依靠高效保障系统

企业强大的执行力要靠组织的保障系统来落地。高效保障系统提供了执行力的"硬件"，包括：

（1）组织架构决定了资源配置和权责划分；

（2）人才发展机制提供了最合适的执行主体；

（3）激励体系则提供了执行动力。

3. 高效保障系统有赖卓越组织文化

保障系统背后折射的是文化和价值观，如以客户为中心、以奋斗者为本等。这种文化会深刻影响组织的执行力。

《从优秀到卓越》[1]的作者吉姆·柯林斯发现，那些不能维持优秀业绩的公司的共同点是：领导人离去而组织没有形成训练有素的文化。训练有素的文化就是卓越的组织文化。卓越的组织文化既能提供组织成员需要遵守的一贯制度，又能体现出制度框架下的自由和责任。

拥有卓越组织文化的企业，看上去可能单调呆板，但深入考察后会发现，这些企业的员工都表现出高度的勤奋自律和执着的进取精神。在共同愿景、奋斗精神感召下，形成了企业生存发展的向心力和共有规范。

---

[1]［美］吉姆·柯林斯：《从优秀到卓越》，俞利军译，中信出版社 2019 年版。

（二）保障系统与高效机制

1. 保障系统有赖于高效机制

高效机制是保障系统的核心和基础。机制在本质上是基于对人性的通透了解和高效驾驭，通过责、权、利匹配，实现最大化发挥人的善意和最大化提升创造力，进而实现组织目标及价值。

保障系统是组织内"看得见"的运行规则，而高效机制则是背后那只"看不见的手"。"看不见的手"指挥着"看得见"的规则，并释放其力量。

2. 高效机制是组织运行的命门

组织的生命力在于运行。组织运行依赖高效机制。

曾掌舵中国建材、国药集团两家世界 500 强企业的宋志平自称是一位坚定的"机制主义者"，他认为：企业成功的关键在于能否用有效的治理机制和激励机制点燃员工心中的火。没有好机制，神仙也做不好企业；有了好机制，做企业不需要神仙。

一个生动的"高效机制"例子

第二次世界大战时，美国有个专为空军部队做降落伞的工厂。1 000 顶降落伞中总会有几顶有问题，每年都会有小比例士兵因此而失去生命。厂家说已经做到极限，无法达到 100% 安全。后来巴顿将军定了个规则：让负责测试的厂家领导去负责试跳。从此以后安全质量就达到 100% 了。

上述例子中的规则体现的就是一种高效机制。既有利益驱动又有激励约束，从中也体现了高超的领导艺术。

（1）将决策者的利益与决策结果绑定。让负责测试降落伞的厂家领导亲自试跳，就是让决策者的生命安全与产品质量直接挂钩，从而倒逼他们重视产品质量，尽最大努力保证每一顶降落伞合格。

（2）用制度来规范和激励人的行为。巴顿将军制定规则要求厂家领导试跳，就是用制度的力量来影响人的行为，而不是简单依靠道德约束或上级命令。制度的力量能让人形成持续的行为模式。

（3）好的机制能激发人性中善的一面。当厂家领导的生命安全与士兵的生命安全绑定在一起时，他们就会站在同一战线，会更多地换位思考。

（三）高效机制的特征

高效机制有以下四个特征。

1. 科学治理结构的载体

高效机制一定是科学治理结构的载体，这是在高效机制中最为重要的基本出发点。好的治理结构，一定是以解放人、实现人的价值最大化为宗旨。本质上是一种有效的利益结构，最重要、最根本的是实现了企业利益与利益相关者之间利益的正相关。其中，充满了有针对性的治理要求，主要有三个标准。

（1）要有助于企业家精神的发挥；

（2）要有助于弱势资源提供者的保护；

（3）要有助于企业的持续发展。

2. 领导艺术的充分体现

高效机制是领导艺术的充分体现。领导艺术强调善于把握分寸，平衡灰度。

（1）把握分寸的艺术。

1999年，上海实业在南非收购了某上市公司。在国内，则在武汉的光谷参建了三星级酒店。从当时的初衷来看非常好，完全符合发展的大趋势。但最后这两个项目都以失败告终。从中得到的教训是：认知上领先一步，行动上只能领先半步，领先半步是先驱，领先一步就可能就是先烈了。各行各业都有它的时机，赚钱多少与时机的把握关系非常大。

> 赚快赚慢是时间问题，赚多赚少是时机问题。

（2）平衡领导的灰度。

灰度是物理学上的亮度概念，又称色阶或灰阶，是极黑和极白之间的过渡色。极黑意味着光子全部被物体吸收，极白意味着光子全部被物体反射，这种状态是极端，显然都不可能出现。现实世界介于两者之间，不是绝对的"是"或是绝对的"非"，灰度才是世界的真实。不确定性下的灰度也是商业运作必须遵循的基本原则。

灰度的核心是平衡。在变革中，任何非黑即白的观点都很容易鼓动人心，但过多强调矛盾对立而忽略矛盾统一，会让企业陷入不利的境地。

平衡领导的灰度需要一系列方法论，包括：解决客户—企业利益的方法论、指导生态建设的方法论、指导产品开发的方法论等（见辅助材料12.1）。

12.1：灰度管理的方法论

3. 体现对人性的驾驭

对人性的驾驭是设计高效机制的基础。

（1）"先小人，后君子"。

人性的复杂性决定了人的自利动机会导致机会主义行为，好的机制可以让各相关利益主体、各种资源和各种诉求形成一种平衡。

当我们在思考制度问题时，把所有的人都假定为"好人"，一旦遇到利益冲突问题，大家都先人后己，那么，这个制度就会漏洞百出，毫无约束力。

"先小人，后君子"可以理解为：在交易之前做小人，要把各种可能的后果都想到，尽可能事先把它们说清楚，订好合约；在订约之后做君子。订了约，就要守约；遇到问题的时候，可以替他人着想，能让一步就尽量让一步。

（2）针对"最坏的人"和"最坏的行为"。

在机制设计中，要相信制度，而不是相信人及其忠诚度。好的制度体现出的是针对"最坏的人"和"最坏的行为"。

好人自然会遵守制度，很有安全感；坏人想钻制度的空子，却没有机会，他们也成不了坏人。最后的结果就是，他们都选择做了好人。"好制度会把坏人变成好人，坏制度会诱导好人变成坏人"，这就是其中的辩证逻辑。

（3）没有"中间地带"。

组织需要坚定执行已定的制度或者废掉执行不了的制度，一定不能有中间地带，否则运行机制必然是低效的。

尤其是企业在不同发展阶段，领导者要严格审视制度的匹配性。有些企业已进入发展期了，却依然保留了初期的制度。或者在发展中，不断为原有制度打补丁，导致后来的人无法从冗长的历史版本中全面理解制度在当下为什么重要以及如何执行。

在一个组织里，如果存在大家都不执行的制度，长期来讲就是鼓励大家不执行制度。当某个制度长期不更新且与当下情境严重偏离，无法执行时，管理人员"睁一只眼闭一只眼"，最后，员工无视的就是整个制度体系。

有一家在行业颇具规模的传统 3C 电子零配件企业，创始人受高效机制启发总结的"正三角"制度结构，相当具有借鉴性。

优化制度的"正三角"[1]

企业有各种管理流程和制度，但鲜有实施执行细则；执行大多依托企业通告、微信群通告。中层管理者实施打折扣；监督检查程序偏少或发现未达标者过多讲情面。这就是现实中的"倒三角"制度结构：制度流程多、执行细节少、监督检查弱。

为改变这种状况，我召集了高层务虚会，在统一大家关于高效机制的认知后，制定了改善策略：包括流程面筛选核心目标；建立公平的团队文化、协作机制；执行层自上而下联动，建立文化、建立规则、带头尊重规则，由此产生了优化制度的"正三角"目标，取得了积极的效果。

企业制度优化前后的对比如图 12.1 所示。

图 12.1　企业制度优化前后的对比

---

[1]　复旦大学 EMBA 2021 级孔成君。

4. 深谙当地法律法规并规范运作

遵守法律法规是企业的底线和红线。合法合规是企业运作的基本前提。任何企业的机制设计都必须建立在遵守法律法规的基础之上。企业需要在明确的法律框架内开展经营活动，按照规范化的流程办事，可以减少不必要的风险和损失，提高企业运营效率。相反，违法违规行为会给企业带来巨大的法律和声誉风险。

合法合规也是企业文化的重要组成部分，对内有利于凝聚利益相关者的共识，对外有利于树立企业良好的社会形象，为企业创造更加有利的外部环境。

多年教学中，我们总是告诫企业的领导者们，规范运作，带好"护身符"。违规获取利益，"刀尖上舔血"的事不能做。人到最后追求的都是内心的和谐。不走大道，不走正道，终究是难以和谐的。

> 📖 不管坏人得了多大好处，我都不会放弃做个好人。

二、保障力

（一）保障力的内涵

保障力是指领导者建立组织保障系统的能力。

领导者的保障力决定了组织的保障力，在保障力的作用下，领导者构建高效机制，组织运行高效机制。

卓越的保障力、强大的执行力、高效的保障系统三者环环相扣、缺一不可。领导者需要通过保障力的修炼，打造组织的高效机制，激发组织的强大执行力，最终实现彰显领导影响力和达成创新目标。

（二）三个层面对保障力的思考

为什么要强调保障力？保障力修炼的出发点是什么？保障力修炼的目的又是什么？可以从以下三个层面分析。

1. 领导哲学层面

（1）领导是一个过程，是一种影响力生态，是领导者、追随者、情境之间互动的过程。

（2）领导活动的有效性主要取决于情境因素之间的匹配程度，有赖于企业运营、支持、保障系统的高效运作和良性互动。

（3）保障力修炼的核心是企业管理的再造。

2. 企业认知层面

这是保障力修炼的出发点。企业从传统经济到数字经济，对企业的认知也发生了一系列逻辑的转变。这些逻辑包括：从人治到法治；从职务权力到市场契约；从经验决策到数据决策；从私人信任到制度信任；从个人控制到分权制衡；从权术权谋到机制设计；从个人修养到制度文明；从传统要素到加入数据要素。

在 AI 时代，保障力还体现在对人工智能技术的整合能力上。领导者要通过与 AI 的融合来构建一个更加高效、智能和适应性强的保障系统。

3. 管理再造层面

保障力修炼的目的是提升组织的执行力。保障力修炼最重要的途径是管理再造。从管理再造层面思考，需要实现四个转化。

（1）管理目标内涵的转化：从瞄准定量标准齐心协力直接实现，向瞄准目标背后的意义间接实现转化。

（2）管理决策内涵的转化：从金字塔型行政层级权力集中，向群策群力、集体智慧转化。

（3）管理协调内涵的转化：从定义标准、共同遵守，向定义目标、互相协同转化。

（4）管理激励内涵的转化：从外在的物质激励为主，向内在的授权、赋能、激励成功需求为主转化。

在 AI 时代，企业的组织形态、人才发展、激励体系都面临着巨大的挑战，迫切需要通过变革为组织注入新的活力。

第二节 | 领导力保障行为

保障力是领导力保障行为的认知基础。提升领导力保障行为是提升组织保障力、打造强大组织保障系统的关键因素。

领导力保障行为，是指领导者通过打造高效机制，保证组织将正确的事做正确，涉及用合适的组织形态、合适的人才、合适的激励，共同作用形成组织强大的执行力，最终内化为组织的自我优化机制。

保障行为的修炼可从中国墨家思想和张瑞敏的"人单合一"理论中借鉴，形成思想和操作指引。

一、墨家思想与组织保障

墨家思想是战国时期形成的一种独特的哲学体系。墨子提出的十大主张——兼爱、非攻、尚贤、尚同、节用、节葬、天志、明鬼、非乐、非命，构成了墨家文化的核心思想。

墨家精神中对利他的倡导，对和平的执着，对社会公正的追求，以及对科技的探索都对当今组织通过建立保障系统打造高效机制具有重要启示。

（一）"兼爱""非攻"与现代组织氛围

"兼爱"理念倡导一种相互关爱与互利共赢的社会关系，即"兼相爱，交相利"。它要求个体不仅自爱，更要爱人；不仅自利，更要利他。通过先行施予爱与利，再收获他人相报的爱与利，从而构建一个和谐共存的和平社会。

"非攻"是"兼爱"思想的自然延伸，它体现了墨子对于破坏生产和无端攻伐的坚决反对，强调了和平的价值。在现代组织中，这一理念启示我们应避免组织内耗，维护组织的和谐与效率。

（二）"钜子制"与令行畅通的组织

墨家内部实行"钜子制"的组织管理模式。墨家的最高领袖被称为"钜子"，钜子拥有绝对的权威和号召力，其个人魅力和才能是激励成员的关键。同时，墨家内部有一套完整的法规体系，为成员行为提供明确指引，违反法规会受到严厉的惩罚。如"墨者之法，杀人者死，伤人者刑"等，确保了组织的纪律性和成员行为的规范性。这种约束机制让墨家形成了非常严明的组织纪律。

墨家注重培养成员的牺牲精神和对组织的忠诚，由此形成了强大的推动力，驱动成员为组织目标全力以赴，甚至牺牲生命。这种组织执行体系就是基于"兼相爱""交相利"构建起来的，为组织令行畅通提供了保障。

（三）"尚同""尚贤"与人才选拔和培养

墨家倡导"官无常贵，而民无终贱，有能则举之，无能则下之"的用人哲学，强调以能力和德行作为选拔和晋升的标准。墨家对子弟的选拔和培养极为严格，确保每位子弟都能达到组织的标准和要求。

"尚贤"即选拔贤能之人来治理国家，强调"不义不富，不义不贵，不义不亲，不义不近"。墨子认为，只有树立正确的"义利观"，才能行善并得到提拔和奖励。墨家"勤勉""节约""行善"的执行理念，则是在培养子弟的主人翁意识和正确的竞争观念，无论是在个人层面还是团队层面，都强调自我超越和集体利益优先。

由此，墨家形成了一种强大的组织文化和执行力，其精神和实践对现代组织领导提供了宝贵的启示和借鉴。

二、"人单合一"模式与人性新解

"人单合一"是海尔集团原董事局主席、首席执行官张瑞敏提出的一种创新商业模式。

"人单合一"自 2005 年提出以来，已成为全球管理领域的一个标志性成果。这一模式不仅在海尔集团内部得到成功实践，而且在全球范围内得到了广泛的认可和应用。

（一）"人单合一"的内涵

1."人单合一"的提出及内涵

"人单合一"模式强调将员工（人）与用户需求（单）紧密结合，实现员工的自主创新与用户价值的最大化。核心在于将决策权、用人权和薪酬权下放给员工，使每个员工都能直接面对市场、拥抱市场、创造市场。这一模式旨在通过打破传统的组织结构和管理方式，实现企业与员工之间的深度融合，从而提高企业的市场响应速度和创新能力。

通过这一模式的全面探索和实践，海尔成功融入快速变化的时代，成为最近三十年来持续增长的企业之一。

2. 人单合一与传统管理模式的区别

（1）X 理论和 Y 理论。

传统企业对人的假设归结起来主要是 X 理论和 Y 理论。

X 理论的前提假设是"人之初，性本恶"，认为人就是好逸恶劳的，必须严加控制。因此，管理中需要加强监督、外部奖励和惩罚。

Y 理论的前提假设是"人之初，性本善"，认为人就是向善的，不必严加控制，只要因势利导就可以了。Y 理论强调工作满意度的激励作用，鼓励员工在没有直接监督的情况下完成任务。与马斯洛需求层次结构相关，Y 理论的假设强调员工更高层次的需求，如尊重和自我实现。

X 理论与 Y 理论共同局限在于：对人的定位都还是被动执行的人，都是需要管理的对象，而不是自主的人。

（2）"人单合一"是对人性的"新启蒙"。

"人单合一"提出"自主人的假设"，认为员工是自主的创业体，能够自我管理，自我驱动，以满足市场需求。

"人单合一"模式是对人性"新启蒙"的探索，它重新定义了员工与组织、用户之间的关系，为现代企业管理提供了新的思路和方法。通过赋予员工更大的自主权，激发其内在动力，实现了组织与员工的共同成长和价值最大化。其核心在于，人不是"被动的"，而是"能动的"。

对人性的"新启蒙"

旧启蒙留下的最大遗产就是假设人是"理性个体"。然而这种理性个体模型并不贴合实际——不仅在于理性部分，更在于个体部分。我们的行为通常受周围人的影响。个体的蓬勃发展能力要归功于从他人的经验中学习。换言之，我们不是个体，而是社会物种的成员。

新启蒙运动认为，人是一个不断寻找新机会、新想法的物种，而社会网络是寻找机会的主要资源，甚至是最大的资源。

这就引出了张瑞敏的生态系统思维，这使海尔能够创建按单聚散的、动态的、响应迅速的组织，以满足不断变化的用户需求。重点是通过协作和吸引新资源来解决用户的痛点，而不是试图自己发明、创造和拥有一切。这大大降低了成本、缩短了时间和降低了失败的风险，也实现了从理性经济人到自主人的颠覆。

在从经济人到自主人的转换中，有一个价值凸显出来，那就是尊严，这也是新启蒙运动的要义。尊严由九项需求构成，包括理性、安全、权利、责任、透明度、公正、机会、创新和包容性。基于尊严的治理是企业进步与社会合作的最佳预测因素，而尊严甚至比自由更重要。

加里·哈默在为张瑞敏颁奖时说了一句话："如果你想为人类的未来创立一家企业，你必须首先创立一家适合人类的企业。"在这样的企业中，人人都是主体，人人得享尊严，就像张瑞敏所说的："'人单合一'最重要的原则就是人性的解放。"人性的解放并不是一种奢侈，而是一种必要条件，因为如果企业从本质上忽视、放弃组织内99%的主动性和独创性，而转为依靠高层的少数人去寻找未来，这在当下这个不确定的时代，将是一个非常糟糕的赌注。

也许，张瑞敏的一句话可以更好地解释新启蒙运动的精髓："我希望一个组织能让所有在这个组织里工作的人都做出不平凡的事情。"

要想实现这一点，就需要对经典模式进行创造性破坏，包括管理模式、组织架构、薪酬方式等，见图12.2。

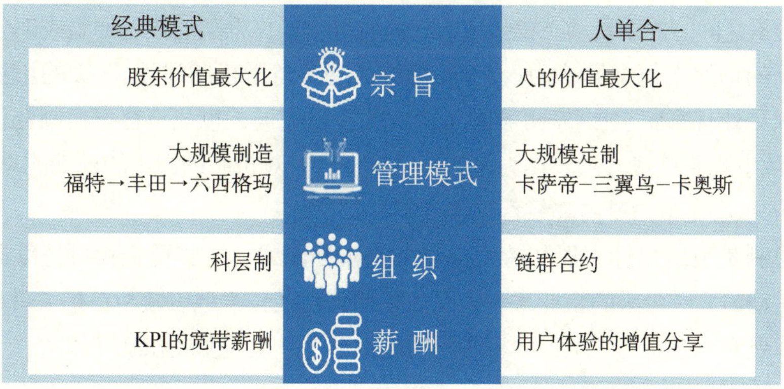

经典模式		人单合一
股东价值最大化	宗旨	人的价值最大化
大规模制造 福特→丰田→六西格玛	管理模式	大规模定制 卡萨帝-三翼鸟-卡奥斯
科层制	组织	链群合约
KPI的宽带薪酬	薪酬	用户体验的增值分享

图12.2 管理的经典模式与"人单合一"
资料来源：海尔文化。

3."人单合一"的新发展：链群合约

"人单合一"模式不断演进，引入了链群合约的概念，通过构建开放的生态平台，实现资源的最优配置和价值的共创共享。

（二）"人单合一"对保障系统的启示

"人单合一"理论对组织建立保障系统的三个方面具有启示意义。

1. 组织发展模式

"人单合一"模式对组织结构进行了根本性的变革。

传统的金字塔式组织严重制约了企业的敏捷性和创新力，需要向扁平化、网络化的新组织形态进行转变。在这种模式下，组织内部的部门墙和层级墙被打破，组织更加灵活；一线员工直接面对用户需求，能够快速响应市场变化，员工的自主性和创新能力得到充分发挥。

2. 人才管理模式

"人单合一"模式高度重视人才的培养和发展。通过提供多样化的职业发展路径和学习机会，激发员工的潜能，促进人才的全面成长。

3. 员工激励模式

"人单合一"模式下的激励体系以绩效和市场反馈为导向，强调结果与奖励的直接关联。通过建立公平、透明的评价体系，确保员工的努力能够得到合理的回报。员工与用户利益绑定，员工在为客户创造价值的同时实现自身价值，从而形成员工、企业、客户的共赢生态。

三、打造高效机制

（一）机制的内涵

机制一词最早源于希腊文，原指机器的构造和工作原理。

领导力学科中的机制，指一个工作系统的组织、人、资源、权利、责任、目标等要素之间的关系及动态链接方式，是领导力操作框架的最重要组成部分。

美的创始人何享健认为："美的持续成功得益于机制建设。"美的历史博物馆的醒目处有一副字："宁可容忍 1 个亿的投资失误，也绝不容忍机制弱化和退化。"董事长兼总裁方洪波作为美的集团接任者，对机制助力美的成功的总结是："美的的核心竞争力是内部经营管理机制。"

机制是组织目标实现和持续成功的根本性因素，是实现企业可持续高速增长内在动力。对今天的企业来说，高效机制体现在科学地引领利益相关者趋利避害，体现为与创新的组织目标相匹配的组织形态、人才发展和激励体系。

（二）高效机制的要素

在构建高效机制的过程中，关键在于四个核心要素的有机结合与实践应用。

1. 更快的速度

高效机制的首要要素是速度——"唯快不破"。在商业竞争中，速度往往决定胜负。优秀领导者的共通之处在于他们的决断力和行动力，他们能够迅速做出决策并立即执行，不拖延、不犹豫。在快节奏的市场环境中，快速反应不仅是一种能力，更是一种战略优势。

2. 更好的结果

在追求速度的同时，高效机制的第二个要素是追求更好的结果——卓越。这要求在快速行动的基础上，不断提升工作质量和成果的卓越性。

当下的时代，星云密布的协同网络、快如闪电的传播速度、贴身肉搏的卡位竞争，叠加在一起形成了一个天然的过滤器，只有那些既快速又能做到极致的企业才能在竞争中生存和发展。

3. 更大的影响

高效机制的第三个要素是影响力。个体的力量有限，唯有成为驱动者，才能成为撬动更大力量的那个支点。

放眼天下，古往今来，无论政坛显要，还是商海奇才，无疑都是一名卓越的"驱动者"。也许他们存在各种瑕疵，但他们最突出的能力就是——产生更大的影响力。他们具有激发他人共鸣、引导群体行动的能力。他们的视野和信念能够转化为集体的动力和方向，因而总能让众人看到他所看到的，让众人相信他所相信的。

4. 更优的状态

高效机制的第四个要素是持续优化，产生更优的结果——良性循环。

这不仅仅是对结果的追求，更是一种自我完善的过程。在运行过程中，组织应不断进行自我反思和批判，通过总结经验、学习教训，实现流程和结构的不断优化，进入一个良性循环的状态。

高效机制的四个要素：速度、结果、影响力和优化状态，相互依存、相辅相成。通过快速响应市场变化、追求卓越成果、扩大影响力以及持续自我优化，组织能够建立起一个高效、灵活且富有创造力的保障系统。

第三节｜领导力保障行为的底层逻辑

领导力保障行为的目标是打造高效机制，其底层逻辑为：

高效机制＝构筑核心价值观的组织文化＋形成自我批判的纠偏机制＋打造价值创造管理循环

一、构筑核心价值观的组织文化

构筑以核心价值观为基座的组织文化，就是要在企业内部建立起一套与企业愿景和长远目标相一致的、被广泛认同和遵循的价值理念和行为准则。这些价值观成为组织文化的核心，指导员工的行为和决策，塑造组织的内在精神和外在形象。

沙因将组织文化定义为："群体在解决外部适应性和内部整合性问题的过程中所累积的共享习得的产物；其有效性已被充分证明了，因此，被传递于新成员以要求其以正确的方式来认知、思考、感知和行动。"[1]

沙因强调了两点：

（1）组织文化同时具有内部和外部的适应性；

（2）组织文化中的核心价值是被充分证明有效的。

构筑以核心价值观为底座的组织文化体现为以下三个方面。

（一）以客户为中心

任何组织的存在和发展都与其目的和意义有着密切的关系。"以客户为中心"体现了组织存在的根本目的——满足客户需求、为客户创造价值。

"以客户为中心"是组织战略的哲学基石，体现了深刻的市场导向和人本主义原则。它要求组织在哲学层面上将客户的需求和利益放在首位，确保产品和服务的设计、开发、提供始终围绕客户价值展开。在商业层面上，这一理念促使企业深入洞察市场动态，快速响应客户需求，以实现持续的竞争优势和市场回报。在技术和社会文化层面，"以客户为中心"推动组织采用创新技术满足客户需求，并在社会文化中树立服务他人和贡献社会的良好形象。

"以客户为中心"表现为：在领导力决策行为中强调聚焦客户体验，在领导力创新行为中强调聚焦提升客户忠诚度，在领导力保障行为中则集中于组织内部如何确保以客户为中心。

（二）以奋斗者为本

奋斗者，是组织中直接为客户创造价值的一类群体，这个群体是组织生产力最重要的推动者。"以奋斗者为本"强调了组织对个体努力和贡献的重视，体现了对人的尊重和价值的认可。

办企业，一定要强调正气抬头、提供正能量。因此，不能让"雷锋"式的员工吃亏，奋斗者必将得到回报。"以奋斗者为本"能培养一种积极向上、勇于担当的文化氛围，同时激励个人发展奋斗精神和自我驱动，从而将个人成长与组织目标相结合。

（三）长期艰苦奋斗

"长期艰苦奋斗"体现了组织对持续努力和不懈追求的重视，与责任和自律

---

[1] ［美］埃德加·沙因、［美］彼得·沙因：《组织文化与领导力（第五版）》，陈劲、贾筱译，中国人民大学出版社 2020 年版，第 6 页。

高度呼应。

　　艰苦奋斗有两层意思，一是身体上的手脚勤快；二是思想上的勤于动脑，如持续地自我批判、自我纠偏。

　　以客户为中心，就是要结果；以奋斗者为本，就是有了结果，组织如何分配。长期艰苦奋斗就是实现结果的机会。

二、形成自我批判的纠偏机制

　　组织唯有形成自我批判的纠偏机制，才能在瞬息万变的环境中，始终保持旺盛的生命力。

（一）从自我批判到自我纠偏

1. 手段与目标

　　自我纠偏是自我批判的终极目标，而自我批判是实现这一目标的手段。

　　自我批判，是通过自我反省来查找自身不足并不断加以改进的过程。这个过程的指向是能够进行自我纠偏。自我纠偏是按照既定的规律对当下的思维和行为进行校正，从而确保人们在正确的方向上做正确的事。

　　自我批判不仅是一种能力，更是一种跳出传统思维模式、拓展认知边界的手段。在组织中，没有自我批判，就难以实现个人和组织的持续进步。

2. "三位一体"的自我批判对象

　　自我批判的对象具有"三位一体"的特点。自我批判通常是针对个体尤其是领导者自己，把个体分成三个主体，分别是"本人""本人在组织中的角色和职位""本人所领导的企业"，从而有助于领导者从不同角度发现自己思想和行为中的偏差，并进行有效纠正。

（二）从自我纠偏到自我优化

　　在实现自我纠偏的基础上，组织应进一步追求自我优化。这要求领导者既要全局思考，进行资源整合；又要以目标导向，进行持续改进；还要构建学习型组织，进行文化内化。

> 反省是一面镜子，它能将我们的错误清清楚楚的照出来，使我们有改正的机会。
> ——海因里·希海涅

1. 全局优化与资源整合

　　自我优化要求领导者像对待一个复杂的系统一样，从宏观角度出发，整合内外部资源。这需要组织对现有流程和结构进行深入分析，包括对外部环境变化的敏锐洞察，以及对新兴技术和市场趋势的快速响应。

2. 目标导向与持续改进

　　确立清晰的目标是自我优化的指南针和动力源泉。组织需要围绕既定目标进行持续的评估和反馈，确保每一步都是朝着目标迈进的。

3. 学习型组织与文化内化

　　在不断变化的环境中，学习是自我优化的关键途径。组织和个体都需要积极拥抱变化，领导者需要建立有效的复盘机制，促进全员学习，提升团队的整体学习能力和自我进化能力，使组织能够灵活应对外部挑战。同时，自我批判的纠偏机制不仅是领导者个人修养的体现，更应融入组织文化之中。通过内化这种文化，组织能够激发自我反思、自我革新的动力，形成一种内生的、持续的进化和发展机制。

三、打造价值创造的管理循环

打造价值创造的管理循环是企业持续成长的核心。这一循环涵盖三个关键逻辑：全力创造价值、正确评价价值、合理分配价值。

价值创造的悖论是，越是从利己的动机出发，越是达不到利己的目的；相反，越是从利他的动机出发，反而越能使自己活得更好。

组织真正能创造价值的资源就是人力资源，人力资源管理的核心目标，是使员工全力为客户和组织创造价值[1]。要实现这个目标，就要先解决好三个问题：公开、公正、公平。

全力创造价值解决了公开问题，正确评价价值解决了公正问题，合理分配价值解决了公平问题，并且通过组织保障系统在认知、行动上形成了协调一致的机制。

（一）全力创造价值

全力创造价值是企业存在的基础。

价值是公司各种要素和能力的综合反映，是一种货币化的表现。价值不仅反映了企业当前的获利能力，也体现在企业对未来潜在获利机会的把握上。

企业的宗旨是为客户创造价值。而客户价值来源于企业的价值创造活动。在特定的业务范围内，这些活动彼此关联、相互衔接，源源不断地生成、供给产品和服务（它们是客户价值的载体）；它们的组合、结构和连接方式，是企业系统价值创造的内在机制。

全力创造价值就是要围绕价值创造展开各种要素的管理。

1. 经典的企业价值创造四要素

古典经济学的价值创造理论认为，劳动创造了价值。作为标杆公司，华为在建立自己的价值分配体系时，突破性地对价值要素进行了新的定义。华为认为，劳动、知识、企业家和资本共同创造了企业的全部价值，并将此写入《华为基本法》，以公开的方式进行明示。华为对四要素的确立，也奠定了其价值管理循环的基础。四要素说明见表 12.1。

[1] 黄卫伟等：《以奋斗者为本：华为公司人力资源管理纲要》，中信出版社 2014 年版。

表 12.1　华为价值创造四要素

要素	解释
劳动	劳动是价值创造过程中的人力投入，包括体力劳动和脑力劳动
知识	知识是指组织拥有的信息、技能、专利和经验等无形资产
资本	资本包括用于生产的资金、设备、基础设施等有形资产
企业家	企业家独特的思维、特质和行为，带来组织的战略成功

2. AI 时代的价值创造第五要素

在 AI 时代，人工智能参与组织任务的实现，AI 成了第五要素。

以 DeepSeek 为代表的一系列生成式 AI 的出现，让 AI 不仅在重复性劳动领域大显身手，更在传统的人类主导的创造性脑力劳动领域大放异彩。近年来，AI 技术水平更是展现出前所未有的进化速度。例如，AI 已经能够设计出符合时尚潮流的服装，生成符合平仄韵律的诗词歌赋；AI 画作更是已经在艺术博览会上击败人类获得最高荣誉，AI 生成的文案和图片、视频正在取代一大批的文案、设计从业者……AI 在创造性领域已表现出惊人潜力。当下，AI 已经展现出了某种程度上的"创造力"。这种"创造力"已参与到企业的价值创造过程。企业也已面临着对第五种价值要素进行正确评价的挑战。

（二）正确评价价值

价值评价是对员工为客户和公司创造价值的贡献进行评价。价值评价的任务是为价值分配的公平提供依据。因此，正确评价价值要求评价标准必须是客观的，价值观系统和文化系统必须是积极的、蓬勃向上的。

1. 正确的价值评价的两个层面

正确的评价价值包含两个层面。首先是为每类价值要素的评价标准进行确认，其次是为每类价值要素下的群体进行评价标准确认。确认是指达成共识的确定，而不是自上而下单向地确定或宣布。

> 以会展行业为例，该行业过去主要靠"销售为王"的模式在发展，销售人员（找展商参展）通常占比 70%，市场人员（让 B 端或 C 端客户来观展）占比 10% 左右。因此在激励方面，传统的做法是重销售，认为公司的价值绝大部分是销售创造的。随着媒体、市场环境的变化、数字化的渗透，市场近年来发生了巨大变化，这时市场人员的价值跟业务同等重要，因为决定一场展会成功与否的关键因素不再是卖出了多少展位，而是招到了多少高质量观众，在这个共同的价值下，销售和市场人员的价值被重新评估。

2. 正确的价值评价的导向

（1）责任结果导向。

以提高客户满意度为目标，建立以责任结果为导向的考核评价体系。评价体系要以绩效为中心，辅以关键行为，关键行为体现的也是结果导向。在考核中坚持有绩效、有结果，结果面前人人公平。

（2）贡献导向。

建立分配体系要强调贡献，以实现持续贡献的能力来评定薪酬、奖励。

责任结果是正向考核绩效，关键事件是逆向考核价值观事件，两者兼顾了结果与过程、短期与长期、定量与定性，确保每个贡献都能得到合理的度量和认可。

（三）合理分配价值

价值分配解决的是公平问题，体现了对个体贡献的尊重和对团队合作的鼓励。

1. 价值分配的基础与原则

价值分配是组织内部资源和奖励公平合理分配的机制，其基础在于认可所有价值创造要素共同创造了企业的全部价值。这一理念体现了生产力与生产关系的相互作用，其中，价值创造要素的贡献直接决定了价值分配的结构，确保各种贡献得到公正的回报。

标杆公司将组织权力视为一种可分配的价值，优先考虑员工的发展机会和组织权力的分配。这种分配机制不仅涵盖物质奖励，也包括职业发展机会和对员工贡献的认可。这种方式可增强员工的个人目标与组织目标的一致性，激发员工的积极性和创造力。

2. 价值分配与组织活力

合理分配价值在解决公平问题的同时，也是推动组织活力的关键因素。

企业的经营机制本质上是一种利益驱动机制。一个合理的价值分配系统能够确保那些为企业做出实质性贡献的人得到应有的回报，从而激发员工的潜力，保持企业的活力和竞争力。

第十三章

领导力保障行为的操作

领导力保障行为是高效机制的载体，领导者通过领导组织变革、促进人才发展、重塑激励体系三方面的操作，构建起组织强大的保障系统。

第一节 | 领导力保障行为的操作思路

一、华为高效机制的启示

（一）华为高效机制的思维导图

本书将华为的高效机制用思维导图的方式总结（见图 13.1）。华为"以客户为中心"的理念在两个关键方面得到体现：坚持以客户的需求为起点，坚持以客户的成功为终点。

《华为基本法》是华为以客户为中心的体现，包含 6 个篇章 103 条，系统阐述了华为的意义、使命、行为准则和决策机制。它不仅定义了华为的核心价值观，也为未来的战略方向和行为提供了明确的指导。

在华为，任正非作为精神领袖，与高管团队共同推动公司发展。公司以民主决策、权威管理为原则，确保决策的科学性和合理性，而且拥有强大的执行力。

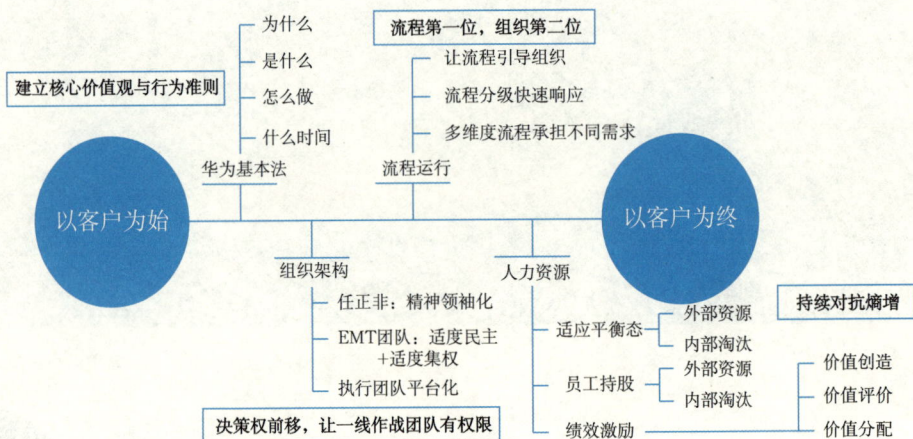

图 13.1 华为高效机制思维导图[1]

13.1：华为的保障机制变革

（二）华为高效机制的启示

华为保障系统的建立是一个不断演进的过程（见二维码 13.1）。高效机制紧紧围绕战略，发挥组织、人才与激励三方面的支撑与协调作用。

根据华为发展的不同阶段，其保障系统的建设重点总结如表 13.1 所示。

表 13.1　华为发展不同阶段保障系统的建设重点

阶段	1.0 阶段初创期	2.0 阶段规范期	3.0 阶段市场期	4.0 阶段品牌期	5.0 阶段数字化期
大致时段	1987—1994 年	1995—2004 年	2005—2011 年	2012—2018 年	2019 年至今
战略重点	寻求市场生存空间	打造世界一流企业	应对市场多元化挑战	拓展新市场确保可持续发展	提升客户满意度和企业运营效率
组织变革重点	机会组织个人经验＋不规范实践	职能组织职能组织建立，但后期跨部门协作效率低下	项目型组织"小前端，大平台"组织结构	流程组织基于端到端业务流、推动流程型组织建立，实现上下对齐，左右拉通	高效组织数字化服务全流程角度优化；实现跨企业价值链的高效共享，抢占价值市场制高点
人才发展重点	人事管理向人力资源过渡	系统化人力资源管理体系建设	全球化 HR 管理，干部与领导力标准形成	人力资源 2.0 纲要，战略迭代升级；物质、精神、文化三方面激励，建立强有力的人才队伍	员工赋能管理；多元化与包容性
激励体系重点	绩效导向的薪酬体系	规范化管理，薪酬领袖战略，股权激励	虚拟受限股改革	虚拟受限股 +TUP	深化股权激励机制，实施饱和配股和 TUP 计划、面对全球化挑战，构建全球人才激励体系

---

[1]　本图由助教施磊整理。

从表 13.1 可以看到：华为组织演进的过程是不同阶段由战略驱动的与时俱进的组织形态的展示；人才发展体现了其不断在内在驱动上的有效探索；激励体系体现了其对人才价值的深刻理解，以及灵活适应性。

总结华为高效机制的操作，有两点重要启示：

（1）打造高效机制是一个过程，是不断自我批判、自我适应、循序渐进的过程；

（2）高效机制的三个要素互相影响、互为因果、有机联系，体现为与时俱进的组织变革、内在驱动的人才发展和灵活适应的激励体系。

（三）为什么强调学华为及如何学

1. 为什么强调学华为

在领导力保障行为中，我们重点强调学华为，原因主要有三点。

（1）企业标杆。

华为作为中国高科技制造业的领军企业，是中国制造型企业转型升级的典范。它不仅引领了技术创新，还推动了整个行业的现代化和智能化发展，是中国企业发展的标杆。

（2）品牌升级。

华为成功地从代工转型为拥有国际影响力的高端消费电子品牌，实现了从制造到创造的跨越，这为中国企业的品牌建设提供了宝贵的经验。

（3）应对危机。

在当前的国际竞争环境下，华为面临巨大的挑战。它在应对这些挑战中所表现出的韧性和创新能力，为中国企业提供了应对全球化挑战的重要参考。

2. 如何学华为

要学华为，几乎所有人都认同。但学的结果，却大相径庭，这就取决于怎么学。

（1）学华为的当下辉煌，不如学华为的发展之路。

现在的华为很辉煌，但自创业开始，苦难就一直伴随着华为，也造就了华为，苦难也是华为成功的要素。我们不妨从它的过去学起，学习它的发展之路。这条路，对大多数企业来讲更加重要。

（2）学华为之"术"，不如学华为之"道"。

术是技巧、工具、方法、套路之总和，告诉我们怎么做，怎么将事做准确。道是企业生存和发展的基本原理、规律、本质，包含对人的本性、信仰与价值观的深刻理解。保持开放、自我批判和持续对标学习，是华为由小到大，以致超越对手成为行业领袖的内在驱动力，这也是探求华为的内在成长逻辑的三个关键出发点，可以称之为华为成长的"三元内在驱动力模型"。

（3）学华为的管理，不如学华为的领导。

华为的领导，有三条必学：学习华为如何进行自我批判；学华为如何学习别人；学习任正非的领导力理念。

（4）学华为的文化，不如学华为的核心价值观体系。

华为之魂，就是华为始终坚持的，支撑其三十年高速成长的核心价值体系。"以客户为中心"，是确定的外部导向，是由华为的愿景与使命所界定，而"以奋斗者为本"则是确定的内部导向，是对华为内部员工的要求；"长期坚持艰苦奋斗"则是长期性的战略、机制层面的核心价值主张。这是一套具有内在逻辑的核心价值体系。

二、领导力保障行为的操作思路

（一）聚焦打造高效机制

高效机制是以核心价值观（通过组织文化来充分体现）为底座，形成自我批判纠偏机制，打造价值创造管理循环，实现企业的效益与所有利益相关者利益之间的正相关关系。实现这种正相关，就需将打造高效机制聚焦在以下三个方面。

（1）领导与时俱进的组织变革。

（2）培育内在驱动的人才发展。

（3）重塑灵活适应的激励体系。

（二）保障机制中人类与 AI 的协同

AI 背景下的组织，是人机共生的智能组织。从目前已有的实践探索看，人类与 AI 协同，主要有如下三种模式，这些模式还在快速发展中。借鉴这些模式，对我们打造 AI 背景下的高效保障机制具有积极作用。

1. 嵌入模式

在这种模式中，完成任务的主体是人类。工作任务的目标由人类设定，通过自然语言与 AI 进行交流，告诉 AI 任务目标是什么。基于人类提出的具体要求，AI 进行协助。如提供搜索、推荐以及文本润色等。

2. 副驾驶模式

在这种模式中，人类与 AI 协作工作。工作任务目标仍由人类设定，AI 以合作伙伴的角色存在，为人类提供建议和协作。人类基于自己的需求，对 AI 的建议和提供的协作进行确认。如 AI 编程助手，可协助开发工程师完成代码编写；AI 设计类助手可协助设计师生成草图等。

3. 智能体模式

在这种模式中，将由 AI 完成绝大部分工作。人类负责设立目标、提供资源、监督结果；AI 负责自主进行复杂任务的完成，通过感知环境、作出决策并执行任务。比如自动驾驶领域的 AI 代理，可通过实时感知路况及周边环境、车辆位置、交通信号等信息作出正确的驾驶决策并执行安全驾驶。

（三）领导力保障行为的流程图

领导力保障行为流程如图 13.2 所示。在实际操作中，"AI 融入"帮助领导者实现人机共治模式。

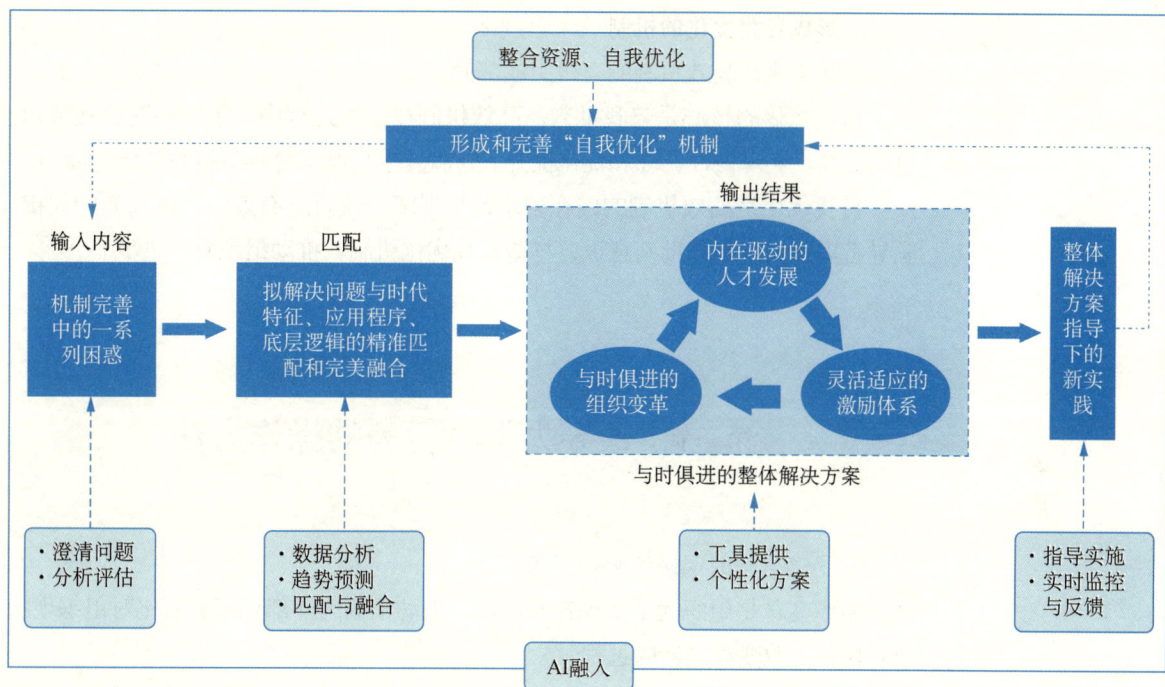

图 13.2 领导力保障行为流程——人机共治模式

1. 正确理解组织、人才、激励的三者关系

（1）三者共同以企业文化为指导。

组织、人才和激励三者相辅相成，共同构成企业发展的"铁三角"。企业文化则是"铁三角"的核心，对三者起着统领和引领作用。组织变革决定了企业的高度，人才发展决定了企业的后劲，激励体系决定了企业的活力，统领三者的企业文化，则是企业的灵魂。

（2）三者共同为实现组织目标服务。

组织、人才和激励三者共同构成了企业战略实施的核心支柱，共同为创新的组织目标实现服务。

组织提供战略方向和资源配置的框架，确保人才和激励体系与企业目标一致。人才是实现战略目标的关键。人才的技能、知识和创新能力直接影响组织的竞争力。激励体系则作为推动力，激发人才的潜力，引导他们朝着组织战略目标努力。

（3）三者之间是有机联系的关系。

组织、人才和激励三者是一组有机联系、动态适应、系统优化的关系。随着外部环境和内部条件的变化而不断调整。组织需要不断优化其结构和文化，以适应人才的发展需求；人才需要不断提升自己的能力和贡献，以适应组织的战略目标；激励体系也需要根据组织和人才的变化而进行调整。高效机制使三者之间实现了系统优化。

2. 形成自我优化的机制

自我优化是高效机制的有机组成部分。

自我优化的核心是自我批判。高效机制在运行过程中，需要不断自我批判，总结提高，实现良性循环和优化提升。这就要求机制本身具备自我优化的能力。

自我优化是高效机制的内在要求，是保障系统行之有效、持续高效的关键。领导者需要树立自我批判意识，打造自我优化机制，推动组织持续进步。

第二节 | 领导力保障行为的操作方法

一、领导与时俱进的组织变革

组织变革是组织为了实现自身目标，主动根据内外部环境的变化对组织现状进行修正、改变和创新的过程[1]。

随着 AI 时代的到来，组织可以说是一种算法，起加工信息的作用。如何建立起有强大算法的组织，一直是实践中的难点。这就需要企业家能够领导与时俱进的组织变革。

（一）组织变革的基本原则

领导者思考组织变革时，需掌握四个基本原则。

（1）组织要围绕战略变，围绕增长变。战略决定并引领组织，战略方向在哪里，战略性业务在哪里，组织变革的方向就在哪里。

（2）组织要围绕客户变，围绕客户价值变。

（3）组织要围绕人才变，围绕人的价值创造活力与效能变。

（4）组织要围绕技术变，围绕技术革命与人的关系变。

（二）组织变革的最新趋势

随着信息技术发展的推动，组织变革的最新趋势体现为三个切入。

1. 从流程切入：流程再造模式

流程再造模式（Business Process Reengineering，BPR）是以"对业务流程进行重新设计"为中心的组织变革模式。这种模式强调在流程再造的基础上，重新设计组织结构和运行机制。因此，该模式包括流程再造、组织结构变革和运行机制变革三大核心步骤。华为、海尔都是成功实施流程再造的典型代表。

流程再造模式的操作需要注意四个关键点。

---

[1] 陈春花等：《组织行为学》，机械工业出版社 2020 年版，第 273 页。

（1）实施流程再造必须具备信息化平台，或者至少需要同步搭建企业的信息化平台。

（2）从流程角度来理解整个企业组织，设计出企业流程框架。

（3）进一步具体设计流程体系，明确流程间的相互联系。

（4）设计包括流程联动机制和激励机制的运行机制。

2. 从边界角度切入：无边界组织模式

无边界组织，最早由美国通用电气的杰克·韦尔奇提出。无边界组织模式是企业对当前内外部环境的极具变化性和不可预测性的新适应模式，借助信息技术对传统组织结构进行创新，具体体现为：打破内部垂直、水平边界；打破外部边界，打破地理边界和打破组织心理边界。

3. 从驱动力角度切入：水样组织模式

水样组织，是把组织内部的驱动力（如价值观、激活个体等）与外部适应力（如协同、竞合、共享等）有机融合起来，使组织呈现"内在坚韧、外在柔和"的品性内涵。这种模式下的组织像水一样，越是在不确定环境下，越是能主动、灵活地动态应对变化。

复星的"水样组织"

复星集团认为，生态发展过程中最大的考验是：能否变成一个生态的组织。这个生态的组织就是"水样组织"，复星的"水样组织"模式具有三个鲜明特征，见表 13.2。

表 13.2 复星"水样组织"模式的三个特征

三个特征	复星的认知和做法
最小作战单元	利润是下面长出来的，总部是成本中心
协同联手	划战区 从同学（互相学习）到同学＋战友（共同战斗）
结果论英雄	有战果 全球合伙人（全球 150 位，动态排位，排位后 10% 下，再根据战果上 10%） 有战役就有评选（战役是常态）

（三）组织变革的两种形态

1. 敏捷自驱型组织

敏捷自驱型组织是在快速变化的市场环境中应运而生的一种新型组织形态。这种组织形态能够迅速适应市场变化，快速响应客户需求和技术进步。

敏捷自驱动型组织与传统组织有着明显不同的特征，具体见表 13.3。

表 13.3　敏捷自驱型组织与传统组织的特征对比

特征	传统组织	敏捷自驱型组织
组织结构	固定的部门化结构，层级明确	灵活的项目型工作和团队结构，适应项目需求变化
决策机制	集中式的命令链条，决策自上而下	分散的决策机制，可能出现"临时老板"
管理层次	多层次的管理结构，管理宽度有限	大幅度扁平化，增加管理宽度，提高决策效率
权力分配	集权或分权设计，权力分配相对固定	两极分化，根据任务和目标灵活调整权力分配
规范与自由	正规化流程，规范性强	在规范的基础上提供自由，鼓励创新和自我驱动
工作专业化	强调专业分工和标准化流程	重视多技能和跨领域能力的斜杠人才
人才利用	人才按专业领域固定分配	人才灵活调配，根据项目需求动态调整

敏捷自驱型组织呈现的这些特征，能帮助组织更好地在激烈的市场竞争中保持竞争力和创新力。例如，淘宝、滴滴等公司通过灵活的资源配置和快速的市场适应性，实现了业务的快速扩张和创新。

向敏捷自驱型组织的转型，敏捷性是基础，自驱力是关键。在组织敏捷自驱转型的过程中，人的行为转变是根本的内部要素，领导者需要重新定义工作，鼓励变革与试错。同时，领导转型是一个系统工程，需要领导者在认知、组织、流程等方面统筹推进，最终实现组织的敏捷性和自驱力。

2. 协同共生型组织

协同共生型组织强调在开放、合作、共享的环境中，通过整合多方资源和能力，实现更高效和可持续的价值创造。

当下，企业的价值定位已发生了改变。从工业时代由企业自身决定价值，提供产品来满足客户需求；到移动互联网时代，客户参与价值创造；再到数字技术深度渗透各行各业，尤其是产业数字化进程的快速推进，企业价值创造增加了来自共生伙伴的价值创造。由此，企业的价值创造由三部分构成：企业价值的定位、客户价值的定位、共生伙伴价值的定位。这三部分价值的实现催生了协同共生型组织。

生态圈也是组织，这种组织既是敏捷自驱的，又是协同共生的。

协同共生型组织的领导力表现为三种形式。

（1）协同式统筹。

协同式统筹要求领导者跨部门共创价值，动态划分领地。

跨部门共创价值：领导者需要打破部门壁垒，促进跨部门协作，形成合力共同为客户创造价值。

动态划分领地：在协同过程中，领导者要根据项目和任务的需要，灵活调整各部门的职责边界。使组织像一个有机体，能够动态适应环境变化。

（2）协同式沟通。

协同式沟通要求领导者创造业务沟通网络，挖掘业务数据价值。

创造业务沟通网络：领导者要搭建高效的业务沟通渠道和平台，让信息在组织内部充分流动，减少信息壁垒。

挖掘业务数据价值：领导者要重视业务数据的分析和利用，通过数据洞察发现问题、指导决策，提升组织智能。

（3）协同式赋能。

协同式赋能要求领导者培育复合型员工，促进内部自组织活动，塑造团队韧性。

两位 EMBA 学员[1]在这方面的实践案例供学习参考，见二维码 13.2、13.3。

13.2：W 公司组织结构变革

二、培育内在驱动的人才发展

人是组织的核心，没有人就没有组织。如何对组织中的人进行有效的领导，让人成为真正能带来价值增值的资源，就需要培育内在驱动的人才发展。

（一）AI 时代下人才发展的变革

1. 科技变革对人才发展机制的挑战

从组织理论被提出开始，人就被视为组织中的重要资源。

现代工业背景下，人在一系列被规定好的流程里被工具化。彼得·圣吉曾忧心地提出，人与人之间丧失了原有的相互依赖的概念，转而形成了一种剥削与被剥削的观念。为了创建一个能让人以人的身份成长的组织，我们必须放弃这种认为人不过是资源的剥削性的思维方式。但是要做到这一点并不容易，这需要进行深层次的文化建设，无论在什么地方工作，我们都要去挖掘和审视我们所假设的运作方式。

13.3：积极打造敏捷自驱型团队是提高律所领导力的重要保障

科技变革已经对传统人才发展机制带来挑战。作为领导者，需要意识到四点变化并提前做好应对。

（1）传统的阶梯型晋升模式可能会被颠覆。领导者可以做向导、做教练，鼓励员工获得更多历练。

（2）自由职业者会越来越多。要想好：怎么找到他们，激励他们，跟他们协作。

（3）模块化的终身学习会成为必备的能力。需要建立一个更灵活更务实的学习系统。

（4）人工智能会是新的"同事"。需要学习领导 AI，并与 AI 融合共生。

2. AI 时代下人才观念的变化

过去，人力资源管理是企业重要的职能之一，而现在，人才发展是重要的组

---

[1] 复旦大学 EMBA 2023 级王勇和复旦大学 EMBA 2023 级徐寅哲。

织行为之一，也是领导力的重要行为之一。从人力资源到人才管理的变革体现见表 13.4。

表 13.4 从人力资源到人才管理的变革

维度	人力资源管理观点的转变	人才发展组织行为的操作体现
人才观	从人力资源到人才发展； 从胜任力向创新力转变；大胆任用年轻人	人是目的，不是手段或工具 "经验""技术""资历"……在传统人才市场中至关重要的因素将变为学习能力、创新能力与主动拥抱变化的能力
组织方式	管控向赋能转变 组织趋于网络化与扁平化	敏捷组织，快速应对市场变化为主流 公司向平台转变
核心职能	激发创造力 能力共享平台	HR 部门不仅仅只懂人力资源，涉及领域更广，上升为精神层面的导师 人力资源不仅仅是 HR 的工作
数字化思维	自动化、数字化为主导 人智组合成趋势	工作任务将被重新组合，融入更多智能化的因素，进行人机搭配组合
管理看不见的员工	多元化人才组合 租赁、共享取代拥有 虚拟组织将越来越多地出现	越来越多的"斜杠青年""个人供应商"成为重要组成部分

2021 年，西门子人力资源部正式更名为人才与组织发展部，西门子将每一个人视作独特的、具备无限潜能的个体。人才与组织发展部在正式更名后，重新定义了四大关注重点。

（1）支持员工在不断变化的环境中提高适应能力和专业技能。

（2）以员工为中心，创造无与伦比的员工体验。

（3）培养赋能于人的领导力文化，支持成长型思维。

（4）建设强适应性的组织和人才生态系统。

3. 强化人才密度构建人才新生态

强化人才密度是构建人才新生态的基础，也是企业实现快速成长和持续成功的关键策略。华为、小米、比亚迪等行业领先企业之所以能取得卓越成就，很大程度上归功于其高人才密度。这些企业在短时间内聚集了大量优秀人才，尤其是行业领军人物，为抓住机会窗口和实现爆发式成长奠定了基础。

要在企业尚处弱势或品牌知名度不高时吸引并留住人才，企业需要在人才市场上构建自己的核心竞争力。以下是一些具体的操作方法。

（1）老板作为首席找人官。

企业领导者需要发挥个人魅力，以真诚和感染力吸引人才。领导者必须具备吸引人才的能力，即能够激发人才的激情和愿景，让他们愿意加入并投身于企业发展。

（2）优先吸引"大脑袋"。

企业应首先聚焦于招募顶尖人才和行业领军人物。这些"大脑袋"不仅在专业领域有深厚造诣，而且能够在团队中发挥引领作用。

（3）开拓人才资源渠道。

企业需要建立和维护有效的人才获取渠道，包括专业招聘平台、行业交流会、高校合作等，以确保能够触及广泛的人才库。

（4）平衡收入与工作满意度。

在吸引人才时，企业应提供有竞争力的薪酬，并随着时间的推移逐步改善工作环境和文化，以提高员工的工作满意度和忠诚度。这两者可以有策略地安排先后，以适应不同阶段的人才需求。

（5）建立人才市场品牌。

企业应通过一贯的人才理念和实践，树立在人才市场上的良好品牌形象。包括对外展示企业的愿景、文化和对人才的重视，吸引志同道合的人才加入。

（二）选人的新机制与操作思路

领导力强调"做什么"，做什么的关键是"谁来做"，在于能否将优秀的人才聚集到自己的身边。

对于一个组织而言，领导者永远思考的是要选正确的人上车，优秀的人才绝对不是你培训出来的，而是选拔出来的，选拔比培训重要百倍。而在选拔一个人的时候，选拔的人才画像更加重要。

🔧 工具箱

AI 时代的人才画像

高度适应性：具备 AI 思维能够迅速适应新环境、新技术和不断变化的工作要求，并与 AI 融合共生。

高效处理信息：在信息爆炸的时代，能够快速筛选、分析和应用大量数据。

跨界思维带来的持续创新：拥有跨学科和跨领域的思维能力，促进创新和解决复杂问题。不断寻求改进和创新的方法，以保持竞争力和应对行业变革。

新型的客户中心思维：以客户为中心，理解并预测客户需求，提供个性化解决方案。

学习敏锐度：对新知识有强烈的好奇心和学习能力，能够快速掌握新技能。

1. 努力寻找"A 级人才"

A 级人才，也常被称作顶尖人才或高潜力人才，在组织中被视为宝贵的资产。

"硅谷创业定律"认为：一个企业能不能做大，取决于你最先招的 10 个人。这 10 个人往往就是 A 级人才。

美国奈飞公司 CEO 哈斯廷斯专门写文章讨论了这件事。

> 以前我认为给定一个项目和固定的工资预算，我与其雇用 10 到 25 个普通程序员，不如请一位明星。这么多年过去，我认识到，我错了，最好的程序员的价值不止 10 倍，而是 100 倍。

乔布斯在世时，有记者采访他，让他总结成功的原因，他说，他的成功得益于发现了许多才华横溢、不甘平庸的人才。不是 B 级、C 级人才，而是真正的 A 级人才。而且我发现只要召集到五个这样的人，他们就会喜欢上彼此合作的感觉、前所未有的感觉。他们会不愿再与平庸者合作，只召集一样优秀的人。所以只要找到几个精英团队就会自动扩大。

企业中有很多管理者很会管理流程，却不知如何寻找答案。顶尖的人会主动寻找最棒的答案，尽管他们是一群最难领导的人，但找到他们，工作效率会明显提高。

（1）A 级人才的特点。

A 级人才具备以下四个显著特点。

有能力：A 级人才通常具有高水平的专业技能和深厚的行业知识，能够高效地解决问题并提供创新的解决方案。

高度的责任心：他们对工作充满热情，对自己的职责和组织的目标有深刻的认识，愿意为结果承担责任。

强大的自驱力：A 级人才具有内在的动力，能够在没有外部压力的情况下自我激励，持续追求卓越和个人成长。

相同的价值观：他们与组织有共同的价值观和使命感，这有助于他们更好地融入组织文化，与组织目标保持一致。

（2）如何吸引 A 级人才。

组织应该通过以下方式来吸引、培养和保留 A 级人才：

- 提供具有挑战性的工作和成长机会。
- 建立一个支持创新和尝试的工作环境。
- 给予他们足够的自主权来指导自己的工作和职业发展。
- 与他们建立基于信任和尊重的合作关系。
- 认可他们的贡献，并为他们提供与他们表现相符的奖励和发展机会。

小米的雷军在找 A 级人才上的感悟是："招人拼财力，更拼心力。如果你找不到人，首先应该反思一下，找人在自己的时间表里占了多大的比重。请记住，找人不是三顾茅庐，而是三十次顾茅庐。"

总有人说，我找不到 A 级人才。有可能不是因为行不通，而是你做得还不够。

> 不确定时代，关键的少数人决定团队的稳定和效能，关键的少数事决定你能走多远。

小马拉不了大车，大马也拉不好小车。同时，A 级人才也有相应的市场价格。因此，企业寻找 A 级人才时一定要考虑同企业所处的市场地位、发展阶段等方面因素相匹配。

2. 选才注意"四个匹配"

选才的核心是匹配，领导者选拔人才时要注意四个关键维度的匹配，以提高选拔合适人才的精准度，促进组织效能和团队协作的优化。

（1）岗位匹配度。

岗位存在的意义，是产生成果和承担相应的责任。因此，除了评估候选人的技能、经验和专业知识是否符合特定岗位的要求，还需要确保其对产生成果与责任的匹配。否则，就会出现岗位划分做得很标准，但就是不出绩效。

（2）组织匹配度。

组织匹配度主要考察组织不同的发展阶段对人才匹配的关注点。

企业初创期，主要是由个人能力拉动企业的成长。因此有丰富经验的候选者应该作为首选。

企业成长期，员工是在被企业拖着走。组织应该有意识地均衡"经验者"和"潜力者"的数量，维持一种既有充分的大量骨干精英拉动业务，也有一批后继者蓬勃成长的环境。

企业成熟期，经验沉淀，组织架构基本完善，成熟的业务使企业的管理团队有机会放眼未来，调整战略。此时一个拥有巨大潜力的人比经验丰富更重要。

（3）公司定位匹配度。

分析候选人的职业目标和期望是否与公司当前定位及长远愿景相符，这有助于确保候选人对公司的长期承诺和贡献。

（4）互补匹配度。

互补匹配度，是指考虑候选人的能力和其他团队成员互补程度，包括团队协作中的技能互补、角色平衡以及多样性和包容性。

高效的领导行为就是构建一个互补型的团队，每一位成员的优点都能充分发挥，而每一个缺点又都互不相关。

对于创新型企业的人才搭配，更适合"导师 + 搭档"型的组合。"搭档"是在个性与专业能力上互补，"导师"则是年龄与经验的相得益彰。

詹姆斯·瓦特的搭档马修·博尔顿长他 8 岁，视野开阔、雄心勃勃，具有瓦特不具备的商业远见——他宁可对着装满弹药的大炮，也不愿意结算账目或讨价还价做交易。当瓦特的目标只在英国的三个郡时，博尔顿则提出，"不仅是为英国三个郡提供蒸汽机，而是要为全世界制造蒸汽机，这才是它的价值所在"。在惠普、英特尔、苹果、谷歌等知名企业的早期发展阶段，都有类似的团队组合。

作为能源领域的"产业帝国"打造者，宁德时代成了中国企业实现世界梦想的代表之一。宁德时代成功的背后与三个人密切相关，他们的组合就是典型的"铁三角搭档"（见二维码 13.4）。

13.4：宁德时代的"铁三角"搭档

3. 心中要有张"黑名单"

"黑名单"指需要识别和避开的、领导者可能对合作关系和企业成功产生负面影响的人或因素。通过这种方式，可以帮助更有效地筛选出合适的人。

选人分合格的人和合适的人。合适是指文化匹配，合格是指能力。价值观不匹配的人，坚决不要。给公司制造麻烦的，往往是合格但不合适的人。一群合适的普通人在一起，同心合力也能干大事。

领导者可以"四个匹配"为框架，总结出对自己具有操作性的"黑名单"。

巴菲特的"黑名单"

巴菲特认为：70% 的企业家和创业者找到对的合伙人，5 年时间就能成功。同时，也给出了关于选择合伙人的 6 大隐性陷阱和 4 条建议：

6 大隐性陷阱：

（1）面子大于生意，感情代表一切；

（2）我们经常一起喝酒，是好兄弟；

（3）给了股权，大家就会拼命干了；

（4）一个好的合伙人团队，就是所有职能都齐全；

（5）让模棱两可的事情，混沌于心；

（6）好的合伙人就是要一辈子的，越长越好。

4 条建议：

（1）选择比你更聪明的人，选择后，他不会在你面前炫耀他的高明；

（2）选择在你犯下重大错误时，不会事后诸葛亮的，也不会生你气的人；

（3）选择慷慨大方，会投入自己的钱并努力为你工作，而不讲报酬的人；

（4）选择能够在漫漫长路与你结伴同游，给你不断带来快乐的人。

> 坚持"努力奋斗的优秀人才是公司价值创造之源"，让外部优才汇聚、内部英才辈出，建设匹配业务、结构合理、专业精深、富有创造活力的人才队伍。

🔧 工具箱

这 5 种人，坚决不能提拔当领导

第一，能力平庸的人。自己没有主意，没有水平，整天喜欢开会，拖慢组织发展的脚步。

第二，明哲保身的人。凡事先考虑如何保住自己的利益，成了改革路上的绊脚石。

第三，不会自我批判的人。出了问题就习惯性推脱，从不检讨自己的问题，不知道问题出在哪里，于是处处被动。

第四，傲慢的人。做出一点成绩就开始滋生傲慢情绪，觉得自己很完美了，不需要改进了，于是听不进别人的建议，故步自封。

第五，没有基层工作经验的人。领导一定要从基层提拔，不能让不懂战争的干部去指挥战斗，最了解基层才能对业务流程精确把控，才能打胜仗。

4. 通过实践历练来选拔

"宰相必起于州部，猛将必发于卒伍。"但凡干部提拔，必须从有成功实践经验的人才中去选拔。只会纸上谈兵，没打过仗缺少实践历练的人不适合被提拔。

5. 通过多种途径来考察

《冰鉴》中提到了 7 种识人法：观神骨、辨刚柔、察容貌、析情态、看须眉、听声音和鉴气色。

诸葛亮善于神机妙算，智慧超群，他选人有 7 法：

（1）问之以是非而观其志；

（2）穷之以辞辩而观其变；

（3）咨之以计谋而观其识；

（4）告之以祸难而观其勇；

（5）醉之以酒而观其性；

（6）临之以利而观其廉；

（7）期之以事而观其信。

总结中国历史以及现当代的选人方法，从最早的科举选拔法到今天的社交媒体观察法，可以说包罗万象。我们从这些方法中（见表 13.5），可在选人方面得到有益的借鉴。

表 13.5　古今选人方法大会

分类标准	选拔方法	说明
传统方法	科举选拔法	古代考试选拔官员，侧重文学和经典知识
	八卦占卜术	使用易经八卦预测候选人前途和适宜性
	阴阳五行术	根据阴阳五行理论分析性格和命运
	星相术	通过分析星象预测个人特质和未来
	梦释说	解析候选人梦境了解内心世界
	体液说	古代根据体液平衡分类性格的方法
	手相术	分析手掌特征预测个人特质
现代人力资源管理	简历判断法	分析候选人简历评估经验和技能
	作业量表法	使用标准化测试评估任务完成能力
	心理投射法	通过模糊情境反应分析内心想法和感受

续　表

分类标准	选拔方法	说明
现代人力资源管理	情境控制法	模拟工作环境观察行为和决策
	民意问卷法	收集公众或同事对候选人的看法和评价
	自陈量表法	候选人通过问卷自报个性特征、态度等
行为观察法	游戏观察法	在游戏或团队活动中观察行为和互动
	习惯动作	分析日常习惯动作了解性格特点
	目光	观察眼神和视线分析态度和情感状态
	微信观察法	通过社交媒体表现了解个性和价值观
	旅行考察法	旅行或户外活动中观察适应性和团队精神

🔧 工具箱

面试问这四个问题就够了

在面试一个人时，有什么问题能把两个差不多的人立即区分开的吗？我们发现很多成功的 CEO，基本上都会问这四个问题：

第一，如果你突然有半个月的带薪休假，只有一个条件，就是必须研究一个事儿，你会研究什么？

第二，对于你正在做的事，行业里最顶尖的人或公司是谁，他们是怎么做的？

第三，你在此之前的人生经历中，做过什么重要的取舍？

第四，针对刚才提到过的某个很重要的项目或者工作，如果你有机会能重新做一遍这件事，会有哪些地方不一样？

（三）用人的新机制与操作思路

1. 用新思维带团队

用人的核心，是把合适的人放在合适的位置上。对今天而言，需要如下新思维来指引行为。

（1）构建人才生态圈，不再是整合，而是要聚合。靠共同的愿景、共同的目标聚合在一起。

（2）花更多的精力吸引独当一面的领军人物。

（3）要多重用年轻人。

（4）两个披萨原则，两个披萨难以喂饱一个项目团队，那么这个团队可能变得太大了。

（5）与有企业家精神的团队和本企业共同创业、内部创业。

2. 重点用好总经理

抓重点的能力是做事的人最重要的能力。用人里面，最大的重点是什么？是用好总经理。尽最大努力让总经理成功，当然也要培养第二梯队，做好 B 方案，这两者都要全力投入。

规模大的集团型公司一般有一批高层管理者，他们是组织战略和文化得以落地最重要的人。因此，对于集团一把手来说，面对的就不是用好一个总经理，而是用好一批高层管理者。

3. 引领有缺点的能人

本尼斯认为：在商业世界里，创造奇迹的，不是那些"最听话"的人，而是最不受大多数企业欢迎的人——性格古怪、离经叛道、打破成规的人。

当年罗斯福用乔·肯尼迪作美国第一任证监会主席就是一个例证。乔·肯尼迪当时臭名昭著，是有名的投机银行家，有人称让他做证监会主席，等于把狐狸放进了鸡群。但罗斯福把他用得很好，因为有些治理办法只有他才想得出来。

4. 新生代员工引领

很多领导者面临新生代员工引领的问题。有研究指出，新生代员工更在意与企业的心理契约。

心理契约本质上是一种期望，是员工与企业之间心照不宣的默契。员工和企业彼此期望得到的结果如果一致，那么相互之间就会产生良好的合作关系，员工对企业的忠诚度高。如果员工对企业的期望落空了，就会引发冲突，结果可能是员工懈怠甚至离职。

5. 技术人员作用机制

领导者对技术人员的尊重非常重要。知识分子自主性强，要求尊重，要求价值认同、文化认同，这样才能发挥创新作用。

> 人才聚合优先
> 努力适才适用
> 态度决定去留
> 绩效决定奖罚
> 能力决定上下

领导者对于技术人员要有耐心，不能今天投入，短期就要利润，这是做不到的。技术需要通过产品来体现，要给技术人员一定的时间和耐心。有些技术人员也有很多缺点，不会拍马屁，经常给你挑毛病，不善于承压，有时也会迟到或者犯类似的小错误。但当技术人员认同领导和公司的理念，钱再少也会跟着一起干。

🔧 工具箱

中小企业如何克服人才短板

第一，愿景吸引。如果是创业公司，一定要激发人才向往大海的那种梦想。对小公司吸引优秀人才，老板亲自谈，是一个非常朴素但重要的方法，千万不要忽视它。

第二，成长激励。成长激励就是成长空间对人才的吸引。越是优秀的人才，一般越不会局限于短期利益，他们会更看重未来的成长。你可以把一个可感知的成长规划，摊给对方看。最直接的一点，小公司吸引大厂员工时，可以给更高的职级和权限。再比如，你也可以更具象地展示，优秀人才在你们公司的晋升速度。与成熟企业相比，高成长性的创业公司在个人成长空间上具有更大的优势。

第三，分享激励。小公司在吸引良将的时候，需要通过跟员工分享长期利益的方式，让员工从"打工者"心态转向"合伙人"心态。有个大原则要把握住，就是激励设计要么不做，做就要能真正起效果。

（四）留人的新机制与操作思路

1. 打造利益共同体

发展是最大的凝聚力。企业不发展，人才一定是留不住的。领导者也要想清楚，不是所有人都要留、都值得留。该留的坚决、设法留住；不该留的坚决、妥善分流。通过股权激励、利润分享等计划，让员工感受到他们对企业的贡献与个人利益息息相关，增强归属感和忠诚度。

2. 采用科技手段留人

留住人才，既需要适合留人的好环境，又要采用科技手段来留住人才。利用大数据和人工智能技术进行人才分析，优化招聘、培训、晋升等人才管理流程。

小米经验的四个要点

1. 打造利益共同体

有竞争力的报酬并不等于重金、高薪，小米当时定了一套组合方案，邀请人才加入时会给三个选择条件，他们可以随便选择：

（1）你可以选择和跨国公司一样的报酬；

（2）你可以选择 2/3 的报酬，然后拿一部分期权；

（3）你可以选择 1/3 的报酬，然后拿更多的期权。

实际情况是少部分人选择了第一种和第三种的工资形式，大部分人选择了第二种。

2. 将培养真正落到实处

除了薪资和期权，对于员工而言，对他们最有吸引力的，是能否和一帮顶尖人才共事，获得个人在工作和事业上的成长。

关于小米内部的干部选拔，他们有三个原则：

（1）内部提拔为主，至少占 80%；

（2）优先提拔年轻人；

（3）源源不断引进外部人才。

3. 用人要懂得包容

4. 要能取信于团队

（五）育人的新机制与操作思路

领导者要善于培养人、激发人。

企业可持续发展的核心是激发人。激发人的主人翁意识，激发人内在成长的自我驱动力，激发人担当责任从而获得成就的行动。

1. 高屋建瓴，引爆灵感

> 高级干部要少干点活儿，多喝点咖啡。视野是很重要的，不能关在家里埋头苦干。高级干部与专家要多参加国际会议，与人碰撞，不知道什么时候就擦出火花，回来写个心得，也许就点燃了熊熊大火让别人成功了。
>
> 跟别人去喝咖啡、和专家合作，不要提那么多要求，就说能否在你立项和失败的时候给我们讲两堂课，在讲的过程中，我们喝几次咖啡。我们与几百个人喝了咖啡，消化几百人的思想，然后就会领先世界。如果你不理解，当"黑天鹅"要出现时，就会错失。
>
> ——摘录自任正非的讲话

人才不是自然成熟的，人才是环境的产物，是教育和培训的有机结果。要创造条件，请名师、高师、严师"点化"人才。

具体方式有：

（1）邀请外脑头脑风暴；

（2）组织企业的高级顾问团；

（3）更好发挥独立董事的作用；

（4）在日常工作中为自己找导师、找师父。

一个人能走多远，重要的是跟谁一起走。上海实业集团在 1995—2008 年共请了八位高级顾问（李嘉诚、邵逸夫、郭鹤年、唐翔千、荣智健、罗康瑞、陈启宗和郑海泉），五位独立董事（利国伟、梁振英、吴家伟、李业广、罗嘉瑞），他们对上实的高管团队影响非常大。

> 世界上 99% 的问题，都有标准答案。关键是找到拥有标准答案的人，他愿意教你，你能够听懂。

2. 多种渠道，提供舞台

企业要为员工提供多元化的发展通道。除了传统的管理通道，还要开辟专业通道、创新创业通道等，让不同特长和志向的人才都能找到适合自己的成长路径。

（1）搭建多样化的学习平台。

线上线下相结合，内部培训和外派深造并重，为员工提供丰富的学习资源和机会。鼓励员工跨部门、跨领域学习，拓宽视野。

（2）创造展示才华的舞台。

通过项目竞标、创新大赛、技能比武等方式，让员工施展所长，实现自我价值。优秀员工要给予表彰和宣传，以点带面，营造比学赶超的良性氛围。

（3）支持员工内部创业。

对于有想法、有激情的员工，公司要给予资金、技术、渠道等方面的扶持，成为他们创业路上的坚强后盾。让有理想、有抱负的人才在企业内部圆梦。

（4）完善双向的员工流动机制。

允许优秀人才在集团内部跨公司、跨行业自由流动，到最需要的地方建功立业。同时引进外部高端人才，为组织注入新鲜血液。

（5）分层照顾员工的需求。

对普通员工，给他们稳定的收入，安全、舒适的工作环境；而高级管理人才，则需要满足他们更高层次的需求，才能将优秀的人才留在自己身边。

> 育人的核心，是让人看到上升的希望与荣誉。

伟巴斯特的人才创新[1]

伟巴斯特在人才发展创新上结合了行业特征，在 2022 年底开始启动 70 人跨部门轮岗活动，旨在挖掘和培养一批跨领域的复合型人才。

除了在中国本地轮岗之外，公司还组织了跨区域的轮岗项目，2022 年公司先后就有 20 多名员工，参与了去北美轮岗的业务，为期两年，与此同时，支持新兴市场如印度、泰国的员工也在踊跃报名中。这种大规模、不间断的人才输出，在一定程度上缓解了中国区域业务波动带来的资源闲置，同时解决了海外资源短缺的问题。

我们也在全球开拓性组织了 50 多名的员工访谈，发掘员工们对于伟巴斯特初心的解读，以及公司存在的意义。让越来越多的员工深刻理解工作的意义，以及工作带给他们的意义。

3.寓教于乐，多种形式

最好的教育是润物细无声，领导者要学会通过艺术和美的形式提供"正能量"。为什么是艺术和美？人是拥有精神活动的高级生物，也决定了我们有对审美趣味的需求，有对内心被压抑的情感的宣泄需求，也有通过高级娱乐来彰显人生品位的需求，而艺术与美，不仅满足了这些需求，还对我们的心灵产生滋养，对生命赋予意义，让我们的人生更多幸福感。在企业时，包季鸣教授曾请世界华人中讲幸福学最好的教授，到企业来为干部员工讲"幸福学"。

包季鸣教授非常注重对团队的"正能量"的教育。他带着团队走过"六大会址"也就是中国共产党唯一一次在海外开的党代会的现场，他们在那里感受信仰

> 对于这个世界你能够认知什么？
> 对于你能够认知的世界你能做些什么？
> 对可以做的事你会怎么做？

[1] 复旦大学 EMBA 2022 级陈翡翡。

的力量是如何改变中国的。他们参观康德博物馆，在那里，他给大家讲康德哲学的三个批判，从世界观层面为员工提供正能量。

贝佐斯认为世上有两种人才：传教士和雇佣兵。前者真正热爱，后者只想赚钱。我每天都是传教士而非雇佣兵。雇佣兵唯利是图，为了金钱和权力可以去扫荡所有的拦路人；而传教士有正义的目标，并试图让世界变得更美好。要知道，其中的悖论在于：到头来，赚更多钱的往往是"传教士"。

4. 教练技术、定制课程

"世界顶尖人物，都有一个好的教练。"

教练技术是有效提升领导力的工具。组织变革的核心其实是人的思维模式的变革，而教练式领导力对组织发展至关重要。

教练技术的课程设计，必须量身定制，根据岗位要求，精准滴灌。以运通银行为例，他们在领导力发展项目中，专门制定了针对年轻领导层（见图 13.3），以及针对中高级领导层的定制方案（见图 13.4）。

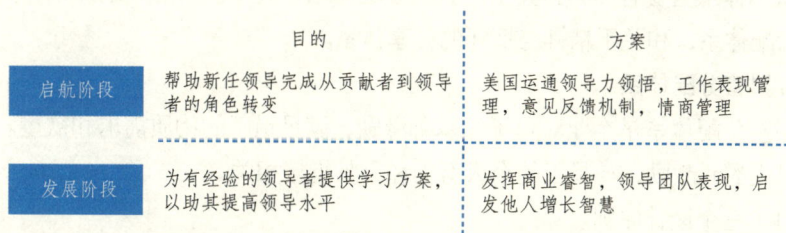

	目的	方案
启航阶段	帮助新任领导完成从贡献者到领导者的角色转变	美国运通领导力领悟，工作表现管理，意见反馈机制，情商管理
发展阶段	为有经验的领导者提供学习方案，以助其提高领导水平	发挥商业睿智，领导团队表现，启发他人增长智慧

图 13.3 年轻领导层定制方案

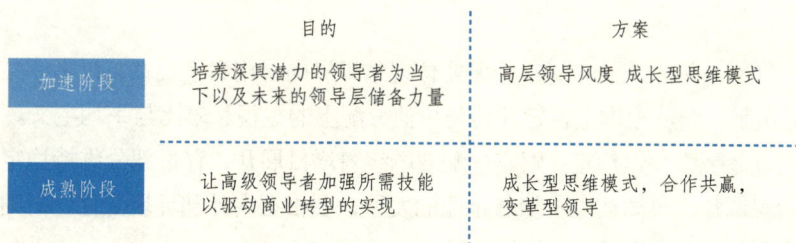

	目的	方案
加速阶段	培养深具潜力的领导者为当下以及未来的领导层储备力量	高层领导风度 成长型思维模式
成熟阶段	让高级领导者加强所需技能以驱动商业转型的实现	成长型思维模式，合作共赢，变革型领导

图 13.4 中高级领导层定制方案

🔧 工具箱

成功教练的十条心法——以终为始，才能养成最优秀的你

1. 对人的提升及发展有真实的兴趣。
2. 具备可被信任的实力和能力。
3. "选择对的客户"是成功的第一关键。

4. 谈信任前，你得先明白客户的真正需求。

5. 善于建立真正贡献人成长的"亦师亦友"的情谊。

6. 为人真实且情商过人。

7. 学习能力和商业感知能力。

8. 找到你的最佳击球点，发展核心优势。

9. 将教练事业看作经营一门生意：明确市场定位，不断塑造品牌。

10. 教练越老越值钱。

用理想吸引人
用发展凝聚人
用情感关爱人
用体系留住人

三、重塑灵活适应的激励体系

激励，是领导力的本质属性。要有效发挥激励的作用，需要依靠体系。在组织中，重塑灵活适应的激励体系，是领导力保障行为的重要体现。

（一）组织内的四套激励体系

激励体系主要有四套：关于财富的分配体系，关于权力的分配体系，关于荣誉的分配体系，和关于精神与情怀的分享体系。

1. 财富分配体系

财富分配体系是企业对员工的基础激励，满足员工的物质需求和欲望。它是企业对人的元激励，与员工的个人努力和贡献直接相关。

（1）三个设计原则。

财富分配体系的核心是要在创造价值的基础上，合理评价和分配价值，激励奋斗者，促进组织的可持续发展。这需要在制度设计上下功夫，体现为三个原则。

公平与效率的统一：财富分配要体现结果导向，用数字说话，以考评结果衡量实际贡献。要从根本上否定评价与价值分配上的短视、攀比与平均主义。

增量分配，存量稳定：财富分配要围绕着增量展开，存量部分维持稳定。

动态调整、灵活适应：随着企业的发展，要根据内外部环境变化，对财富分配体系进行动态优化调整，保持激励的有效性。

（2）财富分配体系的内容。

财富分配体系用来分利。要通过合理的薪酬和福利机制来激发员工的积极性和创造力。这套体系主要包括以下四个方面。

基础薪酬：员工的基本工资，一般按月发放，相对固定。

变动薪酬：包括绩效奖金、单项奖。根据员工的工作业绩给予的奖励，体现多劳多得。

股权激励：让优秀员工持有公司股份，与公司共享成长收益。

福利待遇：法定福利、差异化福利。

2. 权力分配体系

权力分配体旨在构建一个开放和自主的工作环境，满足知识型劳动者对掌控欲和权力欲的需求，激发他们的创造性和主动性。

（1）权力分配体系的四个原则。

责权对等原则：权力分配要做到责权对等。授予某个岗位或个人权力的同时，也要明确其应承担的责任。权力和责任要相匹配，不能有权无责或有责无权。这是权力运行的基本原则。

分权与集权原则：权力分配要体现"分权有道，集权有序，授权有章，用权有度"。即在分权的同时要把握好分权的尺度，既要充分授权，调动下级的积极性；又要防止权力过度分散导致无序。集权则要服从企业整体利益，不能本位主义。

适应原则：权力分配要与企业的发展阶段相适应。初创期可能需要决策权相对集中，但随着企业成长，逐步建立起科学的分权体系就很有必要。实现决策权下沉，让一线有更大的自主权，让听得见枪炮声的人来指挥战斗。

制衡原则：要建立相匹配的监督制衡机制。权力如果缺乏制衡，就可能异化和腐败。内部要加强流程控制和审计监督，外部可以引入独立董事等机制。

（2）权力分配体系的内容。

权力分配体系用来分配权力，也是关于职位晋升的激励体系，主要包括以下三方面。

管理通道：员工走上管理岗位，行使一定的管理权力。

专业通道：员工在专业领域不断深入，成为专家型人才。

创新创业通道：鼓励员工进行内部创业，给予资源支持。

美的分权的"12345 法则"[1]

一个匹配：责权利能匹配；

二个对等：责权对等；

三个管住：管住战略与目标；管住资金及效率；管住副总及财务 HR 负责人；

四个强化：强化预算及考核；强化经营审计及职业道德管理；强化流程制度建设；强化营运数字化。

五个放开：除副总、财务 HR 负责人外的人事权、预算内的费用审批权、经营管理权、业务决策权、过程资源匹配权。

3. 荣誉分配体系

荣誉分配体系是企业激励体系的重要组成部分，与物质激励相辅相成。

---

[1] 复旦大学 EMBA 2022 级谢天。

对员工最好的激励永远来自工作本身。一个公开的荣誉体系，能激发员工的目标感和好胜心，实现员工与组织的相互成就。对于组织来说，荣誉体系的设计应该反映战略方向、业务目标、价值导向。此外，荣誉体系还可以成为绩效评估的重要参考依据。

（1）荣誉分配体系的原则。

文化匹配：荣誉激励要与企业文化和价值观相匹配。企业应该树立什么样的价值取向，表彰什么样的先进事迹，都需要精心设计，使荣誉激励成为弘扬企业文化的有力抓手。

导向作用：荣誉激励要突出导向作用。评选标准要科学合理，杜绝平均主义，真正让品德高尚、业绩突出、贡献卓著的员工脱颖而出，以此树立榜样，形成示范效应。

形式多样、覆盖面广：荣誉激励要形式多样，覆盖面广。从企业到团队，从管理人员到普通员工，都应该建立相应的荣誉激励项目。既要重视集体荣誉，也要重视个人荣誉。

持之以恒、常抓不懈：要把荣誉激励纳入企业管理的日常，形成"小改进，大奖励""小事月月奖，大事重重奖"的长效机制。

（2）荣誉分配体系的内容。

绩效导向：（个人 / 团队）优秀奖 / 卓越奖；优秀项目奖。

文化导向：文化人物奖；客户、创新、诚信等特定价值观奖。

能力导向：管理奖、技术奖、专利奖、服务奖等与组织核心能力结合的奖项。

综合导向：综合以上三类中两类或全部的奖项。

企业荣誉体系内容举例

文化大使奖：在文化价值观方面表现出典型事件并在组织内产生积极影响的个体。

创新先锋奖：在产品、服务或工作流程中提出并实施创新想法的个体。

特殊贡献奖：在特定领域或项目中取得显著成就的团队或个体。

卓越服务奖：在客户服务方面做出杰出贡献、获得客户特别认可的个体。

团队精神奖：展现出卓越团队合作精神的团队，强调协作和团队凝聚力。

年度风云人物：在公司内部产生重大影响或在业界赢得声誉的个体。

明日之星奖：新员工中表现突出、具有高潜力的人才。

学习成长奖：立足岗位工作的优化持续学习提升的个人。

园丁奖：在员工培训、指导和职业发展方面做出突出贡献的导师。

终身荣誉奖：长期服务公司并对公司发展做出重大贡献的退休员工。

志愿者精神奖：积极参与公司或社区志愿服务活动的员工。

4. 精神与情怀的分享体系

精神，代表一种活力和意志品质，更可扩展为理想信念、价值追求、思维方式、道德规范、气质胸襟、人格情怀等。精神是支柱，"人无精神不立，国无精神不强"。对一个人要讲志气，对一个团队要讲士气，对一个组织要讲民气。这里的志气、士气、民气，就是精神在组织行为三个层面的体现。

情怀，是一种精神追求。《现代汉语词典（第八版）》对情怀的解释为"含有某种感情的心境"。在组织中，情怀是指对员工有深切关怀和对企业使命的忠诚，体现了企业对员工的人文关怀和对社会责任的承担。

与天下同利者，天下持之；擅天下之利者，天下谋之。企业与员工分享精神与情怀，要求领导者：

（1）强化依靠意识：认识到企业与员工相互依存的关系，全心全意依靠员工办企业。

> 没有利益与共，就没有可持续发展。

（2）增强主体意识：激发员工的主人翁责任感和使命感，让员工成为企业发展的主体。

（3）共享发展成果：与员工共享企业发展成果，确保员工在企业成长中获得应有的回报。

（4）命运共同体意识：构建员工与企业的命运共同体，实现共生、共享、共赢。

做企业，离不开资金。但光靠钱，团队是走不远的。人在成长的过程中，会逐步体会到，最温暖、最幸福的感受来自精神的力量。你感到社会需要你，你为社会创造价值，这是非常重要的价值感。

时代让不同年代的人承担了他们该承担的使命。2022 年上映的电影《长津湖》，描述了上一代人在异国的战场上经历的惨烈与悲壮。有一句台词很精彩："我们将下一代该打的仗打了，下一代就不用打仗了。"领导者在带团队时，也可以问问大家：上一代把该我们打的仗打完了，我们又该为下一代提供些什么？

（二）激励体系的指导思想

激励体系在当下的指导思想体现为：向绩优者倾斜，使奋斗者丰收，关注情绪价值。

1. 向绩优者倾斜

向绩优者倾斜，就是坚持多劳多得的分配理念，结果导向，用数据说话，以考评结果衡量劳动的实际贡献。

激励体系中的公平，体现"效率优先、兼顾公平"。市场经济的活力也正源于这种指导思想。

奋斗者、贡献者被称为火车头，价值体系向他们倾斜，就是"给火车头加满油"，火车头加满油，火车的动力就更足。

2. 使奋斗者丰收

奋斗者不仅在于其短期业绩结果，更在于其精神及实际行动对企业活下去的战略意义和对组织力提升的贡献。通过制度设计，奋斗者得到物质和精神的双丰收。

马克思曾说："时间实际上是人的积极存在，它不仅是人的生命的尺度，而且是人的发展的空间。"[1] 丰收代表着辛勤劳动和长期奋斗的结果，它象征着成功、满足和成就感，是努力和坚持的回报。使奋斗者丰收，强调了认可在任何领域经过一段时间的投入和努力后所获得的成果。

使奋斗者丰收的背后，是员工个体对改变命运一靠奋斗、二靠贡献的信念的培养和灌注，是"利出一孔，力出一孔"原则的具体体现。

一位 EMBA 学员[2] 创业多年，他的感悟是：合作的本质是"分"，人与人之间相处，只有分得清楚，才能合得愉快。在企业的激励体系设计中，他高度重视"退出机制"和"分钱机制"，并在学习、借鉴、突破的基础上，形成了自己企业的操作方法（见二维码 13.5）。

13.5：打造灵活适应的激励体系

3. 关注情绪价值

情绪价值，是一种给人带来美好感受，引起人正面情绪的能力。一个人能给他人带来的正面情绪越多，说明这个人的情绪价值就越高，反之则是低情绪价值。情绪价值的背后是"取悦自我"的价值观，是个体的自我实现和自我满足的。情绪价值正在成为一种新的组织激励形式。在组织中，情绪价值对于建立积极的工作环境、提高员工满意度、促进团队合作和创新等方面具有重要作用，可同时对不同代际的员工产生激励作用。

领导者为组织成员提供情绪价值，可以通过以下途径实现。

（1）情怀关怀：关注员工的整体福祉，包括工作以外的生活，展现对员工全面生活的关怀。

（2）时代需求关怀：激励策略应考虑时代特征，适应不同年代员工的特定需求和期望。

（3）正面情绪激发：通过创造积极的工作环境和文化，激发员工的正面情绪，提高工作满意度和参与度。

（4）个性化激励：了解每位员工的个性化需求和期望，提供定制化的激励措施。

（5）情绪智能：领导者培养情绪智能，理解和管理员工的情绪，帮助他们在工作中保持积极态度。

---

[1]《马克思恩格斯全集》第三十七卷，人民出版社 2019 年版，第 161 页。
[2] 复旦大学 EMBA 2022 级李建华。

（三）激励体系的操作思路

职业咨询师丹·平克曾在公开演讲中表示，外部激励或许还适用于 20 世纪的企业，而在 21 世纪，企业必须采用内在的方式激励员工，其中内部激励的核心要素则是：掌控力（mastery）、自主性（autonomy）和使命感（purpose）。

（1）自主性：想要主导自己的工作和人生。

（2）掌控力：想要在重要的事情上做得更好的欲望。

（3）使命感：希望我们所做的事情是为了更有意义的高远理想。

在设计企业的激励体系时，要注意以下四点。

1. 分享机制

分享机制：从职业经理人到事业合伙人，通过将员工从单纯的职业经理人转变为企业的事业合伙人，使他们成为企业成长的直接受益者。

（1）传统职业经理模式与事业合伙人机制对比。

将传统职业经理人模式与事业合伙人机制进行对比，可见强调事业合伙人制的必要性（表 13.6）。

表 13.6　传统职业经理人模式和事业合伙人制的的区别

角度	传统职业经理人模式	事业合伙人制
所有权	"我的"	"我们的"
组织文化	老板文化	组织文化
价值评价	老板个人主观评价	构建客观评价体系
对组织规则的敬畏	个人敬畏	组织规则敬畏
企业决策与智慧源泉	个人能力与智慧	群体能力与智慧
企业家的关注重点	盯着人	关注人背后的机制及制度建设
责任体系	对老板负责	对组织负责
人生价值目标追求	做生意	做事业

事业合伙人的意义在于：

- 把主要领导者少数几个人的奋斗，变成一个团队的共同奋斗。
- 把个体独立作战，变成抱团作战。
- 把各种稀缺资源的单打独斗，变成"1+1+1=111"。
- 把员工变成老板。
- 把职业经理人变成创业者。
- 把利益共同体变成事业共同体和命运共同体。

- 把搭车人变成奋斗者。

（2）事业合伙人机制的五种模式。

中国本土企业在合伙人机制上的实践总结为以下五种，如表 13.7 所示。

表 13.7　五种典型的合伙人机制

合伙人模式	典型企业	特色	操作思路
创始人模式	小米	打造卓越的创业团队，吸纳和凝聚优秀人才	重点吸纳创始人股东，构建紧密的创业伙伴关系
企业精英模式	阿里	核心人员构成，同股不同权，强调人力资本的控制权和话语权	选择对企业发展至关重要的核心人员作为合伙人
分层合伙人制度	复星	全球核心，全球、区域／专业三级分法	按层级分配权责，高层参与战略决策，基层聚焦执行；通过股权绑定和跟投机制激励
利润分享合伙机制	华为	虚拟股权计划，员工享有利润分红权	实施虚拟股权，根据贡献和持续参与度进行利润分红
管理合伙机制	温氏[1]	家庭农场联结，农场主投资，产权归个人，平台管理	通过管理平台实现生产数据上移、责任下沉，独立核算和共识共担

这五种合伙人机制各有特点，但共同目标是激发人才潜力，增强企业竞争力，并通过不同的激励和参与方式，实现企业的长期稳定发展。

（3）合伙人的"四共"价值观。

合伙人的"四共"价值观是构建强大合伙制企业的基石。

共识：愿景与使命驱动。

合伙人必须对企业的愿景和使命有深刻的共识，这是合伙制成功的基础。这种共识不仅是一种理念上的契合，更是行动上的一致。

共担：风险与责任共担。

真正的合伙制，合伙人不仅要投入资金，更要投入精力和资源，共同面对挑战，建立一种自我施压和担责的体系。

共创：优势互补，协作创新。

每位合伙人都应拥有独特的能力和专长，以客户为中心，通过发挥各自所长，共同推动企业的持续发展和创新。

共享：生态环境共享。

共享是合伙制企业的精神象征，它超越了物质利益的分配，涵盖了更深层次

---

[1]　广东温氏食品集团。温氏集团是一家拥有模式创新基因的集团化公司，从"公司＋农户"的模式、"公司＋家庭农场"及种猪配套服务体系的建设到温氏的"三大创新"——体制创新（公司＋农户）、技术创新和文化创新。

的资源、知识和智慧的共享。通过共享剩余价值、信息、知识、资源和智慧，企业能够建立起一个良性的生态环境共享体系。

🔧 **工具箱**

动态股权机制，让搭便车的人变成奋斗者

动态股权机制，有两种情况：一是对于合伙人来说，是否在状态？在状态，就是合伙人；不在状态，就不是合伙人。什么状态？企业家状态。二是对于优秀人才来说，是通过动态的方式，谁作的贡献越多，股权就增长得越多，增长到一定程度的时候，他可以进入一级合伙人的团队。一级合伙人的股权在不断地稀释，稀释到一定的程度，如果总不对公司作贡献，就会被淘汰出一级合伙人团队。

---

2. 设计要点

设计要点：努力做到"两预一致"。即确保预见性、预防性和一致性在激励体系设计中的统一。

> 📖 最有效的激励，乃是给人最需要的。

（1）预见性：预见性要求组织对市场趋势、技术进步和员工职业发展有深入的理解，能考虑长远，预见员工和企业的发展需求，设计出能够适应变化的激励方案。

（2）预防性：预防性措施包括建立透明的评估体系、定期审查激励政策，以及设立反馈和申诉渠道。制定规则以预防潜在的不公平或滥用激励机制的行为。

（3）一致性：激励体系应与组织的文化、战略目标和实际效益紧密相连，确保各项激励措施的一致性和连贯性。一致性还要求激励体系在不同部门和层级之间保持公平和平衡。

3. 操作重点

操作重点：认可他人的贡献。

卓越的领导者对他们自己和他们的追随者都有比较积极的期望。他们希望人们能做到最好，并且实现自我愿望，让平凡的人有不平凡的行为和结果。

卓越的领导者对设定的目标和标准通常雄心壮志，激励人们将精力集中在他们需要做的事情上。他们提供明确的反馈并进行强化。通过表达期待和提供激励的反馈信息，可以刺激、重新点燃和聚集人们的能量。

为了激励人心，必须对个人的出色表现给予充分的赞赏。这意味着领导者需要：

（1）确保人们知道对他们的期望。

（2）保持对团队及每个成员能够完成任务的高度期望。

（3）经常和清晰地与团队沟通对他们的积极预期。

（4）让人们知道信任他们，不仅通过语言，而且付诸行动来表达信任，创造一种氛围，让大家（包括领导者在内）都可以自由接收和发出反馈。

（5）将认可和奖励与业绩和产出紧密联系，确保只有那些完成或超过标准的人才能获得奖励。

🔧 **工具箱**

有效的激励在于如何分"感觉"

只有很少的优秀的人才只为了金钱长期从事某项工作，他们追求的是金钱再加上某些感觉——他们很看重的某些感觉。如果领导者意识到这点，还有什么办法可以激励下属，让他更有感觉呢？杰克·韦尔奇介绍了四个激励工具，每个都和金钱没有关系，但每个都非常有效。

（1）赞扬。当一个员工或团队做了一件了不起的事情时，你要立刻给予热情的表扬。除了当众进行表扬之外，还要将这件事挂在嘴边，一有机会就提起它。同时，你还要对相关的所有员工进行奖励。

（2）庆祝。取得了成绩之后就马上庆祝，这是一种激励员工不断向前迈进的有效策略。在这里，我们讲的庆祝不仅仅是针对重大成就，也可以是获得了一个大订单，或是发现了一个可以提高效率或客户满意度的新方法等里程碑似的成就。

（3）一个能够充实下属身心的、内容鲜明的、令人振奋的信条。一个有使命的组织在面对困难的时候，上司会说："让我们一起翻越高山！"上司可以用这句话来召集下属，并鼓舞团队的士气。

（4）创造一种成绩和挑战相平衡的工作环境。一方面，人们需要一种由工作唤起的成就感；另一方面，如果他们没有一种在接受测试的感觉——也就是说，如果他们现在不再学习和成长——他们就会腻烦。换句话说，当人们感觉到他们在山顶但似乎仍在向上攀爬的时候，人们就会有一种激励感。

如果领导者能够为员工提供这种具有内在"推力和拉力"的工作，那么这类领导者就具有强大的竞争优势，追随者的潜力就会得到超常的发掘，这可以明显地从他们的绩效里体现出来。

📝 兴奋点、金手铐和金降落伞的有机结合。
以理想吸引人、以发展凝聚人，以机制留住人！

4. 实施途径

实施途径：庆祝价值观的实现。组织庆祝活动，表彰那些体现企业价值观的行为和成就，加强员工对企业文化的认同感。

仪式感在企业文化的场景中非常常见，精心设计的奖牌、隆重热烈的颁奖活动、重量级的颁奖嘉宾，包括亲朋好友在内的众多见证者，这些都是提升仪式感的方式。

第三节｜形成自我优化的操作机制

一、自我优化操作机制的打造

形成自我优化的操作机制，是领导力保障行为的关键点。

（一）自我优化机制的内涵

自我优化指系统能够自主地采取一定措施使整体运行变得更优异。

在领导力保障行为中，领导者通过打造高效机制，建立组织强大的保障系统。保障系统是一个持续运作的过程，在运作中，必须具备动态适应性。这种动态适应性就是对自我优化的要求。

高效机制的四个要素：更快的速度、更好的结果、更大的影响、更优的状态的良性循环，就是自我优化的结果。

（二）自我优化动能的打造

自我优化需要动能，促使从个体行为到组织行为，再到高效机制的转化。

1. 从领导者行为到组织行为

从领导者行为到组织行为，需要领导者示范、推广行为，并建立标准。

（1）领导者示范：领导者的行为对组织文化和行为模式有着决定性的影响。领导者应通过自身的自我批判和持续学习，展示自我优化的承诺和实践。

（2）行为推广：领导者应积极推广自我优化的理念和方法，将其融入日常管理和决策过程中，从而影响整个组织的行为。

（3）建立标准：领导者需要制定明确的标准和期望，鼓励团队成员进行自我反思和持续改进。

2. 从组织行为到高效机制

从组织行为到高效机制，需要考虑制度化、流程优化和反馈机制三个关键做法。

（1）制度化：将自我优化的行为转化为组织制度，确保这些行为在整个组织中得到执行和维护。

（2）流程优化：审视和改进工作流程，消除浪费，提高效率，确保组织运作的流畅性和高效性。

（3）反馈机制：应用 AI 技术建立有效的反馈和评估系统，收集员工、客户和市场的反馈，用于不断调整和优化组织行为。

（三）从高效机制到自我优化的持续动能

高效机制不仅需要在短期内提升组织效率和效果，更需要在长期建立起持续自我优化的动能，确保组织在不断变化的市场中保持竞争力和创新力。

1. 自我批判，完善机制

个体或组织通过自我批判，可以完善自我优化的机制。

自我批判是自我优化的起点。它要求组织具备自我反思的能力，勇于面对自身的不足和缺陷。自我批判在完善机制方面体现在以下三点。

（1）识别问题：定期审视组织的流程、策略和成果，找出存在的问题和改进空间。

（2）鼓励开放性：建立一个开放的文化，鼓励员工提出建设性的意见，促进坦诚的沟通。

（3）实施改进：基于自我批判的发现，制定行动计划，优化现有机制，提升效率和效果。

🔧 工具箱

自我批判的三种成果体现

文本式的成果体现：以文本形式体现，如合伙人守则、管理懈怠行为白皮书、管理作风宣誓手册……

制度性的成果体现：制度性的成果包括通过自我批判对制度进行改进、改良，对制度进行优化。

活动的成果体现：如集体宣誓、民主生活会等。

2. 对照标杆，优化机制

标杆管理法是一种有目的、有目标的学习过程。标杆学习的前提首先是自我批判，认清自己的现状，认清自己与标杆的差距。

对照优秀标杆，可以帮助组织更清晰地认识到自身的相对位置和潜在的提升空间，从而优化机制。

对照标杆优化机制在操作时要注意以下三点。

（1）设定目标：根据标杆的实践和成果，设定具体、可量化的优化目标。

（2）学习最佳实践：研究标杆组织的成功要素，吸取他们的经验和教训。

（3）创新和适应：将从标杆学习到的知识和经验与自身实际情况相结合，进行创新和适应性改进。

二、自我优化机制的误区规避

自我优化不是一种偶尔发生的活动，而是一个持续的过程，需要不断地进行，以适应外部环境的变化。领导者正确认知自我优化机制，有助于更好地构建一个具有动态适应性的保障系统，以下是自我优化机制的误区。

（1）缺乏持续的自我审视：一些组织在取得一定成绩后，就停止了自我审视和优化，导致无法持续进步。

（2）抗拒必要的变革：抗拒改变是自我优化过程中的一个常见误区，特别是在面对深层次结构或文化变革时。

（3）过度依赖现有流程：即使现有流程已经不再适应当前的需求，一些组织仍然坚持使用，而不是进行必要的调整。

（4）未能建立有效的反馈和响应机制：没有有效的反馈机制，组织就无法及时了解自身的表现和内外部的评价，从而无法做出适当的响应。

（5）创新不足：自我优化要求组织不断创新，如果缺乏创新思维和实践，组织就会停滞不前。

（6）目标不明确或不具挑战性：如果目标设置不明确或过于容易达成，那么自我优化的动力和效果将大打折扣。

（7）定位错觉：认为组织结构、人才发展、激励设计要么是人力资源部门的事，要么可以请外部咨询公司来出方案、做辅导。

（8）勤于动手懒于动脑：学习标杆企业，只强调拿来就能用，认为深入思考太费脑。

三、领导力保障行为的"不为清单"

以下是领导力保障行为的"不为清单"，旨在帮助领导者或组织自我对照，优化行为，如表 13.8 所示。

表 13.8　领导力保障行为的"不为清单"

类别	不当行为表现
组织变革	在变革中产生消极情绪（如反感、愤怒、恐惧），如流程电子化取代了见面签字批同意的领导权力，导致心理失落而抗拒
	在变革中过于乐观，忽略对基础问题的解决，而只强调变革的前途是光明的
	在没有价值观保驾护航的情况下搞分权
	强硬推行变革，忽略组织沟通，只强硬对员工传递变革的信号
人才发展	重使用轻培养。希望员工能够快速上手，立竿见影，但不愿意在人才培养上投入时间和精力。殊不知，人才的成长需要耐心和持续投入
	重激励轻认可。优秀人才追求的不仅仅是金钱回报，更渴望得到领导的信任、尊重和认可。单纯的物质激励，无法让人才产生深层次的忠诚度和使命感
	重同质轻互补。喜欢选拔和自己风格相似的人才，忽视了团队的互补性。过于同质化的团队，创新活力不足

续 表

类别	不当行为表现
人才发展	重当下轻未来。选拔人才时，更多基于候选人当下的能力，而忽视其未来的发展潜力
	重管理轻赋能。对人才还是"管理"思维，事无巨细都要把控。这种"小马拉大车"的想法，严重阻碍了人才的成长和组织的进步
激励体系	激励措施"一刀切"，没有设计个性化、差异化的激励方案
	只重短期激励，而没有建立长期持续的激励体系
	激励缺乏弹性，不能根据内外部环境变化及时调整
	激励缺乏公平性，让员工感受不到"奋斗者得到回报"

领导者通过保障行为的理念与操作的践行，有助于构建一个自我优化的保障系统。这个系统能够激发员工潜能、促进组织创新、增强组织活力，形成良性循环，驱动组织内的各种因素形成强大执行力，从而确保将正确的事做正确。

推 荐 书 单

1.《华为数字化转型之道》——华为公司企业架构与变革管理部，机械工业出版社 2022 年版。
2.《卓有成效的组织》——［美］亨利·明茨伯格，魏青江译，中国人民大学出版社 2012 年版。

复习思考题

1. 高效机制有哪四个特点？
2. 华为的保障机制给我们的启示有哪些？
3. 组织变革的最新模式有哪些？
4. 联系实际，谈谈企业在组织变革、人才发展、激励体系方面有哪些新的操作思路？
5. 你认为还有哪些不当行为可以列入领导力保障行为的"不为清单"？

领导力的五项行为：决策、沟通、生态、创新、保障，围绕找到组织目标、让利益相关者全情投入、进入共赢生态圈，创新生态系统，打造保障系统带来强大执行力，从而实现创新的组织目标而展开。

这个过程，既是领导力行为的展现过程，也是领导力心智的呈现过程。在五个领导力行为中，我们提供了底层逻辑+操作思路，它们就像是武术中的内功心法与外功技巧。然而，要想达到领导力的巅峰，如同武林高手一般，还需打通行为与心智的任督二脉，实现心智系统的跃迁。

本篇要点：

本篇帮助读者了解领导行为与心智的内在联系，通过理解领导力心智跃迁的底层逻辑，掌握操作思路，弘扬具有"君子之道"的企业家精神，找到领导者与时俱进、持续精进的动力源泉，从中汲取强大能量，追求卓越，形成自我进化的个体和组织。

第七篇
领导力心智跃迁

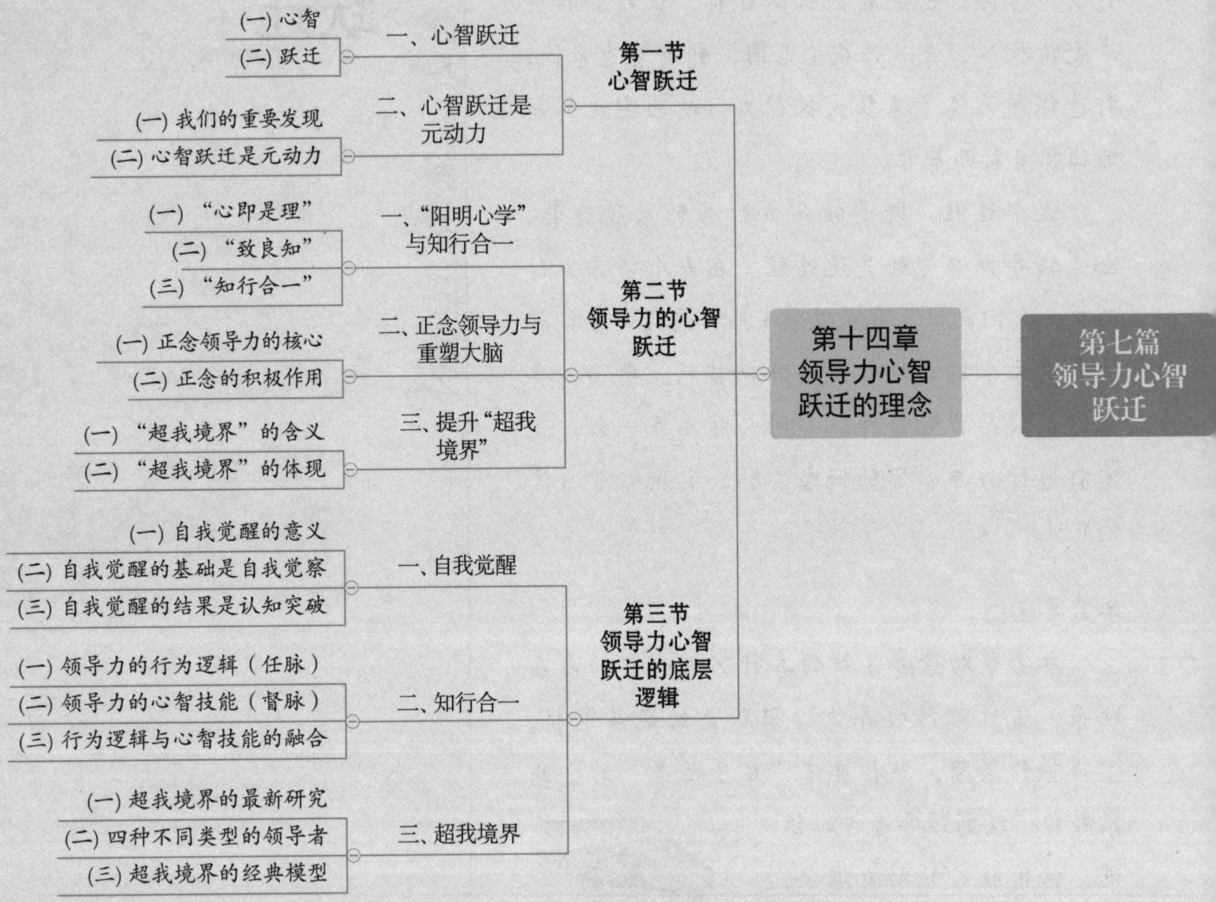
第七篇
领导力心智跃迁
第十四章
领导力心智跃迁的理念
第一节
心智跃迁
一、心智跃迁
(一) 心智
(二) 跃迁
二、心智跃迁是元动力
(一) 我们的重要发现
(二) 心智跃迁是元动力
第二节
领导力的心智跃迁
一、“阳明心学”与知行合一
(一) “心即是理”
(二) “致良知”
(三) “知行合一”
二、正念领导力与重塑大脑
(一) 正念领导力的核心
(二) 正念的积极作用
三、提升“超我境界”
(一) “超我境界”的含义
(二) “超我境界”的体现
第三节
领导力心智跃迁的底层逻辑
一、自我觉醒
(一) 自我觉醒的意义
(二) 自我觉醒的基础是自我觉察
(三) 自我觉醒的结果是认知突破
二、知行合一
(一) 领导力的行为逻辑（任脉）
(二) 领导力的心智技能（督脉）
(三) 行为逻辑与心智技能的融合
三、超我境界
(一) 超我境界的最新研究
(二) 四种不同类型的领导者
(三) 超我境界的经典模型

第十五章
领导力心智
跃迁的操作

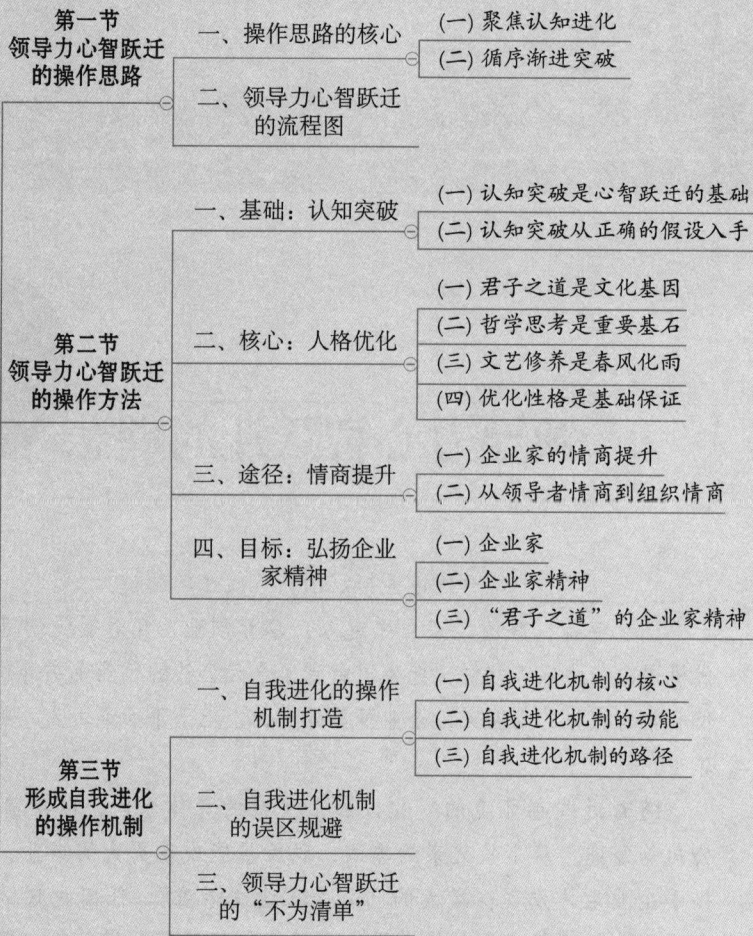

第一节
领导力心智跃迁
的操作思路

一、操作思路的核心
(一) 聚焦认知进化
(二) 循序渐进突破

二、领导力心智跃迁
的流程图

第二节
领导力心智跃迁
的操作方法

一、基础：认知突破
(一) 认知突破是心智跃迁的基础
(二) 认知突破从正确的假设入手

二、核心：人格优化
(一) 君子之道是文化基因
(二) 哲学思考是重要基石
(三) 文艺修养是春风化雨
(四) 优化性格是基础保证

三、途径：情商提升
(一) 企业家的情商提升
(二) 从领导者情商到组织情商

四、目标：弘扬企业
家精神
(一) 企业家
(二) 企业家精神
(三) "君子之道"的企业家精神

第三节
形成自我进化
的操作机制

一、自我进化的操作
机制打造
(一) 自我进化机制的核心
(二) 自我进化机制的动能
(三) 自我进化机制的路径

二、自我进化机制
的误区规避

三、领导力心智跃迁
的"不为清单"

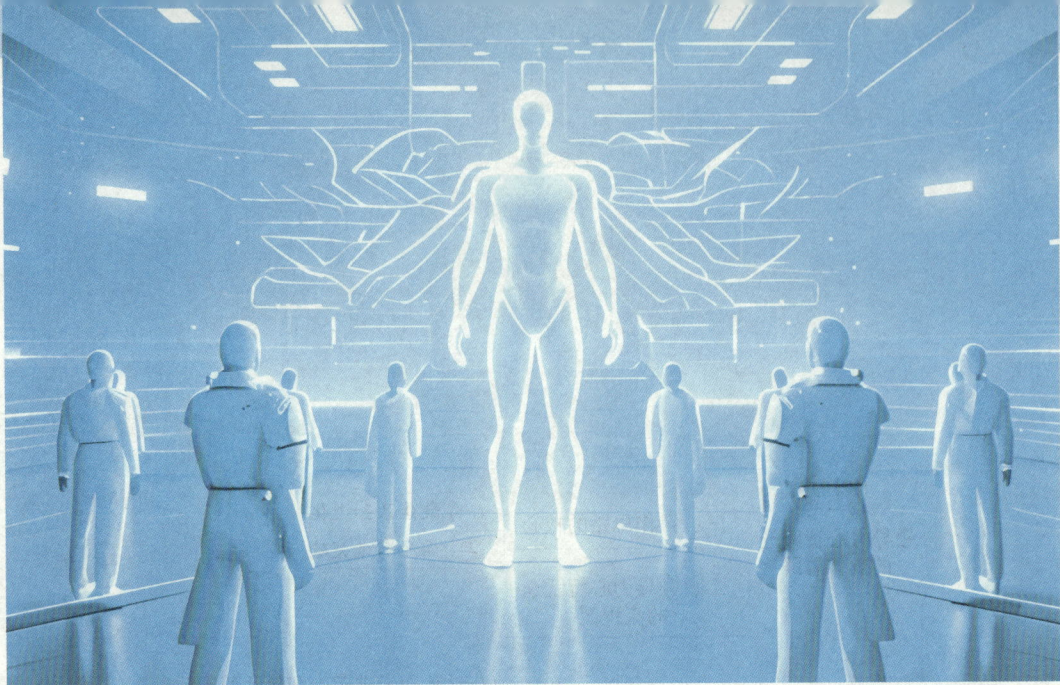

第十四章

领导力心智跃迁的理念

一代创业打江山，二代如何超越？

三十年前，我的父亲白手起家，草莽创业，凭着敏锐的直觉抓住了时代机遇，一路艰苦打拼，把公司做到了今天公认的行业龙头地位。父亲是一位非常有魄力的企业家，企业里里外外，上上下下所遇之人，都对他充满了尊重。

随着近些年环境的变化，加上父亲的身体原因，两年前我正式接任公司总经理。从小受父亲的熏陶，我希望能成就更大的事业。但当我真正接手企业后才发现：最大的问题是"改变很难"。任何我想做的改变，都会遇到诸如"董事长以前说要这么做的"等回答。背负着一群日益老龄化的员工、面临着更加激烈的商海竞争，我告诉自己——必须改变！但，如何变？

第一节｜心 智 跃 迁

一、心智跃迁

（一）心智

1. 经典理论的视角

心智，是个体具有的认知和拥有的内在能量的总和。人的心智产生于行为之前，因此，人的行为受到心智的直接影响。

1943 年，苏格兰心理学家肯尼思·克雷克（Kenneth Craik）首次提出心智模式（mental model）这一概念。他认为心智是建构现实世界的"小型的模式"，可以用来对事件进行预测、归因以及做出解释。

彼得·圣吉则进一步深化了这一理念，认为心智模式是根植于我们内心深处的一系列假设、成见、逻辑和规则，它们不仅影响我们如何理解世界，更决定了我们的行动方式。这些模式是认知、思维、情感和价值观的集合体，它们构成了我们认识世界的独特视角和习惯。

2. 与领导行为的关系

个体的行为，是心智模式的直接体现。心智不仅是行为的内在驱动力，更是行为背后深层次的原因。

领导力的提升与心智的修炼相互促进、互为因果的。行为技能如同外在的拳脚功夫，而心智技能则如同内在的内功心法。若仅有行为技能而缺乏心智的深度修炼，就如同空有花拳绣腿，难以达到真正的高境界。因此，只有掌握了内功心法，我们才能更系统地思考，更长远地规划，更精准地制定策略。

（二）跃迁

跃迁（transition）是量子力学中的一个重要的概念，用于描述一种突破性的变化过程。在领导力理论的发展中，借用跃迁概念来描述心智状态的显著提升。

1. 量子跃迁的启发

量子跃迁指的是原子中电子在不同能级之间的瞬时跳跃，并吸收或者放出能量。这一概念启发我们，思考心智发展也可能存在类似的"跳跃式"提升，并非总是渐进式的变化。

心智跃迁是指个人认知、思维方式和行为模式质的飞跃。它不是缓慢的积累过程，而是一种突破性的转变，往往伴随着对世界和自我的全新理解。"顿悟"就是心智跃迁的一种表现形式。它是一种突然的、深刻的认识，能够让我们对问题有全新的理解，从而在思维和行为上实现质的飞跃。

> 认知能力和思想深度是决定一生高度的关键。
> 提升心智的管理就是提升人生的高度。

刀郎的感悟：一旦顿悟，你的人生将完全不同

刀郎在成名后接受采访时，谈到当年窘境潸然泪下：

2003 年，一家人，爸爸、妈妈、爱人和两个女儿，租住在一间 10 平方米不到的小屋里（爸爸、妈妈从四川来看我，也住在这里）。一间小屋子就两张床。

我一直觉得自己有追求、有理想，一定要做很牛的音乐，要像鲍勃·迪伦那样的，不愿意妥协。那天晚上，我吃完饭去酒吧打工，突然第一次意识到自己住的环境有多差，像个贫民窟似的。晚上的月光照下来，我突然有种醍醐灌顶的感觉，眼泪一下子就下来了。我问自己，在追求理想的同时，是不是自私了一点，有没有想过给自己的家人、父母、孩子哪怕一丁点的快乐？那一刻，我告诉自己不能再这样下去了。三个月后，我发了《西域情歌》，然后生活慢慢好了。

其实，那个时刻，刀郎顿悟到了自己追求理想的同时，要兼顾到家庭，要去爱家人，这并不矛盾。当他这么做时，他的音乐反而被大众接受了。

一位复旦大学 EMBA 学员 A，在企业里属于大将型人才，因和老板在考核分配上产生分歧，不仅影响到自己的心态，也严重影响到她和老板之间的信任。在课后，她发来了自己与老板的对话记录，交流了她顿悟后与老板的对话。

A：来复旦大学上课，可能是我这几年做得最正确的事。这些年我前进得太厉害了，忘记了您对我的支持和付出，也忽视了您的立场和难处。我错了，我愿意再回到以前，公司刚创立那个状态。这些天通过上课，想了很多，在我不断前进和争取的过程中，忽视了您的感受，这是我犯的最大的错误，请您原谅我。

老板：一下感觉我们差距更大啦。你的境界不能一下长得太快啊，我要赶不上啦。

A：回想这么多年，您对我的支持和包容，眼泪要掉下来了。我活得太自私，太没有同理心了，也太不理解您了。

老板：我坚持一个信念，未来是属于你们的，适应你们是我唯一的原则。遇到你这样的大才，也是我的福气，要珍惜好、服务好、支持好。

A：我会在分配上做一些调整的，我不能再这样对待您了。

老板：分配上不要提了，态度好点就可以啦，人老了心脏受不了啦。

A：不用，今年我们入股公司的分配打 8.5 折，明年 9 折，后年恢复。一定要这样，这是给我的教训，人做错事一定要付出代价，否则记不住。

后来我们追踪了解这个"退一步"的同学，反而最后得到了更多。

20世纪80年代乔布斯受挫离开苹果后，准备去日本寺庙修行。临行前和自己的禅修老师告别。老师得知他的去意后，连问了两个问题，正是这两个问题，使乔布斯顿悟。否则，日本寺庙多了一个修行者，而世界可能就少了一个"苹果"。

人的一生起起伏伏，顿悟如精神的重生，你有一次精神的重生，才能够应对下一次的挑战。

老师问：你内心最想做成的事是什么？

老师再问：修行只能在寺庙里吗？

"顿悟"可遇不可求，一旦顿悟，人生就进入了新的境界。对于一个组织来说，领导者的心智跃迁往往能为组织注入新的力量，焕发新的、旺盛的生命力。

2. 意识能量的层级

美国的大卫·霍金斯（David Hawkins）博士提出：

（1）人类拥有不同的能量级别，每个人都活在各自的能量级，也吸引着相应频率层级的事物。

（2）当你拥有高能量级别，你可以影响成千上万的人；当你拥有低能量级别，低能量的事和物，也会向你聚集。

（3）我们需要努力做的，是提升自己心力的层级，用高能量影响有影响力的人。

霍金斯博士及其团队在全球范围内进行了广泛的研究，通过百万次案例分析，得出了一个惊人的发现：当一个人的振动频率低于200时，他们更有可能遭受疾病的侵袭；而当频率超过200时，健康状态则显著改善。霍金斯将这一发现总结为意识能量层级图，见图14.1。

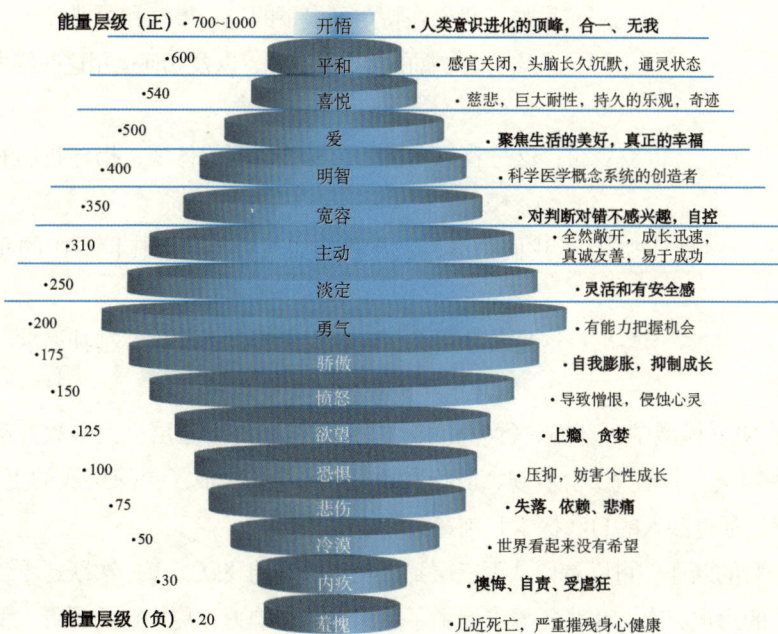

能量层级（正）·700~1000　开悟　·人类意识进化的顶峰，合一、无我

·600　平和　·感官关闭，头脑长久沉默，通灵状态

·540　喜悦　·慈悲，巨大耐性，持久的乐观，奇迹

·500　爱　·聚焦生活的美好，真正的幸福

·400　明智　·科学医学概念系统的创造者

·350　宽容　·对判断对错不感兴趣，自控

·310　主动　·全然敞开，成长迅速，真诚友善，易于成功

·250　淡定　·灵活和有安全感

·200　勇气　·有能力把握机会

·175　骄傲　·自我膨胀，抑制成长

·150　愤怒　·导致憎恨，侵蚀心灵

·125　欲望　·上瘾、贪婪

·100　恐惧　·压抑，妨害个性成长

·75　悲伤　·失落、依赖、悲痛

·50　冷漠　·世界看起来没有希望

·30　内疚　·懊悔、自责、受虐狂

能量层级（负）·20　羞愧　·几近死亡，严重摧残身心健康

图14.1 大卫·霍金斯意识能量层级图

这一发现不仅为我们理解意识与健康之间的关系提供了新的视角，也强调了提升个人意识能量层级的重要性。人类的差异，源于各自独特的能量层级。每个人都在特定的能量频率中生活，吸引着与之相匹配的人和事物。物以类聚，人以群分。大多数人的能量层级大约在 200，但有些人的能量层级可以高达 500，他们拥有强大的能量场，能够影响数以百万计的人。

每个人的能量都是可以提升的，通过改变自身的能量状态，我们可以转变自己的气场，吸引更多积极和有益的事物。

领导者要通过高能量吸引人、影响人、凝聚人、改变人。对于领导者而言，所处的位置越高，越需要精神的修炼。所谓内心一片净土，就是让精神修炼到一种高尚的境界。

3. 逻辑层次的模型

NLP（神经语言程序学，Neuro-Linguistic Programming）思维逻辑层次模型，又称为理解层次，是一种揭示大脑运作深层结构的实用工具。这一模型最早由格雷戈里·贝特森提出，1991 年由罗伯特·迪尔茨进一步整理和推广，形成了逻辑层次模型，见图 14.2。

该模型将大脑思考和处理问题的方式分为六个层次，从具体到抽象，依次为：

（1）环境层：这是我们与外部世界互动的直接层面，包括我们所处的物理和社会环境。

（2）行为层：反映了我们在特定环境下的行为模式和习惯。

（3）能力层：涉及我们掌握的技能和知识，以及如何运用这些能力来实现目标。

（4）信念/价值观层：这是我们内在信念和价值观的体现，指导我们的行为和决策。

（5）身份层：定义了我们是谁，以及我们如何看待自己在世界中的角色和地位。

（6）愿景/精神层：这是最高层次，代表我们的长远愿景、精神追求和生命的意义。

图 14.2 罗伯特·迪尔茨（Robert Dilts）的逻辑层次模型

在 NLP 模型中，环境、行为和能力构成了基础的下三层，大多数人都能触及这些层次。而信念/价值观、身份和愿景/精神则构成了更深层次的上三层，通常需要通过深入的自我探索和刻意练习才能达到。

心智的跃迁，可以看作从下三层到上三层的质的飞跃，每一次跃迁不仅提升了个人的意识层次，也为领导者提供了更深远的影响力和更广阔的视野，使他们能够在复杂多变的世界中，引领和激励他人，实现更高的目标。

我们不能仅仅在制造问题的层面去解决问题！
——爱因斯坦

探寻"上三层"的思维模式[1]

通常在实操中，我们往往更多地在思考下三层，而且往往是从最底层开始往上思考，即：

（1）我们具备什么条件，遇到什么障碍？

（2）在这样的环境里我们可以做什么或者已经做了什么？

（3）在做的这些事情里，我们构建起了什么能力？

但往往这样的思维模式会局限住我们的发展，特别是在外部环境愈发不确定的今天和未来，由下而上的思考方式让我们疲于应对又手足无措。

课后，我深刻体会到，顶级的人才应该构建从上至下的思维模式：

树立愿景、确定身份、确立价值观、构建能力、制定计划、改变环境。

二、心智跃迁是元动力

（一）我们的重要发现

1. AI 时代的领导力焦虑

近年来，人们对领导力的修炼越来越重视，关于领导力发展和培养的书籍也越来越多，但为什么领导力危机随处可见？为什么当今企业中弥漫着那么多不恰当的欲望和焦虑？

哈佛大学商学院教授诺姆·沃瑟曼针对一万家科技公司的研究表明，65% 的创业公司因团队内部问题而失败。他在《创业者的窘境》中指出，多数失败源于团队成员间的自相残杀和误伤。这些问题，归根结底，都指向了领导者的内在修炼——心智管理。

2. 呼唤价值理性的回归

近几十年来，领导力发展越来越趋向功能化。人们过分强调工具理性，忽视了价值理性中的深层动机。德国社会学家马克斯·韦伯最早提出了价值理性和工具理性的概念，他认为现代社会的发展，是一个工具理性压倒价值理性的过程。

工具理性强调效率和实用性，关注的是最"有效"的行为去实现目标。而价值理性则基于内在价值观、信仰和道德标准，强调行动的内在价值和意义，关注的是"正确"的行为。

在现代社会，科技、快速发展、全球化加速演进，工具理性得到了极大的发展。从表面看，工具理性促进社会生产力极大提高和发展。但从深层次探究，这也带来了环境破坏、社会不平等、道德退化等问题的出现。社会需要强调诚信、正义、公平等价值，以确保可持续发展。

从真正意义的"以人为本"的角度来看，过度的工具理性可能导致人性的异

---

[1] 复旦大学 EMBA 2022 级梁齐良。

化，忽视人的全面发展和人类福祉。强调价值理性有助于关注人的内在需求和社会层面的发展。

（二）心智跃迁是元动力

1. 领导行为受制于心智水平

心力，是心智水平的一种反映。它是人体内在运作的操作系统，是内心的力量，包含心智、使命、思维、价值观等方面，是一个人在面对困难和挑战时不放弃、坚持到底的内在动力和毅力，是领导者成功的关键因素。

有些领导者在事业的某个阶段会感到疲惫、失去动力，甚至产生放弃的念头，这往往就是心力不足的表现。心力不足会导致领导者在面对压力和挑战时退缩，无法坚持自己的愿景和目标；而心力强大的领导者，即使在逆境中也能保持清晰的头脑和坚定的决心，继续引领团队前进。

当投资人评估创业者时，除了考虑体力和脑力，还特别关注心力。因为心力是脑力和体力的稳定器，也是支持领导者从一个目标走到下一个"目标"的发动机。与不确定性对抗，需要创业者多坚持一点，再多坚持一点，在这个过程中，心力的"容量"就得以增加。

2. 心智跃迁是领导力的元动力

心智跃迁，作为领导力的元动力，是领导者内在发展的核心引擎。

元动力是事物发展的内在动力或根本原因，也称为第一动力。这种动力促使领导者在认知、情感和行为上实现质的飞跃，从而在领导实践中展现出更深层次的转变。

领导力的元动力，不仅关乎知识的积累和技能的提升，更关乎心智模式的升级。当领导者的心智得到升华，其内在的能量会被进一步打开、激活，会产生更多的活力和创造力，最终成为贡献社会、豁达宽广的卓越领导者。

> 领导者的心态决定了领导者的状态；领导者的状态决定了企业的生态；企业的生态又影响了领导者的心态。

第二节 | 领导力的心智跃迁

元动力是领导力心智跃迁的认知基础。领导力心智跃迁，指领导者通过追求"超我境界"，整体升级自己的心智模式，进而在组织内形成自我进化的机制。

一、"阳明心学"与知行合一

"阳明心学"，由明代思想家王阳明提出。"阳明心学"的精髓，可归纳为十一个字："心即是理""致良知""知行合一"。其表达的核心理念对领导力的心智跃迁具有深刻的启示意义。

（一）"心即是理"

在王阳明看来，天下一切大道理，只有经过我们的心，发自我们的心，依凭我们的心，才站得住。无法由人心来感受、来意会、来接受的"理"，都不是真正的理，不应该存在。因此，王阳明说，"心外无理""心即是理"。他所说的"心"，既是个人之心，也是众人之心。他认为有天下之心所捧持的理，才是天理。因此，心能容天道大道、万事万物，就能成为百理万事的出发点。

这一理念带来的启示是，真正的理性和智慧并非仅存在于外在的规则和逻辑中，而是根植于内心的直觉和洞察力。领导者的心智跃迁，首先要在价值理念上有所突破，要以"致良知"为目标，在认知、情感、意志等方面达到和谐统一。只有领导者树立了高远的理想，才能带领组织不断进化、突破自我。

（二）"致良知"

良知，是人的一种直觉的是非判断和由此产生的好恶之心。王阳明认为，良知是人与生俱来的道德意识。把"致良知"作为目标的君子，自觉地担负着把内心的良知扩充为"天下之大本"的责任。在这个问题上，王阳明概括了四句话：无善无恶心之体，有善有恶意之动。知善知恶是良知，为善去恶是格物。

王阳明认为，要进入有善有恶的人生，然后用良知来格物（规范事物），就必须让自己成为一个行动者。

良知是人的内在道德指南，是区分对错的内在声音。领导者通过"致良知"的实践，不断自我反省，识别并遵循内在的道德准则。这种自我觉醒和道德自律能够引导领导者在面对复杂决策时，坚守原则，做出符合道德和社会责任的选择。

（三）"知行合一"

"知是行之始，行是知之成"，"未有知而不能行者，知而不行只是未知"。

"知行合一"强调要将认知内化于心，外化于行。这一理念强调知识和行动的统一，认为真正的知识必须通过实践来体现和验证。

"只有实现的领导力才是真实的领导力。"领导力行为的提升与心智修炼是相辅相成、互为因果的，领导者只有将高尚的价值理念内化于心，并付诸行动，才能形成持久的领导力。这就要求领导者要身体力行，以身作则，言行合一。

二、正念领导力与重塑大脑

在复杂多变的当下，领导者的心力提升，需要重拾"禅"的智慧。禅的本质是修心，东方禅修中的"正念"思想与西方的领导力理论相结合，诞生了"正念领导力"。

传统领导力模型的效果令人失望，想要打破旧有的"命令-控制型"领导模式的桎梏，转向更讲求合作、更具有可持续性、更倡导教练风格的组织文化，必须有合格的领导者。我们需要高情商的领导者，他们能自我觉察、觉醒而有同情心，拥有正念。

——利兹·霍尔

（一）正念领导力的核心

1. 正念领导力的内涵

正念领导力的核心在于领导者通过正念的实践，提升自我觉察能力，激发高层潜意识思考，找到自己的使命，并认识、接纳和关爱自己，从而改善自我领导，以自然而然地施展出领导力的最佳状态。

2. 正念领导力的特征

相对于更强调行为的传统领导力，正念领导力更加关注领导者内心，关注领导者思维模式及其对自身和他人的影响。

正念领导力有四个特征。

（1）自我觉察与自省。

正念领导者具备强化自我觉察的能力，能够识别并突破自我悖论，即通过自省认识到自己的局限性并主动进行自我改进。

（2）高层潜意识思考。

通过正念练习，领导者能够实现思维状态的转变与升级，从而激活高层潜意识思考，使他们能够更深刻地洞察自己、他人和世界，促进创新性想法的产生。

（3）发现并追随个人使命。

正念领导者在练习中倾听内心，明确自己的使命。找到使命后，他们展现出持续的激情和专注，不受外界干扰，具有强大的抗挫能力和定力，能够坚定地执行自己的目标。

（4）自我认知与自爱。

正念领导者通过自我认知、接纳和自爱来改善自我领导。这种自我理解和自我接纳使他们能够更好地管理自己的潜意识思考，并最终明白"我是谁"。从而能够更全面深刻地理解人性，更有效地影响和激励他人。

（二）正念的积极作用

1. 对领导者的积极作用

正念可以帮助人们减轻焦虑，于平静中去触及"心法"。研究发现，正念对领导者有众多积极作用，如：

（1）内心平静：正念帮助领导者在压力和挑战面前保持冷静和清晰的头脑。

（2）自我认知：通过内观，领导者对自己的优势和局限有更深刻的理解。

（3）**专注力**：正念修炼增强了领导者的专注力，使其能够更有效地处理复杂问题。

（4）**创造力**：在平静和专注的状态下，领导者的思维更加开放，激发创新思维。

（5）**洞察力**：正念使领导者对组织内外的变化有更敏锐的感知能力。

（6）**身心健康**：长期实践正念有助于领导者保持良好的身心状态。

（7）**正能量**：正念修炼提升了领导者的正能量，增强了幸福感和满足感。

（8）**人际关系**：正念使领导者在人际交往中更加理解和仁慈，改善了人际关系。

（9）**工作绩效**：正念修炼有助于提升领导者的工作绩效和团队的整体表现。

2. 正念可以重塑大脑

科学研究发现，正念修炼对大脑结构和功能有积极影响。例如，冥想训练可以增加大脑左上顶叶皮层和后扣带皮质的厚度，这些区域与注意力调节和积极情绪产生有关。此外，正念修炼还能够改善脑电波，促进神经元连接的重塑，实现大脑功能的优化。

　　一篇发表于 *Nature* 子刊的论文提道，研究人员招募了 14 名非冥想的大学生，参加为期 40 天的冥想训练课程，并记录了他们的功能磁共振脑图。结果发现，冥想训练后这些大学生大脑的左上顶叶皮层和后扣带皮质变厚了。左侧顶叶在以往的研究中通常被认为是调节注意力和积极情绪的重要区域。这块区域的变厚无疑让人有能力产生更多的积极情绪，同时，这项研究还对大学生进行抑郁和焦虑量表的测量，结果显示，大学生们的抑郁和焦虑水平也在下降。

3. 知名公司的实践

在快速变化的商业环境中，正念领导力不仅被用于个人修炼，也被广泛应用于组织文化和领导力发展中。

乔布斯、乔丹以及福特汽车现任掌门人比尔·福特、脸书创始人马克·扎克伯格等企业家都是正念的坚定实践者。以谷歌为代表的硅谷和通用磨坊、孟山都、麦肯锡等其他众多全球知名公司，也把正念训练作为提升领导力、专注力、创造力和员工身心健康的常规做法。

如对正念冥想有兴趣，可查看文本（见二维码 14.1）和音频工具（见二维码 14.2）[1]。

14.1：如何进行正念冥想

14.2：正念冥想练习

谷歌的"正念"实践

2007 年，谷歌推出了名为"探索内在的自己"（Search Inside Yourself，

---

[1] 音频由复旦大学 EMBA（台大班）2017 级王知波录制。

SIY）的正念培训课程。这门课程由谷歌工程师 Chade-Meng Tan 发起，联合斯坦福大学的神经学家和元老级情商大师共同研发，旨在通过正念练习提高员工的身心健康和工作效率。

SIY 课程包括三个部分：注意力训练、自我认知和自我控制以及精神习惯培养。课程为期 7 周，每年开设 4 次。SIY 课程在谷歌内部大受欢迎，学员评价极高，课程一直处于供不应求的状态。

三、提升"超我境界"

（一）"超我境界"的含义

超我境界有两层含义。

（1）第一层含义是：要有超越自我的价值观。

作为领导者，要突破自身认知和思维的局限，将利他放在最重要的位置，刻意利他，实现自我认知模式的升级，这是心智跃迁的基础。

（2）第二层含义是：要不断自我挑战、自我超越。

要求领导者要时刻保持自我反思的习惯，客观审视自己的优缺点，找出不足，给自己设定更高的目标，突破自我、超越自我、追求卓越。

（二）"超我境界"的体现

1."本我"与"超我"领导者

弗洛伊德的人格结构理论提供了理解个体心智和自我意识的框架。本我、超我与自我，这三个概念描绘了个体内心世界的复杂性。

本我代表个体深层的冲动和欲望，超我代表个体内化的道德规范和社会标准，而自我则是个体意识的中心平衡点。

（1）本我境界的领导者。

本我境界的领导者，固守于人格结构的底层，以自我为中心，追求个人利益的最大化。他们首先满足自我需求，对员工和社会的考虑较少。他们追求名誉和权力，注重短期利益，拒绝授权，使用职权指挥而非同理心倾听。

（2）超我境界的领导者。

超我境界的领导者，站在人格结构的顶峰，他们将社会的道德规范和伦理标准内化于心。他们以利他为核心，不以个人利益为最终目标，而是致力于成就他人，考虑员工、社会乃至全人类的福祉。

2.利他心态的更好体现

超我境界的领导者，将利他心态发挥到极致。他们认识到，利他不仅是对他人的慷慨，更是自我实现的途径。稻盛和夫说"利他是最高境界的利己"，这种利他哲学，如同一条红线，贯穿了他的生活、工作和经营，体现了他对各种问题的深刻理解和解答。

吉姆·柯林斯通过研究西点军校的文化，提出了以利他为核心的西点模型（见图 14.3）。

在这个模型中，成长和成功是基础，而服务则是顶端。他用这个模型阐释了通过帮助他人成功来实现自身成功的理念，他强调：如果要构建一个目标，让人愿意受苦、去服务、去牺牲，其中的文化势必是互相帮助。

3. 挑战自我的更好发挥

一个人最大的超越不是超越对手，而是超越自己。每一天的太阳都是新的，卓越的领导者都会要求自己：日拱一卒，每一天的自己都是新的。

图 14.3
体现利他的西点模型

第三节｜领导力心智跃迁的底层逻辑

领导力心智跃迁的目标是提升"超我境界"，其底层逻辑为：

超我境界 = 自我觉醒 + 知行合一

一、自我觉醒

人不是自然成熟的。人生往往需要转折点，需要一次或数次的顿悟，来激发我们的潜力，引领我们走向进步的人生道路。这就是自我觉醒。

（一）自我觉醒的意义

1. 自我觉醒的内涵

自我觉醒是指一个人能够清晰地认识和了解自己的内在需求、价值观、人生目标等，从而找到人生的意义和方向。

自我觉醒的领导者不仅意识到自己的内在状态，而且能够认识到自己在更广阔的社会和宇宙中的位置和角色。这种觉醒使他们能够超越日常的自我中心视角，以更加开阔和深远的洞察力来指导自己的行为和决策。

自我觉醒是一个循序渐进、螺旋上升的过程。人的一生会不断经历觉醒—迷失—再觉醒的过程。每一次觉醒，都是心智的升级，让人更加接近真我，活出生命的意义。

> 每个人的生命，都有两次诞生：第一次是肉体的诞生，开始在人世间活着；第二次是灵魂的觉醒，开始在人世间生活。

包季鸣：我生命中的两次"诞生"

1969 年 8 月 17 日的那个夏夜，时年 17 周岁的我灵魂被唤醒，精神生命开始到人间，开始生活。8 月 17 日那天我看到一本书，书中的一段话使我突然之间就顿悟了。这本书是美国哲学家马尔腾写的《励志哲学》，这本小册子我始终带在身边，陪着我走过很多国家。

这本书的第一篇是《唤起你的酣睡》，他说志气这种东西不是天生的，而是被推而后起，被唤而后醒的隐藏东西。他认为：人的一生，可以是一个宏伟的胜利，也可以仅仅是一个微不足道的生存，根本的原因，在于是否进入一个足以振奋自己的环境。所以，他认为人要不顾一切，走进一个最能振奋自己的环境。

2. 自我觉醒的三个层面

微软的萨提亚·纳德拉、亚马逊的杰夫·贝佐斯、阿里巴巴的马云等著名企业家，共同的观点是：领导者的第一职责是布道者，通过启发和激励，促进他人的觉醒。

作为企业领导者，理解员工和利益相关者追求人生和职业幸福的过程至关重要。这一过程涉及三个层面的觉醒：见自己、见天地、见众生。

（1）见自己：强调的是自我认知，它鼓励我们看透生活表象，坦诚面对自己的缺点和长处。只有接纳真实的自我，我们才能拥有真正的自由。

（2）见天地：要求我们跳出个人的小我，探究自然界或社会世界运作的基本规律，从而达到更高层次的智慧和理解。

（3）见众生：是自我觉醒终极目标的体现，即我们需要将个人的成长和认知转化为对他人的贡献，扩展到更广泛的社会和众生。

（二）自我觉醒的基础是自我觉察

自我觉察是指个体能够识别并理解自身的感受、状态和期望。它通常通过反思个人的经历，尤其是那些引发冲突和挑战的事件，来了解自己的感受，揭示背后的信念和价值观，进而进一步自我认知。

AI 背景下，领导者的自我觉察体现在两个方面。

1. 走大道、走正道

变革时期，世界有时看起来也会"奖励"那些走邪路的，但我们必须坚信：归根结底世界是要求走正路的。走旁门左道，钱有时可能来得很快，但这是"刀尖上舔血"。领导者必须要想清楚，要想透，做事情就是做人，事情做错了可以从头再来，人做坏了就难以东山再起。

真正成功快乐的人都是如此，简单、正直、没有私心与坚忍不拔。

到了四十岁，我才明白，其实郭靖、阿甘和巴菲特都是同一类的人。他们在年轻的时候就塑造了非常优秀的人的品质，那就是简单、正直、没有私心与坚忍不拔。他们的成功，绝不是聪明机巧，比其他人更快、更高、更强的结果，相反，是比他人更简单、更质朴、更坚韧的结果。

坚持走正路、走大道，一定可以吸引同样价值观的人。一个人能走多远，很多时候取决于跟谁一起走。给自己找导师，找高人指路，需要诚意正心，需要谦逊，需要不断修炼成为更好的自己。

无论是个人还是企业，到最后追求的都是内心的和谐与社会的和谐。个人要与自己与他人为善，成自己、成他人之美。而企业，要在社会分工中找到自身的价值，并能与社会为善，成社会之美。

2. 与高手碰撞

如设计师山本耀司所言："自己"这个东西是看不见的，撞上一些别的什么，反弹回来，才会了解"自己"。这意味着领导者要通过与外界强有力、令人敬畏或高水准的人相碰撞，才能真正理解自己的本质。翻开世界历史，真正厉害的人物都有其师承渊源。向高手学习，"拿来主义"+"修正主义"，能让我们少走弯路，从而站在前人基础上完成自己的创新突破。

（三）自我觉醒的结果是认知突破

自我觉醒的过程最终带来认知的突破，即个体对自己和外部世界的理解达到一个新的层次。领导者能够超越旧的思维模式和信念体系，以新的视角看待问题和挑战。

在个人发展领域，"领导力觉察日记"工具，能够帮助领导者记录和分析关键事件，从而提升自我觉察能力，增强领导力（见二维码 14.3）。

14.3：领导力觉察日记

🔧 工具箱

领导力觉察日记

1. 事实：写下冲突的事实。
2. 感受：写下事实中你的感受。
3. 意图：带来这样的感受，是因为什么样的意图没有被满足？
4. 价值观：你为什么会有这样的意图？
5. 反思：如果回到事实，围绕你的意图，你的反思是什么？
6. 行动：所以，你的决定是什么？

人与人的差别，就是认知的差别。领导者可能每天都会遇到挑战和问题，认知如果不突破，即使在偶然中获利，也会在必然中被收回。

二、知行合一

人的外在行为是受内在意识支配，由衷向善（"知"）的人，才有外在自发的善行。知行合一的新内涵，体现在辩证处理好行为提升和心智修炼的关系，我们称为打通"任督二脉"。

（一）领导力的行为逻辑（任脉）

1.领导力行为的内在逻辑

领导行为理论是领导科学的基石。任何一个普普通通的人，只要厘清行为逻辑，养成确立方向、共启愿景、生态组织、创新发展和激励人心这五种习惯行为，成为卓越领导者将是大概率事件，形成的卓越领导力将是真实可信的。

本书提出的五个领导力行为就体现了这种行为逻辑。

（1）领导力决策行为：为组织发展确定新目标；

（2）领导力沟通行为：为组织找到正确的人共同去实现新目标；

（3）领导力生态行为：为组织实现新目标选择最佳的发展路径；

（4）领导力创新行为：通过创新使发展路径真正成为最佳；

（5）领导力保障行为：激励组织成员拥有共同实现新目标的强大自驱力。

2.落实五种卓越行为的十项承诺

领导者在以上五个领导力行为的修炼中，还需要注重行为承诺，使之真正落实，如表14.1所示。

表14.1　落实五种卓越行为的十项承诺

五种习惯行为	十项承诺
确立方向	1. 明确自己的价值观，提升前瞻力 2. 选准赛道，适度战略调整，不断自我适应
共启愿景	3. 生动描绘共同愿景，提升共识力 4. 感召利益相关者，不断自我学习，为共同愿景而奋斗
生态组织	5. 用平台方式整合资源，用生态方式发展企业，提升平台力 6. 用网络协同、数据赋能、共赢共生方式，提升自我组织能力，发展生态组织
创新发展	7. 通过提升创新格局获取创新方法，来寻找改进的机会，提升创新力 8. 进行尝试和冒险，不断取得小小的成功，从实践中优化自我创新机制
激励人心	9. 通过高效机制的建设，提升保障力 10. 通过与时俱进的组织变革，内在驱动的人才发展，灵活适应的激励体系，不断自我优化

以下是具有强烈"自我改变"意愿者的特征，实践中可作为一种参照和自我提醒。

（1）是否能够听得进不同的意见？

（2）是否愿意直面改变？

（3）是否勇于和能够示弱？

（4）是否保持好奇心和同理心？

（5）是否允许犯错和容忍出错？

（6）是否有敬畏心？

（二）领导力的心智技能（督脉）

1. 心智技能是一种心智活动方式

领导力的心智技能，由领导者的认知能力和精神能量共同构成。

认知能力是个体对事物的认识、理解和判断的能力。认知能力的高低，决定了一个人看问题的视角、思考问题的深度。提升认知能力，需要我们不断学习，拓宽视野，突破思维定势。

精神能量，包括个人的意志力、进取心、同理心等内在驱动力。拥有强大的精神能量，需要修炼内心，增强心力，才能在逆境中保持乐观向上，在成功时不骄不躁。

提升心智技能不仅是领导力修炼的目的，也是通过修炼实现领导力的重要手段。企业的经营，在很大程度上取决于企业高层管理者所信奉的哲学和理念。这种见识，特别表现在一些重要时刻，领导者对大势的理解与把握上。这种理解和把握，就需要依靠领导者的心智技能。

2. 心智技能也有时代特征

心智技能具有时代特征，这是因为心智技能的培养和发展与社会进步、科技发展以及教育需求紧密相关。AI 时代，在人工智能与人类智能的互动背景下，心智技能体现为共生型。对个体的认知能力、创新能力和适应能力提出了更高的要求，因此，心智技能的重要性更加凸显。

3. AI 时代心智技能的"三心"

AI 时代心智技能与领导者的"三心"紧密相关。

（1）平常心。

经济是有周期的，有时候会发展得快一些，有时则要调整一下，这也是常识。经济不可能永远沿着 45 度线一直向上，因而拥有一颗平常心很重要。

当下的社会，弥漫着很多焦虑和悲观情绪。要解决这种心态，理性乐观很重要。要乐观，但不能盲目乐观。喊着盲目乐观的口号，但内心还是会处于悲观状态。我们应该以平常之心，理性乐观，务实达观。达观，就是看得开一点，不妨面对现实，务实行动。

（2）进取心。

进取，就是做事要有积极正面且不断上进的心态，尤其是当我们遇到一些困难时，更要多看光明、多看成绩，鼓舞士气。不确定背景下的进取心，需要领导者增强韧性。增强韧性，可以从树立正确的"困难观"入手。

> 人类的全部智慧，都集中在两个词里面，那就是："等待和希望。"
> ——大仲马
> 《基督山伯爵》

🔧 工具箱

树立正确的"困难观"

第一，困难是客观的，大家都会遇到困难。不是只有你有，他没有。困难是客观的，不可怕。

第二，最困难的时候你得挨得住，你得坚持，不能当逃兵，这个困难其实很快就过去了。困难是黎明前的黑暗，最黑暗的时候，也说明天很快就亮了。要辩证地看。

第三，解决困难，要靠我们的努力，绝对不能躺平。在最困难的时候，是最考验人、最锻炼人、最促使人成长的时候，也是企业进步最快的时候。

（3）同理心。

在社会越来越多元化的情况下，要不断加深对社会各个层面的理解。我们应该进行系统的、辩证的思考，珍惜我们来之不易的奋斗成果，多提有意义的、有建设性的建议和意见，也要注重发声的整体效果。同时做到己所不欲，勿施于人，互相尊重，达己达人。

（三）行为逻辑与心智技能的融合

1. 人生成就 = 心灵品质 × 能力

人生成就等于心灵品质 × 能力，提高心灵品质是实现领导者梦想的唯一路径。人生真正的成就，是依道而行达成目标，同时拥有圆满觉悟的人生。

（1）心灵品质。

心灵品质指的是一个人的价值观、人生态度、精神境界等内在品质。它决定了一个人的方向和动力。

心灵品质决定事业的厚度。

对领导者而言，人生重大的战略是提升自己的心灵品质，开发心灵宝藏，提升自己的格局和境界，进而提升至仁爱、智慧、胸怀和能量的层面，这也是企业最重大的战略。

过去，太多人执着于"事"上努力，总是想着投资更多的项目，增加更多的营销，外聘更多知名企业的高管……而忽视领导者自身心灵品质的提升。事实已证明，这样的努力在当下背景，作用甚微且不可持续。

价值理性回归的当下，必须强调"厚德载物、自强不息"。"德"就是心灵品质，"物"就是我们的事业，德有多厚，事业就有多厚。德不配位，必有灾殃。

人生最大的价值是成就他人的心灵品质。

成大事者，逐利之心和济世情怀并存。作为领导者，我们完全可以让自己的产品和服务承载心灵品质所体现的"仁爱、智慧、胸怀和能量"。当我们这么做时，我们和客户的关系就会变得更加深厚而且持久，我们也能够和客户建立紧密的链接，形成真正意义的命运共同体，从而拥有更广阔的发展空间。

（2）能力。

光谈心灵品质，不谈能力，也不行。领导者要做现实的理想主义者。理想主义者拥有情怀，而组织需要依靠现实的行动来解决问题。解决问题，就需要能力。

> 📝 人生的重大秘密就是圣人之道，吾心自足。每个人心中，都有万亩良田待你开垦，都有无尽宝藏待你挖掘。

能力，指一个人的知识、经验、技能等外在本领。它决定了一个人实现目标的效率和水平。

人生成就等于心灵品质和能力相乘，意味着二者缺一不可，且相互促进。崇高的理想为能力的提升指明方向，过硬的本领让美好的愿景加速实现。唯有二者兼备，才能成就不凡。反之，如果心灵品质和能力有一项为零，那人生成就也只能是零。

2. 打通"任督二脉"

（1）领导力水平 = 行为技能 × 心智技能。

在本书的领导力框架中，心灵品质就是领导者的心智技能，体现为心智跃迁；能力，就是领导者的行为技能，体现为：决策行为、沟通行为、生态行为、创新行为、保障行为。

行为技能是任脉，心智技能是督脉。打通"任督二脉"，就是要将外在的领导行为与内在的心智技能有机结合。唯有将二者打通，才能真正地达到知行合一，成就卓越领导力。

（2）内外兼修、超越自我。

领导者必须以最佳表现者的状态进行思考和行动。维持这样的高水平表现，要求深思熟虑地、系统地训练最佳表现的心智技能。领导者需要认识到成长和发展是一个持续的过程，要有学习和改变的意愿。如果总是做已经做过的事，得到的也将总是已经得到过的结果。

一个人生发展的重要指引就是：既要重视内在修为，淬炼心智、升华境界；又要注重外在能力，学习知识、磨炼技能。内外兼修，才能不断超越自我，创造更大的成就。

三、超我境界

从自我觉醒到知行合一再到超我境界，是一个不断学习、不断成长的过程。

（一）超我境界的最新研究

1. 亚当·格兰特的研究

传统的观点认为，成功者有三个共同特征：自我驱动的动机、不断学习的能力和对机遇的把握能力。这就是人们常说的：如果想要成功，一靠努力、二靠才华、三靠运气。

亚当·格兰特[1] 通过 10 年时间，专注于研究成功者的成功原因。研究范围从谷歌公司到美国空军基地的各种组织，在全球不同国家和地区采集了大量数据和案例。通过研究得出新的结论：成功者还具备第四个特征——在人际交往中，

---

[1] 亚当·格兰特，美国管理学教授，组织行为学博士。

具有"付出者"的特征。

"付出者"与"获取者"

格兰特的研究结果表明，"付出"与"获得"的权衡对成功者有着超乎想象的影响。我们在工作中与他人打交道时，都要做出选择：究竟是尽可能多地占有每一份利益，还是专注于贡献价值，不计回报？

问题来了，哪一类人在成功的阶梯上会垫底？获取者？付出者？还是互利者？答案是付出者，研究结果表明，付出者在成功的阶梯上处于垫底的位置。在各种重要的职业中，付出者处于劣势地位，他们帮助别人发展得更好，但在这个过程中牺牲了自己成功的可能性。这种情况无论是在蓝领为主的工程类岗位，还是在医学领域，都得到了验证。那么，谁位于职业成功阶梯的顶端呢？是获取者还是互利者？都不是。

亚当·格兰特的研究得出了令人惊讶的结果：位于成功阶梯顶端的还是付出者。格兰特用大量数据和篇幅证明了上至国家总统，下到企业的管理者，真正成功的人中，付出者占多数。

另一项对获取者与付出者价值观的调查发现（见表 14.2），在全部 70 多个国家和地区中，大多数人都对"付出者的价值观"给予更高程度的认可。而且，这种价值观相对稳定，成为辨别是非及人际交往约定俗成的标准。

表 14.2　获取者和付出者的价值观

获取者的价值观	付出者的价值观
财富：金钱、物质财富 权力：支配力、控制他人的能力 胜利：比别人做得更好	帮助他人：为了他人的福祉而努力 责任感：为人可靠 社会公正：关注弱势群体 同情：回应有需要的人

2. 互利者的缺陷

很多人经常强调，现在是市场经济社会，要讲究互利互惠的交换。这种互利者的心态和为人原则表现为：你帮我挠背，我也会帮你挠背。如果你帮了我，我就欠了你的，必须报答。互利者无可非议。但却有两个缺陷：

（1）难以建立广泛的关系。

那些接受互利者帮助的人，往往会惴惴不安，总感觉自己被利用了。

（2）互利者与他人建立信任的难度高于付出者。

付出者通常会帮助那些以前帮助过自己的人，也会帮助那些从没有帮助过自己的人。而互利者通常是口渴才挖井，人脉关系越来越狭窄。这些缺陷都反映出，互利者的短视影响与他人的真诚合作，这样的人中很难出现"独角兽"规

> 一个人想要成长得快，发展得好，一不要伤害别人，二要学会刻意利他。low 者互撕，强者互持，做彼此的成长杠杆，才能共生共赢。

模公司的领导者。"如果你以慷慨为原则进行人际交往，你获得的回报将同样慷慨！"这句话便是对"善有善报"的诠释。

一位 EMBA 学员[1] 以"超我境界"为指引，领导企业进行文化刷新、新目标制定、组织保障打造以及个人领导力提升等来推进企业出海战略（见二维码 14.4）。

14.4："超我境界"助企业出海

（二）四种不同类型的领导者

1. 两种不同追求的价值观

成就自我是一种以自我为中心的价值取向，追求个人利益的最大化。

超越自我是一种利他的价值取向，追求个人利益与他人利益的平衡，强调对他人和社会的责任感。

在两种不同追求的价值观的驱动下，领导的目的 / 功能，以及重要的人生目标呈现不同的结果，如表 14.3 所示。

表 14.3　两种价值观领导的对比

领导类型	心态	领导的目的 / 功能	重要的人生目标
成就自我价值观偏高的领导者	自信、自豪、满足	提供最好的产品 / 服务	追求成功、幸福
		发展最好的才能	照顾家庭、光宗耀祖
超越自我价值观偏高的领导者	谦逊、开放、不断探索	对社会、企业和员工负责	正直、社会公正
		平衡员工成功与企业成功的关系	照顾他人，回报社会

2. 两种不同风格的领导行为

不同风格的领导行为和不同价值观，构成不同类型的领导者。以变革型领导和交易型领导为例。

变革型领导和交易型领导的概念由詹姆斯·伯恩斯（James Burns）在 1978年提出。他认为：领导是一个连续体，一端是变革型领导，另一端则是交易型领导。

交易型领导强调通过奖励与下属工作成果进行交换，这是一种短期的交换结果，强调下属与领导者之间的关系是一种互惠的价值交换。在这个风格下，领导者通过升职加薪作为条件，换取下属对工作的投入。

变革型领导强调为了追求更高的组织目标，领导者及其下属转换原有的价值观念、人际关系、组织文化与行为模式，凭借更高的士气和团队在一起，超越个人利益的过程。这个过程展现了变革型领导的四个要素：魅力影响、动机激励、智力激发、个别关怀。

---

[1]　复旦大学 EMBA 2023 级凌骁。

两种领导风格特点的对比如表 14.4 所示。

表 14.4　变革型领导与交易型领导风格特点对比

特点 / 领导风格	变革型领导	交易型领导
目标导向	高目标、长远愿景	短期目标、任务完成
激励方式	内在激励、追求成长和发展	外在激励、奖励和惩罚
关注点	追随者个人成长与发展	规则、程序和效率
管理方式	个性化管理、关注个体差异	标准化管理、强调一致性
影响力来源	理想化影响、赢得尊敬和信任	权威和职位权力
团队协作	强调团队协作和整体利益	强调任务分配和个人责任
变革与创新	鼓励创新和变革	维护现状和遵循传统
领导者与追随者关系	领导者作为导师和启发者	领导者作为监督者和管理者
组织氛围	创造积极、开放和创新的组织氛围	维持有序、稳定和可预测的组织氛围

3. 四种不同类型的领导者

两种不同追求的价值观与两种不同风格的领导行为组合，构成四种不同类型的领导者，如表 14.5 所示。

表 14.5　四种不同类型的领导者

领导风格 / 行为	价值观追求	
	成就自我	超越自我
变革型领导行为	虚伪变革型领导	真实变革型领导
交易型领导行为	功利型领导	成熟型领导

不同类型的领导对员工的积极影响是不同的。多项实证研究发现，真实变革型领导对员工态度、行为以及绩效具有显著的正向影响。而功利型领导影响力比较弱。

（1）虚伪变革型领导者。

价值观偏向于成就自我，追求个人利益最大化。因此即使他努力展现出变革型领导行为，比如展望愿景、沟通使命，对提升下属士气和信任的作用也很有限，有时甚至会因为"言行不一"而产生副作用。

（2）真实变革型领导者。

价值观偏向于超越自我，追求个人利益与他人利益的平衡。行为上展现变革型领导风格，并且言行一致，以身作则。即使他展现出不利于下属组织承诺和信任的交易型领导行为，如强调任务、独裁决策，也依然能够获得下属的理解和认可。

（3）功利型领导者。

价值观偏向于成就自我，追求个人利益最大化。行为上更多展现交易型领导，注重任务完成和绩效考核，缺乏变革和创新。这类领导者对下属的影响力比较弱，员工更多是被动接受领导。

（4）成熟型领导者。

成熟型领导者价值观偏向于超越自我，行为上偏向于交易型领导。这类领导者存在于特定的组织内，短期内可形成稳定的局面，长期来看这类领导者易导致组织成员的认知失调。

（三）超我境界的经典模型

超我境界的经典模型——巅峰绩效模型，见图14.4所示。

图14.4　巅峰绩效模型

巅峰绩效模型包括五个关键步骤：目标设定、适应性思维、压力和能量管理、注意力控制及想象力。

1. 目标设定，行动的使命

这一步的核心是关注最终的胜利。世界上最重要的事情不是我们身处哪里，而是我们要去哪里。以一位企业领导者为例，如果他设定的目标结果是"成为激励人心的领导者"。为了实现这个总目标，他必须设定一些非常具体的表现目标。并挑选最重要的、那些能直接促进他实现结果的绩效目标。因为，"如果每件事都很重要，那么所有的事都不重要"。

⚙ **工具箱**

我的领导力修炼目标

10年以后，我希望成为一个怎样的领导？

10 年目标，可分几个阶段，每一阶段的具体目标是什么？

第一阶段的第一年、第一季、第一周做什么？

为实现 10 年目标，现在的目标是什么？

2. 适应性思维，提升自信

自信是成功的一项关键决定因素。在和企业领导者的交往中，我们发现自信非常重要。自信来自内心，我们可以通过持续的适应性思维训练来提升自信。适应性思维通过明确自身优势、减少无效尝试、提升自我认同、减少外界压力等方式，帮助我们找到最适合的路径，从而激发积极心态，有效提升自信心。

3. 压力和能量管理，在压力下奋斗

把压力和能量放在一起，是因为它们隐藏的生理机制都是兴奋。高水平的压力等于高水平的兴奋。当一切进展顺利时，任何人都能有良好的表现。但是，当事情没有按照计划进行时，会发生什么呢？解决方案，就在于以一种更系统和完整的方法，提供必要的工具，使你在压力下不仅能够生存，而且能够发展。这必须结合我们对思想和情感的控制，学习放松技术。正念领导力中冥想技术，就是非常好的方法。

一个人能够取得多大成就，取决于他遇到多大的困难；一个人遇到的困难越大，成就往往越大。尼采说："那些杀不死我的东西，只会让我变得更强大。"问问那些你钦佩的人会发现，他们的运气时常出现在远离主要目标的弯道上。对任何人来说，生活都不是一条直线，要接受走弯路。

> 竖在面前的跨栏越高，你跳得也就越高。
> ——跨栏定律

4. 注意力控制，在干扰下集中注意力

当今，最缺乏的资源不是创意或者人才，而是注意力本身。现代社会对我们注意力的需要，无论在范围还是强度上，都是前所未有的。我们周围的环境包含丰富的刺激因素，都在争夺我们的注意力，传统的学习专注的方法似乎变得无效了。在这种情况下，如果能够经常思考三个问题，对我们集中注意力很有帮助，这三个问题是：

（1）我现在处于什么位置？

（2）我应该处于什么位置？

（3）我打算什么时候、向哪里转移？

一个领导者应该将 80% 的精力放在 20% 的事情上，这 20% 的事情能给你带来 80% 的效益。复杂问题容易让人精力分散，而对全面性的追求很多时候只会导致劳民伤财。你所需要的，是清晰的简单性和少数几个能够带动所有人前进的元素，以及通过几个核心的基本行为产生积极正面的情绪，把企业员工团结到一个共同的、清晰的文化氛围中来。

5.想象力，想到就能做到

想象力有助于建立更多的信心，激发更多的能量、注意力和成就感，从而促进绩效潜能最大化地发挥。高质量的想象力的特征，是生理和心智高度一致，且警觉性和注意力处于最佳水平。想象力的效果，来自在事件发生前，在脑中"经历"成功的表现而获得的信心。对这种经历通常的描述是"我以前曾经经历过"。

自我觉醒是起点，领导者需深入内心，审视自我，发现自己的人生使命。知行合一则是将认知转化为行动的桥梁，确保思想与实践相统一，以实现理念的具体化。而超我境界则是领导者追求的终极目标，超越个人利益，实现更高层次的价值与愿景。

> 一个人希望自己成为什么样的人，就有可能成为什么样的人。
> ——高尔基

第十五章

领导力心智跃迁的操作

第一节 | 领导力心智跃迁的操作思路

一、操作思路的核心

（一）聚焦认知进化

在知识迅速迭代和科技迅猛发展的今天，领导者必须踏上一条与时俱进的认知进化之路。这一过程要求领导者以"自我觉醒、知行合一、超我境界"为核心逻辑，不断打破思维的桎梏，提升心智的层次，并借助科技的力量，实现认知能力的飞跃。当领导者的认知水平跃升，他将能够更加立体、全面、透彻地看待问题。这种深度的认知赋予领导者个人强大的意志力，使得自律性得到提升，目标的达成变得更加容易，也因此更容易掌握自己人生的主动权，实现更大的领导效能。

（二）循序渐进突破

在聚焦认知进化的基础上，需要循序渐进的突破。具体表现为以下三个方面。

1. 从知道到得道的过程

领导力的心智跃迁，可通过能量层级和逻辑层次两个途径实现。能量层级的跃迁是精神的升华，需要我们提升心力的层级，用高能量影响他人。逻辑层次的跃迁是认知的突破，需要我们打破思维定势，从基础出发重构基石假设，洞见更高的系统。无论是哪种途径，提升都不是一蹴而就的，突破也总是循序渐进的。我们将这个过程描述为从知道到得道，包括知道→问道→同道→致道→悟道→得道。

（1）知道：没有正确的假设，就没有正确的方向。领导者需要重新审视那些根深蒂固的假设，通过不懈地学习和实践，更真实地了解事物的本来面目。

（2）问道：在了解事物真相的基础上，保持好奇心和求知欲，进一步探索事物的本质和规律。

（3）同道：在探索的旅程中，我们会发现志同道合的伙伴。因共同的理想、信念和价值观走到一起，彼此激励、互相成就。

（4）致道：这是将认知转化为行动的最高境界。将认知内化为自己的修为，并指导实践，造福他人。

（5）悟道：悟道是智慧的升华。悟道有顿悟和渐悟之分，顿悟如六祖慧能，一念之间豁然开朗，明心见性。渐悟如神秀，须经过长期修行，积累功德，方能悟道。

（6）得道：得道是修行的巅峰。意味着对宇宙人生真理的彻悟，从而达到身心的绝对自由。得道者如庄子，超然物外，逍遥自在。又如佛祖，断除烦恼，证得涅槃。得道，是生命大自在的体现。一大批中国优秀企业家，如任正非、曹德旺等，都可以称得上是"得道"者。

2."知所先后"的循环

在认知进化的过程中，要遵循一定的基本规律。对领导者来说，看问题的基本出发点很重要，再看先做什么，后做什么。每一步都要抓住关键，打好基础，掌握节奏为下一步做好铺垫。

3."小步快跑"的渐进

循序渐进，是学习的重要规律；小步快跑，是时代的紧迫要求。"循序渐进，小步快跑"，才能形成"知行合一"的良性循环。

经常听到学员说，我的想法很好，但却得不到老板或下属的支持。这个问题的背后又是一种悖论：得不到支持的想法为什么是好想法？因为一次性要突破的东西太多，没有遵循循序渐进的原则。

例如，空降高管满腔热情进入新的组织，总想大刀阔斧、大展身手，以证明自己的价值。事实已能证明，这种动机和行为增加了"空降失败率"。

> 人们关心的不是你想做什么，而是你做成了什么！

二、领导力心智跃迁的流程图

领导力心智跃迁的操作流程见图 15.1。

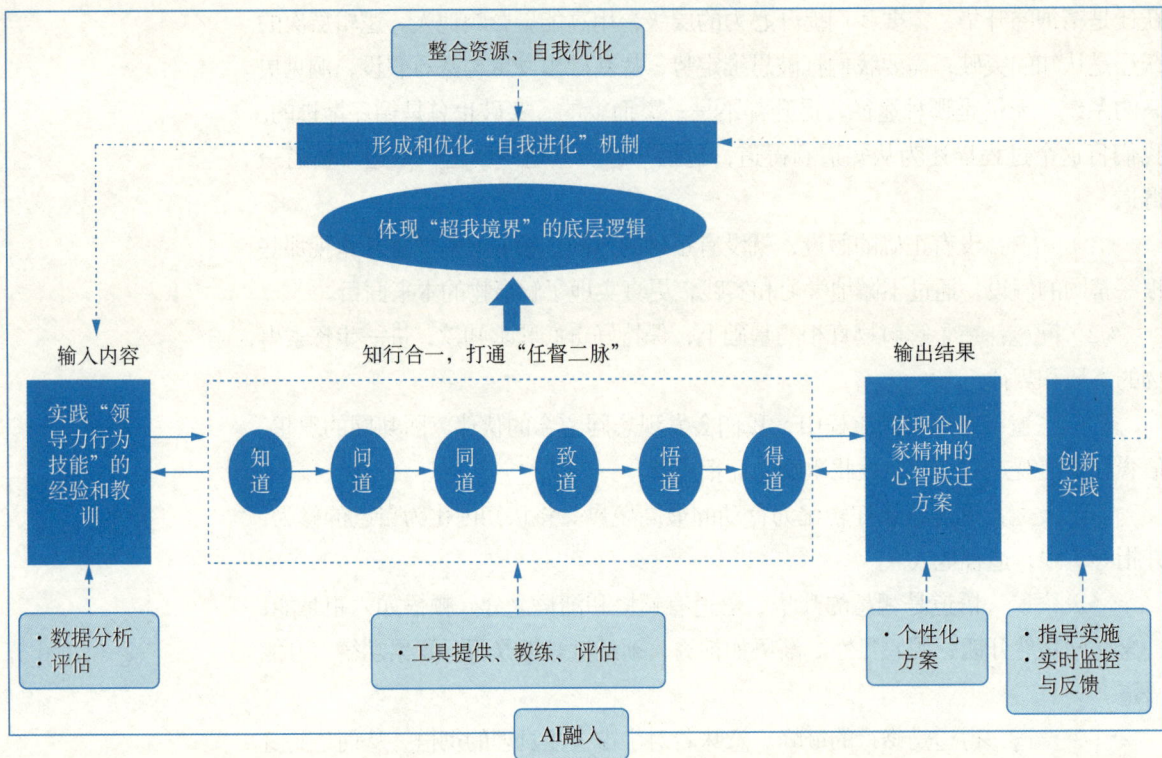

图 15.1 领导力心智跃迁流程图——人机共治模式

在流程操作中，需要注意以下三个关键点。

（1）针对领导力行为技能中的经验和教训展开。

领导力行为扎根于当代组织情景，聚焦于领导者最重要的五项领导活动。每个领导力行为在实现过程中所积累的经验和教训是宝贵的资产。领导者必须从实践中学习，从错误中吸取教训，从成功中总结经验。

这里强调的是打通"任督二脉"，是围绕心智技能提升总结行为技能的经验教训。通过反思和分析，领导者能够更好地理解自我及团队动态，以促进更有效的领导行为。

（2）以实现"超我境界"和企业家精神的目标。

"超我境界"的领导者超越个人利益，不断挑战自我，追求更高的价值和目标。企业家精神则是一种不断创新、勇于冒险、追求卓越的精神。新时期的领导者，需要将超我境界与企业家精神相结合，引导组织向着更高的目标前进。

（3）与 AI 的深度融入。

在以上流程中，"AI 融入"帮助领导者实现人机共治模式。与 AI 的融合需要智慧和勇气。领导者需要勇于担当、敢于创新，敢于打破常规，突破束缚，以更加开放的心态和更加灵活的策略，引领组织在变革中寻找新的发展机遇。

第二节｜领导力心智跃迁的操作方法

一、基础：认知突破

（一）认知突破是心智跃迁的基础

本书从不同视角来强调认知突破的重要性。

（1）从重建的视角：提到了思维模式与行为模式的重建过程。

（2）从结果的视角：提到领导者的认知格局决定了企业的发展结局。

（3）从操作流程视角：提到了从"知道"到"得道"循序渐进的实现过程。

（4）从底层逻辑视角：提到了从自我觉醒、知行合一到超我境界的自然生发过程。

这些不同的视角归根到底，都在提示：认知突破是心智跃迁的基础。没有认知的突破，不可能带来心智的跃迁。

> 人永远赚不到认知以外的钱；企业永远创造不了认知以外的价值。

（二）认知突破从正确的假设入手

1. 从正确的假设入手

从正确的假设入手是认知突破的基础。领导者可以通过培养成长融合型思维，尊重常识和规律，把握底层逻辑，坚持目标导向来形成正确的假设。

正确的假设是正确方向的前提。缺乏正确的假设，就无法确定正确的方向，进而影响思想、理论、战略、机制、管控直至绩效的每一个环节。只有当每一步都建立在正确的基础之上，我们才能确保绩效的实现，进而验证假设的正确性。

2. AI背景下的正确假设

AI背景下的正确假设，要求领导者深刻理解商业的本质、自然法则和人性。通过树立以客户为中心的商道、顺应自然法则的天道以及深刻洞察人性的人道，企业才能在复杂多变的环境中稳健前行，实现持续发展和创新。

（1）商道：企业的目的是创造客户。

企业的存在就是为了创造客户而不是利润，是为了使社会更美好，利润是经营的结果。企业必须以客户为中心，企业的目标是为客户的利益而进行资源交换。为了实现这个目标，必须坚持两个优先：客户的价值应优先于股东价值；竞争力优先于增值。

竞争力的本质在于填补市场空白，消除客户的困扰和期望的差距，从而满足客户需求，而非简单的差异化。

（2）天道：物竞天择是自然法则。

企业是社会的细胞，企业和环境的关系也遵循自然法则。企业需要的正确假设具有如下特点。

适应性：企业应像自然界的生物一样，在竞争中不断进化，灵活适应环境，才能充满活力。

企业应培养无依赖的市场竞争力：用市场机制思考问题，在实战中勇敢生长。

管理应该是简单有效的：管理的悖论在于，简单有效的管理往往比精细化管理更能应对未知的挑战。管理追求简单有效，精细化管理都是成本，员工可以不知道自己的领导在哪里，但必须知道自己的客户在哪里。

（3）人道：人性是复杂的、能动的。

善恶，是社会标准。人性本复杂，既有自私的一面，这是人的本能和动物性；也有能动的一面，对外在或内部的刺激或反应做出积极的选择。企业基于"人道"的正确假设包括如下四个方面。

欲望是动力的源泉：组织中没有欲望的人不适合担任领导职务。利他是最高境界的利己。这是一个履行责任、兑现责任的过程。

组织与员工之间的关系本质上是一种交换：员工通过兑现责任来实现个人价值。大公无私的理念实际上是将个人利益与组织利益统一起来了。

财产的控制权比所有权更重要：从企业长远发展的角度来看，企业的财产控制权比所有权更重要。

"用人要疑，疑人要用"：组织中建立有效的监督体系是对员工的负责，没有监督体系，是对员工的伤害。而有层级的监督，则是员工成长和提升的机会。

二、核心：人格优化

领导力心智跃迁的核心是人格优化。

（一）君子之道是文化基因

中国文化的人格模式很多，其中衍生最广，重叠最多，渗透最密的莫过于"君子"。这也可以说是一个庞大民族在文化整合中的"最大公约数"。

"君子"是孔子心目中理想的人格标准。君子的第一个标准是做一个善良的人。君子的力量始于人格与内心。他的内心完满、富足，先修缮了自我修养，而后表现出来一种从容不迫的风度。孔子在给学生讲课的时候，曾经很认真地跟他们讨论过君子的问题，他说："君子道者三，我无能焉，仁者不忧，知者不惑，勇者不惧。"

余秋雨总结的君子之道

君子怀德；

君子之德风；

君子成人之美；

君子周而不比；

> 君子坦荡荡；
>
> 君子中庸；
>
> 君子有礼；
>
> 君子不器；
>
> 君子知耻。

（二）哲学思考是重要基石

在坚持长期主义的成长过程中，所有问题将通过哲学思考找到答案。
西奥多·罗斯福留下一段话，很适合描述这个时代的领导者：

> 荣誉属于真正站在竞技场中的人，他的脸被灰尘、汗水和血污覆盖；他勇敢地奋斗，犯错误，屡败屡战，因为免于错误和失败的努力是不可能的。但他真正付出努力；他了解伟大的热情和深刻的奉献；他将他的生命用在值得的事业上；在最好的情况下他将会到达胜利的顶峰，而即使他失败，至少他曾经战斗到底。

> 凡是现实的，都是合理的。凡是合理的，都是现实的。
> ——黑格尔

在 AI 时代，哲学思考对领导者和组织提出了新的要求，以适应快速变化的环境并引领发展。新要求体现在如下五个方面。

1. 从管控到赋能

领导者要创造条件和提供资源，让团队成员发挥最大潜能，自主应对挑战，促进创新和自我驱动的发展。从管控到赋能最重要的三件事：给不给机会、配不配资源和能不能让他成功。

2. 从分工到协同

在组织内部，领导要基于整体效率，促进跨部门和跨职能的协同合作，以整合不同视角和技能，实现整体大于部分之和的效果。在组织外部，则要基于系统性的效率，关注外部的协同，尤其是生态圈的协同。

3. 从竞争到共生

共生逻辑下，企业的基本问题需要重新定义：

（1）"想做什么"与领导者的认知格局有关；

（2）"能做什么"与"打破了哪种边界"有关；

（3）"可做什么"与"创造了与谁的链接"有关。

例如，如何定义腾讯这家公司？游戏公司？社交公司？支付公司？广告公司？好像都是也都不是，腾讯把自己定位为"产业互联网"，做"连接器"，连接、汇聚更多的产业价值，这就是共生的逻辑。

4. 从胜任力到创造力

胜任力是基于固定的工作。当下，人工智能正在替代那些可量化、可衡量、可程序化的工作。无论个体还是组织，创造力都将成为更关键的资产。

5. 从个体价值到集体智慧

好的平台既有助于发挥个体价值，更有助于涌现集体智慧。因此，标杆企业都是既强调"良将如潮"，也强调"知识沉淀在组织里"形成集体智慧。

（三）文艺修养是春风化雨

1. 感性的智慧是重要的竞争力

感性的智慧在企业家的核心竞争力中的作用越来越凸显。

改革开放到今天的企业家可分为三代，每个时代背景下的企业家都展现出了不同的感性智慧。

（1）第一代企业家，在改革开放时率先下海的这一代人，他们的核心竞争力是勇气。在那个时代，只要敢干，就能挣钱。

（2）第二代企业家，是受过良好教育的人，他们的核心竞争力是知识理性。

（3）第三代企业家，是具有很高艺术修养、审美品质的人，是他们引领了这个时代的未来。

2. 读书，读好书，赢得选择的权利

读书不仅是获取知识的手段，更是一场感性智慧的修行。

（1）高水平的读书境界。

> 读书，世界就在眼前，不读书，眼前就是世界！

读书，要精选好书，读经典之作。多读书、读好书，不仅是对知识的积累，更是对自己未来选择权的积累。每个领域都有本领域的经典之作以及大师级的人物，选择他们的书籍细细品读，如同在这个领域里站在高人的肩膀上，帮助我们打开格局和视野。不同类型的书籍可以从不同角度提升我们的认知水平。读书多了，见识广了，在处世决策时就能做出更明智的选择。

（2）读书的两种态度。

读书的态度决定了我们从书中获得的深度与广度。

读书有两种态度：一种是以解决问题为目的，书中自有黄金屋，书中自有颜如玉。这种阅读，让我们在解决问题的同时，也收获了成长与益处。

另一种，则是对阅读本身的热爱，一种深沉的乐趣。它让我们在阅读中读出豁达，读出长寿，体验生活的丰富多彩。

（3）读好"无字之书"。

> 读书，你可以体验1000种人生。而不读书，你只能活一次！

领导者既要读"有字之书"，又要在高人指点下读好"无字之书"。

人获得知识有两条道路，一是读书，二是实践。实践就是行万里路，就是要去读懂社会这本"无字之书"。读用结合，方能真正成长。

《红楼梦》中一副对联："世事洞明皆学问，人情练达即文章。"说的就是"无字之书"的妙用。读无字之书，需要我们静下心来，用心去体悟人生的真谛。

凡是学过的都会派到用处的，凡是没有学的都是需要补课的。

（四）优化性格是基础保证

性格决定命运。有人认为，对于企业家来说，所谓成功，是做了自己能做的事；所谓失败，就是做了不该自己做的事。企业家的成败多半源于自身性格。在中国改革开放后四十多年的商业史中，那些曾辉煌一时的"明星企业"，背后都有一个"成也性格，败也性格"的创始人。

一代企业家的性格优化之路尚未走完，中国民营企业普遍已进入二代接班，从接班中的经验教训看，优化性格，如谦逊、守信、韧性、自省、仁爱仍是企业家心智修炼的重要一课。

1. 性格决定命运，性格可以优化

性格是心智的重要体现。虽然性格很难改变，但通过培养好习惯，可以实现性格的优化。

美国的理财规划师托马斯·科里，曾花了五年时间做了一项研究：同时调查了 177 位白手起家的富翁以及 128 位在贫困中挣扎的人，希望通过对比找出富人变富、穷人受穷的原因。科里通过该项研究最终发现，富人和穷人的根本差距，就藏在日常的习惯里，如经常阅读、坚持锻炼、结识其他成功人士、追求自己的目标、坚持早起、有自己的导师、有着积极的人生态度、不从众、帮助其他人成功、每天花 15～30 分钟时间思考、寻求反馈等。

2. 优化性格从培养好习惯起步

多项研究发现，阻碍人们持续成功的因素，既不是智力与技能，也不是能力和经验，起决定性作用的是一个人的习惯性行为。

改变思维上的习惯，才能促使行动上的转变；改变行动上的习惯，才能促成性格的优化。所谓好性格带来好运气，不过都是好习惯的日积月累，让一个人有了把握机遇的能力。

3. 促进领导力发展的 11 个好习惯

在实践中，我们总结了促进领导力发展的 11 个好习惯。经常对照这 11 个好习惯来审视自己的行为表现，找出差距，有针对性地改进，并持之以恒地修炼，让良好的领导力习惯内化于心、外化于行，成为自己的第二天性。

（1）从独奏者到指挥家，积极帮助他人。

反思自己是否从个人英雄主义转变为善于协作、帮助他人成长。

观察自己在团队中扮演的角色是独奏者还是指挥家。

（2）从目标到成长，专注于收获。

反思自己是否过于关注短期目标而忽视了长期的能力成长。

总结自己在追求目标过程中的收获和成长。

（3）从好处到代价，懂得乐于付出。

反思自己是否过于计较个人得失，而缺乏奉献精神。

用"我为团队和他人付出了什么"来衡量自己。

（4）从取悦他人到挑战他人，记住顾全大局。

反思自己在人际交往中是讨好型还是善于建设性挑战。

观察自己做决定时是从局部利益出发还是顾全大局。

（5）从保守到创新，不断尝试新事物。

反思自己是墨守成规还是勇于创新、尝试新事物。

回顾自己最近一段时间在创新方面的表现。

（6）从爬上梯子到建造梯子，用心培养队友。

反思自己是只顾自己升迁，还是在为他人搭建发展平台。

回顾自己在培养、赋能下属方面做了哪些努力。

（7）从指挥到联结，愿意真心沟通。

反思自己的沟通方式是发号施令，还是真诚倾听、联结他人。

评估自己在促进团队沟通协作方面的表现。

（8）从团队一致性到多样性，学会包容差异。

反思自己是追求团队整齐划一，还是尊重多样性、包容差异。

回顾自己在欣赏和利用团队差异方面的做法。

（9）从职位权威到道德权威，坚持严于律己。

反思自己的影响力是源自职位还是个人魅力和道德感召力。

评估自己在言行一致、以身作则方面做得如何。

（10）从培训型到变革型领导者，保持自我提升。

反思自己是仅关注业务培训，还是引领变革、推动成长。

审视自己在学习和自我提升方面的状态。

（11）从职业到使命，为热爱奋斗。

反思自己是把工作仅视为职业还是使命和热爱。

观察自己投入工作的动力是什么，是外在报酬还是内在意义。

> 每天反复做的事情造就了我们，然后你会发现，优秀不是一种行为，而是一种习惯。
> ——亚里士多德

三、途径：情商提升

（一）企业家的情商提升

情商，是情绪商数（Emotional Intelligence Quotient，EQ）的简称，又称为"情绪智力""情绪智慧"或"情绪智商"。

1. 领导情商的四个能力

"情商之父"，美国哈佛大学客座教授丹尼尔·戈尔曼的最新研究是"共鸣式领导力"。他认为领导者的首要任务是创建共鸣感，即通过个人的情感状态和行为影响员工的情感和表现，进而影响到团队、组织或企业的工作效率和工作绩效。而情商可以为共鸣式领导力提供必要的四个能力：自我意识、自我管理、同理心、人际关系管理（见图 15.2）。

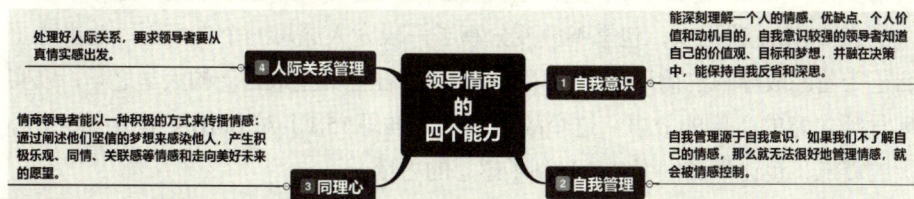

领导情商的四个能力

处理好人际关系，要求领导者要从真实情实际出发。
④ 人际关系管理

情商领导者能以一种积极的方式来传播情感：通过阐述他们坚信的梦想来感染他人，产生积极乐观、同情、关联感等情感和走向美好未来的愿望。
③ 同理心

领导情商的四个能力

① 自我意识
能深刻理解一个人的情感、优缺点、个人价值和动机目的，自我意识较强的领导者知道自己的价值观、目标和梦想，并融在决策中，能保持自我反省和深思。

② 自我管理
自我管理源于自我意识，如果我们不了解自己的情感，那么就无法很好地管理情感，就会被情感控制。

图 15.2　领导情商的四个能力

2. 日常的情商提升

日常生活中，我们做到提升可靠度，尽心尽力、尽职尽责，在规定时间、规定地点交付答应的东西，就是情商的一种体现。

（1）情商提升的具体目标。

A. 超越自我，正确地做人；

B. 高人指路，做正确的事；

C. 生态化创新，正确地做事；

D. 高效机制，有效地做事；

E. 珍爱生命，与正确的人交往；

F. 坚持长期主义，避开走捷径和投机的两大陷阱。

（2）具体目标的实现路径。

A. 从感恩起步；

B. 用时代担当和职业意志一路深耕，用天赋和勤勉自我实现；

C. 在危机中捕捉转机，在过度约束的条件下创造成功；

D. 拥抱不确定性，对创新拥有足够的耐心和包容；

E. 唤醒职场同理心，打造柔性竞争力；

F. 自我驱动、主动学习，享受工作的过程。

3. 情商提升从感恩起步

美国耶鲁大学校长彼得·沙洛维研究发现：虽然心理学专家忽略了对感恩的研究，但很多哲学家，从西塞罗到塞内加、阿奎奈、斯宾诺莎、霍布斯、休谟，再到康德，都认识到表达感恩的能力不仅是社交礼貌，也是一种核心竞争力。感恩能够拓展人的思维，让人们考虑更广泛、更具创造力的可能性、选择和替代方式。

生活在感恩的世界，是最能滋养一个人成长的环境。"受人滴水之恩，当以涌泉相报"，中华民族历来就有感恩的美德，也因此成就了无数佳话。

感恩是一种观察的视角，是对一个人成熟心智的最好检验。感恩也是一种发现美并欣赏美的道德情操。帮助了别人，还说谢谢你给我机会。这就是高情商。君子成人之美，美美与共。懂得感恩的人才会得到丰厚回报。做人可以很难，也可以很容易。简单一点、真诚一点、把感恩融入血液，融入日常，人就会越来越好。

在 EMBA 课程中，包季鸣教授分享了一段令人深思的个人经历。他讲述了自己带着已故导师的照片踏上非洲之旅，并前往世界上最古老的大学之一，以实现导师未竟的心愿的故事。这个故事（见二维码 15.1）对 EMBA 学员产生了心灵的震撼，也让学员们深刻感受到了感恩的力量。

15.1：把感恩融
进血液里

（二）从领导者情商到组织情商

组织的情商水平很大程度上取决于领导者的情商。领导者需要以身作则，用高情商引领企业文化，塑造高情商的组织氛围。

领导者需要带头打造一套行之有效的沟通思路、方法，形成制度，成为全员共享的"沟通神器"；重视复盘，让成功与失败都有意义；将情商要素有意识地融入组织的各项机制，如绩效考核、晋升机制、培训体系等，使高情商成为企业的"硬通货"。

🛠 工具箱

提高领导者情商的五个学习步骤

第一步，理想自我：我想成为一个怎样的人？

（1）写下自己作为领导者想要实现的愿景和价值观。

（2）与导师或教练进行深度对话，探讨理想自我。

第二步，真实自我：我是一个什么样的人？我的优势和不足是什么？

（1）完成自我评估问卷，识别个人优势和待改进领域。

（2）收集同事、下属和上级的反馈，建立全面的自我认知。

第三步，我的学习议程，如何建立我的优势，同时改正不足之处？

（1）制定具体的学习计划和时间表。

（2）确定学习资源，如书籍、课程、研讨会等。

第四步，磨炼并实践新思维、思想、感情，直至可灵活掌握。

（1）在实际工作中应用新学的技能和知识。

（2）写日记或反思笔记，记录实践过程中的体会和进步。

第五步，培养支持和信任的关系，使变化成为可能。

（1）定期与团队成员进行一对一交流，建立信任。

（2）征求反馈，了解变化对团队的影响，并作出相应调整。

四、目标：弘扬企业家精神

（一）企业家

1. 关于企业家的经典论述

企业家一词最早来自法语，意思是"冒险事业的经营者或组织者"。18 世纪中叶的法国作家贝利多尔最先给"企业家"一词下定义："按不固定的价格购买劳动力和物资，而按合同价格出售产品的人。"法国经济学家理查德·坎梯隆在 1775 年《商业性质概论》一书中，将企业家定义为：承担经营风险的人。

奥地利经济学家米塞斯在《人的行为》一书中提到：企业家就像每个行为人一样，他应付未来的一些不确定的情况，他的成功或者失败，取决于他对于这些不确定性的事情预测的正确与否，如果他不能够领悟将来的事情，那他就倒霉，企业家利润的唯一来源是他对消费者将来的需求预料得比别人更准确，这种能力就是猜测能力。

在中国语境下，企业家泛指两类人：一类是企业的所有者，有些直接参与企业经营，有些不从事企业的经营管理工作，但仍拥有企业的文化权；另一类是受雇于所有者的职业经理人，负责企业的经营管理工作，并对企业的经营目标负责。

无论属于哪一类，企业家都是用理念、价值观和好的分配制度将饥饿的、小康的、富庶的个体组织起来的少数人。卓越的企业家更是那种能够制造信念、持续传播信念并巩固信念的极少数人。

2. 套利型企业家是过去式

套利型企业家曾是中国经济快速发展阶段的一个典型现象，但随着时代的进步和经济结构的转型，这种模式正逐渐成为过去式。

套利，本质上是捕捉市场不均衡的机会，通过有效组织资源来实现利润。在中国改革开放初期至十多年前，许多企业家通过利用廉价劳动力、优惠的土地政策等优势，迅速积累了财富。然而，随着经济的成熟和不确定性的加剧，套利空间迅速缩小。

3. 创造型企业家是现在式

创造型企业家代表了当今经济发展的先锋，他们是市场和社会进步的塑造者。创造型企业家的核心使命不单是迎合现有的市场需求，更重要的是去创造和挖掘潜在的市场需求。他们相信市场并非一成不变，而是可以通过创新和洞察被重新定义和塑造。

企业家本质上是个乐观主义者，面向未来，坚信未来不可预测但可以创造，时刻关注和发掘机会，但不要机会主义。

（二）企业家精神

1. 关于企业家精神的经典论述

企业家精神是企业家作为一个特殊群体发挥其社会作用所必备的共同特征，

是其价值取向、知识体系和素质能力的集中体现。

（1）国家层面倡导的企业家精神。

国家层面倡导的企业家精神包括：爱国、创新、诚信、社会责任、国际视野。

宋志平[1]对此的解读为：爱国，是企业家的光荣传统；创新，是企业家最为核心的精神；诚信，要站在道德高地做企业；社会责任，用创造财富回馈社会；国际视野，由产品"走出去"到企业"走出去"。他认为在我国经济转型的当下，作为企业家，要充分弘扬企业家精神，做到富而有责、富而有义、富而有爱，做符合时代的企业家。

（2）新时期的企业家精神体现。

新时期的企业家体现出的对成功充满渴望、在困难中百折不挠、有家国情怀、永远面向正前方，就是对企业家精神的高度概括。

经济在宏观上是冰冷的数据，在微观上却是每一家企业，是每一位企业家。在应对局势的变化、市场的变化，企业家们的动作最敏捷，企业家精神的重要性也最为凸显。

2. 企业家精神的最新研究

（1）企业家精神的"是"与"不是"。

企业家精神鼓励冒险，但我们必须清醒地意识到，大多数的冒险、创新会以失败结束。这时，及时自我否定，迭代更新就变得尤为重要。

有很多因素会侵蚀企业家精神，最直接的就是成功；一旦成功，企业家精神容易削弱。除此之外，如何运用个人的企业家精神也尤为重要，包括保持匮乏状态、慎用资源等。

因此，需要辩证理解企业家精神的"是"与"不是"。

企业家精神是什么？

企业家精神的本质是创新，创新源于实践。从这个意义上讲，企业家、企业家精神具备不断拥抱不确定性，并且在不确定和变化中获得生机的能力。

企业家精神是一个人的精神状态，一种自觉的意识，只能被唤醒或激发。事实上，每个人身上都有企业家精神，只不过在大多数时候它被遮蔽了；并且一旦成功，企业家精神便会逐渐衰退。

有三个因素可能会侵蚀和腐化企业家精神：

A. 资源过载，创新懒惰；

B. 拒绝否定，自圆其说；

C. 自我强化，拒绝颠覆。

企业家精神就是冒险并创造成果。

---

[1] 中国企业改革与发展研究会会长、中国上市公司协会会长。

企业家精神不是什么？

A. 企业家精神不是给定条件下的求解；

B. 企业家精神不是以赚钱为唯一目的；

C. 企业家精神不是完全听命于投资人。

（2）从"创造性破坏"到"培育新土壤"。

以前讨论企业家精神，强调"创造性破坏"，但在今天，企业家应该"创造性的培育"，培育新的土壤，产生更多的生存和变化的可能性以及新的机会和价值。

（3）从"个体企业家精神"到"群体企业家精神"。

新时代的企业家精神，并非指企业家个人的精神，而是企业家应该创造一个环境，要让每个人拥有企业家精神。企业家要发掘最具创新性的人去最具挑战性的岗位。

（三）"君子之道"的企业家精神

汲取中国传统文化精华，本书提炼总结出了具有"君子之道"的企业家精神模型，见图15.3。

中国文化的延续，是君子人格的延续；中国文化的刚健，是君子人格的刚健；中国文化的缺憾，是君子人格的缺憾；中国文化的更新，是君子人格的更新。

1. 创新

企业家精神的核心是创新并有成果。中国企业家要为人类创造创新性的成果，就需要不断进行自我超越。需要提升核心竞争力，注重全球合规，激发好奇心、创造力、批判性思考、工匠精神和复杂创新的能力。需要从财富驱动到价值创造，为世界的商业文明发展和消费者福祉作出贡献。

2. 敬畏

敬畏之心，体现在敬畏规律，顺势而为，走大道，走正道。

请牢记一条不等式：让价格比成本更多，让价值比价格更多。

价格＞成本，使你获益。

价值＞价格，使消费者获益。

这就是商业的正道[1]。

3. 知耻

君子之道也是知耻之道，君子是最有耻感的人，而小人则没有耻感。

不为荣誉所诱，不为诽谤所吓，遵循大道而行，庄严端正自己，不因外物倾侧，这才称得上真正的君子。

"耻"和"不耻"是君子人格的封底阀门。如果这个阀门开漏，君子人格将荡然无存，如果这个阀门依然存在，哪怕锈迹斑斑，君子人格仍会生生不息。

图 15.3
"君子之道"的企业家精神模型

> 只有心存敬畏，方能行有所止。
> ——曾国藩

---

[1] 刘润：《新的一年，也继续坚守正道吧》，"刘润"公众号，2023年1月9日。

4. 担当

中国企业家，要为企业可持续发展做担当；要为民族复兴做担当；为人类命运共同体做担当。未来伟大的中国企业，必须有技术追求、科学信仰、文化之美，而且要有做世界公民的担当。

一位 EMBA 学员[1]创业多年，经历了多次影响重大的公共卫生事件。面对困难与诱惑交织的商业环境，她始终坚守自己内在的道德指针，不断觉察、反思、反省，一路带领企业坚持走正道，用实际行动诠释了企业家精神的真谛（见二维码 15.2）。

15.2：我的心智
跃迁修炼之路

第三节 | 形成自我进化的操作机制

一、自我进化的操作机制打造

实现领导力心智跃迁，要有利于自我进化机制的形成和发展。

（一）自我进化机制的核心

自我进化是个体或组织在不断变化的环境中，通过内在的驱动力和策略，实现认知升级、能力提升和行为改善的持续过程。

自我进化机制的核心，是与时俱进的心理适应及适应环境的自我进化。

1. 与时俱进的心理适应

进化理论认为，人的进化包括生理性和心理性。自我进化的本质，是个体或组织作为有机体不断的、与时俱进的心理适应。这种心理适应体现在，个体和组织成长的关键不在于战胜他人，而在于超越自我。

我们发现大部分有所成就的人或组织，并不完全依赖天赋异禀、独特资源或机遇，若没有这些，肯定不行；但有了这些，也不一定成功。真正起决定性作用的，往往是这个组织的领导者具有自我进化的能力，他们会不断升级自己的认知，迭代自己的哲学，大道至简，随着认知的不断升级，返璞归真，最终达到超我境界。

2. 适应环境的自我进化

适应环境的自我进化，就要把成长的边界打开，放弃原有经验，其核心在于有目的地"放弃"，面向未来而非传承经验。

一方面，不断有目的地放弃经验。领导者必须把擅长的、熟悉的东西放下，

---

[1] 复旦大学 EMBA 2023 级丁菲。

把津津乐道的东西放下，把值得骄傲的东西放下，回归为零；

另一方面，放弃经验的同时，还需要持续理解外部环境，忘记已经形成的观念，把自己真正放入一个有价值、有变化、有能力的业务概念中去改变；需要借用其他的行业及业务本身，与别人连接、合作、共生。

（二）自我进化机制的动能

自我进化机制的动能来自"适者生存"的紧迫感。

1. 生存压力是进化的根本动力

达尔文进化论告诉我们：在生存竞争中，适者生存，不适者淘汰。面对残酷的现实，个体和组织要么进化，要么灭亡。

当个人和组织感受到强烈的危机时，求生的本能会被激发出来，人们会竭尽全力去寻找突破口，想方设法提升自己。

2. 紧迫感带来正能量

紧迫感，是优秀的领导者必备的居安思危的能力。他们能更早觉察环境变化，更快做出战略调整，使组织免于陷入"温水煮青蛙"的境地。

紧迫感，又是组织内产部良性竞争的催化剂。适度的生存压力，会在组织内部形成你追我赶的良性竞争氛围，从而倒逼组织不断优化运营、提升效率，推动组织整体进化到更高水平。

作为领导者，要善于利用这一机制，引领组织在危机中育新机、于变局中开新局。

（三）自我进化机制的路径

自我进化，是实践、认识、再实践、再认识……循环往复，不断进步的过程。自我进化的动力来自学习力。

1. 学习力是基础

学习力是一个包括学习动力、能力、效力、毅力的多结构概念。1965年美国系统动力学创始人福里斯特提出学习组织思想，学习力的概念开始被广泛使用。

学习力是优秀领导者提升心智水平的重要基础，是领导者元动力的主要源泉，也是自我进化机制的一种路径，见图15.4所示。

如图15.4所示，学习力使得领导者的认知能力得以提升和拓展成为可能；认知能力的持续提升与拓展，为心智的跃迁提供了积累，审时、度势再加一点点运气，通过"开悟"元动力得以增强，从而促成"自我进化"。自我进化不是单一的事件，而是一个循环往复、逐步提升的过程。每个阶段都是下一个阶段的基础，共同构成了一个动态路径。

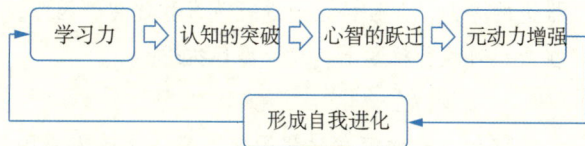

图15.4
学习力与自我进化的关系

只要拥有理想，长期坚持理想，长期甚至偏执地坚持为理想付出努力的人，就能够使学习力不断增强。马斯克的身上就体现了这种日益增长的学习力。

马斯克说：我一直有种存在的危机感，很想找出生命的意义何在，万物存在的目的是什么。如果我们有办法让人类的意识愈来愈进步，那么，我们将更有能力提出更好的问题，提高全人类的智慧，为更高层次的集体文明而努力一生，这就是活着的意义。

当马斯克带领他的团队创下一个又一个颠覆认知的成果时（见二维码 15.3），我们从中看到强大的学习力催化了领导者强大的心智水平，促进了人类世界的巨大改变。

15.3：马斯克的学习力

> 一个人最大的幸福，莫过于在人生的中途，富有创造力的壮年，发现自己此生的使命。
> ——茨威格

2. 遵循第一性原理

学习力的培养需要遵循第一性原理。第一性原理思维是一种追本溯源的思考方式，万事都要寻找到根本性问题，也可以叫本质思考法。

马斯克同时管理 9 家高科技公司，他认为是自己遵循了"第一性原理"的思维模式，并由此创造了"五步工作法"。

🛠 工具箱

马斯克的五步工作法

第一步，质疑每项要求。

所有的需求都是假设，既然是需求，就是仍未实现的事情，你如何证明一个还不存在事物的正确性？因此在收到需求的时候一定要质疑，特别是那些来自专家的需求，因为你会不假思索地被对方的专业性所麻痹。

第二步，极力删除零件或过程。

极力删除零件或过程。结构越简单，可靠性越高，环节越少，出错的概率越低，这是常识。因此，将至少 1/5 的精力放在删除不必要的零件或过程是值得的。

第三步，简化和优化。

所有的管理理论都在提简化和优化，但是简化和优化的前提是目标的正确性（第一步）和鼓励创新的组织文化。否则要么方向错误，要么找不到简化和优化的余地。

第四步，加速周转时间。

这里的加速指是迭代，而不是速度。迭代是一个循环，通过这个循环我们可以不停地验证当前推进的方向，并且持续地进行改进和优化。因此，五步工作法不是一个单向一次性的行为，而应该在最小可执行粒度上持续地循环推进。

第五步，自动化。

将加速后的简化过程固定下来，去除人为因素，实现自动化，最终形成高效处理同类事物的能力。

二、自我进化机制的误区规避

形成自我进化机制，需要规避一系列的认知误区，以下是对自我进化误区的总结。

1. 将获取知识技能等同于进化

将自我进化简单理解为学习新知识和技能的累积。然而，自我进化的实质在于认知模式的深层次升级和心智模式的质的飞跃，它超越了单纯的知识积累，涉及更全面的思维和行为模式的转变。

2. 短期行为的错觉

误以为自我进化是短期内可以完成的行为。实际上，自我进化是一个长期且持续的过程，它要求领导者不断地进行自我批判、自我突破和自我超越，这是一个永无止境的旅程。

3. 孤立的自我反省

将自我进化视为仅在孤立环境中进行的内省。自我进化需要在组织的互动中实现，需要在与他人的碰撞交流中找到突破口，而不是关起门来自我感觉良好。

4. 舒适区内的进化

期望自我进化是一个轻松舒适的过程。而事实上，自我进化的过程往往是痛苦的，需要突破思维定式和固有经验的束缚，需要承受阵痛和焦虑，并不是一帆风顺的。

5. 自我进化是可选项

将自我进化视为锦上添花的可选项。在大变局时代，自我进化是领导者必须具备的核心能力，是引领组织突破困局、持续成长的关键，而不是锦上添花的可选项。

三、领导力心智跃迁的"不为清单"

本书总结了领导者在心智跃迁的操作中，需要避免的不当行为，形成以下"不为清单"，见表 15.1。

表 15.1　领导力心智跃迁的"不为清单"

类别	不当行为表现
认知突破	固守过去
	画蛇添足，增加过多的价值
	炫耀自己的聪明
	保留信息
	争得不相称的好评

续 表

类别	不当行为表现
人格优化	习惯以"不"，"但是"或"然而"，作为开场白
	愤怒时发言
	喜欢否定别人，或者说我来解释一下为什么那样做不行
	习惯作评判
	作破坏性评论
	表达自己的偏好
情商提升	拒绝表示歉意
	不愿听他人的意见
	不愿表达感谢之情
情商提升	很少表达认可
	平时不联系，有求于人时才出现
	将功劳全归于自己
企业家精神	为自己找借口
	过分在意"我"
企业家精神	过于争强好胜
	惩罚送信的人
	推卸责任

领导力就是提升人的境界，把一个人的境界提升到前所未有的高度，把一个人的责任心提到前所未有的高度，然后才能把一个人的潜力、持续的创新动力开发出来，让他做出他自己以前想都不敢想的那种成就。

通过践行领导力心智跃迁的理念和操作，领导者打通"任督二脉"，登上领导力的更高台阶，从而带领组织在新的时代创造更大价值和影响力。

推 荐 书 单

1.《苏世民：我的经验与教训》——［美］苏世民，赵灿译，中信出版社 2020 年版。

2.《一生的旅程》——［美］罗伯特·艾格、［美］乔尔·洛弗尔，靳婷婷译，文汇出版社 2020 年版。

复习思考题

1. 结合领导力心智跃迁操作流程图，谈谈领导力心智跃迁的思路是什么？
2. 学习力与自我进化之间的关系是什么？
3. 联系实际，谈谈个体如何追求"超我境界？"
4. 如何弘扬"君子之道"的企业家精神？
5. 你认为还有哪些不当行为可以加入领导力心智跃迁的"不为清单"？

第八篇
领导力整体提升的五个台阶

本篇要点：

　　领导力的五项关键行为和心智的共同提升，能系统性提升领导力层次。

　　领导力的层次提升犹如攀登高山，整体提升的五个台阶则是登山导览图。

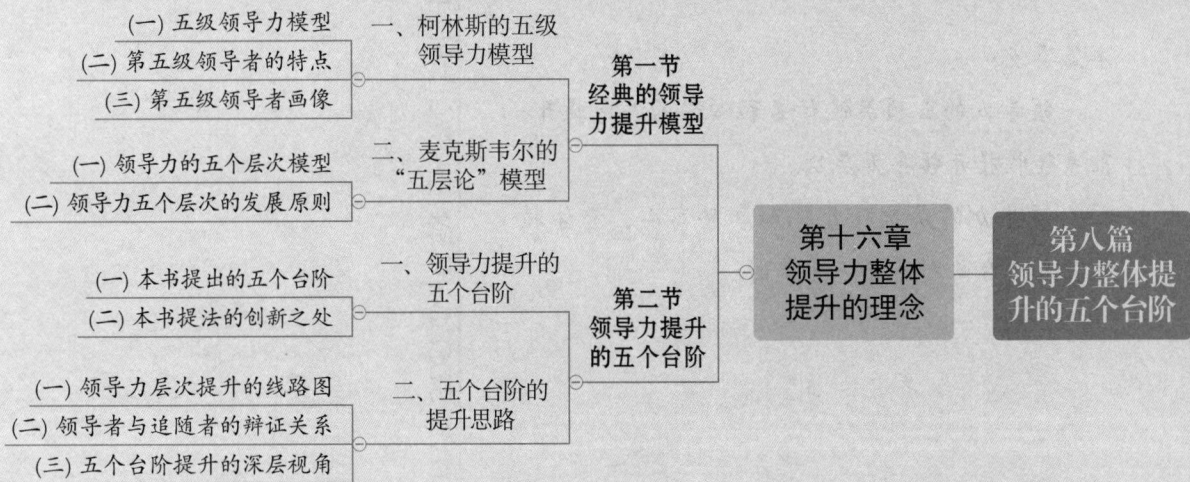

（一）五级领导力模型
（二）第五级领导者的特点
（三）第五级领导者画像

一、柯林斯的五级领导力模型

（一）领导力的五个层次模型
（二）领导力五个层次的发展原则

二、麦克斯韦尔的"五层论"模型

第一节 经典的领导力提升模型

（一）本书提出的五个台阶
（二）本书提法的创新之处

一、领导力提升的五个台阶

（一）领导力层次提升的线路图
（二）领导者与追随者的辩证关系
（三）五个台阶提升的深层视角

二、五个台阶的提升思路

第二节 领导力提升的五个台阶

第十六章 领导力整体提升的理念

第八篇 领导力整体提升的五个台阶

第十七章
领导力整体
提升的操作

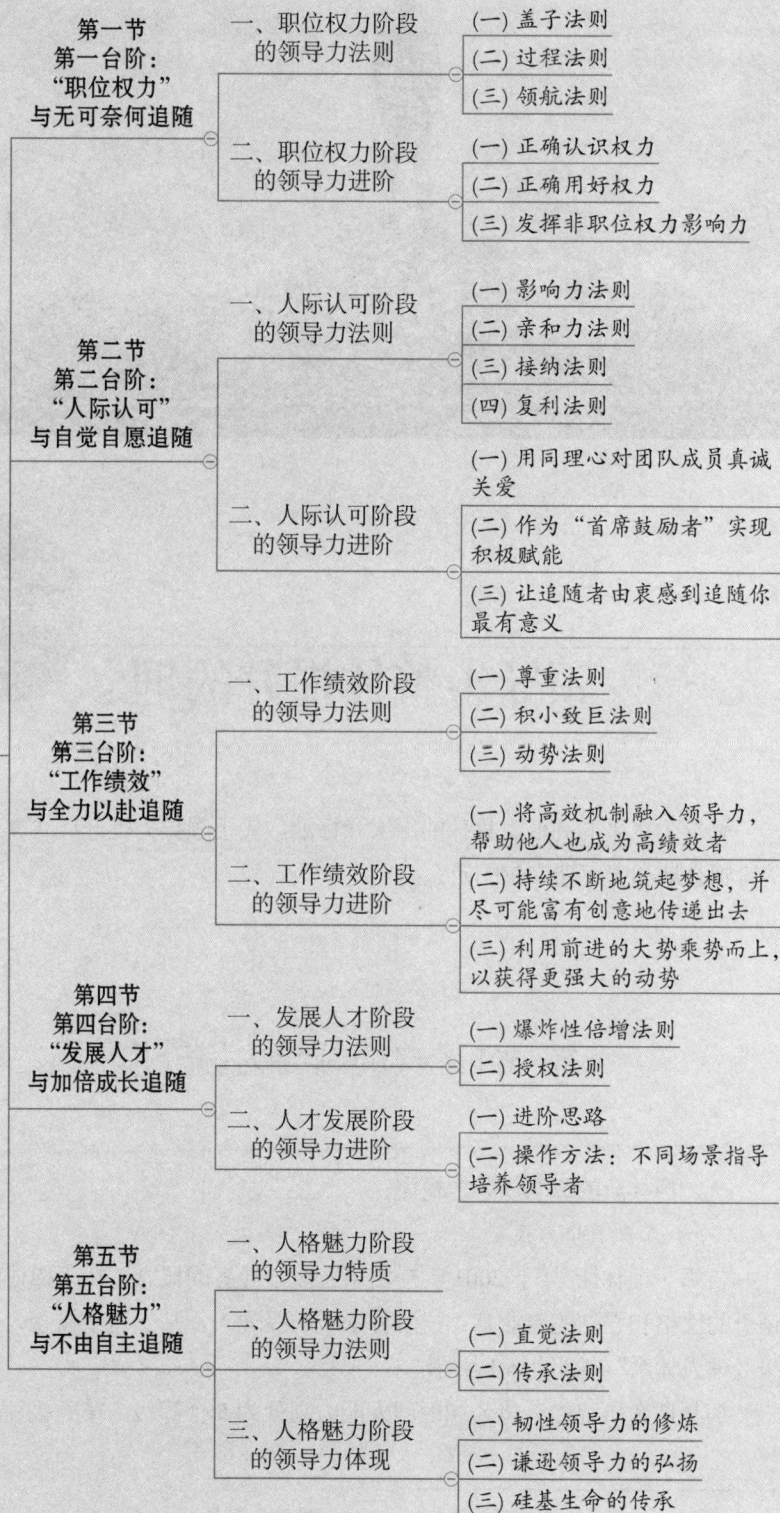

第一节
第一台阶：
"职位权力"
与无可奈何追随

一、职位权力阶段
的领导力法则

（一）盖子法则

（二）过程法则

（三）领航法则

二、职位权力阶段
的领导力进阶

（一）正确认识权力

（二）正确用好权力

（三）发挥非职位权力影响力

第二节
第二台阶：
"人际认可"
与自觉自愿追随

一、人际认可阶段
的领导力法则

（一）影响力法则

（二）亲和力法则

（三）接纳法则

（四）复利法则

二、人际认可阶段
的领导力进阶

（一）用同理心对团队成员真诚
关爱

（二）作为"首席鼓励者"实现
积极赋能

（三）让追随者由衷感到追随你
最有意义

第三节
第三台阶：
"工作绩效"
与全力以赴追随

一、工作绩效阶段
的领导力法则

（一）尊重法则

（二）积小致巨法则

（三）动势法则

二、工作绩效阶段
的领导力进阶

（一）将高效机制融入领导力，
帮助他人也成为高绩效者

（二）持续不断地筑起梦想，并
尽可能富有创意地传递出去

（三）利用前进的大势乘势而上，
以获得更强大的动势

第四节
第四台阶：
"发展人才"
与加倍成长追随

一、发展人才阶段
的领导力法则

（一）爆炸性倍增法则

（二）授权法则

二、人才发展阶段
的领导力进阶

（一）进阶思路

（二）操作方法：不同场景指导
培养领导者

第五节
第五台阶：
"人格魅力"
与不由自主追随

一、人格魅力阶段
的领导力特质

二、人格魅力阶段
的领导力法则

（一）直觉法则

（二）传承法则

三、人格魅力阶段
的领导力体现

（一）韧性领导力的修炼

（二）谦逊领导力的弘扬

（三）硅基生命的传承

领导力整体提升的理念

领导力水平的高低有具体的层次和标准。关于领导力提升层次，最有影响力的是柯林斯和麦克斯韦尔的研究。

第一节 | 经典的领导力提升模型

一、柯林斯的五级领导力模型

（一）五级领导力模型

吉姆·柯林斯[1]于 2001 年提出第五级领导者的概念，用来描述混合了极端谦逊的性格和强烈的专业意志这两种素质的经理人。基于这个概念，发展出"五级经理人体系"，如图 16.1 所示。

柯林斯在研究中，将公司经理人能力划分为 5 个等级。第五级领导者就是最

---

[1] 美国著名的管理专家及畅销书作家，影响中国管理十五人之一。曾获斯坦福大学商学院杰出教学奖，先后任职于麦肯锡公司和惠普公司。曾出版《基业长青》和《从优秀到卓越》。

高的一级。他们认为，处在第五级的领导者充分代表了图 16.1 中的所有五个层次。因此，一名真正意义的第五级领导者必须能涵盖其他四级的所有表现。

　　第一级是能力突出的个人。他们用自己的智慧、知识、技能和良好的工作作风作出巨大贡献。

　　第二级是乐于奉献的团队成员。他们为实现集体目标贡献个人才智，促成团队成员通力合作。

　　第三级是富有实力的经理人。他们组织人力和资源，高效地朝着既定目标前进。

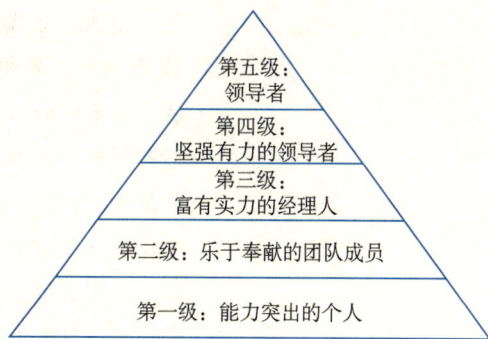

图 16.1
五级经理人体系

　　第四级是坚强有力的领导者。他们全身心投入，执着追求清晰可见、催人奋发的愿景，向更高业绩标准努力。

　　第五级是领导者。他们将个人的谦逊品质和职业化的坚定意志相结合，建立持续的卓越业绩。

吉姆·柯林斯和他的研究团队考察了 1 435 家跻身过《财富》全球 500 强榜单的企业，发现其中只有 11 家取得并保持着卓越绩效——这些公司在发生重大转折过后的 15 年里，股东的累计收益率至少是股市平均水平的 3 倍。而这 11 家公司的共同点是：都由第五级领导者来掌舵。

（二）第五级领导者的特点

1. 平和而执着，谦逊而无畏

第五级领导者身上呈现出个人谦逊品性与超强职业意志力的矛盾统一。这种非常少见的组合，挑战了人们关于杰出领导者必备素质的假定。

第五级领导者常常带着发自心底的谦卑，带着某种羞怯的状态出现在员工和公众的面前。当然，领导者的气质千差万别，有些卓越的领导者并不显得那么羞涩，在他的内心深处往往是有一种看淡自己，看低自己，不会因为自己处于某种弱势而觉得尴尬的那样一种人。吉姆·柯林斯说，有时候我们判定一个卓越的领导者有一个特别简单的标准，就是敢于或者习惯于说："这个我可不懂。"

2. 雄心壮志，培养接班人

第五级领导者通常将雄心壮志倾注到公司上，为公司成功培养接班人。他们具有一项关键品质，即公司的利益永远被放到第一位，公司的成功高于其个人的财富和名誉。他们致力于发现并培养公司的下一代领导者，希望看到下一代领导者带领企业取得更大成功，哪怕人们不记得他曾为之付出的努力。

海尔的张瑞敏就具备典型的第五级领导者特征。

　　2021 年 11 月 5 日，海尔集团召开第八届职工代表大会并进行换届，会上，创始人张瑞敏主动提请不再参与新一届董事提名。这是海尔集团创业37 年以来主要领导者的第一次传承。在当天演讲中，张瑞敏提到：海尔已经不是传统的科层制企业，而是一家生态型的企业。经过很多年的无止境的创新创业，我们已经搭好了生态型企业的框架，现在还要不断向前进化。进化是无止境的。为了人单合一模式更好地发展，虽然还没到原来为我设计的办理退休的时间，但我决定今天辞去所有的一线职务，退居二线。退居二线后，集团的例会我还会照常参加，但是角色会发生变化。以前的会议，以我说为主，将来的会议，我以听为主。著名的美国将领麦克阿瑟在西点军校最后一次演讲中说，老兵不死，只是淡出舞台。今天，我也是如此。海尔的创业精神永不灭，但我会逐渐淡出舞台。

（三）第五级领导者画像

第五级领导者在坚定的意志与谦逊的性格两个方面的表现，可总结如下画像，见表 16.1。

表 16.1 第五级领导者的画像

坚定的意志	谦逊的性格
• 创造最出色的成果，在企业从优秀到卓越的转变中发挥催化剂的作用 • 为了求得长远的最佳结果，无论面临多大的困难，都会展现出毫不动摇的决心，完成一切必须完成的工作 • 为打造拥有持久生命力的伟大公司而设定极高的标准，不打半点儿折扣 • 如果公司经营业绩欠佳，在分摊责任时不会把目光转向"窗外"，而是更多地对镜自省，绝不一味抱怨他人、外部因素或运气太差	• 表现出强烈的谦虚心态，回避别人的恭维，从不自吹自擂 • 行为方式是从容与坚定的，主要依靠卓越的高标准，而不是靠个人魅力来激励员工 • 雄心勃勃，将注意力放在公司发展上，而非着眼于自身；悉心挑选接班人，让公司拥有更加光明的前景 • 公司取得成功时，他们的眼光总是望向"窗外"，把成绩归功于他人、外部因素或是好运气，而不是对镜自赏、揽取功劳

二、麦克斯韦尔的"五层论"模型

（一）领导力的五个层次模型

约翰·麦克斯韦尔[1]通过近 30 年关于领导力的研究，在 2012 年出版的《领导力的 5 个层次》一书中，提出了"领导力的五个层次"模型，见图 16.2。

（二）领导力五个层次的发展原则

麦克斯韦尔认为：领导力是一个循序渐进的过程，而非一种静止不前的状态。领导力所担负起的巨大挑战就是创造变革，实现增长。这些变革与增长，将会促使领导者向更高的领导力层次迈进。

---

[1] 约翰·麦克斯韦尔（John C. Maxwell）是享誉美国的领导力和人际关系大师，著有《领导力 21法则》《360 度领导力》《真正的成功》等书。

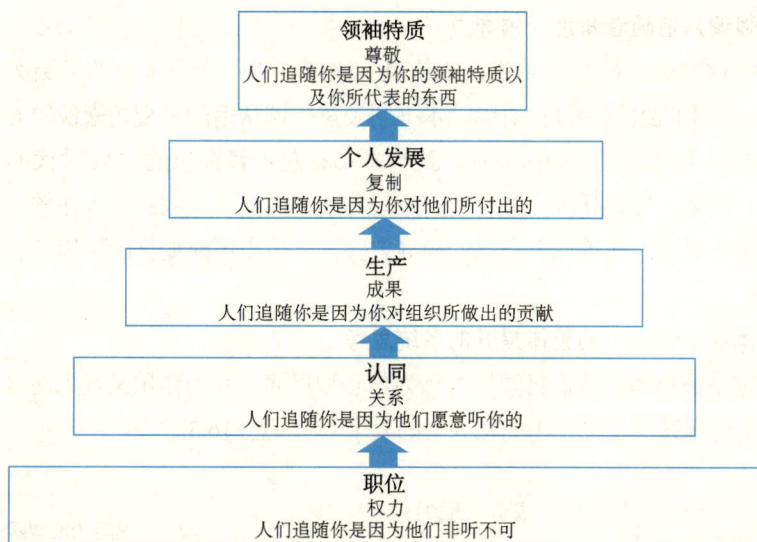

图 16.2 约翰·麦克斯韦尔领导力的五个层次模型

领导力的五个层次，本质上也是领导力的发展原则。当我们掌握这些原则并将其内化，它就成为我们价值观的一部分。

第二节｜领导力提升的五个台阶

一、领导力提升的五个台阶

（一）本书提出的五个台阶

借鉴柯林斯和麦克斯韦尔的经典研究，联系中国企业在 AI 背景下的挑战和机遇，结合中国企业家领导力修炼实践中的经验和教训，本书提出领导力整体提升的五个台阶。我们认为，领导力的整体提升需要经历五个台阶。

（1）第一台阶：靠职位权力来领导，追随者无可奈何追随。

（2）第二台阶：靠人际认可来领导，追随者自觉自愿追随。

（3）第三台阶：靠工作绩效来领导，追随者全力以赴追随。

（4）第四台阶：靠发展人才来领导，追随者加倍成长追随。

（5）第五台阶：靠人格魅力来领导，追随者不由自主追随。

（二）本书提法的创新之处

本书提法借鉴了柯林斯和麦克斯韦尔等大家的经典研究，体现了三方面创新。

1. 强调从追随者角度谈领导力

以往这方面的研究与结论，或从单一的领导者视角来衡量领导层次，或将领导者放入不同组织中进行对比。本书则聚焦强调从追随者视角来谈领导力，展现领导力在不同台阶上的统一性。这与本书在总论篇提出的"AI 时代的领导力定义"的创新之处相呼应。领导力的方向和大小由两者共同决定。在领导力实践中，领导者必须不断地调整自己的领导方式，以适应不断变化的环境和利益相关者的期望。

2. 体现了领导力的整体提升的系统思考

通过系统思考，我们将领导力行为与心智贯通，互为作用又互为衡量，以此形成同步的提升。本书提出的领导力的五个台阶见图 16.3。

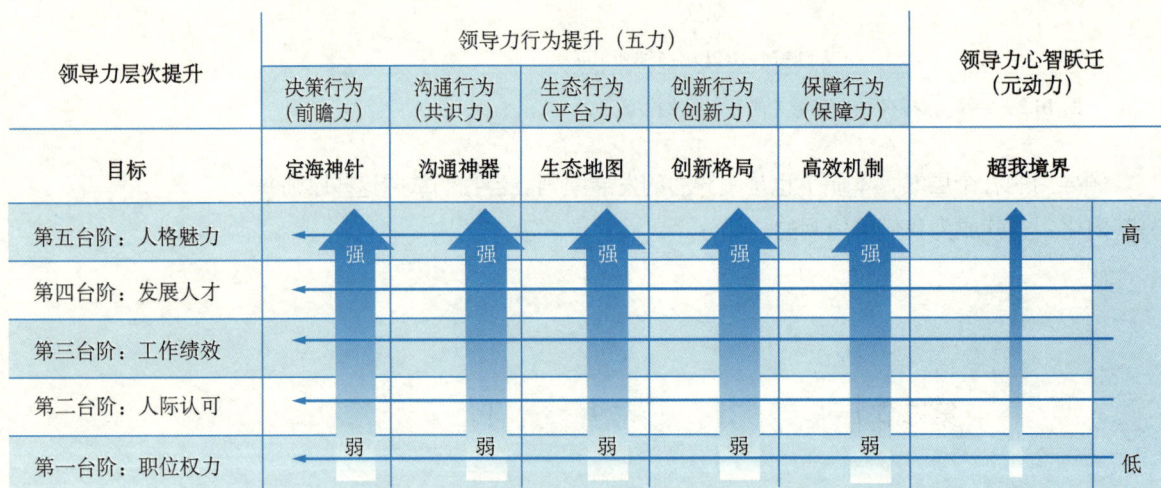

领导力层次提升	领导力行为提升（五力）					领导力心智跃迁（元动力）
	决策行为（前瞻力）	沟通行为（共识力）	生态行为（平台力）	创新行为（创新力）	保障行为（保障力）	
目标	定海神针	沟通神器	生态地图	创新格局	高效机制	超我境界
第五台阶：人格魅力	强	强	强	强	强	高
第四台阶：发展人才						
第三台阶：工作绩效						
第二台阶：人际认可						
第一台阶：职位权力	弱	弱	弱	弱	弱	低

图 16.3　领导力整体提升的系统思考图

3. 融合了 AI 时代人机结合的共生思考

在总论篇，本书谈到了人脑与机脑的融合共生，体现在三个方面：传统经济和数字经济的融合共生；个体组织和平台生态圈的融合共生；人脑和机脑的融合共生。

在 AI 时代，我们应用人工智能的智能体技术，开发了"AI 包老师"，将 AI 时代的领导力理念与实操形成智能体操作系统，通过 AI 融入，帮助领导者实施动态的领导力提升计划。

二、五个台阶的提升思路

（一）领导力层次提升的线路图

领导力层次提升需要遵循科学的路线，并体现以终为始的原则，如图 16.4 所示。

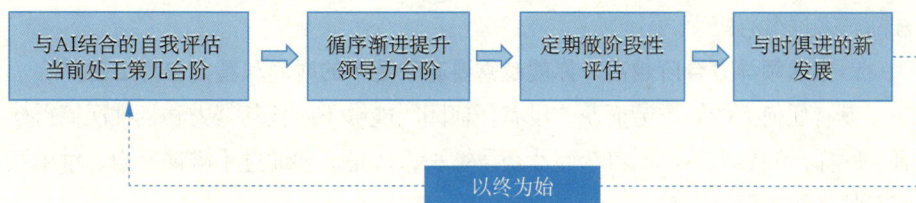

图 16.4 领导力层次提升路线图

（1）与 AI 结合的自我评估：自我评估是个人或组织发展的起点，需要通过自我评估，确定自己当前所在第几台阶。这个过程可与 AI 结合，获得更动态、全面的评估视角。

《五个台阶整体自测》及《五个台阶双向视角评估》见二维码 16.1。

（2）循序渐进提升：根据当前现状，依次将更高台阶作为目标并采取行动逐步实现。

（3）定期做阶段性评估：定期的阶段性评估有助于监控进展情况，并及时纠正可能出现的偏差。

（4）与时俱进的新台阶：领导者通过前三个过程，登上新的领导力台阶，并与时俱进更新自己的领导力行为和心智，为下个台阶的发展做准备。

（5）"以终为始"：强调了从目标出发，反向规划行动步骤。这种方法有助于保持目标的清晰性，并确保每一步都朝着最终愿景前进。通过这种持续的努力，个人或组织可以实现持续的成长和发展，最终达到更高的领导力台阶。

（二）领导者与追随者的辩证关系

"如果你自认为是领导者而无人愿意追随，那么你只是一个过客罢了。"这句箴言深刻地抓住了领导力的真正本质，也表达出了领导力的五个台阶中最重要的观察视角。

立人者，方能立己。想要成为一名成功领导者，你必须帮助追随者不断提升，从而让追随者从无可奈何的追随到不由自主地追随。如果人们不追随你，你不可能从第一台阶迈向第二台阶和第三台阶。如果你的追随者不能最终成为新的领导者，那么你也没有可能迈向领导力的第四台阶。而如果你所培养的领导者不能实现领导力的第四台阶去不断培养新的领导者，那么你最终不能成长为深具人格魅力的巅峰领导者。

（三）五个台阶提升的深层视角

1. 所处的领导力台阶越高，领导力的实现就越容易

领导力的发展如同攀越领导者心中的"高山"，五层台阶通往"山之巅峰"，随着你努力攀登，迈向更新、更高的领导力台阶，你的领导力行为技能和心智技能也同步提升到更高层次。这个时候，你会发现自己的影响力变大，在领导他人

16.1：领导力台阶自测与评估

方面越来越得心应手。

2. 你的领导力台阶越高，你就越需要花费更多的时间和精力去再上新台阶

没有任何人能够不劳而获，没有任何团队能够不做任何努力和牺牲而摘得桂冠。同样，领导力不可能自然而然获得增长，而是需要通过不懈地努力、付出甚至奉献才能实现。

对绝大多数人来说，站上领导力的第一台阶已是多年奋斗的结果，当他们到达第二台阶时，又意味着他们将付出更多的时间和精力去建立人际关系；而到达第三台阶，意味着他们积累了一场场的胜仗；到了第四台阶，他们已像园丁一样用心滴灌人才，为企业的"良将如潮"呕心沥血；而第五台阶，那可能是很多人终其一生才能到达的地方。

3. 领导力征程上，每提升一个台阶，都是需要日积月累的，而后退却是瞬间可成的

领导力修炼是一场漫长的征程，每提升一个台阶，都是对行为技能和心智技能日积月累的修炼。领导力是一种能力，更是一种品德。站上高位的领导者陷入自我膨胀和自我迷失而"跌落神坛"的事并不鲜见。事做错了可以从头再来，但人做错了却很难东山再起。

4. 当你变换职位或者组织时，你基本上要从新的领导力台阶开始

"空降高管失败率高"的现象背后，需要领导者反思：当你面对新的追随者时，你认为自己仍站在原来的台阶上，还是找到新的台阶并从那里开始？

事实上，很多失败的案例告诉我们：大多数领导者选择了前者。例如，当你在原来的组织里已达到第四台阶时，你的领导方式是只需要关注大的方向，一手培养起来的追随者们便能高效执行拿结果。而当你到了新的组织，对新的追随者来说你只是处在第一台阶的领导，如果继续过往的模式，恐怕只可能水土不服，失望收场。

值得注意的是，如果你曾经迈到过领导力的第四台阶，你就清楚如何去达到它。有了这样一份宝贵的经验，即使在新的组织中，你也知道如何快速到达原先的台阶。

5. 因为每个人是不同的，对于不同的人而言，你所处的领导力台阶也不尽相同

高效的领导者与追随者之间的互动是基于：他们与特定追随者所处的位置；追随者对于领导者所处台阶的解读；领导者自身领导力提升所处的台阶。

对于新的组织成员，以及那些处在你的人际关系圈边缘的人来说，你是拥有权力的领导；对真心感受到你的培养的成员，你是发展人才的导师；对那些全心追随，不计任何条件追随你的人来说，你可能代表了他们神圣的"信仰"。因此，领导者需要区分不同的追随者，以采取不同的领导力策略。

第十七章

领导力整体提升的操作

领导力的修炼，就是领导者从靠职位权力来领导到靠人格魅力来领导的动态发展过程。我们将这个过程总结为"五个台阶的领导力提升蓝图"，见图17.1。

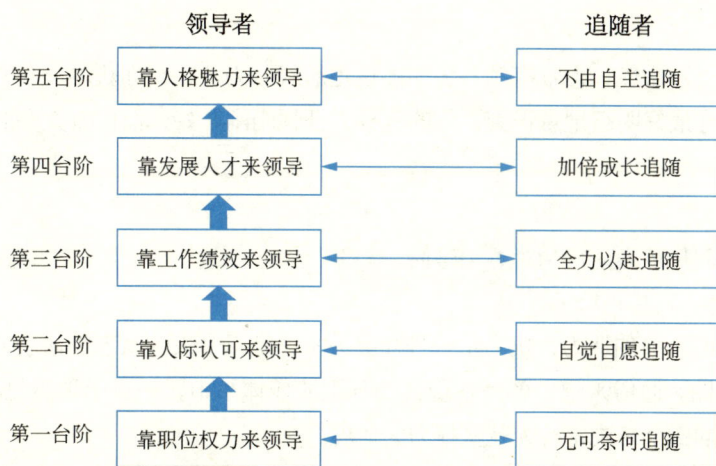

	领导者		追随者
第五台阶	靠人格魅力来领导	◄──►	不由自主追随
第四台阶	靠发展人才来领导	◄──►	加倍成长追随
第三台阶	靠工作绩效来领导	◄──►	全力以赴追随
第二台阶	靠人际认可来领导	◄──►	自觉自愿追随
第一台阶	靠职位权力来领导	◄──►	无可奈何追随

图 17.1 五个台阶的领导力提升蓝图

第一节 | 第一台阶："职位权力"与无可奈何追随

第一台阶是所有领导者的起点。领导力的第一台阶是职位权力。领导者依赖职位赋予的权力去领导。

人们追随你是因为他们不得不这样做。因为你有这个头衔或职位，可以据此领导别人，但这不意味着你就是一个好的领导者。

第一台阶的领导力带来的好处，是它给了你一个"领导的机会"，让你有机会去学习，发展和践行领导力成长，这是"五个台阶"领导力的基础。

> 权力，好比你手里的好牌。但若出牌顺序错误，"好牌"也变成了"滥牌"。

一、职位权力阶段的领导力法则

（一）盖子法则

领导能力决定一个人的行事成效，而非职位权力。

所谓"中层板结"，指的就是企业中的管理者到了一定的位置，就觉得自己很成功，陷入"自我膨胀"止步不前。这种思维像一个盖子一样，把人困于瓶颈之中而不自知，不仅限制了自己的潜能发展，还在变化的环境中加速了自己的能力贬值。

（二）过程法则

领导力的培养来自日积月累，而非一日之功。领导是一个职位，是一种身份，是组织赋予的一个结果。而领导力是一个日日不断的过程。卓越的领导者每天在做的事只有一件：打一仗进一步。

（三）领航法则

谁都可以掌舵，但唯有领导者才能设定航线。为此，当你获得一个领导职位的时候，你最好明智地意识到，你的领导力征程刚刚开始，而你有太多的东西要学习。

二、职位权力阶段的领导力进阶

（一）正确认识权力

马克斯·韦伯认为，权力是一种社会关系，是将个人的意志加诸于他人的行动的可能性。通俗来说，就是在现代的分工协作体系中，一旦出现意见不一致，谁服从谁的指令来决定行为就是权力的体现。

权力的来源有两种，一种来自组织中上层的授予，一种来自成员的认可。在组织中，权力在向上、向下、水平三个方面以不同的策略施加影响，见表17.1。

表 17.1　三种方向的权力影响策略

影响方向	向上影响	向下影响	水平影响
策略	理性说服	理性说服 鼓舞式诉求 施压 商议 逢迎 交换 合法性	理性说服 商议 逢迎 交换 合法性 个人式诉求 联盟

（二）正确用好权力

职位权力的本质是依赖性。既要有效掌握和运用稀缺、不可替代的资源，又要有效发挥非职位权力的影响力。当你掌控的资源是重要的、稀缺的且不可替代的，那么人们对你的依赖性就会增加。

（1）重要性：如果没有人想得到你掌握的资源，就没有人会对你有任何依赖。

（2）稀缺性：如果某种东西是充足的，那么对他的拥有就不会增加你的权力。只有当人们觉得一种资源十分稀缺时，才能使他人依赖于你。

（3）不可替代性：一种资源，越是没有切实可行的替代物，则拥有该资源的控制而带来的权力就越大。

（三）发挥非职位权力影响力

非职位权力影响力是一种自然影响力，是指领导者不通过职位权力而改变他人的观点和行为，从而达成目标的互动行为，这种影响力比职位权力更广泛、持久。

1. 运用对象是核心人才

领导者运用非职位影响的主要对象是核心人才。在组织中，核心人才是至关重要和稀缺的人才资源。发挥核心人才的关键作用也是领导者的重要责任。核心人才能够创造高绩效，但也需要获得更高的满足感和成就感。非职位权力影响对核心人才的影响远大于权力带来的约束力。

2. 领导者如何发挥非职位权力影响力

面对核心人才，领导者可通过发挥个人魅力、尊重人才发展需求、注重情感沟通、助力其领导力提升四方面来发挥非职位权力影响力。

（1）发挥个人魅力：需要领导者言行一致，有战略远见、科学思维，真诚直率、利他、有济世情怀等特质和行为。

（2）尊重人才发展需求：需要领导者在关注组织绩效的同时，关注核心人才的个性化需求，充分理解并引导其保持与组织目标的一致性，实现共赢。

（3）注重情感沟通：领导者要加强与核心人才的情感沟通，善于在非正式活动中增加与核心人才的交流，真诚倾听其对组织发展的意见和建议。同时，真诚、适度地关怀其家庭也是一种非常有效的情感沟通，有助于建立更为牢固的情感基础。

（4）助力其领导力提升：核心人才在组织内部往往承担着更高的绩效或期待，在组织外部则面临各种"橄榄枝"的诱惑。领导者需要基于更大的格局，帮助核心人才发展领导力，使其在成为更好的自己的路上不断精进，以更好地面对内部压力和外部诱惑。

第二节 | 第二台阶："人际认可"与自觉自愿追随

第二台阶的发展关键是人际认可。领导者通过建立和发展人际关系去领导。

人们追随你不是因为没有选择，而是他们愿意，他们想要自觉自愿追随你。人们开始付出他们的心，发挥他们的能量。这和第一台阶有天壤之别。

"只有当人们知道你有多么在乎他们时，他们才会多么在乎你的想法。"作为领导者，如果你能首先帮助人们得到他们想要的，他们就会帮你得到你想要的。你怎么知道他们想要什么呢？你必须走到他们中去，倾听、提问、拍拍他们的肩膀告诉他们你在他们身上看到的"光"。

> 你能给别人未来，别人就会为你而来。

一、人际认可阶段的领导力法则

（一）影响力法则

领导力真正的衡量尺度是影响力。能让利益相关者共同认可，共同去做正确的事的不二法门，就是增加你的影响力。

（二）亲和力法则

领导者得人之前，必先得其心。得其心，首先需要营造轻松和谐的氛围，让身在其中的人能够打开心门。心门打开，信任才有机会进门。

（三）接纳法则

"如果你不相信这个人，你不可能相信他讲的话。"要人们认同你的想法，必须先让他们接受你这个人，真正的接纳源于信任。组织成员接纳领导者的最高表现，是高度认同领导者营造的文化、价值观，并将此作为自己的言行指引。

（四）复利法则

职业生涯早期，放下脸面多社交，在职业生涯后期，就有杠杆效应和复利效果。比如，坚持利他、坚持对别人好，不在意是否得到一时一事的回报。

二、人际认可阶段的领导力进阶

（一）用同理心对团队成员真诚关爱

人际认可的关键是同理心。领导者要打破自我中心，不断反思，学会理解和包容，用同理心对团队真诚关爱。

> 一位学员谈起对自己成长影响深远的老板至今充满感恩和敬意。十几年前她刚拿了驾照买了新车，早上从上海总部去苏州工厂参加例会，一位老驾龄的同事帮她把车开去，可回程时这位同事临时有要事不回上海。经过了短暂的思想斗争，她决定一个人完成第一次的高速驾车。在停车场正好遇到老板，老板知道她这是第一次独自开车上高速，就安排司机自己开车回，然后坐到了她的副驾驶位上，一路指导她把车开回了上海。那一刻她更加确信：这样的老板值得追随。

（二）作为"首席鼓励者"实现积极赋能

人际认可的催化剂是赋能。卓越的领导者，就像直觉敏锐的寻宝者，他们的眼睛随时能捕捉到组织成员的"闪光点"，并适时送上真诚的肯定。他们知道如何让员工更有力量去追寻更高的目标，去经历更大的挑战，而他们要做的，就是作为"首席鼓励者"，为员工的行动赋能。

⚒ 工具箱

认可的技术

1. 对团队及每个成员提出高目标要求。

2. 定期和清晰地沟通你的期望目标。

3. 创造一种氛围，让大家（包括你在内）都可以舒服地接收反馈和提供反馈。

4. 找到各种激励方式，了解它们的不同与差异性。不要以为你什么都知道，一定要花时间去询问、去观察。

5. 认可的方式要有创造性，认可要及时，要有趣。

6. 要让说"谢谢你"成为你每天行为的一部分。

（三）让追随者由衷感到追随你最有意义

人际认可的表现，是追随者由衷感到追随你与追随别人是完全不一样的。追随你比追随其他人更有意义。

你要了解每一位追随者的家庭背景、个人生活、优缺点、希望和梦想，用心建立彼此信任的关系。唯有真正关心追随者，才能赢得追随者发自内心的尊重。

对于追随者而言，追随你不仅仅是完成工作，更是一个提升自我、实现梦想的宝贵机会。你全心全意地帮助他们成功，他们定会报以真诚的感恩和忠诚。这便是作为领导者的意义和价值所在。

第三节 | 第三台阶："工作绩效"与全力以赴追随

> 不论多么伟大的领导者都不能长久维持，除非他不断取得新的胜利。
> ——伯纳德·劳·蒙哥马利

第三台阶的发展关键是工作绩效，领导者通过绩效赢得在组织中的信任和声誉。

第三台阶的领导者，在第二台阶领导力的基础上可以产出绩效。人们追随你，不仅因为你对大家的关心，同时因为你所做事情产生的绩效，公司因你而变得更好。人们谈论起你，会满怀尊敬地说：如果没有他的领导，我们不可能取得今天的成绩！

一、工作绩效阶段的领导力法则

（一）尊重法则

人们会自然而然地追随比自己强的领导者。因为领导者的价值会产生溢出效应，从而使周边追随者受益。无论是学做人、学做事，还是获得更多的物质回报。

（二）积小致巨法则

持续的积小胜为大胜，形成良性循环，从而产生"飞轮效应"。

（三）动势法则

发展是硬道理，发展是最大的凝聚力，动势是领导者最好的朋友。领导力在第三台阶上比第二台阶要容易实现。因为第三台阶中出现了动势，即前进的势头。好的成果会促成动势，拥有动势给予你更大的成果，更大的成果，反过来又会产生更大的动势。绩效创造了这样一个持续前进的良性循环，有了这种前进的势头，一个组织就能够克服困难，积极面对未来。

二、工作绩效阶段的领导力进阶

（一）将高效机制融入领导力，帮助他人也成为高绩效者

尽管第二台阶的人际认可，让领导者感受到领导的意义和价值，但通往卓越的路上，这远远不够。

比拥有人才更重要的，是建立起一套高效机制，让人才在这套机制中自发地、快速地成长起来。领导者必须将打造高效机制作为重要使命，融入领导力行为，通过高效机制帮助他人成为高绩效者。

（二）持续不断地筑起梦想，并尽可能富有创意地传递出去

在工作绩效阶段，组织已经建立了一定的基础，但要实现更大的飞跃，就需要领导者为组织绘制宏伟的蓝图，树立远大的目标。唯有心中有梦，脚下才有路。领导者要成为"筑梦师"。伟大的梦想需要持续不断地筑造和传递，领导者需要经常与团队沟通梦想，同时要不断创新表达方式，让梦想常讲常新，始终鼓舞人心。

（三）利用前进的大势乘势而上，以获得更强大的动势

当你登上领导力的第三台阶，意味着你已拥有两种影响力，一种是因人际认可带来的，一种是因工作绩效带来的。这两种影响力为组织注入了前进的大势。即使没有领导者人为的推动，组织成员也能自然而然融入组织良性循环的各类机制中。领导者需要做的，就是趁势而上，去解决未来发展路上的关键难题，以获得更强大的动势。这里特别要小心和避免的，是缺乏创新，缺乏进取，满足现状，在原有轨道上低层次的重复。

> 事实是最有说服力的，比较是最有震撼力的。
> 工作实绩阶段的核心是趁势而上！

🔧 工具箱

打胜仗是最好的团建

很少有东西能像成功一样鼓舞人心。一位领导者的工作就是帮助团队取得胜利。在团队成员不断建立"小胜"的同时，则会激发他们继续前行的斗志，并获得最终的"大胜"。如果你想让员工备受鼓舞而取胜，那么多去奖励，并庆贺他们在日常工作中取得的小胜吧。只要可以把这种个人胜利的庆祝作为自己胜利的一部分，给予他们最大的信任，这不仅仅会激励员工，也会帮助他们享受这一路征程。

第四节 | 第四台阶："发展人才"与加倍成长追随

第四台阶的发展关键是发展人才，这也是组织领导力复制和倍增效应的原因。

很多领导者以及他们的公司会止步于第三台阶领导力，以为有了绩效就有了一切。但是，停留在第三台阶，意味着领导力的潜力尚未发挥。企业要产生倍增

效应，需要第四台阶领导力。当领导者以培养和发展人作为工作的重点时，你就从做加法变成了做乘法，因为你在企业中复制了自己的领导力，这就是倍增效应。

一、发展人才阶段的领导力法则

（一）爆炸性倍增法则

培养追随者，得到相加的效果；培养领导者，得到相乘倍增的效果。

当领导者迈到第三台阶时，领导力的生产能力与组织影响力开始显现。这些在第四台阶上更是呈现出倍增的趋势。每次你培养他人并帮助他们成为领导者，你不仅仅是获得了他们的能力，将他们的力量用于组织之中，你也能够获得他们所领导的每个人的能量。没有比培育领导者更快捷、更有效的途径来实现你的时间、努力与资源的倍增了。

（二）授权法则

面对优秀人才，有人选择打压、雪藏；有人选择大胆提拔，充分授权。如果他们的领导者不愿授权，人才也难以登上第四台阶。与其自己成为领导者，不如成为更多领导者的授权人。

二、人才发展阶段的领导力进阶

（一）进阶思路

1. 捍卫领导力——为优秀领导力定义并亲身示范

领导者可就领导力行为技能与心智技能进行组织内的定义，参照五星领导力模型构建属于本组织的领导力模型。

2. 教授领导力——定期地、频繁地、坚持不懈地训练领导者

围绕组织的领导力模型，制定领导力发展计划，采用多种方式训练领导者。

3. 实践领导力——帮助领导者进行计划执行，经历失败与成功

根据领导力发展计划，创造支持性环境，设计挑战性历练，让他们经历失败与成功，并从中磨炼领导力。

4. 指导领导力——回顾新领导力的表现，并纠正他们的不当行为

与他们一起，定期回顾新领导力在各个行为维度以及心智维度的表现，并基于相应的误区和"不为清单"共同反省，纠正不当行为。

5. 奖励领导力——用薪酬、资源以及认同来奖励良好的领导力

在激励体系的打造中，善于用各种分配体系来奖励良好的领导力，帮助他们形成新的习惯。

对于一个优秀的领导者来说，每当你培养一位领导者时，你就在改变着这个世界。如果你所培养的领导者汲取所学，并将其用于其他后起之秀的培养中，你将会产生多大的影响力？而这种影响力又将会延续多久都是不言而喻的。

（二）操作方法：不同场景指导培养领导者

在以下七个具体的场景中，培养领导者可操作的方法有以下七方面。

1. 汇报工作说结果

汇报工作时要突出结果导向，说清楚工作达成了什么目标，取得了什么成效，要有具体的数据。避免陷入空洞的叙事和事无巨细的细节，要抓住重点，言简意赅。

2. 请示工作说方案

向上级请示工作时，要提供完整可行的解决方案，体现你的思考和准备。要强调：领导是批改"作业"的。具体的"作业"你们要先做好。不要只提问题，更要给出你的分析和建议，为领导决策提供参考。

3. 总结工作说流程

总结工作时要梳理工作的整个流程，复盘关键节点和决策点。目的是优化工作流程，提炼可复制可推广的经验做法。

> 良将无名！
> 发展人才的要点是领导者从生产者转变为培养者！

4. 布置工作说标准

布置工作任务时要明确目标和达成标准，不能只是发号施令。要让团队成员明白工作的关键要素和考核标准，做到心中有数。

5. 关心下属问过程

关心下属要注重过程，多问问他们在工作中遇到的困难和挑战。目的是更好地了解下属，给予必要的指导和支持，建立互信关系。

6. 交接工作讲道德

工作交接时要本着对他人负责的态度，不能只顾自己。要详细说明工作的进展情况、需要注意的问题等，确保工作平稳过渡。

7. 回忆工作说感受

回忆和分享工作经历时，要注重表达自己的感受和思考。目的是总结经验教训，启发他人的思考，而不是炫耀自己。

⚒ 工具箱

培养领导者的四大要点

富有挑战的实践历练；

循序渐进的引导推进；

不同场景的指导培养；

针对性强的机制逼迫。

第五节 | 第五台阶："人格魅力"与不由自主追随

第五台阶的发展关键是人格魅力，而这是一个自动生发的结果。

第五台阶领导力被称为"巅峰"，因为这是卓越领导力的象征。在这个台阶上，人们因为你的超凡个人魅力和声誉，以及"你的名字所代表的意义"而不由自主地追随你、景仰你。

一、人格魅力阶段的领导力特质

（1）保持你的核心焦点，保持谦虚的姿态。

（2）做好那些只有你才可以做的事情，创造一个超强动力的领导力发展环境。

（3）培养你的顶尖领导者，并规划好你的传承大业。

（4）计划好你能留下的"遗产"，将你自身在领导力方面的成功，作为实现更伟大事业的平台。

在这个台阶的领导者，人们被其强大的人格魅力所吸引，谦逊与坚韧的品质成为他们的统一底色。并且，人们会看到，处在这个台阶的领导者，他们都拥有自己的人生使命，并将自己的核心工作围绕"做好传承，做出更多超越自我的贡献"而展开。

二、人格魅力阶段的领导力法则

（一）直觉法则

第五台阶的领导者，处在领导力的巅峰状态，拥有很强的领导力直觉。所谓"神圣的推动力"，就是人们常说的第六感带来的正确预感，领导者要学着依赖这些直觉，并作为行事的参考。

（二）传承法则

一位领袖的历史地位有赖于传承。人生的目标，不是永生不死，而是创造出一些永恒的东西。对于巅峰领导者而言，实现这一目标的最佳途径，就是将你所有的一切，投资于他人的人生。随着 AI 的发展，硅基生命的产生，传承也有了新载体和新路径。

三、人格魅力阶段的领导力体现

（一）韧性领导力的修炼

1. 韧性领导力的内涵

韧性领导力是指领导者在挫折和困难面前能够迅速恢复、反弹到正常工作状

> 韧性，是至暗时刻的"通行证"；韧性，是企业家精神的"底色"。

态，面对挫折和困境依然能坚持朝着既定的方向勇往直前、永不言弃的一种意志及其状态。

韧性领导力主要有两个方面的含义：

（1）领导者自身在困难和挫折面前具有的抗压能力、反弹能力和复原能力；

（2）领导者在困难和挫折面前还要具有引领带头的作用，组织和带领整个团队前进，关键时刻能够冲上去。

2. 韧性领导力的修炼途径

AI 背景下，领导者修炼韧性领导力的途径有：

（1）面临瓶颈，打破思维定式，有条件上，没有条件创造条件上。

现实中总有人以"这个条件不具备，那个条件不成熟"延迟行为或推脱责任。试问，如果什么条件都具备了，轮得到你吗？真正优秀的领导者，他们勇于在没有机会的情况下创造机会，展现非凡的韧性，他们坚定地认为：正因为缺少这个条件、那个条件，正好给我提供了机会！

（2）身处逆境，学会学习，与时俱进，AI 赋能，做共生领导者。

AI 是这个时代的挑战和机遇，通过 AI 辅助，领导者可以更高效地处理烦琐的工作，从而有更多时间和精力从事创造性、战略性和高价值的任务。尤其是在当前经济形势下，众多领导者身处逆境，越是这种时刻，越要学会利用 AI 赋能，与利益相关者、生态伙伴甚至与时代共生。

（3）确定目标，刻意利他，持续小赢，实现终身成长。

领导者是既要仰望星空又要脚踏实地的一群人。在修炼韧性领导力的过程中，领导者需要坚定目标，不断追求自我超越。通过持续的小赢，领导他人不断攀登更高的台阶，实现终身成长。

> 没有退路有时就是胜利之路，做最好的自己就能成为卓越的领导。

（二）谦逊领导力的弘扬

一个人的谦逊程度是一把量尺。如果你承认你还有很多东西需要学习，承认人人都各有所长，承认人们讨论碰撞出的想法总是比一人独断的观点要好，那么你自然就会保持谦逊，也就会在工作中投入更多的时间让自己做到更好。

当领导者把谦逊作为领导力的核心时，领导者的角色也会随之发生改变，他变成了员工的服务者。当你服务好你的员工，员工就会服务好企业的客户，进而创造好公司的利润。

（三）硅基生命的传承

随着人工智能的发展，我们注意到有人提出人类存在两种生命形式：碳基生命和硅基生命。碳基生命是以碳为基础的有机生命形式，碳基生命是以硅为基础的生命形式。碳基生命有其终点，而硅基生命则有可能实现永恒。

碳基生命的学习与传承通常依赖于个体的经验积累和社会文化的传递，这一过程往往受限于个体的生理条件、知识经验和时空因素，容易出现信息遗忘或失真。而以人工智能为代表的硅基生命，凭借强大的学习能力和数据处理能力，完全突破了碳基生命的局限。硅基生命不仅可以通过数据存储和算法不断更新和优化知识体系，确保信息的准确性和完整性，还能在瞬息万变的环境中快速学习和适应，更重要的是，通过 AI 技术，可以将领导者的知识、经验甚至思维模式数字化，实现跨越时空的传承。

2024 年 3 月，商汤科技用数字人"复活"已故创始人汤晓鸥，在该企业的年会上"表演"了历年来的保留节目——脱口秀。这种创新的方式让创始人超越次元，用他的幽默再一次感染和激励了团队。

硅基生命为领导力的传承开辟了新的路径，而人脑与机脑的融合共生是必由之路。我们应以共生领导力为指导，深入研究硅基生命在领导力传承中的独特优势。这不仅能使领导力的传承更加生动、形象和有效，还能推动组织在复杂多变的环境中持续发展。

AI 时代，卓越的领导者除了关注自身的成长和团队的发展，必须要思考如何利用新技术实现更长远、更持久的影响力。我们可以预见，这种跨越时空的传承，将成为未来领导力发展的重要方向。

推 荐 书 单

1.《从优秀到卓越》——［美］吉姆·柯林斯，余江译，中信出版社 2006 年版。
2.《领导力的 5 个层次》——［美］约翰·麦克斯韦尔，任世杰译，金城出版社 2017 年版。

复习思考题

1. 领导力发展的五个台阶的理论依据是什么？
2. 从第三台阶到第四台阶的修炼要点是什么？
3. 在领导力台阶自测基础上，思考如何向上一台阶提升，并制定具体规划。

第九篇

展　望

在本书编写的过程中，"AI 包老师"已进入复旦大学 EMBA 的领导力课程，为学员提供实时在线的领导力学习辅助。同时，有同学希望将"AI 包老师"引入本企业，作为本企业成员领导力修炼的共同载体。

2025 年 1 月，引发全球关注的话题之一当数来自中国的、一家成立不到两家的人工智能公司[1]发布了被称为当时"最聪明的人工智能"的 DeepSeek-R1 大模型并宣布开源。随之走入公众视野的是其创始人梁文锋。这位 85 后"理工男"，之前鲜见于各类媒体。我们从 2025 年已有报道中提取了对他本人描述最多的三个关键词：低调、数学思维能力强、极度专注。其身边同事称："他既可从高处做精准判断，又可在细节上强过一线研究员、拥有令人恐怖的学习能力、能调动资源、完全不像一般意义上的老板。"

正在发生的这些，更加坚定了我们的认知：AI 时代，领导力已超越了传统定义。

一、回顾：领导力的时代性

领导力最大的特征是时代性。社会发展到今天，领导力经历了多次重大的转

[1]　杭州深度求索人工智能基础技术研究有限公司。

变，每一次转变都伴随着社会、经济和技术的重大进步，伴随着新时代下的组织对领导者的需求满足。

从早期的特质理论识别什么样的人适合成为领导者；到行为理论找出有效的领导行为模式来培养领导者；到情景理论从动态环境中关注影响领导效能的因素及组合；再到当代组织催生的变革型领导、高阶领导、战略领导等，以及为适应组织内多元化价值观群体的各种领导风格，可以说，领导力是帮助组织实现创新的组织目标的重要变量。

组织是领导力的土壤。当前组织的发展正在从封闭的、有边界的系统，走向开放的系统；从确定的、清晰的系统走向模糊的、不确定性的、无边界的系统。

站在这两个走向的十字路口，组织如何选择？选择后如何活下去、活得好、活得久？最先考验的就是领导者的领导力。从对个体"英雄"的呼唤到在生态型组织中的群体"良将"涌现；再到人类与 AI 共同创造并共享新的文明。当下的组织，已无法靠着几个概念来完成对领导力这个主题的实践，而必须建立起一套新的思考框架，与 AI 技术结合，系统地指导领导力得以实现的方向和过程。

二、展望：AI 时代的领导力

"融合共生"是 AI 时代领导力的主要特征。站在当下，我们从未来的不确定性与确定性以及未来可能的趋势三方面来简要展望 AI 时代的领导力。

（一）未来的不确定性

1. 技术发展的不可预测性

AI 技术的进步速度远超预期，但其具体发展方向和应用场景仍存在高度不确定性。

2024 年 12 月 13 日，前 Open AI 首席科学家伊尔亚·苏茨克维做出了一个预测：AI 推理能力将使技术越来越不可预测。他认为随着 AI 推理的日益强大，诸如之前按照人类指令来工作的智能设备可能会越来越聪明，会做出一些非指令的事。如何既让人工智能学会独立思考，又能确保 AI 知道对与错，将成为技术发展中的一大挑战。

另外，有关通用人工智能（AGI）[1] 的实现时间、技术路径及其潜在风险尚无定论。这种不确定性会导致社会对技术的过度期待或恐慌，同时也给领导者带来巨大挑战。

2. 就业与经济结构的变化程度

AI 的广泛应用将重塑劳动力市场，部分职业会被自动化取代。高盛集团在

---

[1] Artificial General Intelligence 的缩写，中文为"通用人工智能"，也被称为强 AI，指在任何你可以想象的人类的专业领域内，具备相当于人类智慧程度的 AI，一个 AGI 可以执行任何人类可以完成的智力任务。

2023 年 9 月发布的《生成式 AI 对全球经济影响》研究报告中称：人工智能技术可能在未来十年内影响全球 3 亿个全职岗位。DeepSeek 的查询数据[1]显示：2024 年预计全球范围内，因 AI 技术被取代的岗位数量在 1 000 万～1 500 万，这些岗位主要集中在重复性高、规则性强、低技能需求的领域。同时，AI 也在创造新的岗位，如 AI 工程师、数据科学家、AI 伦理专家等，并推动了新兴行业的产生，如 AI 内容审核、人机协作管理等。但新职业的出现速度和规模尚不明确。这种不确定性有加剧社会不平等，引发经济动荡的风险。

3. 伦理与治理的复杂性

AI 技术的应用涉及隐私、安全、公平等伦理问题，但其治理框架尚未成熟。算法偏见问题、AI 决策的透明性和问责机制问题仍待完善。由于历史数据存在偏差、设计者个人偏见嵌入系统，以及技术本身不完善等因素会导致人工智能系统不时作出错误或歧视性的自动决策。除了担心"大数据杀熟"等个人权益被侵害的问题，人们更为忧虑的是透明度缺乏、监管不足的自动化决策可能令社会陷入"算法暴政"和"数据霸权"的泥沼之中。因此，构筑健全的人工智能伦理体系，引导算法向善，防范滥用之恶，成为当前亟须解决的重大治理问题。这些问题一旦被激化，则有可能引发社会信任危机，甚至导致技术发展的停滞或倒退。

（二）未来的确定性

尽管未来充满了不确定性，但也有一些趋势是相对确定的。

1. 未来的环境是不确定的

不确定性源于技术变革的加速、全球化进程的复杂性以及社会价值观的多元化。"灰犀牛"和"黑天鹅"事件的频发会进一步加剧这种不确定性，从而增加对组织面临的环境的不可预测性。因此，无论是组织还是个人，都必须具备更强的领导力来应对环境的挑战。

通过认知突破、拥抱成长融合型思维、找到合适的途径，领导者可以实现心智和行为的跃迁，引领组织在不确定的环境中不断前行。

2. AI 与人类的结合将更紧密

随着深度学习、自然语言处理、计算机视觉等技术的快速发展，AI 在进行复杂推理、创造与决策上展现出了突飞猛进的能力；人机交互技术的优化也正在使人与 AI 的交互更加自然和高效，AI 与物联网的结合则进一步推动了 AI 与人类日常生活的融合。未来，AI 与人类的结合将更加紧密，AI 必然成为人类的"智能伙伴"。这不仅是技术发展的必然结果，也是经济、社会和人类需求共同驱动的必然结果。

---

[1] 麦肯锡《全球自动化与就业报告》（2024 年更新）；世界经济论坛（WEF）《未来就业报告》（2024 年）；Gartner、IDC 等科技咨询机构预测。

2025 年 2 月 7 日，Meta 公司宣布启动一项名为 PARTNR 的全新计划，旨在深入研究人机交互（HRI），特别是人类与机器人在家庭环境中如何协作完成家务任务。这一研究聚焦于诸如清洁、烹饪以及收取外卖等日常家务，试图为未来家庭机器人发展提供新的思路与方向。而类似的应用不仅提升了整个社会的生产力，还重新定义了人类的角色——从执行者转变为决策者和创新者。当下，人们已开始关注数据隐私与 AI 伦理问题，未来的领导者需要平衡技术效率与人文关怀，确保 AI 的应用真正造福于全人类。

3. 人脑与机脑的结合将更紧密

2025 年 2 月 6 日，马斯克的 Neuralink 公司[1]宣布其 CONVOY[2]研究项目迎来了首位参与者，该参与者表示已能够用意念操控电脑进行设计和画图。这意味着在人脑与机脑结合上迈出了历史性一步。这种结合在重新定义人类的潜力和边界的同时，也提醒未来的领导者需要关注技术的社会影响，推动人机协同的健康发展。

未来，随着脑机接口（BCI）和神经技术的发展，人脑与机脑的结合将进入新阶段。这种结合不仅体现在物理层面，即通过植入设备增强人类的认知能力；更体现在思维层面，即通过 AI 扩展人类的创造力。

（三）未来非常可能的趋势

除了上述确定的趋势外，还有一些非常可能的趋势，需要领导者关注并做好准备。

1. 领导力的共享化

在 AI 时代，领导力的共享化将成为一个重要趋势。AI 技术本身具有分布式和协作的特征。我们所见的大语言模型的每一次技术突破，背后都有对不同领域海量数据和知识的共享使用。数据和知识是组织最重要的资源，传统集权式的领导很难实现这种大规模、大范围的资源共享。而领导力共享化能更好地适应技术的分布式特性、复杂问题的跨领域需求、组织结构的网络化趋势以及人机协作的新模式。通过赋能、协作和开放，领导力的共享化可以帮助组织在 AI 时代实现创新与可持续发展，这种领导力模式不仅是技术变革的必然结果，也是社会进步的体现。

2. 领导力的个性化

AI 时代领导者面临的内部个性化体现在三个方面：

（1）AI 时代的员工更加注重自我实现和个性化发展。

（2）AI 时代的工作模式更加灵活、多样并且呈普及之势。

---

[1] 埃隆·马斯克创立，研究脑机接口技术的公司。

[2] 2024 年 11 月 26 日，Neuralink 宣布了一项通过脑机接口（BCI）技术控制机械臂的可能性研究项目。

（3）AI与人结合呈现千人千面。类似我们向 AI 提问，即使是相同的问题，AI 给出的也是因人而异的回答。

随着 AI 技术的发展，领导力的个性化将成为可能。个性化领导力帮助领导者更好地适应数据驱动的洞察、员工需求的多样化、灵活工作模式的普及以及人机协作的新常态。个性化领导力更加充分地体现了人性化管理，通过定制化的支持和关怀，帮助员工实现自我价值，同时提升组织的创新能力和竞争力。

3. 领导力的全球化

AI 时代，领导力的全球化将成为一个重要趋势。AI 技术跨越了国界，组织可以利用 AI 技术实现全球人才链、供应链等的智能化管理。在 AI 技术的推动下，全球市场的互联互通被打开，跨境电商、数字支付和智能物流等应用加大了企业进入国际市场的便捷度。这种变化加速了组织内部成员的多样化，不同国家和文化背景的员工构成领导者重要的利益相关者。另外，AI 时代对组织的社会责任也提出了更高要求，领导者需要领导组织在推动全人类的可持续发展中作出贡献。

领导力的全球化，可以帮助领导者通过整合全球资源、促进跨文化协作和推动全球问题的解决，在 AI 时代引领组织达成目标。

曾有学者指出，一部组织发展史，就是一部"控制史"。AI 的加入，是加大了对人与事的控制，还是增加了"人之为人的自由"？对于大部分人而言，这个问题可能没有答案。而对于 AI 时代的领导者来说，答案，就在自己手里！

致　谢

我 57 年的职业生涯分为四段：上海助剂厂（1968—1983 年）、复旦大学（1983—1995 年）、上海实业集团（1995—2008 年）、复旦大学（2009 年至今），这四段经历有 3 个关键点：

1983 年上大学，1995 年"下海"，2009 年"上岸"，我的命运因为这三个关键点的串联，被推到了不断进步的境地。

我热爱我现在的工作，"三尺讲台"，手捧真心，与同学交流。在这个过程中，享受我的人生使命——"影响有影响力的人"。

这本书的面世，是团队合作的成果。我的另三位合作者：

徐晓亮先生，现仕复星国际执行董事兼联席首席执行官，上海国际时尚联合会会长。曾荣获"上海市青年五四奖章""上海市十大青年经济人物"等称号。他在企业领导力方面积累了丰富经验，对 AI 领导力探索具有真知灼见。在本书的总体结构设计、底层逻辑梳理、核心观点提炼等方面作出突出贡献。

刘子馨教授，复旦大学出版社原副总编辑，多部管理学著作的编著者之一。刘老师在本书的定位、框架，以及作为高校教材的创新、与管理学结合方面提供了有益的视角，促成我们团队的多次深度头脑风暴，并承担了部分内容的编辑。

吴静，是我指导的 DBA（工商管理博士）学生，拥有 20 多年企业中的组织管理、人才发展、文化建设实践经历，现研究方向为 AI 时代的领导力。她也是我 EMBA 课程的助教，在全书成稿、案例采编上作出了积极贡献。

本书经八稿修改，历时近两年打磨而成，也是多方支持的成果。

首先，感谢我的家人、我的大家庭和小家庭，几十年来对我的支持、理解、包容和帮助，让我心无旁骛地致力于研究；

感谢我 57 年职业生涯中的名师、严师、高师及贵人；

感谢在上海助剂厂工作时的张全师傅及其他众多师傅，他们在帮助我了解社会的同时，教会我正直做人；

感谢在上海实业集团工作时的领导蔡来兴及诸多同人，他们对我有知遇之恩，提供我锻炼成长的舞台，并给了我各方面的极大支持；

感谢在复旦大学工作时我的领导陆雄文教授，以及恩师顾国强教授（指导我的硕士论文）、郑绍濂教授（指导我的博士论文）、伍柏麟教授（指导我的博士后研究），是他们言传身教提携了我，并为我的学术发展创造了巨大的空间和良好的研究氛围；

感谢我的助教团，是他们富有创造性的工作，不断丰富和发展我的思考。每一次备课，他们的素材提供力求尽善尽美，资料提供力求最新、最准（上课时的统计数据经常是当天凌晨四点美国股市的收市数据）。他们是崔晓明、邱肃川、李艳霞、赵春善、翁智澄、周磊、缪晓、张凌、徐笑君、刘丽珍、李作良、季周、丁诚、贾迎亚、董彩芬、梁永恒、李诗涵、揭应平、施磊、高蕾、徐懋婧、苗东方、姜伟辉、戴嘉瑶、囗博、候琳、李俊建、王玥清、方慧丽、钟晓东、刘楠、闻彬、周卫江、刘正阳……

感谢我的学生们。我虽然 1995 年离开复旦大学去了上海实业集团，但从 2003 年开始，我一直在复旦大学 EMBA 兼课，从 2009 年开始，更是全职在复旦大学当教授。教过的 EMBA、MBA 学生超过 10 000 人（其中 EMBA 学生超过 8 000 人）。我直接指导论文担任导师，指导过的工商管理博士（DBA）、工商管理硕士（MBA）、硕士生将近 300 人。在教学过程中，在论文指导过程中，学员们的思路、实践感悟给了我很大的启发。本书中的很多实例、案例源于这些学员的实践和思考。我这里重点感谢在本书中引用他们案例或思考的学员，他们是俞斌、陈伊玮、王兴炜、王新力、杨斌、刘建勇、其实、林彬、潘新甫、陈峰、沈海兵、陶焱、曲丽萍、马建兴、程小剑、肇岩、潘婷、林耿扬、林丽娜、黄逸涵、王知波、吴新野、于继伟、吴纪融、高翔、陈浩、王萍、丁喆、李平、余雨、姜祖韵、郑伟、邹飞、孙庆华、傅珉、王功学、孔成君、王勇、徐寅哲、陈翡翡、谢天、徐炜、袁舟、孙名川、李建华、梁齐良、凌骁、丁菲、吕佳翰等（排名不分先后）。

本书在最后定稿过程中，责任编辑戚雅斯和方毅超更是作出了巨大的努力，在此也表示深深的谢意。

本书也学习和借鉴了他人的众多研究成果，能找到出处的，我们已做出说明并致以谢意。有些未能找到出处的，有知道的读者，也请告知，我们可日后补上。在此也一并致以衷心的感谢。

抚今追昔，路漫漫其修远兮，吾将上下而求索，学无止境，吾当继续努力，不断奋进。期待在读者们帮助下，再版时有新的更大的进步。

包季鸣

2025 年 3 月 10 日

图书在版编目(CIP)数据

AI 时代的领导力:理念与实操/包季鸣等编著.
上海:复旦大学出版社,2025.7.(2025.8 重印)--(大
学管理类教材丛书).-- ISBN 978-7-309-17945-3

Ⅰ.C933

中国国家版本馆 CIP 数据核字第 20257HA934 号

AI 时代的领导力:理念与实操

包季鸣　徐晓亮　刘子馨　吴　静　编著
责任编辑/戚雅斯　方毅超

复旦大学出版社有限公司出版发行
上海市国权路 579 号　邮编:200433
网址:fupnet@fudanpress.com　http://www.fudanpress.com
门市零售:86-21-65102580　团体订购:86-21-65104505
出版部电话:86-21-65642845
常熟市华顺印刷有限公司

开本 787 毫米×1092 毫米　1/16　印张 25.25　字数 495 千字
2025 年 8 月第 1 版第 3 次印刷

ISBN 978-7-309-17945-3/C・470
定价:98.00 元